KB104705

문턱의 청년들

문턱의 청년들

조문영 · 류연미 · 김수아 · 이응철 · 유빙 · 양승훈 · 채석진 · 김기호 · 우자한 · 한선영 · 문경연 · 펑진니 · 이보고 지음

한국과 중국, 마주침의 현장

조문영 엮음

책과함께

차례

3부— 마주침의 장소들

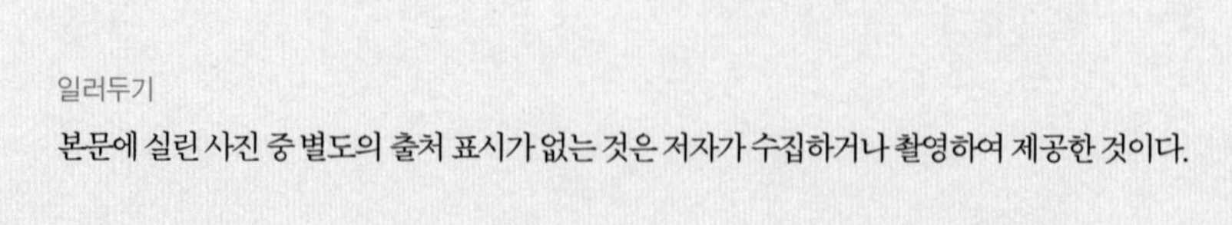
일러두기

본문에 실린 사진 중 별도의 출처 표시가 없는 것은 저자가 수집하거나 촬영하여 제공한 것이다.

한국과 중국, 그 사이와 너머의 청년들

조문영

'이상한 나라' 중국?

"근데 중국은 왜 그래요?" 내가 대학에서 중국을 연구한다는 얘길 듣자마자 인테리어 가게를 운영하는 동네 아저씨가 던진 말이다. 얼핏 질문처럼 들리지만, 표정을 읽자니 둘 중 하나다. 중국이 무슨 연구할 거리라도 되냐는 핀잔, 아니면 중국에 대한 반감에 내가 맞장구를 쳐줄 거란 기대. 그간 중국 관련 기사에 십중팔구 따라붙는 악의적 댓글에 멈칫했지만, 그렇다고 크게 동요한 적은 없었다. 다문화, 조선족, 난민 등 '우리'의 경계를 침범하고 안전을 위협한다고 여겨지는 주제나 대상이 혐오 목록에 등재되는 게 어제오늘의 일은 아니니 말이다. 하지만 익명의 네티즌이 아닌 나의 이웃이 인사치레로 건넨 말의 파장은 달랐다. (물론 그가 취급하는 자재의 상당수는 중국산이겠지만) 인간관계로나 사업으로나 중국인을 별반 만나본 적이 없는 평범한 시민에게조차 중국은 '이상한 나라'였다. 개혁개방 후 초고속 경제성장으로 반세기도 안 되어 전 세계 패권 구도를 뒤흔들고 있는 나라, 한국의 대외무역에서 가장 큰 비중을 차지하는 나라, 고대에서 현재까지 한국사의 매 순간에 틈입하는 지척의 나라가 어쩌다 이해 불가의 대상이 되었을까?

확실히 근래 발생한 사건들이 디지털 미디어를 통해 빠르게 공론화되면서 중국의 부상을 '위협'으로 보는 시선에 불을 지폈다. 2016년 한국의 사드THAAD 배치 확정 후 중국이 각종 보복 조처를 시행했을 때만 해도 국제정치의 험로를 헤아리는 여유가 있었다. 하지만 미세먼지가 갈수록 일상의 숨을 옥죄면서 중국을 주범으로 겨냥하는 대중적인 움직임이 거세졌다. 그뿐인가. 2020년 국가보안법 제정 이후 홍콩에서 벌어진 일련의 사태는 민주와 인권을 인류 보편의 가치로 배우며 자란 젊은이들, 이른바 'K-민주'를 자국의 브랜드로 자부해온 시민들을 분노와 혼란에 빠뜨렸다. 코로나19 팬데믹은 곳곳에서 이미 달아오른 반중 열기에 제대로 기름을 끼얹었다. 기원을 둘러싼 공방은 차치하고라도, 초기의 정보 은폐와 늑장 대처가 불러온 참사에 대한 인정과 사과 없이 (서방과 대비되는) 방역체제 성공만을 강조한 중국 당과 정부의 태도는 화마火魔와 다를 게 없었다. 패권을 양보할 의사가 없는 미국의 시비 걸기도 도를 넘었고, 이방인을 향한 증오가 들끓는 서방 세계에서 민주의 행방이 묘연해진 지 오래라는 점을 참작하더라도, 시진핑 체제에서 극심해진 소수민족 억압, 각종 사회운동 탄압, 자동화 기술을 통한 감시에 쉽게 눈을 감기는 어렵다.

상황이 이렇다 보니 중국을 '문제'로 인식하는 경향이 만연하고, 나아가 증폭되고 있다. 광신적인 애국주의에서 돌발적인 규제 조치까지, '이상한 나라' 중국에 대한 확증편향을 강화하는 소재들이 주로 기사가 되고 대중서로 출간된다. 중국에 대한 비판은 '반중' 선언으로 취급되고, 중국의 행보에 대해 긍정적인 언급을 덧붙이면 '친중' 인사가 된다. 학계는 중국 이해를 '친중'과 '반중'으로 갈라치는 흐름에 대체로 거리를 두는 편이다. 하지만 중국과 서구, 중국과 미국을 대별하면서 양자를 유형화하는 작업은 사회주의든 유가사상이든 '중국성Chineseness'을 마름질할 요소에 대한 탐색을 부추기면서 중국의 예외성과 특수성에 곧잘 힘을 실어준다. 역사와 사상의 탐색이 국경을 가로지르는 인간 삶의 횡단성을 고려하지 못하면 자칫 '이상한 나라' 중국의 고급 버전이 되기 쉽다.

사실 우리의 경험 세계에서 '중국', '한국', '서구'를 명확히 구별하기란 간단치 않다. 내전 같은 돌발 사태가 아니라면, 국경 너머의 삶은 의외로 비슷하다. 초국적 금융, 첨단기술, 각종 비즈니스가 밀집된 글로벌 도시라면 더더욱 그렇다. 사람, 상품, 서비스, 제도, 지식, 사상, 콘텐츠, 아이템, 맛 등등, 숱한 이동, 연결, 접속의 과정에서 순수하게 '한국적', '중국적'인 것을 가려내기란 쉽지 않다. 정치에 관한 한 한국과 중국이 상극이라고 주장할 수 있을까? 우리는 중국 도시에 촘촘하게 배치된 감시카메라와 사회신용시스템을 통한 규율 통치를 강도 높게 비난하지만, 온라인 쇼핑몰에서 수집된 방대한 데이터에 기반한 알고리즘 모형들이 기존의 편견과 차별을 강화하고, 우리의 욕구와 행동을 특정 방향으로 조율해내는 통제 사회에 길든 지 오래다. 중국공산당을 민주주의를 위협하는 '빅브라더'로 비난하지만, 불확실성이 고조되는 시대에 살면서 안정과 보호, 질서를 책임지는 강력한 국가를 그 어느 때보다 절실히 원한다. 각자도생을 부추기는 신자유주의적 에토스가 사회 전반에 확산하면서, 중산층이 자기계발과 부동산 투자, 가족 중심의 생존·세습 전략에 강박적으로 몰두하는 풍경도 한국과 중국에서 크게 다르지 않다.

청년, 근대를 이반하다

특히 이 책에서 주요하게 다루는 청년 세대는 국경에 온전히 구속되지 않는 다양한 연결성을 보여왔다. 근래에 세계 여러 지역에서 수행된 청년 연구가 보여주듯, 예측불허의 금융자본주의와 거대한 불평등, 노동 불안정성의 시대를 살아가는 경험은 개별 영토에 고이지 않고 지구 곳곳을 가로지른다. '청년' 주체를 등장시키는 기사는 한국에서 유통되는 중국 뉴스 가운데 그나마 반감이 덜한 것 같다. 혁신, 창의, 도전 같은 전통적인 청년 서사에 기댄 첨단기술·스타트업 관련 내용뿐 아니라, 무한경쟁 시대에 이른바 '노오력'의 무상함을 토로하는 '탕핑躺平' 문화, 집값 폭등에 암호화폐가 유일한 희망이 된 현실을 비추며 젊은이들의 우울, 냉소, 좌절을 스케치하는 기사가 꾸준히 공감을 얻고 있다.

현재 온라인 공간에서 역사 문제를 두고 한국과 중국 청년들 사이에 격화되는 반목도 양자의 차이보다 공통성에서 기인하는 바가 크다. 글로벌 정치경제의 불확실성이 포스트-냉전체제의 복잡한 지정학적 긴장, 동아시아 역사에서 누적된 갈등과 어지럽게 연결되면서 시대의 공통 감각으로서의 불안이 각 나라의 민족주의와 결합하는 현상은 어제오늘의 일이 아니다(다카하라 2007). 현재의 풍광이 더 극적으로 보인다면, 한중 청년 상당수가 어려서부터 디지털 기술에 친숙하고, 온라인 게임의 양식을 커뮤니케이션 수단으로 체화한 '디지털 네이티브Digital Native'라는 점을 상기하면 좋겠다. 정치가 게임처럼 여겨질 때, (공격적 댓글이든 해시태그 공세든) 전투력을 불사르고 상대를 때려눕히기 위한 계책이 설득과 토론을 압도한다. 게임이라는 가상의 세계 바깥에서 "노력해서 바로 눈에 보이는 성과를 얻는 경험, 함께 모여 공동의 목표를 이뤄내고 경쟁에서 이기는 경험을 할 수 있는 곳"이 이들에게 더는 남지 않았는지도 모른다(한우리 2017: 75).

유년과 기성세대에 틈입한 과도기로 등장하는 '청년 세대'는 근대의 발명품이다. 아동기, 청년기, 성인기, 노년기라는 연대기적 시간을 제도화하고, 각 시기에 해야 할 역할을 규범화하는 근대적 시간성하에서, 청년 세대는 임금노동을 통한 사회적 생산과 결혼과 출산을 통한 인구 재생산을 준비해야 할 집단으로 가정되어왔다. 이에 더하여, 한국과 중국의 청년들에게는 "근대의 가치를 대변하고 구현하는 세대"(송인재 2016:

74)라는 시대적 책무가 추가되었다. 20세기 전반 식민지 경험을 거친 다른 나라들에서와 마찬가지로, 한중청년들은 주권 침략에 저항하고 역사의 진보를 책임져야 할 사명을 자임했다. 이러한 애국의 서사는 한국과 중국이 민주주의와 사회주의라는 상이한 정치체제 아래에서 강력한 국민국가 건설에 주력했던 20세기 중·후반기에도 영향력을 발휘했다. 산업화의 역군으로든 지배체제에 맞선 저항자로든 "거대한 변혁의 에너지"(고윤실 2020: 193)로든, '구국' 청년의 집단적 형상은 국민국가의 역사 서술에서 청년 개개인의 서사를 압도했다.

오늘날 한국과 중국에서 동시에 불거진 세대 갈등은 밀레니얼 청년들이 더는 구국과 애국, 사회적 생산과 재생산의 과업을 자신의 책무로 당연하게 받아들일 수 없는, 또는 이를 거부하는 상황에서 첨예해질 수밖에 없다. 가족-사회-국가 간 강한 결속과 의무에서 벗어난 몸, 개인의 내면을 돌보고 자유를 열망하는 몸은 디지털 문화의 범람과 소비문화의 확산을 따라 이른바 'MZ세대' 청년의 지배적 표상으로 부상했다. 하지만 삶의 불안이 생애기획에 균열을 일으키면서, 속박을 거부하는 몸은 압박감, 박탈감, 무력감으로 위축된 또 다른 몸과 밀착되고 있다. 한국의 '88만 원 세대', 'n포 세대', '살코기 세대', '욜로YOLO', '달관 세대', 중국의 '개미족蚁族', '팡누房奴', '캥거루족啃老族', '댜오쓰屌丝', '소확행小確幸' 등, 지난 20여 년 동안 등장한 유행어는 모두 일을 통한 경제적 독립, 결혼과 출산을 통한 사회적 재생산 등 청년 세대가 수행하리라 기대되는 규범들이 제대로 작동하지 못하거나 의문시되고 있음을 보여준다. 최근 중국 정부가 학원비 부담을 저출산의 원인으로 지목하면서 사교육 철폐라는 강수를 두고, 한국에서 출산장려금과 우대정책을 양산해도 여전히 출산율이 OECD 국가 중 꼴찌라는 사실에서 보듯, 여성 청년이 양육, 교육의 과도한 부담을 감수해가면서까지 개인의 생애기획과 국가의 백년대계를 접붙이는 시대는 종언을 고하고 있다.

마주침의 현장

이 책은 초국적 연결성의 확대, 일과 삶 전반의 불평등과 불확실성 심화와 같은 전 지구적 흐름이 계급, 젠더, 민족, 지역 등 다양한 층위에서 교차하는 가운데 펼쳐지는 청년 세대의 풍광을 소묘한다. '한국'과 '중국'을 상수로 구별하는 대신, 두 나라에서 살아가는 청년들이 국경이라는 주권적 경계뿐 아니라 자신을 가로지르는 여러 다른 경계와 씨름하면서 어떤 궤적과 실천을 만드는가를 현장연구를 통해 살폈다. 한국과 중국의 청년들이 상호 간의 편견과 반목을 넘어 인류 보편의 가치를 도모하고, 기후 재난, 혐오, 불평등, (신)냉전 등 전 지구적 위기에 공동으로 대응하기 위해서는 무엇보다 국가중심적 세계관과 거리를 두고, 각자가 발 딛고 선 현장의 공통성과 연결성에 시선이 가닿을 필요가 있다.

'한중청년들의 일상문화와 생애기획: 마주침의 현장을 찾아서'란 제목으로 2017년 여름부터 3년 동안 수행한 공동연구가 이 책의 거름이 되었다. 인류학자로서 한국 청년에 관한 연구를 기웃거리면서(조문영 2013; 조문영 외 2017), 나는 '청년'이란 주제 아래 축적된 방대한 연구 성과와 활발한 공론장에 고무되었으나, 동시에 이 지식 생산의 장을 낯설게 바라보기 위해 참조할 만한 타자他者가 의외로 빈약하다는 점을 깨달았다. 청년 담론의 핵심어가 된 불안은 한국에 국한된 문제가 아니며, 지역적·역사적 차이에도 불구하고 오늘날 수많은 현장을 관통하고 있다. 하지만 청년 세대에 관한 공론장은 한국 사회에 담을 두르거나, 한국 청년들의 경험을 해석하는 암묵적인 준거로 '서구'를 대화자로 소환하는 근대적 관행을 반복한다. 그나마 국내에 꾸준히 번역되어온 일본 청년에 관한 연구들은 주로 한국 청년의 근접한 '미래'를 들여다볼 프리즘으로 소환된다. 이러한 비교 접근에서 중국 청년 세대가 거의 등장하지 않는다는 점이 흥미롭다. 지리적·역사적으로 일본만큼 가깝고, 국내 외국인 유학생의 절반 이상이 중국 국적인 데서 보듯 청년들 간의 접촉 또한 빈번한데도, 한국과 중국의 청년들을 마주 볼 수 있게 하는 연구가 소수를 제하고(강명구·김홍중·신혜선 2016; 윤영도 편 2017) 거의 없었던 셈이다.

프로젝트를 기획하면서 한중청년들의 삶의 서사에서 주로 등장하는 주제들(교육, 취업과 노동, 창업, 주거와 지역, 소비, 연애와 결혼, 인터넷문화, 대안적 생애기획)을 정하고, 각 주제를 심도 있게 연구할 수 있는 필자들을 일 년씩 공동연구원으로 초대했다.◆ 각 연구자가 현장에서 연구참여자들과 만나 대화와 교류의 물꼬를 트면서, 한국 청년 연구자와 중국 청년 연구자, 또는 각 나라에서 서로 다른 현장에 주목하는 연구자들이 함께 세미나를 진행하면서, 나아가 독자들이 연구자들의 서로 다른 현장을 횡단하면서, 새로운 시사점을 공유하고 흥미로운 연결성과 결절점을 발견해가길 기대했다. 물리적 마주침에 국한되지 않고 현장연구와 학술교류, 독서의 과정에서 생성되는 '마주침의 현장'은, 이 현장에 직간접적으로 참여하는 행위자들이 편견과 갈등을 넘어 이해와 교감을 넓히고, 공생을 위한 상상력을 키워가는 일종의 실천적 방법론이라 할 수 있다. 주제에 적합한 연구자를 찾는 데 어려움을 겪고, 나중에는 팬데믹이라는 돌발 사태까지 겹치면서 현장연구가 삐걱거리기도 했지만, 개별 분과학문의 문제설정 방식에 구속되면서 만날 기회가 없었던 연구자들이 소통할 자리를 마련했다는 점에서 서툴게나마 의미를 두고 싶다.

문턱의 청년들

이 책에 수록된 13편의 글에서, 청년들은 한국에서든 중국에서든 문턱에 머물러 있는 것처럼 보인다. 의례를 연구하는 학자들의 개념을 빌리자면, 문턱은 이도 저도 아닌 리미널한liminal

◆ 공동연구 성과를 대중서로 편집하는 과정에서 유학생 출신 젊은 중국 필자들(우자한, 유빙, 펑진니)을 새로 초대했다.

상태이다. 성인식, 입문식, 순례 같은 '통과의례rite de passage'의 참여자들은 분리에서 (재)통합 사이의 모호하고 불확실한 문턱에 서게 된다. 인류학자 빅터 터너Victor Turner는 이 리미널한 상태를 구조에서 구조로 이행하는 과정에서 통과하게 되는 '커뮤니타스communitas'로 봤다. 의례를 통해 커뮤니타스 상태에 진입한 인간은 구조적 관계의 와해를 경험하면서 잠재적 위험에 처하지만, 자발적 선택과 의무 사이에서 고투하면서 새로운 활력을 얻는다. "구조가 파열되면 커뮤니타스가 살아난다"(터너 2018[1975]: 321). 한편 통과의례를 젠더적 관점에서 재해석한 브루스 링컨Bruce Lincoln은 기존 연구에서 다뤄온 성인식이 대부분 남성 특권적인 의례였음을 비판하면서, 의례를 여성으로서의 규범을 재생산하는 수단이자 이를 거부하는 저항의 거점으로 재해석하기도 했다(김윤성 2009: 233-235).

의례와 리미널리티에 관한 기존 논의에 비추어볼 때, 이 책의 저자들이 만난 청년 다수는 문턱의 순간이 제공하는 커뮤니타스를 충분히 경험하기 어려운 조건에 처해 있다. 취업이 힘들고 집값이 폭등하면서 '성인기' 진입을 위해 통상 요구되는 조건을 충족하기 어렵다 보니, 문턱의 의례는 뜨겁고 역동적인 커뮤니타스라기보다 건조하고 반복적인 시험에 가까워졌다. 성년식, 입학식, 졸업식, 결혼식 등 '성인' 지위로의 이행에 인정과 의미를 부여하는 기존 의례들이 쇠퇴하고, "동지 의식과 커뮤니타스적 유대"를 되살리기보다(터너 2018[1975]: 330) 커리어 축적과 잠깐의 욕구 분출을 위한 이벤트가 늘어났다. 청년기의 불확실성을 감수할

만하다고 여기게 했던 안정적인 미래의 기대가 사라지면서, "젊어서 고생은 사서도" 한다는 말이 어불성설이 된 것 같다.

문턱에 머문 삶의 모습은 그래도 꽤 다채롭다. 커뮤니타스를 생성해낼 만한 에너지 자체가 소진된 삶들, 경이의 순간이 사라진 일상에 익숙해진 삶도 있다. 어떤 삶은 정상성의 궤도에서 탈선하지 않기 위해 안간힘을 쓰고, 다른 어떤 삶은 창업, 투자, 기술 혁신, 팬덤, 이주 등 다양한 방식으로 문턱에 생기를 입힌다. 이 과정에서 누군가는 차별과 불평등에 좌절하고, 누군가는 공모한다. 어떤 삶은 결혼을 거부하거나 비혈연적 가족을 만들면서 (이전 질서의 복원과 다른 방식으로) 문턱 너머를 구상하지만, 그럼에도 여전히 강력한 규범과 구속에 휘청거린다. 이 삶들을 '한국'과 '중국'으로 간단히 구분해내기란 쉽지 않다. 그렇다고 한중청년을 횡단적으로 이해할 필요가 있다는 주장이 영토를 중심으로 구심력을 발휘해온 다양한 힘들을 무시해도 좋다는 뜻은 아니다. 한국의 제도적 민주주의와 사회운동, 서울-지방의 양극화, 분단체제, 중국의 국가사회주의와 정치검열, 뿌리 깊은 도농이원구조와 양안관계 같은 역사적·제도적 차이들이 글로벌 정치경제의 불안정성, 첨단기술의 발전과 노동 유연화, 초국적 교류와 배타적 민족주의의 동시 성장이라는 공통적 흐름과 복잡하게 얽히면서 한중청년들의 감각, 인식, 실천에 어떤 영향을 끼쳤는지 각 글을 통해 자세히 들여다볼 수 있을 것이다.

이 책은 총 3부로 나뉜다. 1부에는 기존의 통념, 불안, 혐오와 고투하며 때로 친밀성을 위태롭게 자본화하는, 다른 한편에서는 새로운 의미의 집-가족을 실천 중인 한중 여성 청년들의 모습을 담았다. 2부에는 한국과 중국의 청년들이 취약한 노동 환경, 지역 편차, 공론장의 위계와 씨름하면서 제 일터와 삶터를 모색하고, (불)공정에 대한 감각을 벼리는 과정을 살폈다.◆ 3부는 한국과 중국이 유학과 팬덤, 기술과 창업을 매개로 연결되고, 남한과 북한, 중국 대륙과 대만이 청년들의 여러 활동을 통해 교접하면서 형성되는 '마주침의 장소들'을 엮었다. 문턱을 딛고 규범화된 세계 안에 무사히 안착하기 위해서든 문턱 너머 세계의 풍경을 바꿔내기 위해서든, 저자들이 만난 한국과 중국의 청년들은 제 몸과 일터, 삶터 곳곳에서 위험 신호가 수시로 깜빡이는 시대를 살아가고, 살아내고 있다. '홍위병', '이대녀·이대남' 같은 편협하고 위험한 수사에서 벗어나 한국과 중국, 그 사이와 너머의 삶들을 진지하게 탐색하고, 국가, 세대 등 기존 경계에 매몰되지 않는 방향으로 공생의 지도를 함께 만들어가야 할 시간이다.

책이 나오기까지 분에 넘치는 도움을 받았다. 처음 한중청년 프로젝트를 제안하시고 정리되지 못한 이야기에 늘 귀 기울여주신 백영서 선생님, 정성껏 책 작업을 맡아주신 도서출판 책과함께, 공동연구 기간 내내 든든한 조력자가 되어준 아모레퍼시픽재단에 감사드린다. 함께 공부하

◆ 중국의 노동자 청년과 연대하는 학생 집단을 책에 두루 포함하지 못해 아쉽다. 이미 출간된 책들(《중국 신노동자의 미래》, 《우리들은 정당하다》, 《사라진 나의 중국 친구에게》, 《아이폰을 위해 죽다》 등)이 좋은 길잡이가 될 것이다.

는 즐거움을 새삼 깨닫게 해준 저자들, 행정 담당자이자 연구자로서 오랜 시간 동행해준 한선영 조교에게 특별히 고마움을 전한다.

2021년 10월

조문영

참고문헌

강명구·김홍중·신혜선, 2016,《한중일 청년을 말하다》, 진인진.

고윤실, 2020,《드라마를 보다 중국을 읽다》, 나름북스.

김윤성, 2009,〈통과의례와 젠더: 몇 가지 이론적 고찰〉,《종교문화비평》 16(0): 202-240.

다카하라 모토아키, 정호석 옮김, 2007,《한중일 인터넷 세대가 서로 미워하는 진짜 이유》, 삼인.

송인재, 2016,〈신자유주의 시대 중국 청년의 문화와 노동〉,《교양학연구》 3: 73-93.

윤영도 편, 2017,《정동하는 청춘들: 동아시아 청년들의 정동과 문화실천》, 채륜.

조문영, 2013,〈공공이라는 이름의 치유: 한 대기업의 해외 자원봉사활동을 통해 본 한국 사회 "반反빈곤"과 "대학생"의 지형도〉,《한국문화인류학》 46(2): 45-91.

조문영 외, 2017,《헬조선 인 앤 아웃: 한국 청년 글로벌 이동에 관한 인류학 보고서》, 눌민.

터너, 빅터, 강대훈 옮김, 2018[1975],《인간 사회와 상징 행위: 사회적 드라마, 구조, 커뮤니타스》, 황소걸음.

한우리, 2017,〈이생망 헬조선 여성청년들의 페미니스트 되기〉,《여/성이론》 37: 58-78.

1부

친밀성의 풍경

1

함께 머물러 살기 — 서울 청년 여성들의 공동주거전략

류연미

2019년, 금호동

은수와 재이의 집은 서울시 성동구 금호동의 한 상가 건물 2층에 있었다. 4층짜리 건물의 입구로 들어서면 내려가는 계단은 지하 노래연습장으로 통했고, 올라가는 계단은 위층의 미용실로 연결되었다. 그 미용실 바로 옆에 이들의 집으로 들어가는 문이 있었다. 사람이 살고 있는 집이 아니라 미용실에 딸린 화장실인 줄 알고 손님들이 종종 벨을 누르거나 들어오려 한다고 했다. 다행히 아래의 노래방은 장사가 잘 안 되는 곳이라 주말이 아니면 생각보다 시끄럽지는 않다고도 덧붙였다.

처음 함께 살 집을 알아보기 시작했던 2019년 초, 은수와 재이가 원래 노리던 곳은 재개발 사업에 묶인 채로 아직 진행이 되지 않은 동네의, 그래서 옵션이 없고 공간의 넓이에 비해 가격은 낮은 오래된 주택이었다. "원래 자취하면서 집을 구하는 사람들은 재개발 지역에 빠삭"하다고 했다. 상도동과 보광동을 알아보다 금호동까지 왔다. 금호동 21구역은 재개발 사업이 예정되어 있는 노후 저층 주거지 밀집지역이다. 2020년 5월 서울시가 이 구역을 도시·건축혁신 시범사업지로 선정하면서 그간 지지부진했던 재개발 사업에 최근 박차를 가하고 있기는 하지만, 당시에는 이미 아파트 단지가 빽빽하게 들어섰던 인근에서 개발이 진행되지 않은 마지막 지역이었다. 금남시장 뒤쪽에서 부동산 중개업자가 좋은 집이라고 보여준 곳들을 보고 은수는 지금 생각하면 울 뻔 했었다고 말했다. 경사가 40도는 되는 것처럼 느껴지는 가파르고 좁은 골목 안쪽에 위치한 침침한 1층집, 노란 장판에 샷시가 다 무너진 집들의 최소 가격이 보증금 2천에 월세 80만 원이었다.

그래서 옆 동네로 넘어와 이미 재개발 사업이 진행된 유명한 브랜드 아파트 단지를 보았을 때, 그리고 바로 그 맞은편에 있는 13평짜리 신축 투룸이 보증금 2천에 월세 58만 원이며 심지어 관리비 포함이라는 말도 안 되는 조건을 들었을 때 이들은 더 볼 것도 없이 계약을 해버렸다. 이 건물이 살벌한 현수막이 붙어 있는, 아침 8시부터 오후 4시까지 스피커에서 성동구청의 경고방송이 나오며 종종 앞에서 사람들이 소리 지르고 싸우기도 하는 소송 중인 곳이었다는 사실을 알게 된 것은 얼마 후의 일이다.

금호동 집은 현관문을 열면 신발장 바로 오른쪽에 화장실이 있어서 화장실에 가려면 신발을 신고 나가야 하는, 은수와 재이의 표현에 따르면 "특이한 구조"의 집이었다. 분리된 두 개의 공간이 있는 대신 거실이 없어 재이의 방에 식탁을 놓고 은수의 방에 TV를 두었다. 최저주거기준에 따르면 가구원 수가 2인인 경우 용도별 방의 구성은 최소한 1DK가 되어야 한다. 숫자는 침실(거실 겸용 포함)의 수를 말하며, DK는 식사실 겸 부엌을 의미한다. 즉 두 사람이 사는 집에는 최소한 하나의 침실과 하나의 식사실 겸 부엌이 용도별로 구분되어 있어야 한다는 뜻이다. 최저주거기준이 이렇게 정해진 이유는 이 2인의 가구원이 표준 가구구성상 부부이며 하나의 침실을 공유할 것으로 상정되어 있기 때문이다. 1DK를 갖춘 금호동 투룸은 물리적으로는 최저주거기준에 부합하지만, 실질적인 공간 활용에 있어서는 그렇지 않았다. 은수와 재이가 부부가 아니어서다. 결혼을 통해 구성한 가족도, 원가족도 아니었던 두 청년 여성은 2019년 금호동에서 새로운 의미의 집-가족을 만들어나가는 중이었다.

청년 여성의 방

한국 사회에서 혼인인구의 감소는 최근의 일이 아니다. 통계청의 '인구동향조사'에 따르면 인구 1천 명당 혼인건수를 나타내는 조혼인율은 지난 10년간 한 해도 빠짐없이 꾸준히 감소해왔다. 조혼인율이 2011년 6.6건에서 2020년 4.2건으로 떨어지는 동안 합계출산율은 1.24명에서 잠정 수치 0.84명까지 하락했다. 이 통계가 지시하는 '미혼'이 '상태'라면 '비혼'은 '선택'이다. 2020년 실시된 '사회조사' 중 결혼에 대한 견해를 묻는 항목에서 결혼을 '반드시 해야 한다'거나 '하는 것이 좋다'고 응답한 사람들은 전체의 51.2%로, 2010년의 64.7%에 비해 크게 낮아졌다. 결혼이 필수적이라고 응답하는 비율은 연령대가 낮을수록, 그리고 여성일수록 줄어드는 모습을 보인다. 20~29세 여성 중 4.8%만이, 30~39세 여성 중 6.9%만이 결혼을 반드시 해야 한다고 생각한다. 같은 연령대 남성의 경우 그 비율은 여성의 두 배가 넘는다. 비혼 인구, 특히 그중에서도 청년 여성들을 "원가족으로부터 독립해야 한다는 사회적 규범과, 결혼을 통해 새로운 가족을 구성하라는 또 다른 규범성의 사잇공간in-between"(정민우·이나영 2011: 2)에 위치시키던 시대는, 여전히 그러한 규범들이 정책적으로 발휘하는 영향력과는 별개로 현실 속에서는 이미 저물어가고 있다. 개개인의 '결혼하지 않음'이 구체적으로 어떠한 경험과 의식과 조건에 기반한 선택인지 이러한 통계가 말해주지는 못한다. 다만 확실한 것은 한국 사회에서 기존의 결혼제도로 포섭되지 않는 삶이 점점 늘어나고 있다는 사실이다. 중국 청년 여성의 비혼을 다룬 이 책의 3장에서 볼 수 있듯이, 동시대의 이러한 변화는 한국에 국한되지 않는다.

결혼은 누구와 살 것인가의 문제만큼이나 어떻게 어디서 살 것인가의 문제이기도 하기 때문에, 비혼이라는 선택은 청년들의 주거 문제와도 직결된다. 청년들의 주거 문제, 특히 청년 여성의 주거 문제를 다룰 때 발생하는 난점은 이것이 이행기 청년의 일시적인 과정으로 이해되기 쉽다는 점이다. 주거가 가족과 맺고 있는 긴밀한 관계를 고려할 때 청년의 주거 문제란 '아직' 결혼을 통해 '정상가족'을 형성하지 않았으나 언젠가 그러한 생애경로를 밟아 나갈 청년 1인 가구를 그 대표적 표상으로 삼는다. 그러나 혼인을 통해 가족 기반의 주거 안정성을 획득하거나, 그렇지 않으면 열악한 주거환경을 감당하며 혼자 산다는 납작한 선택지를 모두가 수용하는 것은 아니다. 이 글은 비혼 여성으로서 지속가능한 집-가족을 실천하고자 했던 한 청년 가구 구성원들의 주거사 및 주거전략에 대한 기록이자, 지금 이곳에서 청년 여성들이 함께 머물러 산다는 것이 의미하는 바에 대한 해석이다.

은수는 2021년 기준으로 30대 초반의 직장인이다. 서울에서 태어나 살다가 광명으로 이사해 초등학생 시기를 보냈고, 그다음은 대구로, 또 그다음은 근처의 소도시로 이사했다. 고등학교 때는 수업이 끝나면 교외에 있는 집까지 가는 버스가 끊기는 탓에 3년 내내 기숙사 생활을 했다. 서울에 있는 대학에 진학한 후에도 기숙사 생활을 했고, 기숙사에 떨어진 학기에는 셰어하우스의 "요만한 방"에서 자취를 했다. 대학을 졸업하고 나서는 혼자 원룸에 잠깐 살다가, 서울에 있던 어머니와 둘이 살다가, 일을 그만두고 서울에 오게 된 동생과 원룸에 살다가, 고등학교 친구의 집에 들어가서 살다가, 다시 동생과 자취 살림을 합쳐 투룸에 살았다. 사는 곳도 함께 사는 사람도 약 1년마다 달라진 셈이다. 그다지 오래되지 않은 일인데도 은수는 이동의 역사를 되짚는 것을 어려워했다. "이게 맞나? 너무 복잡하죠. 저도 지금 기억이 잘 안 나요. 너무 이사를 많이 다녔거든요."

잦은 이사로 인해 자신이 언제 어디에 살았는지 기억하기 힘든 은수의 주거 이력은 수도권에 거주하는, 특히 수도권 외 지역에서 이주한 수많은 청년 자취생들이 겪게 되는 주거 불안정성을 잘 보여준다. 국토교통부가 실시한 2019년 '주거실태조사' 결과에 따르면 수도권에 거주하는 청년가구◆의 주거이동률은 81.6%로, 일반가구(40.3%)에 비해 두 배 이상 높은 것으로 나타났다. 같은 집에서 2년 이상 거주하는 가구가 10가구 중 2가구도 되지 않는다는 뜻이다. 이들 중 60.4%는 1인 가구이고, 이 역시 수도권 일반가구(27.9%)의 경우에 비해 두 배가 넘는 비율이다. 수도권 청년가구 중 9.0%는 최저주거기준에 미달하는 곳에서 산다.

◆ '청년'이란 단일한 생물학적 연령코호트만으로 정의되지 않는, 각 사회의 담론적·제도적·실천적 맥락 속에서 끊임없이 유동하는 개념이다. 한국의 주거정책 내에서도 차이가 있는데, '주거실태조사'에서 '청년가구'는 "가구주의 연령이 만 20세에서 만 34세인 가구"를 지칭하는 한편 〈서울특별시 청년주거 기본 조례〉는 청년의 연령을 만 19세에서 만 39세 사이로 정의한다.

3.5%는 지하·반지하·옥탑방에 산다. 이 역시 일반가구에 비해 현저히 높은 비율이다. 현재 정부의 최저주거기준에 따르면 1인 가구의 최소 주거면적은 $14m^2$으로, 약 4.2평에 해당한다. 최소한의 주거권 보장을 위해 최저주거기준을 상향해야 한다는 의견이 꾸준히 제기되어왔으나, 이 기준은 2011년 이후로 변하지 않았다.

만약 이 결과가 청년가구의 가구주 연령상 당연하다고 여겨진다면, 한국 사회에서 주거사다리에 대한 믿음이 아직 유효한 것일 테다. 이러한 인식이 공고하게 작동하는 사회에서 청년들이 지하·반지하·옥탑방·고시원과 같은 열악한 주거환경에서 생활하는 것은 시간이 지나면 자연스럽게 해결될 임시적 상황으로 간주된다. 즉 청년들의 주거 문제는 이들이 어떠한 계기로—그것은 보통 정규직 취업이기도 하고 결혼이기도 한데—생애단계상 더 이상 청년이 아니게 되면 해결될 일이다. 직업안정성이 높아짐에 따라 소득이 증가하거나, 배우자와 공동으로 주거비용을 부담할 수 있다면 가능하다는 뜻이다. 이는 월세-전세-자가의 사다리를 단계별로 타고 올라가는 '내 집 마련'에 대한 오랜 집합적 소망과 밀접하게 엮여 있다. 얼마 전까지는 은수에게도 그런 믿음이 있었을지 모른다. 매년 방을 옮기면서도 은수는 이렇게 서울살이를 10년쯤 하고 나면 자신의 주거 상황이 어느 정도는 안정되어 있을 것이라고 생각했다.

"최근 보면 다 1년, 1년 수준으로 이사를 다녔어요. 어쩌다가 이렇게 된 건진 모르겠으나. 저는 사실은 중간에 주거 변동이 정돈이 되어 있을 상황이었는데, 그죠. 이쯤 되면 사실은. [웃음] 서울살이가 10년인데, 대학 졸업 하고나서, 일을 하고나서 어느 정도 이제 사실은 정돈이 돼야 하는데. 중간에 이렇게 확 고꾸라지는 상황이 있었어가지고."

경기도에서 하던 일을 그만두고 서울로 온 은수의 동생은 도저히 스스로 월세를 부담할 수 없는 상태였다. 은수가 어쩔 수 없이 서울 투룸의 월세를 계속 혼자 냈고, 생활비도 거의 다 은수의 몫이었다. 동생은 점점 더 일을 하지 않게 되었다. 대학을 졸업하고 계속 회사에 다녔던 은수의 저축은 동생을 부양한 지 1년 만에 다 떨어졌다. "정말 거의 보증금 빼고는 완전 빈털터리 되는 수준으로 돈이 떨어져가지고. '안 되겠다, 너 그러면 엄마 집에 들어가 살아라'라고 했어요. 여동생도 엄마랑 살기 싫어했거든요. 그런데 제가 그냥 어거지로, 언니는 더 이상 못해주겠으니까 가라."

지방에서 올라온 청년 여성이 주거사다리를 한 단계씩 밟아나가는 일에 비해, 예상치 못한 계기로 단번에 "확 고꾸라지는" 것은 너무 쉬운 일이다. 당장 동생을 부양할 필요가 없어지기는 했지만, 1인 가구가 된 은수가 들어갈 수 있는 곳은 5평짜리인데 지나치게 높은 월세를 내야 하는 원룸들, "되게 비싼 쪼끄마한 방"뿐이었다. 그곳으로 다시 돌아가고 싶지 않았지만 돈이 없었다. 예전에 잠깐 그랬던 것처럼 자취하는 친구들에게 다시 껴서 살아볼까 고민했는데 이들과도 타이밍이 맞지 않았다. 은수는 그때 재이가 "너무 좋은 조건으로 혜성처럼 등장"했다고 말했다.

머물지 못하는 삶

공통의 취미 활동으로 트위터에서 만난 재이와 은수가 처음 서로 얼굴을 본 것은 2018년이었다. 오랜 시간 동안 매일 서로의 일상을 공유하다 보니 온라인에서의 친구는 자연스럽게 오프라인에서도 친구가 되었다. 다시 5평짜리 원룸의 1인 가구가 되는 선택지밖에 남지 않았던 은수에게 재이는 서울에 공동의 집을 구해서 함께 살 것을 제안했다. 정확히는 주말에만 함께 사는 집이었다. 그 제안을 했을 때 재이의 집도 직장도 제주도에 있었기 때문이다.

재이는 2021년 기준으로 30대 초반의 프리랜서이며, 2019년에는 제주도에서 학원 강사로 일하고 있었다. 서울에서 태어나 학창시절을 보내고 서울에 있는 좋은 대학에 들어갈 때까지 줄곧 어머니와 둘이서 역삼동에서 자랐다. 어머니에게는 딸을 서울에서, 그것도 강남에서 혼자 키워냈다는 자부심이 있었다. 재이는 어머니가 "그 서울 강남이란 자존심만 버렸으면 훨씬 더 나은 삶을 살았을" 것이라며, "나중에는 정말 성냥갑만 한 원룸으로 옮기면서까지도" 강남을 떠나지 않았다고 말했다.

"한부모 가정에서 제가 자라가지고 어머니랑 딸 이렇게 둘이었는데 저희 어머니가 굉장히 집착을 많이 하신 거죠. 제가 고등학교 때 공부를 조금 해가지고. 이렇게 둘이서만 계속 서울에, 그것도 강남구 역삼동에서. 내가 너를 강남구 역삼동에서 키웠다는 그 자부심 하나로 키우신 분인데, 그러다보니까 공부도 좀 학교에서 꽤 하고 학생회장 막 이런 거 하고 그러니까 우리 엄마가 약간 꿈이 있으셨던 거예요. 이 친구가 대학만 가면 나를 먹여 살릴 것이다."

실제로 재이는 재수를 하면서 과외로 얻은 수입을 거의 다 어머니에게 주었다. "그걸 다 드렸더니 이 분의 마음은 계속 이 돈을 영원히 내가 줄 줄 알았던 거죠. 그래서 엄마한테 이렇게 되면 다 뺏기지 싶어서 돈을 모았었어요." 얼마 후 어머니와의 불화로 재이가 갑작스럽게 독립하게 되었을 때, 단기로라도 살 곳을 구할 수 있었던 것은 그때 몰래 모아둔 돈이 있었기 때문이다. '불화'나 '독립'은 당시 재이가 겪은 상황을 표현하기에 적합한 단어는 아니다. 갓 대학생이 된 재이는 "지금 안 들어오면 너를 내 딸이라고 생각 안 하겠다"는 어머니의 말을 듣지 않고 늦은 시간까지 친구들과 술을 마셨다는 이유로 집에서 쫓겨났다. 어머니는 도어락 비밀번호를 바꾸고 며칠 내내 문을 열어주지 않았다. "영원히 집을 나올 생각"은 없었으므로 2주 정도는 친구 집에서 지냈고, 그 후에도 집에 들여보내주지 않자 단기 조건으로 보증금이 싼 대신 월세가 높은 방에서 3개월을 지냈다. 모아둔 돈이 떨어져 집에 다시 돌아가 보려 했지만 어머니는 여전히 받아주지 않았다. 21살에 영원히 집을 나올 생각은 없었으나 그렇게 되었다. 재이는 아무것도 준비되지 않은 상태로 당장 독립해야 하는 처지가 됐다.

"돈이 없으니까 어딜 갔냐면 가락시장역에 지금은 헬리오시티가 된 시영아파트에 들어갔어요. 시영아파트 셰어하우스에. 여기가 방 세 개에 거실 하나에 정말 작은 집, 19평 정도 되는 집이었는데 정말 다 무너지는, 지은 지 35년 막 이렇게 된 집이었는데. 문제는 같이 셰어하시던 분이 한 분은 노래방 도우미였고 한 분은 무직이었어요. 그러니까 약간 제가 느끼기에 그 동네 셰어하우스에 모인다는 거 자체가. 그 셰어하우스가 이 서울에서 집을 구하는 사람이 가장 적은 돈으로 들어갈 수 있는 곳이었던 거예요. 그 당시 조건이 35에 35였던 걸로 기억이 나요. 보증금 35만 원에 월세가 35만 원인 거죠. 그런데 방이 정말 코딱지만 해요. 행거를 걸어놓으면 내가 누울 자리 하나 있는 그 정도 되는 집에서 한 6개월 정도 살았는데 안 되겠는 거예요."

"서울에서 집을 구하는 사람이 가장 적은 돈으로 들어갈 수 있는 곳"으로 느껴졌던 셰어하우스 방 한 칸에서 6개월을 지내고 재이는 지방에 있는 학교 분교 기숙사에 들어갈 기회를 얻었다. 다행히 학자금 대출과 생활비 대출을 받을 수 있었고, 생활비의 일부를 모아 다음 해에는 학교 근처에서 남는 방을 하숙으로 내놓은 한 부부의 집으로 들어갔다. 분교 기숙사에서 아침마다 셔틀버스를 타고 한참 걸려 등교할 필요가 없어졌다. 대신 '여학생'인 '객식구'에 대한 규율이 시작되었다. 집주인 부부는 재이가 옷을 차려입고 나가거나, 머리에 펌을 하거나, 늦게 들어온다는 이유로 재이를 불러서 혹시 술집에 다니느냐고 물었다.

"이 집에서 그렇게 고통을 받는데 당장 갈 데가 없었어요. 거기도 제가 기억하기에는 보증금 100에 월세 40, 이렇게 살던 집인데 당장 보증금도 없는데 어떻게 나가." 보증금이 없는 상황에서 가장 빠르게 구할 수 있는 곳은 고시원이었다. 48만 원의 월세로 "한 명만 딱 서 있을 수 있는" 방에서 한동안 살았다. 원래 관심이 있던 취미를 살려 친구와 도시락 사업을 시작했지만 수입이 규칙적이지 않았고, 사업을 그만두고 학원에서 아르바이트를 해도 보증금이 될 만한 돈이 모이지 않았다. 그렇다고 제대로 취업 준비를 할 시간도 돈도 없었다. 재이는 '숙식 제공'이 되는 일을 찾아 구인구직 사이트를 뒤지기 시작했다.

"저한테 세 개의 선택지가 있었어요. 에버랜드. 에버랜드가 230만 원을 주고 숙식 제공을 해줘요. 두 번째가 워킹 홀리데이. 그다음 세 번째가 제주도 면세점이었어요. 에버랜드는 근데 너무 너무 힘들 거 같고. 워킹 홀리데이를 못간 이유는, 워킹 홀리데이를 가려면 계좌에 현금으로 5000달러 이상이 있어야 돼요. 근데 그 돈이 없었어요. 비행기 표를 끊을 돈까지는 있었는데 그 돈이 없어서 못 가고. 방법이 없는 거예요. 제주도 면세점에 갔죠. 그래서 제주도 면세점에 살다가 게스트하우스에 얹혀살다가 숙식 제공해주는 레스토랑에 있다가. … 들어보시면 아시겠지만 전혀 내 인생에 제주도에 가겠단 꿈도 없었고 학원 강사를 하겠다는 꿈도 없었고 그냥 흘러내려서. 그냥 단지 거주할 데가 없어서 사실은, 제주도에 간 것도 내가 살 곳이 없어서."

“비혼 여성에게 가족의 경제적 지원이 부재한 경우에는 상징적으로나 문자 그대로의 의미에서나 거주의 독립은커녕 노숙인이 되는 것이 남의 일이 아니다”(송제숙 2016: 55). 대학이 서울에 있었지만 원가족과의 관계 악화로 정말 “살 곳이 없어서” 제주도로 “흘러내려” 간 재이의 주거 이력은 흔히 청년들의 자발적이고 주체적인 선택으로 묘사되는 ‘탈서울’의 움직임과는 다른 궤적에 놓여 있다. 재이는 새로운 생활양식을 추구하며 제주도로 이주하는 라이프스타일 이주lifestyle migration가 한창 유행하기 전에 제주도로 떠밀렸다. 처음에는 제주도 면세점에서, 그다음에는 게스트하우스에서, 마지막으로 레스토랑에서 숙식 제공 일자리를 찾았다. 세 군데의 직장-집을 거치고 나자 300만 원의 보증금이 모였고, 레스토랑에서 일하며 만났던 친구들과 함께 집을 구해 나올 수 있었다. 살 곳이 생기자 더 이상 숙식 제공 일자리를 찾지 않아도 됐다. 제주 시내에 있는 학원에 취직을 하고 난 후에는 보증금 1000만 원짜리 집으로 이사했다. 재이는 제주도에서 스스로의 생활 기반을 완전히 새로 닦았다. 서울에서 50만 원을 들고 내려온 지 6년이 지나 있었다.

주택시장과 공동주거전략

재이가 제주도에서 계속 살아야 할 이유는 많았다. 우선 제주도에서는 재이의 소득만으로도 혼자서 “번듯한 집”에 살 수 있지만, 서울의 집값은 물론 그렇지 않았다. 20대 초반에 재이가 서울에서 살았던 셰어하우스나 고시원은 모두 최저주거기준에 미달하는 곳이었고, 재이는 그 시기에 자신이 어디에 살았는지를 인터뷰가 한참 진행된 후에야 기억해냈다. "인생의 암흑기"라고 했다. 제주도에서 자리 잡은 직장을 떠나는 것도 문제였다. 타지에서 처음부터 다시 시작한다면 지금의 수입을 낼 수 없을 것이므로, 6년 동안 쌓아올린 모든 것을 버리고 거주지를 바꿀 용기가 나지 않았다. 빈손으로 제주도로 내려올 때와는 상황이 달랐다.

재이가 제주도를 떠나야 할 이유는 하나였지만 중요했다. 스스로 원해서 정착한 곳이 아닌 지역에서 더 이상 혼자 변화 없이 살고 싶지 않았다. 마지막 1년 정도는 우울증이 생겨서 자신이 갑자기 죽을 수도 있다는 생각이 자꾸 들었다고 했다. "사람이 그냥 갑자기 돌연사를 할 가능성이 언제나 존재하잖아요. 집에 화재가 난다거나 차에 치인다거나. 그런데 내가 죽었을 때 사람들이 내가 죽었다는 걸 알아차리는 시간이 얼마나 될까요." 재이의 학창시절 친구들도, SNS에서 만난 친구들도 모두 서울에 있었다. 물질적 토대는 제주에 있었을지라도 관계적 토대가 다른 곳에 있었던 셈이다. 물질적 토대만 있는 곳에서 더 이상 살 수 없다는 생각이 들었을 때, 재이는 은수에게 함께 살아볼 것을 제안했다.

둘의 공동주거가 은수에게는 최소 주거면적을 아슬아슬하게 상회하는 5평짜리 원룸으로 돌아가지 않기 위한 방법이었다면, 재이에게는 삶의 새로운 국면을 만들어가기 위해 "다시 거점을 찍는" 행위였다. 그렇게 서로 다른 상황과 소망이 우연히 들어맞은 덕분에 이들이 함께 살게 된 집이 최초의 금호동 집이다. 그 집에서 재이는 창문을 열면 예의 유명한 브랜드 아파트 단지가 보인다고, "약간 굴비를 걸어놓고 밥 먹는 사람" 같다고 농담을 했다.

> "저 아파트에 사는 게 사실 서울 사람들의 꿈인데, 아파트 전세에 요즘 들어가는 게 요즘 제 나이대 사람들의 꿈인데. 아무도 집을 사는 건 꿈도 꾸지도 않고, 그냥 어떻게든 전세대출 85%까지라도 땡겨서 그럼 15%만의 내 돈으로 어떻게든 들어가 보자가 사실 꿈인 건데. 근데 주변에 그렇게 무리를 해서 들어간 제 나이대 신혼부부들 얘기를 들어보면 4억을 대출받는 거예요. 4억을 대출받으면 한 달에 이자만 90만 원이 나온대요. 그것도 제일 저렴하게 신혼부부 대출로 받아서. 이자만 90만 원이고 뭐 해가지고 이것저것 내면 조금이라도 갚으려고 하면 200씩 은행에 들어가 버리는 건데. … 돈 못 모은다고. 그냥 영원히 그렇게 그걸 갚으면서 사는."

2019년 실시된 '주거실태조사' 결과를 보면 수도권에 거주하는 청년 가구 중 34.1%가 전세로 살고 있다. 보증금이 있는 경우와 없는 경우를 포함하여 월세 비율이 48.1%이며, 점유형태가 자가인 경우는 12.7%에 불과하다. 수도권 신혼부부의 경우는 반대로 자가가 41.2%, 전세는 38.4%로 대부분 자가 또는 전세로 거주하고 있으며, 월세 비율은

16.3%밖에 되지 않는다. 결혼을 하게 되면 '영끌'을 해서라도 집을 마련하려 하는 사회적 분위기와 신혼부부를 대상으로 하는 주거 정책들이 많기 때문이다. 신혼부부가 아닌 청년들을 대상으로 월세 및 임차보증금을 지원해주는 정책도 있다. 은수와 재이도 금호동 집의 계약이 끝나면 전셋집을 알아보는 것이 낫지 않을까 하는 생각을 갖고 있었다. 은수가 만 19세 이상에서 만 34세 이하 청년이라는 연령기준에 부합하면서 중소기업에 재직 중이었기 때문에 '중소기업취업청년 전월세보증금대출' 지원이 가능했다.

최대 금액인 1억 원의 대출을 받고 현재 금호동 집에 들어가 있는 2000만 원의 보증금을 합치면 1억 2천짜리 전셋집에 들어갈 수 있을 줄 알았는데 아니었다. 보증금 대출 지원 사업이 시행되면서 "1억은 그냥 기본으로 누구나 깔고 들어와 버리니까" 전세가가 올랐다. 주변의 친구들이 집을 알아보는데, 동네에 따라서 방의 크기가 달라질 뿐 "모든 게 1억 9500"이 되어 있었다고 했다. "강서에 가면 1억 9500에 투룸이지만 강남에서는 5평에 1억 9500인" 식이다. 재이가 허탈해하며 말했다. "유산을 받지 않고 1억을 어떻게 모아요? 못 모아요. 현금 1억을 어떻게 만들어? 로또에 당첨되거나 정말 요행을 바라거나 그냥 욜로YOLO로 사는 수밖에 없어요."

실제로 2021년 6월 한국은행이 발간한 〈금융안정보고서〉에 따르면 주택전세가격 상승률은 2019년에 크게 상승했고, 계약갱신청구권 및 전월세상한제 시행 직후 임대인들이 전월세가를 선제적으로 인상하면서 2020년 하반기까지 급등세를 보였다. 주택매매가격 역시 꾸준히 높은 상승률을 기록하고 있다. 연간 가구소득 대비 주택가격의 비율로 나타내는 가격소득비율PIR: Price to Income Ratio은 특히 서울에서 가파른 상승세를 보이며 최근 크게 상승했다. 주택가격이 오르는 속도를 연간 가구소득 상승 속도가 따라가지 못하는 것이다. 2019년 4/4분기 대비 2020년 4/4분기 한국의 가격소득비율은 112.7로, 이 상승 속도는 같은 시점 미국(106.6), 영국(106.5), 일본(99.5), 호주(99.2) 등 다른 국가와 비교해도 크게 높은 상황이다. 2021년 1/4분기 서울지역의 소득대비 주택가격비율은 3분위 평균주택가격 및 도시지역 가구소득 기준으로 17.4이다.◆ 중위소득 가구가 17.4년 동안 한 푼도 쓰지 않고 저축해야 평균 가격의 집을 살 수 있다는 뜻이다.

그럼에도 집은 '오늘이 제일 싸기 때문에' 영혼을 끌어 모아 하우스푸어가 되는 이들도 많다. 끌어 모을 영혼이 없는 이들은 재이의 말처럼 "집을 사는 건 꿈도 꾸지도 않는다". '내 집 마련'이 상징하는 것은 누군가에게는 자산 가치가 높은 부동산 취득이겠지만, 누군가에게는 끊임없이 타의에 따라 옮겨 다닐 필요 없이 어딘가에 정주하고 싶은 소망일 뿐이다.

◆ 중국 대도시의 부동산 가격 상승 역시 심각한 상황으로 정부의 강력한 규제 대상이 되고 있다. 현재 중국 주요 도시의 소득대비 주택가격비율은 베이징 41.7, 상하이 36.0, 선전 46.3 등으로 서울의 2~3배에 달할 정도로 높게 나타난다(한국은행, 《해외경제 포커스》 제2021-26호). 베이징의 부동산 문제 및 그 안에서 분투하고 있는 중국 청년들의 서사를 이 책의 7장과 8장에서 볼 수 있다.

그렇기 때문에 은수에게 공동주거는 혼자서는 어떻게 버텨야 할지 알 수 가 없는, 부표처럼 온 동네를 떠다니고 있는 자신과 같은 비혼 청년 여성이 어딘가에 정착할 수 있는 전략이다.

> "요새는 어떻게 살아야 되나 생각해보면 한 명이서, 혼자만의 힘으로는 절대 이 거지를 벗어날, 이 주거의 어쩌구를 벗어날 방법이 없어요. … 사실은 서울에서 부모님 연고 없이 어떻게 버텨야 되는지 전혀 모르겠어요. 저도 사실은 날려버린 집이 있었지만. 저희 아버지가 팔고 내려가서. 그래서 늘 언제나 약간 서울에서 집에 정착할 수 없는 상태로 계속 그냥 뱅글뱅글 서울을 떠다니며 지내고 있는데. 부표처럼 온 동네를, 그냥 가격이 맞는 곳이 나의 집이 되리라는 느낌으로 어딘가를 그러고 있긴 한데. 요새는 생각해보면 결국에는 혼자 힘으로는 절대 안 되고, 그냥 상황 맞으면 둘이든 셋이든 붙어가지고 살아야 된다고 생각하고."

만약 경제적 이유가 전부라면 이들의 공동주거는 주거비를 절감하기 위한 일반적인 민간 및 공공 셰어하우스와 실질적으로 다르지 않다고 할 수 있다. 그러나 재이의 사례에서 드러나듯이 주거생활에서는 어디에 사는가의 문제만큼이나 누구와 사는가의 문제 역시 중요하다. 비혼 여성이라고 해서 모두 혼자 살거나 셰어하우스에 들어가 모르는 사람들과 살고 싶은 것은 아니다. 혼인과 혈연으로 이루어지는 가족을 선택하지 않았다고 해서 가족의 존재 자체를 거부하는 것도 아니다. 은수는 자신이 상황만 허락한다면 혼자 사는 것을 원하는 사람이라고 생각해왔지만, 사실 그게 아니었다는 것을 최근에 깨달았다.

> "점점 생각하다 보니까 사실은 누군가 같이 있는 게 좋아요. 불편한 점이 있지만 결국에는 누군가랑 같이 지내는 게 나쁘지 않아. … 저도 원래 되게 대가족 사이에서 자랐고 늘 언제나 기숙사 이런 데도 여자애들만 100명이 들어가 있고 그래서. 저도 고독을 좋아하긴 하는데, 혼자 있는 시간도 좋아하긴 하는데 누구랑 같이 사니까 되게 좋은 거예요. 그리고 그렇게 같이 살면서, 사실 이 나이쯤 되면 사람이 잘 아파요. 갑자기 아파서 누워 있으면 동거인이 도와주고. 그냥 뭐라도 챙겨주고. 그냥 서로 응급할 때 집에서 혼자 굴러다니지 않고 적어도 119라도 대신 눌러줄 수 있는 사람이 있다는 게."

셰어하우스가 다수의 1인 가구가 물리적 공간을 공유하는 형태, 즉 고정된 집이 있고 그 공간을 여러 익명의 타인들이 임시적으로 거쳐 가는 형태라면, 은수와 재이의 공동주거에서는 관계가 공간에 선행한다. 그것이 이 2인 가구를 지속가능한 것으로 만든다. 혼인관계도, 혈연관계도 아니므로 지금으로서는 제도적으로 인정받을 수 있는 여지가 없으며 그러한 인정을 바라는 것도 아니지만, 이들은 서로를 단순한 룸메이트가 아니라 미래에도 생활을 같이할 가족이라고 여긴다.

평범하게 소득을 모아서는 집을 구할 수 없는 현재의 주택시장 추세 속에서 물리적 공간 차원에서의 주거 안정성을 획득하기란 쉽지 않은 일이다. 공동주거를 시작하고 나서 은수와 재이는 당시 베스트셀러였던 《여자 둘이 살고 있습니다》(김하나·황선우 2019)를 읽었다. "혼자도 결혼도 아닌, 조립식 가족의 탄생"이란 카피 문구에서 자신들과 비슷한 경우일 것으로 생각했는데, 막상 읽어보니 너무 '전문직' '중산층' 여성들의 이야기였다. 저자들이 공동주거를 결정하고 구입한 서울의 아파트, 이들이 모는 고급 차종에서 그냥 "혼자서도 잘살았을 사람들이 함께 살 뿐"이라는 느낌을 받았다고 했다. 그러나 은수와 재이에게는 혼자 살 때와 함께 살 때의 집이 완전히 다른 공간이다. 은수는 "중산층 아니어도 우리가 즐거운 서민들, 미래가 없는 서민 집단이라도 만들 수 있잖아!"라며 웃었다. 완전히 정주할 집은 아직 요원하지만, 일단은 다음에 함께 옮겨갈 집에 대해 이야기할 수 있는 사람이 있다는 사실이 중요했다.

우정으로 작동하는 집-가족

금호동 투룸에서 2년을 채우고, 2021년 초 은수와 재이는 서울시 관악구 남현동에 위치한 빌라의 쓰리룸으로 이사했다. 이때에서야 재이는 제주도의 집과 직장을 정리하고 완전히 서울로 이주했다. 투룸에서 쓰리룸이 된 것은 가구 구성원이 2인에서 3인으로 늘어나서이다. 세 명이 예산을 합친 덕분에 이들은 이전에 둘이서는 불가능하다고 생각했던 전셋집에 들어갈 수 있게 되었다. 물론 쉽게 진행된 것은 아니다. 전세금의 90%를 대출받을 수 있는 청년 대상 대출상품을 찾고, 나머지 10%를 자력으로 감당할 수 있다는 계산으로 총 5억의 전세금 예산을 잡았다. 2019년 후반까지만 해도 이 예산으로 들어갈 수 있는 집들의 선택지가 많았다. 재이가 "요즘 제 나이대 사람들의 꿈"이라고 표현했던 브랜드 아파트까지도 전세로 가능했다. 그런데 2020년이 되자 상황이 완전히 달라졌다.

"정말, 정말 짧은 시간 동안에 전세가가 엄청나게 올라서, 진짜 눈이 휘둥그레질 정도로, 이게 무슨 일이지 할 정도로. 그렇게 급격한 변화가 일어날 수 있는지 처음 알았어요. 그렇게 암만 늘 언제나 올라왔다 하더라도, 정말 자고 일어나면 아파트가 멸종해 있고 들어갈 수 있는 데가 아무데도 없고." 아무리 90%가 다 대출이라고 해도, 어떻게 세 명이 돈을 5억을 들고 갈 수 있는 아파트가 없을 수가 있냐는 이들의 중얼거림은 청년 주거 문제를 다룬 한 소설 속 대사와 그대로 겹쳐진다. "하늘 아래 어느 집도 우리의 예산으로는 들어갈 수가 없었고 번뇌에 휩싸여 입술을 쥐어뜯는 동안 매주 치솟는 집값에 우린 꿈꿨던 곳에서 한 구역씩 밀려나고 있었다"(손원평 2021).

건축한 지 20년이 넘어가고 관리실이 없는 '나홀로' 아파트를 몇 군데 보고난 후 지금의 남현동 빌라로 왔다. 넓이가 크게 차이나지 않는 세 개의 방이 있어 세 사람 모두 각자의 개인 공간을 가질 수 있었고, 충분한 크기의 주방과, 무엇보다 금호동 집에는 없었던 거실이 있는 신축 빌라였다. 지하철역에서 오르막길로 30분 정도 걸어 올라가야 하는 언덕 꼭대기에 위치해 있어 출퇴근하는 구성원들에게 교통이 불편한 단점이 있었지만, 재이는 "이 집이 조금만 더 역에 가까웠으면 우리가 이 집을 보지도 못했을 것"이라고 했다. 집주인이 건물 몇 십 채를 가지고 있는 임대사업자인데, 이전에 살던 세입자와 문제가 생겨서 전세가를 올리지 않고 급하게 세입자를 찾는 바람에 운 좋게 예산에 맞출 수 있었다고도 했다.

이 집에서 새롭게 함께 살게 된 승효는 30대 중반의 직장인이다. 서울에서 태어나 가족과 살다가 중학교 졸업 후 혼자 유학을 갔고, 대학 졸업과 함께 귀국해 다시 부모님과 서울에서 지냈다. 승효의 부모님은 경제적으로 여유가 있는 편이라 승효는 자신이 최악의 경우에도 "길바닥에 나앉게 되는 일"은 없을 것이라고 말했다. 은수나 재이와는 원가족과의 관계 측면에서 다소 다른 승효가 집을 나온 것은 부모님의 결혼 압박 때문이었다. 한국의 많은 비혼 청년 여성들에게 있어서 지금까지 "그 무엇보다 거주 독립의 동기를 부여한 것은 가족들의 결혼 압력"(송제숙 2016: 56)이다. 승효가 대학원을 졸업하고 나서부터 부모님은 "빨리 시집을 보내고 싶어"했고, 승효는 회사를 다니며 "월세를 낼 수 있을 정도의 경제력이 생기자마자 나가야겠다"고 생각했지만 보증금이 없어 독립하지 못하는 중이었다.

다행히 당시에 보증금을 전부 부담할 수 있었던 친구와 월세를 반씩 내는 조건으로 투룸 빌라에서 함께 살게 되었다. 친구와 2년을 지내면서 보증금을 모은 후에는 보증금 1000만 원에 월세 55만 원인 1.5룸을 구해 혼자 살 수 있었다. 은수와 재이의 공동주거 제안을 받고 고민하던 승효가 결국 승낙한 것은 아주 사소한 계기 때문이었다. "가겠습니다, 라고 얘기했던 게 아마 추석 때 만두 만들다가. [웃음] 추석 때 제가 집에는 가기 싫은데 뭔가 하고 싶은 거죠. 그래서 만두를 만들어 먹읍시다, 그랬더니 아 좋아요, 같이 해요, 그래서 금호동 집에 가서 같이 만두를 만들어 먹으면서. 그 전에도 같이 살자고 얘기는 해주고 계셨지만, 그때 뭔가 가족적인 느낌을 받았던 것 같아요, 처음으로."

원하지 않는 결혼 압박 때문에 원가족으로부터 독립을 원했던 승효가 명절 때 만두를 빚으며 "가족적인 느낌"을 받고 공동주거를 결심했다는 대목은 의미심장하다. 결혼을 통한 가족관계 속에 편입되어 있는 대부분의 여성들에게 명절은 불평등한 가사노동과 감정노동이 중첩되는 고통스러운 시간이다. 그러나 가부장제 외부에서는 똑같은 행위를 수행하면서도 '명절'과 '가족적인 것'의 의미가 완전히 재구성될 수 있다. 이것은 세 사람이 일상 속에서 가사노동을 분배하고 수행하는 방식에서도 나타난다. 은수는 함께 사는 인원이 두 명이었고 재이가 제주도에서 근무하느라 집을 비우는 시간이 많았던 금호동 집에 비해, 지금은 "자신 한 사람의 몫을 해주는 유사-가족들"이 된 것 같다고 말한다. "원래 가족들이란 자기 몫을 안 하잖아요. 자신의 몫을 절대 하지 않죠, 모두가. 모두가 그것보다 부족하게 해주고 문제를 만드는 경우의 가족들이어서 다들 이렇게 나와 살거나 가족과 그만하게 되는 경우가 많은데." 각자 자신의 몫을 하는 개인들이 함께 산다는 것은 이들의 가사노동에도 값이 매겨진다는 것이다. 승효는 그 경험을 이렇게 표현했다.

"가족하고 있을 때는 내가 뭔가를 하면 그게 약간 흡수가 되는 느낌이에요. 예를 들어서, 전 만약에 제가 밥을 먹은 그릇을 은수님이 설거지를 해주시면 너무 감사하죠. 너무 감사한 일인데 만약에 집에 있을 때 제가 설거지를 하면 집에 있는 과년한 딸이 설거지를 하는 건 당연한 일인 거예요. 그건 제가 이 설거지를 아무리 깨끗이 하고 열심히 하고 부지런히 해도 제로가 되는 거죠. 그렇지만 그렇지 않은 상태에 있는 것의 마음이, 그것의 좋음이 있는 거죠. 서로의 역할이 카운트가 되는 거죠."

인류학자 김현경은 "가부장제는 이념형으로서의 현대 사회와 원리적으로 대립한다"(2015: 185-186)고 말한다. 현대 사회의 원리는 모든 구성원이 사람으로서 서로를 대할 수 있으며, 따라서 모두가 모두에 대해 우정의 가능성을 열어놓는다는 것이다. 가부장제 속에서 여성들에게 주어지는 불완전한 성원권은 순수한 우정을 제약한다. 반면에 공동의 재산에 묶여 있다는 이해관계가 없으며 부양자-피부양자의 관계가 아닌 타인들로 구성된 가족은, 은수의 표현에 따르면, "성애적인 게 아니어도 진정한 의미로서 서로의 삶을 도와줄 수 있고, 서포트할 수 있고, 서로에게 진심으로 대할 수 있는, 사랑으로 진심으로 대할 수 있는 것"이다. 구성원들

간의 역할과 지위가 동등한 가족 관계 속에서 여성들의 가사노동은 '당연히 해야 하는 일'로서 투명해지는 대신 온전한 기여도를 인정받는 호혜적 행위가 된다. "서로에게 계속 작은 호의를 베풀어줌으로써 이루어지는 감정의 선순환"이 가능해진다.

그렇기 때문에 이들이 공동주거를 시작하면서 함께 작성한 계약서에는 대출금 이자 분납에 관한 항목이나 가사노동 배분에 대한 항목 말고도, "서로의 정서적인 부분에 있어서의 약속"이 포함되어 있다. "힘들 때 이야기하기, 불을 꺼두고 방 안에 10시간 이상 아무 말 없이 누워 있지 않기(자는 시간 제외), 아무 말 없이 가만히 있고 싶을 때도 10시간 이상 금지, 자살 안 하기, 사고로 죽지 않기 위해 노력하기." 이 약속들은 "누군가가 우울에 빠진 정신 상태를 유지하지 않도록 서로가 브레이크를 걸어" 주기 위한 규칙이다. 동등한 성원권을 가진 구성원들은 스스로를 돌보고, 스스로에 대한 돌봄이 어려울 때는 서로 상대방을 의무가 아닌 호의로 돌본다. 이렇게 세 명의 온전한 개인들로 이루어진 유사-가족을 작동시키는 원리는 진정한 의미에서의 '우정'이 된다. 2019년에 은수는 가족이 "서로의 인생을 의탁하지 않으며 공동체로 묶여서 서로한테 해줄 수 있는 선에서 베푸는 친구, 우정으로서의 조합"이라면 그 안에서 행복할 수 있을 것 같다고 말한 적이 있었다. 정확히 그러한 형태의 가족이 남현동에서, 또 수많은 다른 집들에서 지금 실험되고 있다.

함께 머물러 살기

2020년 서울시여성가족재단이 발표한 〈서울시 청년 여성의 안전한 주거환경 조성방안 연구〉에 따르면 서울에 거주하는 비혼 청년 여성 가구 중 다인 가구(2인 이상)는 13.4%로, 그중 10.9%가 2인 가구이고 2.5%가 3~4인 가구이다. 보고서는 이 13.4%가 1인 가구 및 신혼부부 위주로 집중되어 있는 청년 주거 정책의 사각지대에 놓여 있다고 지적한다. 이를테면 서울시가 공급하는 역세권 청년주택은 신혼부부가 아닌 이상 1인 가구를 대상으로 한다. 전세자금 대출은 구성원 중 한 명의 명의로밖에 받을 수 없고, 그 사람이 세대주가 되며 나머지 구성원들은 동거인이 되기 때문에 주택청약에서 신청 자격이 없어지거나 순위가 밀리게 된다. 사회적 인식도 아직 많이 부족하다. 은수와 재이와 승효가 남현동 집을 구할 때 부동산에서는 여자 셋이 모여 사는 것이 "되게 똑똑하고 좋은 방법"이며 "생각지도 못했던 돌파구를 찾은 것"이라고 말하면서도, 이러한 주거 형태를 여전히 "결혼의 징검다리"라고 생각하고 있었다.

청년 여성들의 공동주거를 단순히 경제적 자원이 부족한 청년들이 주거 빈곤을 해결하기 위해 일시적으로 택하는 형태로만 볼 수 없는 이유는, 이들이 '함께'일 뿐 아니라 '머물러' 살고 싶어 하기 때문이다. 은수와 재이는 금호동 집에서 2년 동안 살았고, 남현동 집으로 이사하면서 세 사람은 여기서 최소한 4년 동안 살기로 했다. 4년 후에는 전월세 가격이 안정되고 소득도 높아져 조금 더 컨디션이 좋은 집으로 갈 수 있기를 꿈꾼다. 주거가 공간과 그 안에서의 관계 모두를 포괄하는 것이라고 할 때, 물리적 공간으로서의 주거는 단절되지만 정서적 관계로서의 주거는 연속성을 가진다. 그렇게 각자가 부여한 집의 의미는 지속된다.

어떤 이들에게 집은 '영혼을 끌어 모아' '빚을 내서 투자'해야 하는 자산이다. 다른 이들에게 집은 그냥 '사는 곳'이다. 경제적 제약이 없다고 가정하고 자신이 살고 싶은 '꿈의 집'을 그려보라고 했을 때, 재이는 거실에 소파와 TV를 놓을 수 있고 베란다에 빨래를 널 수 있는 집이라고 대답했다. 은수도 거실이 있고 창문이 크고 햇살이 많이 들어오는 집을 바란다. 남현동 집에 오기 전까지는 거실의 필요성을 느끼지 못했다는 승효도 지금은 거실을 가장 중요한 조건으로 든다. "지금 친구들과 같이 살고 있지만 모여서 앉아 있을 공간이 없으면 그게 별로 의미가 없겠죠. 그냥 각자 자기 방에서만 생활을 한다면. 그런데 거실이 있으니까 내가 구성한 사회와 물리적으로 그 사회가 존재할 수 있는 공간이 집의 거실이 되는 것 같아요." 이들에게는 '자기만의 방'뿐 아니라 "내가 선택한 사회를 물리적으로 경험할 수 있는" 공간 역시 필요하다. 그 외의 용도가 구분된 공간의 유무와 채광, 환기 등은 이미 최저주거기준에서 규정하고 있는 바이다. 이들의 꿈은 최소한의 조건을 상회하지 않는다.

나는 2018년에 은수와 재이와 승효를 처음 만났고, 지난 몇 년 동안 이들이 하나의 집으로 모여 전과 다른 가족이 되어가는 과정을 지켜보았다. 이들의 삶을 통해본 청년 여성들의 소규모 공동주거는 경제적 어려움으로 인한 궁여지책이기만도, 결혼을 통해 가부장제에 편입되지 않으려는 여성주의적 움직임이기만도 하지 않은, 주거와 노동과 정동과 소망과 그 외의 수많은 삶의 차원들을 협상하면서 도출해낸 생애전략에 가까웠다. 이들의 선택과 실천이 미래에 어떠한 장소에 도달해 있을지는 아직 알 수 없다. 조금씩 더 나은 곳으로 나아가자는 이들의 약속이 무색하게 전월세가가 계속 폭등해 더 나쁜 집으로 옮겨야 할지도 모른다. 지금은 공고해 보이는 우정을 기반으로 한 관계가 변화할지도 모른다. 다만 무엇 하나 확실하지 않은 삶에서, 새로운 선택지가 존재한다는 사실이 가져오는 조금 다른 미래의 가능성을 잠시 엿보았을 뿐이다.

참고문헌

국토연구원, 2020, 〈2019년도 주거실태조사 특성가구 연구보고서〉.

김하나·황선우, 2019, 《여자 둘이 살고 있습니다》, 위즈덤하우스.

김현경, 2015, 《사람, 장소, 환대》, 문학과지성사.

서울시여성가족재단, 2020, 〈서울시 청년여성의 안전한 주거환경 조성방안 연구〉.

손원평, 2021, 《타인의 집》, 창비.

송제숙, 황성원 옮김, 2016, 《혼자 살아가기》, 동녘.

정민우·이나영, 2011, 〈'가족'의 경계에 선 청년 세대: 성별화된 독립과 규범적 시공간성〉, 《경제와사회》, 89: 105-145.

◆ 이 글은 서울에 거주하는 비혼 청년 여성들을 대상으로 2019년부터 수행하고 있는 주거 기획 인터뷰 자료 중 일부를 바탕으로 한다. 인터뷰 참여자의 이름은 모두 가명이다.

2

불안을 말하는 청년 여성과 역차별을 주장하는 청년 남성

김수아

페미니스트에 대한 부정적인 인식

대한민국에서 페미니즘에 대한 수업을 하는 교수자가 거의 반드시 만나게 되는 질문이나 주제는 "페미니즘이 과연 성평등 사상인가"에 대한 것이다. 초중고등학교에서는 성평등 교육을 하려는 교사들에게 공격적으로 반응하는 경우가 많다는 우려가 큰데, 대학의 익명 커뮤니티에서는 비난의 형태로, 수업에서는 토론 의제의 모습을 빌려 나타나는 양상이다. "페미니즘을 폐지하고 이퀄리즘을 해야 한다", 혹은 "페미니즘을 이퀄리즘으로 명칭을 변경해야 한다"라는 주장을 담은 과제가 제출되는 경우, 디지털 성폭력에 대해서 수업을 할 때 (90% 이상의 확률로) 남성 피해자는 왜 이야기하지 않는가 하는 항의성 질문을 받는 경우 등이 대표적이다.

이러한 일은 대체로 페미니즘이 여성만 언급하기 때문에 문제라는 인식에 기초한 것이다. 페미니즘을 이퀄리즘으로 바꿔야 한다고 생각하는 학생들이 남학생들만인 것도 아니다. 여학생들 역시 페미니즘에 대해서 우려하고 있다. 여성만을 챙기고 있어서 공정하지 않다는 것이다. 종종 온라인상에서 만난 페미니스트들의 문제적 모습들이 언급되기도 한다. 우리 언론이 클릭을 유도하기 위해서 열심히 기사화했던 '워마드'의 모습들이 바로 그것이다. 성체 훼손이나, 낙태 사진 공유 등의 일을 하는 비이성적이고 극단적인 집단을 페미니스트로 상상한다. 사실 온라인 공간에서 논란이 되는 것은 대체로 부정적인 것들이 많다. 온라인에서 '펌'을 통해 유통되려면 자극적인 내용이어야 하고, 미담보다는 부정적인 내용이 훨씬 더 많이 공유된다는 점 때문에 어떤 대상을 불문하고 부정적인 모습이 더 빨리 더 많이 알려지는 경향이 있다. 여하간 그래서 상당수 청년에게 페미니즘은 부정적인 사상으로 인식된다. 공정하지도 않고, 극단적인 모습만 보이기 때문이다.

그런데 페미니즘에 대한 부정적인 인식은 오늘날 갑자기 생긴 것은 아니다. 온라인 공간이 일상과 연결되기 이전인 1980년대와 그 이전에도 페미니스트들은 노동운동의 계급 중심성과 안정성을 해치고 별로 중요하지도 않은 여성이라는 이슈를 제기하는 훼방꾼으로 취급받았다. PC 통신 시절의 페미니스트들 역시 '꼴페미'로 불리면서 문제적 집단이라는 소리를 계속 들어왔다. 페미니즘에 대한 부정적인 인식이 얼마나 일반적이었는지를 알려줄 수 있는 대표적인 수사는 "나는 페미니스트는 아니지만…"일 것이다. 이처럼 항상 페미니스트는 문제적인 대상이었다.

그럼에도 불구하고 최근의 거부감이 더 커 보인다면, 오히려 페미니즘이 너무나 대중화되었기 때문일 것이다. 표준국어대사전에 페미니스트가 "여성을 숭배하거나 여성에게 친절한 사람"으로 정의되어 있어 사전적 의미가 잘못되었다는 문제제기가 사회적으로 인지된 것이 2018년의 일이다. 엉뚱한 개념이 사전에 등재되어 있어도 사회적으로 문제의식이 없을 정도로 인지도도 낮고 관심도 없었던 상황이었지만, 2010년대 중반 이후 우리 사회에 페미니스트가 점점 많아진다는 대중적 감각이 생기고 있고, 이로 인해 페미니즘 자체가 화제가 되는 일도 많아지면서 부정적 인식 역시 커질 수 있는 상황이 된 것이라고 볼 수 있다.

페미니즘의 대중화는 여론 조사를 보면 분명하게 보이는 경향인 것도 맞다. 여성 청년이 페미니스트로 스스로를 생각하는 비율은 높은 경우 48.9% 정도, 낮은 경우 37.6% 정도이다. 가장 높게 나타난 시기는 미투 운동 당시, 2018년 11월 기준 한국여성정책연구원의 조사 결과이며, 37.6%로 나타난 조사는 2020년 1월《한국일보》가 수행한 조사 결과이다. 이러한 결과들은 적어도 청년 여성 세대 내에서는 페미니즘에 대한 상당한 수준의 대중화가 이루어졌다는 것을 보여주고 있다.

"성차별에 기초한 억압을 철폐하려는 사상"이라는 페미니즘의 정의에 따라, 페미니스트로 정체화한 청년들은 과거에는 유머로 인지되던 것들이 불평등한 구조의 결과라면서 수정을 요구하고 나서고, 사회 각종 영역에서 성차별을 지적하면서 말 그대로 '문제'를 제기하고 있다. 활발하게 제기되는 페미니즘의 사회 비판적 목소리가 부정적인 인식을 키우는 데 기여하기도 한다. 한국 사회는 갈등을 지양하는 것을 미덕으로 여기며 특히 언론 보도는 갈등을 일으키는 주체들을 비난하고, 갈등 자체가 매우 위험한 것이라는 인식론을 전달한다는 분석이 있다. 언론 보도는 '젠더 갈등'이나 '남녀 갈등'을 매우 우려하면서 이 문제의 원인을 문제제기자, 즉 갈등 유발자에게로 돌리기도 한다. 이렇게 부정적인 언론 보도, 온라인을 통해 유통되는 극단적인 사례들이 페미니즘에 대한 부정적인 인식에 기여하고 있다.

페미니즘과 이퀄리즘

이러한 부정적인 인식이 그저 페미니스트는 문제 유발자이자 골칫거리라는 거부감이라고 하면, 이는 좀 더 해결하기 쉬울지도 모르겠다. 그보다 더 큰 문제는 페미니즘이 성평등 사상이 아니라는 신념이 강력하게 온라인 공간을 중심으로 형성되어 있다는 것이며, 특히 20대 청년 남성층에서 진실화되어 있다는 것이다. 현재 한국의 온라인 커뮤니티 접속 순위는 '오늘의 베스트'에 기초해서 알아볼 수 있는데, 다양한 갤러리가 모여 있는 '디씨 인사이드' 다음으로 2위인 사이트는 '펨코fmkorea'이다. 남성 중심 커뮤니티로 20~30대 남성들이 다수 활동하는 것으로 알려진 이 사이트에서는 페미니즘의 옹호가 박멸대상이라고 표현된다. "항상 우리 사회의 곳곳에, 그것도 깊숙한 곳에 페미니즘과 페미니스트들이 있다는 사실을 잊지 말자. 그리고 그것들을 축출, 배격, 말살해야 이 나라의 미래가 있음을 …"(펨코 게시물, 2021년 5월 5일자)과 같은 게시물 내용에서 볼 수 있는 것처럼, 페미니즘은 국가, 미래의 안녕과 안정을 위해서는 사라져야 할 사상 체계로 여겨진다.

여기에는 온라인 공간의 집단 극화가 문제가 될 수 있는데, 온라인 공간의 필터 버블 현상은 유튜브 등의 알고리즘 체계가 발달하면서 더욱 강화되고 있다는 진단이 있다. 나와 같은 생각을 하는 사람들만 만나게 되는 필터 버블 현상을 통해, 이견의 접촉이 이루어지지 않다 보니 오로지 자신의 말이 맞다는 확신 속에 자신의 생각만을 강화해나간다. 온라인에서는 집단 극화 역시 일어나기 쉬운데, 이는 개인이 한 집단의 구성원으로 자신을 인지할 때 사고 방향이 개인일 때보다 훨씬 더 극단화되는 현상을 말한다. 특정 온라인 공간, 특히 한국의 성별화된 온라인 공간에 소속감을 갖기 위해서는 해당 공간에서 유통되는 극단적인 생각에 대한 동조가 보다 쉽게 일어날 수 있다는 의미이다. 정보의 추구와 의견 교환이 그 어느 때보다 많아지는 상황에서도 오히려 숙의는 이루어지기 어려워지고 있는 현실이다.

이러한 필터 버블 상황에서 페미니즘에 대한 특정한 정보나 인식이 구축되면 해당 방향으로만 정보가 유통될 가능성이 높아진다. 2018년 이퀄리즘 사건이 대표적이다. 온라인 지식 서비스를 중심으로, 선진국에서는 이미 페미니즘이 뒤떨어진 사상으로 취급받고 있으며 이퀄리즘이 각광을 받고 있다는 정보가 게시되면서, 페미니즘과 평등을 서로 충돌하는 것으로 구성한 것이다. 출처로 알려진 정보들이 조작이라는 것이 알려져서 해프닝이 되었지만, 온라인 공간에서는 초두 효과가 워낙 강력하다 보니, "페미니즘은 성평등 사상이 아니라는 인식이 해외에서도 있다, 즉 페미니즘은 이미 후진적 사상"이라는 사고는 광범위하게 온라인 커뮤니티를 중심으로 퍼지기 시작했다. 여기에는 앞서 여학생들조차 우려하는, 페미니즘이 '여성'을 위한 사상이기 때문에 이미 평등하지 않다는 사고가 관련되어 있기도 하다. 이러한 생각이 얼마나 널리 퍼져 있는지는 2021년 'GS25'의 손가락 이미지 논란 및 공정성 관련 논란 등에서 해당 뉴스의 포털 서비스 댓글에서 추천 댓글 중 상당수가 "페미니즘은 여성만 챙기기 때문에 평등(이퀄)하지 않다"라는 내용을 담고 있다는 것을 통해 확인할 수 있을 것이다. 그 가운데 한 가지 사례를 들면, "애초에 페미니즘이 성평등주의랑 백만 광년쯤 떨어져 있는데 어디서 백래시 타령이니, 페미니즘은 말 그대로 여성주의고 애초부터 여성우월주의인데"(《한겨레신문》 기사 네이버 포털 댓글, 2021년 5월 17일자)와 같은 것을 들 수 있다.

댓글뿐 아니라 인식 조사에서도 이러한 생각이 뚜렷하게 드러난다.

예를 들어, 경기도여성가족재단의 조사(임혜경 2020)에서는 "여자들은 지켜야 할 의무는 다하지 않으면서, 자신들의 권리만 내세운다"라는 문항에 대한 동의 여부를 물었는데, 이 문항이 바로 대표적으로 온라인에서 밈으로 존재하는 '뷔페미니즘'의 정의이기도 하다. 이에 대해서 여성은 평균 2.08의 동의율을, 남성은 3.38의 동의율을 보여서 성차가 가장 크게 나타나는 답변이었다. 한편 "평등을 주장하는 여성들은 의무를 다하지는 않으면서 사실상 특별대우를 원한다"라는 항목은 3.42라는 동의율로 남성의 동의율이 가장 높은 항목이었다. 페미니즘은 여성에 대한 특별대우를 요구하는 불공정한 사상이며, 따라서 우리는 '이퀄'한 것을 추구해야 한다는 것이 일종의 윤리적 태도로 유통되고 있다.

차별의 경험과 의미화

앞서 언급한 조사 결과를 좀 더 인용해보면 이 조사는 성차별 경험에 초점을 맞추어 설문을 해본 결과이다. 학교 교육, 취업, 가족생활 전반에서 성차별 경험이 있는가 하는 설문에 대해, 가족 내 교육기회 차별을 경험한 남성이 11.0%, 여성 17.2%로 차이가 있고, 가족 내 재산분배 차별은 남성 12.1%, 여성 20.7%가 경험했고, 학교생활에서의 차별은 남성 34.1%, 여성 48.3%가 경험했다고 답했다. 일자리(취업 및 창업) 진입기회에서 차별은 남성이 34.1%, 여성이 62.1% 경험했고, 임금(소득)에서의 차별은 남성 22.0%, 여성 60.9%가 경험했다고 답했다(임혜경 2020). 남성이 차별을 가장 강력하게 경험한다고 생각하는 영역이 학교생활인 점, 그리고 여성의 차별 경험은 주로 취업과 임금이라는 노동 영역에 있다는 점을 주목할 필요가 있을 것이다. 여하간 현재 청년들은 남녀를 불문하고 성차별을 경험하고 있다고 답하며, 그래서 성차별을 개선해야 한다고 말한다.

그렇다면 결국 차별의 정의가 무엇인가가 중요할 것이다. 학교생활에서의 남성에 대한 차별은 2021년 5월 1일자《조선일보》가 보도한 내용을 예로 들 수 있다. 여학생과 달리 남학생에게는 탈의실을 제공하지 않는 것, 남학생에게만 무거운 것을 들게 하는 것 등이 대표적이다. 또한 학교생활의 전반적인 영역에서 여성적 기준을 요구한다는 주장도 종종 제기되곤 하는데, 이러한 맥락에서 '여성교사 과다 현상'이 항상 문제로 지적된다.

차별의 서로 다른 정의는 여러 앙케트 조사에서 보이기도 한다. 여성들이 절대적으로 안전을 의제로 두고, 성차별의 문제를 성폭력 등 안전 의제에서 찾는다면, 남성들은 외로움을 가장 큰 문제로 보고 연애에서의 차별을 성차별로 인식하는 등의 인식 차에 대한 조사들이 다양하게 존재한다. 그러니 평등을 요구한다는 말 역시 서로 다른 말을 하는 셈이 되고 있다. 이러한 차이가 역차별과 공정성을 둘러싼 논쟁에서 분명하게 드러난다.

역차별과 공정의 개념화

페미니즘이 성평등이 아니라 차별적 사상이라는 생각은 청년 세대가 주로 참여하는 온라인 커뮤니티 게시글이나 뉴스 댓글과 같은 온라인 담론에서 평등은 '기회의 평등'을 의미하고 있다는 데에서 도출되는 자연스러운 결론이기도 하다. 진입하는 기회에서 성별이나 기타 이유로 제한을 두는 것은 바로 차별이라고 생각하는 것이다. 예를 들어, 역차별의 대표적 사례로 주로 언급되는 것이 〈여성기업 지원에 관한 법률〉이다. 기업 지원은 누구에게나 열려 있는 것이어야 하지 여성기업이라고 지원을 더 하는 법률이 있다는 것이 문제라는 생각이다.

한국 사회에 일반화된 공정성의 원리는 형평의 원리로 알려져 있다. 투입에 대한 보상이 중요하다는 인식이다. 이는 경쟁을 유발하는 것으로 사회의 효율성과 생산력이 증가할 수 있는 장점이 있다. 하지만 이렇게 투입의 상황을 투명하고, 누구에게나 가능한 것으로 가정하다 보면 사회적 차별의 문제가 발생할 수 있다. 특히, 이렇게 투입에 따라 차등적 보상을 제공하는 것이 공정이라고 생각하고, 차등적 보상에 따른 위계는 자연스러운 것이라는 생각이 광범위하게 되면, 노력으로 극복 가능함에도 노력하지 않는 개인이 문제가 된다는 인식이 자연화된다. 장애는 극복의 대상이고, 저학력자의 임금은 낮은 게 당연하다는 생각이 대표적이다 (김지혜 2018).

이는 청년 세대만의 문제라기보다는 한국 사회가 오랫동안 능력과 학력, 기회와 공정성의 개념을 이런 방식으로 인식해왔다는 것에 기인하는 것이다. 한국인들은 출신학교에 따른 차별의 문제가 심각하다고 믿으면서도 동시에 학벌이 인간 능력의 구현체라고 보는 모순적 인식을 보인다고 알려져 있다. 이러한 인식에 밀접하게 관련된 능력주의는 개인의 능력을 사회와 분리하고 절대화하는 것으로 사회의 불평등을 정당화하는 데 기여할 수 있다. 이때 능력주의의 개념은 서구적 능력주의 개념과는 조금 다르게 한국 사회 나름의 역사적·사회적 맥락 속에서 변형된 것이라고 할 수 있는데, 지속적인 경쟁을 요구한다기보다는 학벌, 즉 대학입시 결과에 따른 보상이 계속되기를 바라는 학벌주의, 혹은 공무원, 정규직 시험에 통과하여 합격한 보상을 바라는 시험합격주의에 가깝다는 비판이 가능하다(김선기 2019).

이러한 시험 중심적 사고방식에 대한 우려는 여러 연구에서 지적되고 있기는 하다. 예를 들어, 입시 과정에서는 능력주의에 따른 보상이 온다고 믿어온 청년 세대들이 취업난이 장기화되면서 시험 성적으로 미래가 결정되지 않는 구조적 불평등을 만나게 되는데, 이를 경제민주화를 요구하는 등 사회구조의 변화를 요구하는 문제로 여기기보다는 문제를 개인화하면서 자신을 을로 인식하여, 약자를 배제하는 것은 오히려 을의 입장에서는 자연스러운 것이라고 여기게 된다는 것이다(조옥라·임현지·김한결 2018). 이는 자신의 계층지위나 구조적 위치에 대해서는 고민하지 않게 되고, 자신을 광의의 약자에 동일시하면서 자신보다 불리한 사람들에 대한 구조적 격차를 무시하게 되는 현상이다. 여기서 특권의 개념이 문제가 될 수 있다. 특권은 말 그대로 사회 지배층이 갖는 것으로 인식되어서, 예컨대 장애학에서 비장애인의 특권이라고 설명되는 것들, 사회가 비장애인을 중심으로 설계되어 있다는 것은 특권으로 쉽게 인지되지 않는다. 성별에 따른 특권 역시 마찬가지로, 여성기업을 우대하는 법률이 있는 상황에서 다른 모든 산업 영역에 남성중심적 문화가 존재하고 이것이 남성의 특권이라는 말은 쉽게 동의되지 않는 말이 되는 것이다.

따라서 특권이 없는, 광의의 약자인 을들은 경쟁을 통해 개인의 노력을 증명하는 기회가 누구에게나 열려 있어야 하며(즉 진입 기회에서 성별이나 장애 등을 이유로 누군가에게 더 많은 것을 쥐어주어서는 안 되며), 하지만 그 경쟁이 계속되는 것이 아니라 일단 진입한 세계에서의 자신의 권리를 보장받아야 한다면서 이런 세계가 공정하다고 주장한다. 비정규직의 정규직 전환 시험을 반대하는 것은, 시험을 준비하기 위해 투자한 시간과 노력의 가치가 보상을 받아야 하는데 그 보상이 다른 이에게 나누어진다면 보상의 의미가 사라지기 때문이다. 만약 이러한 일이 일어난다면 보상의 의미가 축소되는 정규직 취업자에게 역차별이 발생한다는 주장이 광범위한 동의를 얻고 있다.

역차별 주장의 유행은 서구에서도 경제 위기가 계속되면서 흔하게 발생하는 현상으로, 대표적인 우파적 관점이다. 적극적 조치와 소수자 우대 정책을 기회의 평등에 어긋나는 것으로 생각하면서 원래 자신에게 주어진 기회를 침범당한다고 여기는 것이며, 이것이 자신에 대한 차별이라고 주장하게 되는 구조이다. 여기에는 일종의 저울 혹은 시소처럼 자원의 배분을 바라보는 상황이 존재한다. 한 측에 하나의 항목이 더 올라가면 저울이나 시소는 기울어지며, 이는 반대편에게는 불합리한 일일 뿐이라는 은유적 상상이 작동하는 것이다. "대한민국에서 남자가 받는 성차별"이라는 게시물(펨코, 2019년 1월 5일자)에서 언급되는 사례를 들어보면, 여대의 존재, 정부의 여성대상 범죄 강력대응 방안, 여성 할당제(가산점), 여성에게 관대한 법, 여성단체의 존재 등이다. 각각의 사례가 어떤 오해나 왜곡된 사실에 기반을 두고 있는가를 일일이 논의하는 것도 필요한 상황이지만, 여기서 '여성'이 따로 분리되어 있으면 역차별이라고 개념화되어 있다는 점을 주목해야 할 것이다.

역차별 주장은 여성 할당제를 핵심적 문제로 꼽고는 한다. 그런데 정부 주도의 여성 할당제 제도가 사실상 거의 없다시피 하다. 우리 사회에서 할당제로 부를 수 있는 사례로 대표적인 것은 국회의원의 성비 불균형이 국제 사회 기준에서 볼 때 매우 심각한 상황에서, 여성 정치인을 공천할 때 할당 비율에 대해서 당 내부에서 결정한 것이 있다. 물론 이 할당 비율이 언제나 지켜지지는 않는, 법적 강제력을 갖는 제도는 아니다. 하지만 여성 국회의원, 특히 여성 비례대표 의원은 할당제 때문에 의원이 되었다는 생각하면서 여성 의원에 대한 폄하로 이어지는 경우가 있다. 류호정 의원에 대한 비난이 대표적 사례이다. 여성 할당제를 통해서 의원이 되었다면서 비난의 근거가 여기 있다고 말하는 뉴스 댓글이나 커뮤니티 게시글을 흔하게 볼 수 있다. "국민이 뽑지 않았는데 왜 국회의원인가"라는 말은, 다른 비례대표 의원에게보다 여성 의원에게 더 많이 등장하는 수사들이기도 하다.

요컨대, 최근 안티 페미니즘의 주요한 기조는 페미니즘이 역차별을 조장하는 불평등 사상이라는 인식에 근거하는데, 특히 이것이 청년 세대와 관련되어 문제가 되는 것은 과거의 성차별 문제를 지금 해결하려고 하고 있고, 특히 현재 정부가 이를 주도하고 있다는 인식 세계를 구성하고 있기 때문이다. 청년 남성은 과거의 성차별 문제를 인지하고 있으나 그렇다고 해서 현재의 여성들에게 기회를 제공하는 것은 과거의 차별에 아무런 책임이 없는 현재의 젊은 남성들을 차별하는 것이라고 본다. 역차별 담론은 현재를 기점으로 일단 성별 갈등으로 표출되며, 과거의 성차별을 현재에 교정하는 것이므로, 현재의 20대 여성은 과거의 성차별을 보상받는 주체로, 20대 남성은 과거의 성차별 때문에 피해를 받는 주체로 그려지게 된다. 이를 드러내는 온라인 남성 중심 커뮤니티의 주장 중 하나가 "20대 남성은 역차별을 받고 있는 것이 아니라 차별을 받고 있다"는 것이다("왜 '역차별'이야? 일방적으로 '차별'당하는 거 아니야?", 펨코 게시물, 2021년 4월 18일자). 이렇게 시간성을 제거하는 것을 우치다 다쓰루內田樹(2016)는 반지성주의의 핵심이라고 보기도 했는데, 다쓰루의 정의관은 과거의 문제를 현재에 교정하고 미래에 가능할 수 있는 오류를 앞당겨 해결하는 것이라는 점에서 현재를 강조하는 무시간성의 역차별 주장에 대한 대안으로 인식되기 어려운 상황이다.

한편 역차별 담론의 핵심 근거 중 하나는 서구적 근대의 개인 모델에 근거한 신자유주의적 기업가 자아이다. 원자화된 개인들은 각자도생의 원리 속에서, 자신 스스로를 계속해서 계발하여 신자유주의 시장에서의 가치를 높이는 노력을 지속하게 된다. 이들은 개인주의적 이상과 페미니즘의 문제제기를 종종 충돌하는 것으로 인식한다. 즉 성차별 문제는 개인의 역량을 남녀 문제로 치환한 것이라고 보는 것인데, 이것이 바로 개인주의적 공정성 관념에서 출발하는 것이라는 의미이다.

여성 청년들의 생존 감각: 불안과 분노

앞서 논의했듯, 이러한 입시 중심적 공정론은 현재의 청년 세대가 유별나서 갖게 된 것이 아니라 오랜 기간 우리 사회의 중요 구조화 원리 중 하나였다. 따라서 청년 세대가 왜곡된 능력주의에 기초한 공정론을 주장한다고 청년 세대만 따로 끌어내어 비난하는 것은 온당한 것은 아니다. 다만 최근 들어 이러한 공정성 감각이 훨씬 더 보편화된 것처럼 보이는 것이 사실인데, 이는 언론 보도가 정치권에 반대하는 청년 남성이라는 '이대남'을 구성하여 정부를 비난하기 위해 공정성 담론을 적극적으로 끌어들이는 것과도 관련이 있다. 하지만 동시에, 실제로 청년들이 경험하는 세계와 그 인식에서도 과거와는 다른 변화가 일어나고 있는 것이기도 하다.

그렇다면 청년들이 바라보는 우리나라는 어떤 세계인가? 여성 청년들에게 현재의 대한민국은 무엇보다 불안한 곳으로 인식된다. 여러 조사

연구는 여성 청년들이 이 사회에 대해 갖고 있는 불안이 무엇인지를 드러내준다(마경희 외 2020). 여성 청년은 강간, 살인, 폭력 등에 대한 불안을 가진 비율이 53.4%에 달하는데 이는 기성세대 여성(30.4%)과 비교하여 높다. 불법촬영 피해에 대해 청년 여성은 60.4%가 불안을 느끼고 있지만, 남성의 경우 18.9%로 나타난다. 사회적으로 경험하는 범죄 피해에 대한 불안의 성별과 연령 차이가 큰 상황인 것이다. 또한 여성 청년의 불안은 계층화되어 나타나는데, 이는 거주 지역에서 안전감을 보장할 수 있는가가 중요한 변인이 되기 때문이다. 이에 따라 주관적 계층 인식이 낮을수록 폭력에 대한 피해 불안이 높게 나타나고 있었다.

불안과 밀접하게 연동되는 감정은 울분과 분노인데, 우리 사회에서 여성 청년의 학력 변인이 울분에 영향을 미치는 것으로 나타났다. 여성 청년의 울분은 2.70이고 남성의 평균은 2.54로 나타난다. 삶에 대한 만족도 역시 문제적으로 보인다. 여성의 계층 간, 학력 간, 지역 간 행복도 차이가 크게 나타나고 있기 때문이다. 여성 청년층이 경험하는 불안과 분노, 그리고 행복은 성별뿐 아니라 계층, 학력, 지역 등을 고려해야만 설명할 수 있는 부분이 많다.

여성 청년들에게 성희롱, 성폭력, 디지털 성폭력은 가장 명백한 성차별로 인지되고 있으며, 이에 대한 분노와 울분이 페미니스트가 되는 계기라고 설명하는 것 역시 여러 조사에서 반복적으로 나타난다. 분노에 의해 페미니스트 운동에 참여하지만, 한편으로는 무력감도 심각하다. 권력화된 성희롱, 성폭력에 대한 분노와 무력감이 존재하는 것이다.

잇따른 성폭력에 대한 형량이 낮은 판결에 따라 남성 중심의 권력 구조를 깨기 어렵다는 무력감이 공유되기도 하는데, 스쿨 미투의 경우가 이러한 비극적 상황에 놓이기도 한다. 성희롱, 성폭력 가해자로 지명된 교사들이 학교로 돌아오고 있어서 이에 대한 무기력감을 해소하지 못하고 있다는 호소도 종종 들리고 있기 때문이다. 또한 한국 사회에 디지털 성폭력 문제가 심각하다는 것은 '텔레그램 성착취' 사건 등 여러 사건을 통해 강력하게 인식되고 있다. 디지털 성폭력은 자신이 통제할 수 없는 항상적인 위협으로 인식된다. 그래서 대한민국은 여성들에게 불안한 곳으로 인식되고 있다. 다음의 대표적 여성 중심 카페 '여성시대'에는 여시뉴스데스크 등의 말머리로 여성 대상 범죄 기사가 공유되며, 관련 게시글 댓글마다 여성의 불안과 이에 대한 보호가 없는 현실을 개탄하는 경향이 드러난다. 독거여성노인이 성폭력 피해를 경험하고도 신고도 제대로 하지 못하는 현실을 설명한 기사글을 공유하며 "1인 가구 할머니들 중에 열악한 주거환경에 사시는 분들이 많아서 더 걱정이야. 보안 잘 돼 있는 아파트나 이런 데 사시면 덜 위험할 텐데…"(여성시대 게시물 댓글, 2020년 6월 4일자), 한국사이버성폭력대응센터에서 발표한 조사 결과 디지털 성폭력 20대 피해자의 경우 가해자의 41%가 연인이었다는 기사를 공유한 게시물 댓글로 "거의 절반 가까이잖아. 이건 범죄가 뭐 일상 수준이잖아"(여성시대 게시물 댓글, 2021년 3월 6일자) 등이 등장하는 것처럼, 여성은 일상이 불안이고, 이는 연령대를 불문하고 일어나는 일이라는 인식이 강력하게 존재하는 것이다.

여성들의 목소리: 4B 운동의 명암

불안함이 주요 정조인 청년 여성들에게는 결혼과 출산에 대한 부정적 인식도 매우 높게 나타난다. 결혼할 생각이 있는 청년 세대는 47%로 나타나는데 이 가운데 여성은 37.6%, 남성은 54.6%로 성차가 큰 편이다. 결혼하지 않는 이유도 서로 다르다. 여성은 개인의 자유를 제약하는 것, 결혼을 통해 경험하게 될 가부장제 규범과 억압을 우려한다(마경희 외 2020). 남성은 경제적 이유로 인해 결혼을 할 수 없거나 혹은 하고 싶지 않은 것에 더 가깝게 나타난다. 비혼, 비연애 결정에서 여성들은 성차별을 가장 큰 요인으로 꼽는 반면, 남성은 경제적 요인을 꼽는다는 것을 주목해야 할 것 같다. 청년 세대를 취업 위기 등으로 인해 결혼을 포기한 세대가 아니라 결혼하지 않기로 적극적으로 선택한 세대로 바라볼 필요가 있다. 이 책의 1장에서는 청년 여성들이 함께 "머물러" 살기를 바란다는 점을 통해 경제적 위기만이 함께 살기의 이유가 아니라는 것을 보여주고 있다.

이러한 여성들의 인식이 사회운동의 형태로 나타나는 것이 4B 운동이다. 비혼, 비연애, 비섹스, 비출산을 말하는 4B 운동은 무엇보다 결혼과 연애 같은 친밀성의 실천들이 여성에게 억압적인 것이라는 인식을 공유하기 때문에 가능해진다. 이 운동은 개인적인 것이 정치적인 것이라는 페미니즘의 메시지를 실천하는 장으로 여겨지는데, 이를 하나의 가치관으로 표현하는 청년 여성들은 일상적인 디지털 미디어 활용과 SNS를 통한 사회운동에 익숙한 세대적 특성을 갖는다. 여성시대 카페에서 4B운동을 소개한 기사 댓글(2020년 1월 26일자 게시물)로, 내 인생이므로 내 마음대로 하는 것이다, 연애 안 해도 혼자 재미있게 산다, 내 주변에도 많다는 등으로 공감의 의사를 표현하는 것을 통해, 온라인에서 여성 청년들의 커뮤니티로 여겨지는 공간에서는 일종의 공유된 정서이자 운동으로 인식되고 있음을 볼 수 있다. 특히 이 게시물의 댓글 중에서는 "아버지는 선택할 수 없었지만 새로 남자를 내 인생에 들이는 것은 선택하지 않겠다"라는 주장이 등장했는데, 가족이라는 억압적 구조에 대한 인식이자 이에 대한 대응으로 가족을 구성하지 않겠다는 결심을 드러내어 주는 것이다.

4B운동과 밀접하게 연동되는 움직임이 탈코르셋 운동이다. 이 운동은 여성에게 주어지는 규범과 억압을 '코르셋'으로 명명하는데, 코르셋의 대표로 간주되는 것이 바로 여성의 외모에 대한 규범이라고 본다. 그래서 탈코르셋 운동은 화장이나 특정한 복식, 머리 모양 등을 거부하는 형태로 나타난다.

이는 개개인의 삶에서 매우 중요한 변화이기도 하며, 자기 삶의 조건 속에서 가장 어려운 선택이 되기도 한다. 화장을 하지 않고 머리를 기르지 않는다는 것이 단순하게 보이지만, 사회가 요구하는 특정한 여성상을 갖추지 못한 경우 취업이 어려울 수 있다는 점에서 어려운 선택이 된다. 탈코르셋 운동이 널리 알려지면서부터는 특별한 인식 없이 짧은 머리를 하는 여성들도 페미니스트냐는 질문을 받아야 하고, 아르바이트 면접에서도 짧은 머리인 여성은 채용하지 않는다는 말을 듣는 사례가 생기기도 했다. 이러한 사회적 거부감을 만나는 여성들은 더욱 적극적으로 연대하고자 하여 온라인에서 강력한 연대감과 공동체를 형성하기도 한다.

이러한 연대 형성에서 페미니즘은 일종의 역량 강화 도구이다. 페미니즘을 만나는 것은 사회의 차별적 구조를 인식하는 것이라고 설명하는 청년 여성들이 적지 않다. 여성이 취업과 승진에서 어려움을 겪는 것은 바로 구조적 차별의 문제이며, 성차별을 해결해야 여성이 성공할 수 있다는 점에서 페미니즘은 매우 쉽고 단순한 언어로 여성이 추구해야 할 가치로 인식되게 되었다.

구조적 성차별의 인식은 매우 중요한 문제인데, 다른 한편으로는 여기에 모종의 능력주의적 감각, 개인화된 생존 감각이 결합할 경우 일종의 자기계발적 가치가 되는 모순도 발생한다. '파이 게임'의 비유는 매우 상징적인데, 이 비유는 여성이 잃어버린 권리가 있으며 이 권리를 찾기 위해서는 개인의 능력이 갖추어져야 한다는 인식을 담고 있다. 능력주의가 페미니즘을 경유하면서 일정 정도 특정한 한국적 형태의 사상이 되었다고 할 수 있다.

여성을 능력 있는 주체로 보는 것을 페미니즘으로 이미지화하는 것은 서구에서도 파워 페미니즘의 형태로 나타난 바 있다. 한국의 경우 온라인 페미니즘의 핵심 가치로 여성의 능력을 내세운다. 2018년에 일어난 '#야망보지 힘주기 프로젝트' 해시태그 운동은 어떻게 여성들이 능력을 갖추어 나갈 수 있는가, 이 과정에서 무엇을 멀리해야 하는가를 공유하는 교과서적인 기능을 하기도 했다. 여기서 탈코르셋 운동이나 4B운동이 결합되는 양상을 주목할 필요가 있다. 탈코르셋은 여성의 능력을 향상시키기 위해 중요한데, 화장이나 외모 관리 등으로 불필요한 비용과 시간을 쓰는 것을 막아주기 때문이었다. 4B를 실천하기 위해서는 여성들이 독립적 재정을 운용할 수 있어야 하며, 주식을 공부하거나 저축에 대해서 알아보려면 역시 외모 관리를 위한 불필요한 비용이나 데이트 비용 등을 쓰지 않는 게 필요하다. 이렇게 탈코르셋과 4B, 그리고 여성의 역량 강화 프로젝트가 트위터나 유튜브 등을 통해 진행되었다.

페미니즘 운동이 일종의 사회운동이면서 자기계발적 운동이 되는 상황이 나타난다. 운동은 적극 권장되는 취미인데, 운동은 체력을 강화하기 위한 것으로 몸의 관리를 위한 다이어트용이 아니며 오히려 여성에게 위험한 사회라는 인식하에 호신술이 추천되기도 한다. 페미니즘적 문화 읽기는 페미니스트 유튜버의 중요한 콘텐츠인데, 주로 영화나 웹툰 등을 여성 중심 서사로 읽는다.

이러한 여성들의 목소리와 움직임을 어떻게 바라보아야 할 것인가? 한편에서는 이는 결국 능력주의의 변형으로 보기도 한다. 이는 청년 세대가 공정성의 언어를 매우 중요한 정당성의 근거로 구사하고 있는 것과 관련되어, 새롭게 담론을 창출하려는 시도라고 이해하는 것이기도 하다. 4B 참여를 성차별로 설명하려는 시도는 여성에게만 부과된 짐이 공정하지 않다는 것을 강조하려고 한다. 탈코르셋 운동의 경우 꾸밈노동, 즉 여성에게 부과된 부당한 노동의 문제를 제기하려는 것이며 이를 차별-

공정의 언어로 번역하고 있는 것이다.

이러한 감각은 한편으로는 성차별의 구조에 대한 비판이라는 점에서 유의미하지만, 종국에는 능력주의에 따라 여성 스스로 자기계발적 주체가 되게 하는 신자유주의적 주체 구성 과정을 따른다는 점에서 문제라고 보는 시각이 있다. 성공하는 여성이 많아지는 것을 강조하는 것은 중요하지만, 성공하지 못하는 조건을 개혁하기 위해 노력하거나 혹은 성공하지 못하는 여성 역시 안온한 삶을 이어가기 위한 사회적 조건이 무엇인지를 따지는 것은 이러한 담론 속에서 존재하기 어렵기 때문이다.

이렇게 현재 한국 청년 사이에서 페미니즘의 의제는 점차로 비혼주의와 결합하는 양상이다. 남성 권력과 남성 연대에 복무하지 않으면서 여성의 임파워먼트를 주장하는 유일한 방식을 비혼주의로부터 가능할 것이라 보는 것이다. 그런데 이러한 주장을 할 때 특정 용어를 쓰면 래디컬 페미니스트, 워마드 집단이라고 부정적으로 보는 문제도 있다. 워마드가 일베와 동급으로 취급되는 상황에서, 워마드발 신조어를 사용하는 것이 부담스럽기 때문에, 많은 여성 온라인 커뮤니티들은 워마드 용어 사용을 금지한다. 하지만 언어를 동일하게 사용하지 않을 뿐, 정서 구조는 동일한 모습을 보인다. 워마드와의 차별화는 '혐오표현을 사용하지 않는다'는 윤리적 기초를 갖기 위한 시도로 보아야 하며, 의제가 달라지는 것은 아니라고 할 수 있다.

이를 단적으로 볼 수 있는 사례는 다음 카페 중에서도 규모가 매우 컸던 커뮤니티인 연예정보 카페 '쭉빵'이 분화되는 과정을 들 수 있다.

쭉빵 카페는 여성이 남성 아이돌의 팬 활동을 해도 되는가를 쟁점으로 하여 분화되었고, 이에 따라 새롭게 만들어진 '우리 동네 목욕탕'이라는 카페는 '연애 이야기'를 금지하고, 남성 아이돌의 팬덤에 대한 이야기 역시 금지된다. 여성이 남성에 대해 애정이나 친밀감을 보이는 것을 문제로 삼는 담론이라고 할 수 있다. 여성시대 카페의 경우 지속적으로 스크랩을 통해 베스트 글에 오르는 게시물 제목 중 하나는 "나는 여자들이 그렇게나 많이 남자들에게 당했으면서도 여전히 남자에게 환상을 품는 것이 정말 소름 돋을 지경이다"(최초 공유 2020년 1월 10일)라는 것이고, 여기서는 왜 여성들이 남성 아이돌이나 남배우를 좋아하는가라는 의문을 제시하며 성범죄로 구속된 남성 연예인들을 거론한다. 이는 다소 극단적인 사례이긴 하지만, 동시에 남성과의 분리를 통해 운동의 동력을 찾으려는 적극적 시도이기도 하다.

물론 현재 청년 세대의 페미니즘이 모두 4B운동으로 수렴한다고 평가하는 것도 가능하지 않다. 청년 세대 페미니즘에 대한 입장 차이는 남성과 여성의 인식 차 만큼이나 큰 차이를 보인다. 소위 '교차성 페미'와 '래디컬 페미'가 나뉘었다고 말하기도 하는데, 4B운동 및 연애를 안 하는 것뿐 아니라 이에 대한 이야기를 하는 것도 안 된다는 강력한 금지 담론은 래디컬 페미의 정서 구조라고 할 수 있다. 이 두 집단은 진영으로 나뉘어 논쟁 중이며, 특히 〈포괄적 차별 금지법〉을 두고 성소수자 의제에 여성이 연대할 것인가를 둘러싼 치열한 논쟁을 벌인다.

한국의 래디컬 페미니스트가 갖는 정서적 절박성은 성폭력을 위시한 성차별의 명백한 증거로부터 출발하며, 이에 따라 이들의 문제제기가 갖는 함의를 살필 필요는 있다. 하지만 페미니즘의 윤리가 돌봄과 같이 함께 함, 공생과 공존에 대한 철학을 바탕으로 한다는 점에서 이러한 생존주의적 문제제기가 좀 더 넓어져야 하는 것은 자명해 보인다. 인권의 파이 담론은 사실상 페미니즘이 성평등이 아니라고 주장하는 저울 담론과 같은 구조를 갖고 있다. 내 것을 나누면 남의 것이 줄어든다는 인식이 여성의 것을 오로지 여성의 것으로 남겨야 하며, 성소수자나 장애인과 연대하면 내 몫이 줄어든다는 생각으로 연결된다. 하지만 인권은 모두가 누려야 할 권리이고, 권리를 주장하는 대상이 소수자 상대방이 아니라는 점에서 이 은유는 처음부터 잘못 설정된 것이기도 하다.

청년의 다양한 목소리들

어쩌면 현재 청년 세대는 남성들은 저울 공정을, 여성들은 파이 담론을 주장하면서 소수자 간의 경쟁을 통해 자신의 몫만 추구하는 세대로만 묘사된다. 하지만 한편으로는 청년들 내의 다양한 목소리가 존재한다는 것 역시 꾸준히 나타나는 결과들이다. 사실 온라인 공간을 중심으로 바라보면 일종의 쏠림 현상이 보일 수밖에 없다. 온라인 소통은 속도를 중시하는 구조를 갖고 있다 보니, 초두 효과도 강하고 처음 작성된 게시물이 지속적으로 소통되면서 수정이나 변화가 반영되기 어려운 상황이 되기도 한다. 게다가 현재 언론은 정치적 쟁점으로 청년들의 목소리를 정부에 대응하는 목소리로 설정하고자 하며, 청년들의 불만을 부각한다는 구실로 온라인 커뮤니티에서 유통되는 극단적 주장들을 일방적으로 유통시키고 있기도 하다.

공정성의 개념으로 능력과 노력에 따른 보상, 반칙이 없는 사회 등을 상상하는 것이 청년 세대의 일반적 경향이라고 해도 청년 여성이 소수자에 대한 배려 강조 및 경제적 불평등이 없는 사회를 선택하는 비중이 청년 남성보다 높게 나타나는 경향은 있다(마경희 외 2020). 이는 여성에 대한 차별을 중요한 사회적 불평등 요소로 인식하는 것과 관련되어 있다. 한편으로 페미니스트로 스스로를 인식하는 남성들, 적대적 성차별주의로부터 벗어나고자 노력하는 남성 페미니스트들의 존재도 계속해서 나타난다.

물적 조건의 문제는 앞으로도 공정과 관련된 논의를 지속할 수밖에 없도록 할 것이다. 사실 문제는 더 이상 완전 고용과 같은 경제 구조가 불가능하다는 것, 입시 성공으로 대학에 진학하여 취업을 하고 평생 그 직장에서 살아가는 생애 주기는 이제 불가능해졌다는 데에서 기인하고 있다. 우리 정부가 노동이 아니라 고용, 즉 기업을 보호해왔다는 비판(싸우는 여자들 기록팀 또록 2020)에서부터 출발하여, 경제 구조의 전환은 무엇인지, 정의로운 전환이라는 수사에서 정의가 누구를 주체로 하는 무엇이어야 하는지를 논의해야 할 필요가 있는 시점이다. 특히 이러한 논의의 바탕에는 이 문제가 청년의 문제로 제한될 수 없다는 당연한 사실이 있어야 한다. 20대 남성이 페미니즘을 싫어한다는 말을 반복해서 생산하는 언론 보도와 정치 담론은 한편으로는 페미니즘의 의미를 왜곡하고, 다른 한편으로는 성차별의 책임을 져야 하는 주체가 20대에 한정되는 것처럼 보이게 한다. 그러나 실제로 전 사회적인 변화가 필요한 영역이 바로 성인지 감수성의 영역이기도 하다.

앞으로도 당면한 취업 위기의 책임을 돌리는 방법으로 외국인 혐오가 아닌 '여성 혐오'로 발현된 상황이 존재하기에 갈등은 지속되는 것으로 보일 것이고, 당장 취업 기회가 제한되었다고 느끼는 청년 세대는 사회적 격차 해소 의제보다 개인적 문제에 집중하는 경향을 보일 것이다. 하지만 공정에 대한 논의는 일차적으로는 노력과 상관없이 부모 세대의 자원으로부터 현재의 지위를 획득하는 부당한 구조로부터 온 것이기도 하다. 그럼에도 보수 언론은 사회적 변화들을 세대 간의 갈등으로 전환시키고, 성차별은 과거의 것이라는 담론을 진실화하면서 페미니즘과 성평등을 분리시켜 청년 세대 남녀 간 갈등을 부추기는 양상을 보인다. 20대 여성 대 20대 남성, 20대 남성 대 50대 남성 등의 이항대립을 사용하면서 20대 남성이 사회적 약자라는 주장을 끌어내고 이들의 목소리를 반영하지 않는 정부는 문제가 있다면서 여성들의 목소리를 지운다.

특히 청년 여성의 노동 불안정성이 코로나19 이후로 점차로 증가하고, 청년들은 다중 격차 상황에 놓이는 경우가 늘어나고 있다. 이러한 위기가 고려되지 않고, 특히 취약해지는 지역 청년들의 삶이 전혀 고려되지 않은 채로 수도권 남성 중심의 청년 담론이 전개되는 문제가 있다.

페미니즘과 성평등 간의 연결을 끊고, 소수자를 위한 정책이 오히려 차별이라고 주장하는 담론들이 지배적인 것처럼 보일 수는 있지만, 자신의 삶에서 경험하는 차별들을 구조적으로 설명하려고 노력하면서 변화의 흐름을 주도하는 청년들 역시 존재하고 있다. 사회적 약자의 배제와 낙오를 당연시하는 것이 아닌 공생을 말하는 윤리가 오랜 기간 페미니즘이 주장해온 관계적 윤리이자 돌봄의 문제의식이다. 이퀄리즘이라는 개개인의 입장에서 보는 공정의 구도가 아니라, 사회의 부정의를 공동체 관점에서 사고하는 도구로서 페미니즘을 활용할 수 있다. 청년 세대 담론의 재구성은 페미니즘과 평등, 그리고 공정을 다시 결합하는 시도로부터 출발할 수 있다.

참고문헌

김선기, 2019, 〈2030 청년의 이해〉(미간행).

김지혜, 2018, 〈모두를 위한 평등〉, 《민주법학》 66: 183-208.

마경희·김원정·문희영·고현승·추지현·김선기, 2020, 〈청년 관점의 젠더 갈등: 진단과 포용 국가를 위한 정책적 대응 방안 연구〉, 경제인문사회연구회.

싸우는 여자들 기록팀 또록(림보, 시아, 하은, 희정), 2020, 《회사가 사라졌다: 폐업·해고에 맞선 여성노동》, 파시클.

우치다 다쓰루 외, 김경원 옮김, 2016, 《반지성주의를 말하다》, 이마.

임혜경, 2020, 〈경기도 20대 성차별 인식 차이에 관한 연구〉, 경기도여성가족재단.

조옥라·임현지·김한결, 2018, 〈대학생은 어떻게 '을' 의식을 갖게 되었는가?〉, 《문화와 사회》 26(1): 245-295.

3

결혼과 비혼, 고달픈 갈림길에 선 상하이 여성

이응철

도시에서의 결혼, 그 복잡한 계산식

2014년의 일이다. 함께 저녁을 먹기로 한 자리에 약속시간보다 한 시간 반 정도 지나서야 에이미가 나타났다. 이미 저녁을 먹기 시작한 지 한참 지나 배가 부른 상태의 친구들은 그가 나타나자마자 모두 호기심 어린, 그러나 대충 예상이 된다는 표정으로 물었다. "어떻게 됐어?" 에이미는 목도리를 풀며 고개를 가로저었다. "맥도날드에서 만나자고 할 때부터 알아봤어야 했어. 그쪽도 나한테 별 관심

없는 것처럼 보여서 쓸데없는 이야기만 한 시간 하고 헤어졌어. 그냥 여기 와서 저녁이나 먹을 걸 그랬나봐." 에이미는 대답을 하며 다른 친구들은 거의 손을 뗀 훠궈 국물을 젓가락으로 휘휘 저었지만 무엇을 열심히 찾아먹을 생각은 없어 보였다. "눈은 작고 안경을 썼어. 키는 나보다 작은 것 같아. 연봉은 40만 위안(한화 약 7000만 원 정도)이 넘는다는데 그런 사람이 왜 맥도날드에서 만나자고 한 건지 모르겠어. 차라리 짧게 만나고 헤어질 수 있었으니 맥도날드에서 만난 게 더 다행일 수도 있겠다. 전에 소개받은 사람은 월급이 세금 빼고 4000위안(한화 약 70만 원)이라고 해서 아예 만나지도 않았어."

당시 서른 살이었던 에이미는 아는 사람의 소개로 '소개팅'을 하고 온 참이었다. 그저 애인을 사귀기 위한 목적이 아니라 결혼 상대를 찾기 위한 것이었으니 맞선이라고 해야 좀 더 정확할 것이다. 반 정도는 부모님의 압력 때문에, 반 정도는 자신도 더 늦으면 안 되겠다는 생각에 여러 차례 나갔던 맞선에서 적합한 상대를 그때까지 찾지 못했던 에이미는 그 후로 7년이 지난 2021년 봄에 결혼했다.

내가 상하이를 연구지로 삼아 오고가면서 오래전부터 만났던 에이미와 링칭, 리리는 모두 상하이 사람으로 2021년 현재 30대 후반에서 40대 초반의 나이가 된 평범한 직장 여성들이다. 에이미는 최근 결혼을 했고, 리리는 결혼 생각이 없는 것은 아니지만 아직은 미혼으로 지내고 있다. 계속 미혼으로 지내던 링칭은 2018년 신랑 될 사람, 양가의 가족, 친척들과 함께 인도네시아 발리에 가서 결혼식을 하고 돌아왔다. 물가가 점점 비싸지는 상하이에서 결혼식을 할 경우 식사만 따져도 8명 기준 1테이블에 1만 위안 정도 하니 30테이블만 해도 약 30만 위안, 한국 돈으로 5000만 원 이상이 든다. 여기에 드레스, 웨딩 촬영 등 세부적인 것들까지 포함하면 엄청나게 많은 돈이 드는데 그 비용이면 가족들이 함께 물가가 싼 발리 같은 동남아에 가서 결혼식을 한 후 관광도 좀 할 수 있다고 했다.

다른 사회도 그렇지만 중국에서도 누군가와 사회적으로 용인되는 새로운 가족을 구성하는 결혼은 사회적 관계, 법과 제도, 미래에 대한 전망, 경제적 조건, 젠더 등 여러 쟁점이 복잡하게 얽혀 있다. 그리고 결혼 자체에 대한 생각도 사람에 따라, 시대에 따라 달라지고 변화한다. 전통 중국 사회에서 결혼은 남성쪽 가계家系의 조상에 대한 제사와 종족의 보존이 유일한 목적이었고, 혼인 당사자의 의견보다는 집안 '어른'들의 선택과 결정으로 거의 모든 것이 정해졌다. 특히 여성에게는 결혼과 관련한 선택권도 거의 없고, 그에 대해 어떤 의견이나 주장을 제시한다는 것 역시 거의 불가능했다. 상하이의 경우는 난징조약으로 조계가 형성된 소위 '근대화' 이후 전통사회보다 조금은 덜 엄격하고 조금은 더 서구적인 분위기에서 결혼이 이루어지기는 했지만 그렇다고 전통적인 관념을 완전히 무시할 수 있는 수준까지는 아니었다. 중화인민공화국 수립 이후에는 혼인법 제정 등을 통해 국가가 결혼에 깊이 개입하기 시작했다. 개혁개방 이전의 사회주의 중국에서는, 영화 〈인생活着〉(1994)에서 볼 수 있는 것처럼 결혼이 '건강한 사회주의 노동자'를 재생산하기 위한 수단으로 여겨졌고, 국가와 마오쩌둥을 향한 충성의 서약으로 성사되었다. 개혁개방 이후의 결혼에서는 마오쩌둥이 사라진 대신 시장과 상품화, 남들에게 자랑할 만한 결혼 의례와 결혼생활에 대한 강박 등이 들어섰다. 이와 함께 결혼을 꼭 해야 하는가라는, 결혼에 대한 변화된 입장과 태도도 나타나기 시작했다.

현대 중국에서 결혼을 한다는 것, 혹은 결혼을 하지 않고 산다는 것은 무엇을 의미할까? 무엇을 고려해야 하고 그 선택과 결정에 따라오는 외부의 시선은 어떤 모습일까? 이 글은 결혼, 비혼과 관련한 현대 중국, 특히 상하이와 같은 대도시에서 발견할 수 있는 모습들을 들여다보려 한다. 어떤 모습은 현대 한국 사회의 시각에서 보면 고개를 갸우뚱하게 만들기도 하지만 또 어떤 모습은 한국과 크게 다르지 않아 일종의 기시감과 모종의 연대감이 만들어질지도 모른다.

'Miss/Mr.Right'을 찾아서

결혼은 마음이 맞는 상대를 만나 새로운 가족을 만들어내는 제도이다. 일반적으로는 애정과 신뢰가 바탕이 된 결합으로, 당사자들과 그들의 가족과 친척과 지인들이 모인 결혼식이라는 의례를 통해 신부와 신랑이 새로운 가족이 되었음을 상징적으로 선포하고, 혼인신고라는 법적 절차를 통해 완성된다. (이성과의 결혼만이 합법적으로 인정받는 중국 사회에서) 결혼이 여성과 남성 사이의 애정과 상호 신뢰를 바탕으로 성사되어야 한다는 생각이 없는 것은 아니지만, 고려할 만한 요소들이 새롭게 추가되면서 결혼의 지형은 복잡해졌다. 무엇보다 중국에서 결혼은 삶의 다른 영역들과 마찬가지로 빠르게 시장화되고 있으며 결혼 자체의 상품화 추세도 뚜렷하다. 결혼 상대를 구하는 온라인 사이트나 결혼 중개업체가 무수히 많고 '적합한' 상대를 찾아주는 방송 프로그램도 2000년대 이후 급증했다. 결혼, 정확하게는 결혼식을 낭만적인 이벤트로 만들기 위한 세밀하고 구체적인 내용에 대해 고민을 나누거나 조언하는 인터넷 글들, 이 꿈을 상업적인 방식으로 현실화해주는 결혼 관련 업체들이 많이 있다. 여러 도시가 해마다 큰 규모로 결혼 박람회를 열어 결혼 관련 상품과 서비스를 소개하기도 한다.

결혼과 관련된 여러 요소 가운데 시장화와 상품화의 영향을 가장 크게 받는 것은 무엇보다 결혼 후 살 집을 마련하는 일이다. 개혁개방 이전의 도시에서는 단웨이單位에서 어떻게든 살 집은 마련해주었으니 집 문제가 결혼과 관련하여 중요한 고려사항은 아니었다. 그러나 개혁개방 이후 단웨이가 해체되면서, 그리고 사회주의 시장경제라는 새로운 제도 속에서 삶에 관여하는 대부분의 영역이 상품화, 시장화되었으며 국가와 사회가 가지고 있던 많은 책임이 개인과 가족에게 부과되어 이제는 생활에 필요한 여러 가지를 스스로 알아서 책임져야 하는 상황이 되었다. 집도 그중 하나이다. 월세를 내며 이집 저집 전전할 것이 아니라면 결혼할 사람들이 매우 중요하게 생각하고 꼭 필요하다고 생각하는 것이 바로 집이다. 특히 자산가치로서의 집의 중요성이 점점 커지고 있기 때문에 걱정 없는 결혼생활을 위해서 집은 없어서는 안 된다고 생각하는 도시 사람들이 매우 많다.

이 책의 7장과 8장에서 볼 수 있듯이 상하이나 베이징 같은 대도시에서 집과 차를 마련하기 위해서는 경제적인 부담이 매우 크다. 상하이 시내에서 약간 떨어진 외곽지역의 평범한 70m² 크기의 아파트와, 상하이 시내 어디든 제한 없이 다닐 수 있는 상하이 번호판을 단 자동차를 마련하려면 적게 잡아도 약 400~500만 위안 정도, 그러니까 한화로 약 7~8억 원은 기본적으로 필요하다. 시 중심이나 최근 개발을 통해 고급 주택단지가 조성된 곳 중 일부는 서울 강남의 집값을 훌쩍 뛰어넘는다. 대학을 졸업하고 취업한 남성의 연봉을 약 10만 위안(약 1800만 원)으로 높게 잡더라도 집과 차를 마련하려면 월급을 한 푼도 쓰지 않고 거의 40년 이상을 모아야 한다는 것이니, 평범한 사람들이 결혼 후 월급으로 생활하면서 집을 구입하는 것은 거의 불가능한 일이다.

그렇기 때문에 경제적 조건을 잘 갖추고 있는 사람이 결혼에 적합한 상대Miss/Mr.Right로 여겨진다. 일반적으로 결혼상대로 적합한 남성은 '가오푸솨이高富帥', 즉 키가 크고 돈이 많고 잘생긴 사람이며 여기에 부응할 수 있는 이상적인 여성은 '바이푸메이白富美', 피부가 깨끗하고 돈이 많고 예뻐야 한다고 이야기된다. 돈이 많다는 점이 이상적인 남성과 여성의 조건에 모두 포함된 데서 알 수 있듯이, 경제적 여력이 있어 집을 마련할 수 있는가가 우선적인 고려 대상이다.

결혼을 할 때 남성이 집을, 여성이 그 집에 채울 가전제품이나 가구 등을 준비하는 것이 결혼을 위한 적절한 역할 분담이라고 생각하는 것이 일반적인 경향이다. 2013년 평범하게 직장을 다니던 칭칭은 자신이 생각하는 결혼식의 모습을 매우 구체적으로 그려보면서 약 50만 위안(약 8800만 원) 정도 비용이 필요하다고 예상했다. 그러면서 "남자가 집을 준비해야 한다는 사실은 무엇보다 중요하다"고 했다. 여자 쪽은 가전제품과 가구 등을 준비해야 하지만 집을 마련하는 것에 비하면 큰 부담은 아니어서 자신은 집 있는 사람만 찾으면 결혼 준비는 그리 어렵지 않을 것이라는 말도 덧붙였다. 내가 상하이에서 만난, 딸의 배우자를 찾기 위해 노력하고 있는 부모 중 한 명은 "사실 사람만 좋고 (신랑 될 사람과 자신의 딸이) 서로 좋다고 하면 경제적인 것은 우리가 다 해줄 수 있다. 그런데 집을 가진 남자라면 어느 정도 노력도 하고 마음의 준비도 했다는 것으로 판단할 수 있다"고 하며, 집을 가진 것은 결혼 준비가 되어있음을 보여주는 상징인 것처럼 이야기를 했다.

결혼을 위해 남성이 갖춰야 할 것은 집房子, 차車子, 그리고 돈票子이고 이런 것이 없는 사람은 '세 가지가 없는 남자三無男'라고 불린다. 그렇기 때문에 인터넷에서는 "50년대에는 공산당 간부에게 시집가고, 60년대에는 군인에게, 70년대에는 노동자에게, 80년대에는 대학생에게, 90년대 이후에는 돈 있는 사람에게 시집간다"거나 "괜찮은 여자는 사장과 결혼한다好女嫁老板"는 말이 돈다. 2010년 1월 방송의 한 맞선 프로그램에 나온 여성 출연자가 "자전거 뒤에 앉아 웃는 것보다 BMW 안에서 우는 것이 낫다"고 한 말이 다양한 맥락에서 여전히 회자되고 있는 것도 현대 중국 사회에서 결혼이 이루어지기 위한 전제가 무엇인지 보여준다. 경제력이 없어도 마음만 맞고 애정이 있으면 결혼할 수 있다는 뤄훈裸婚이라는 표현이 있기는 하지만 이는 현재의 물질주의적 경향에 대한 조소이거나 그런 능력을 갖추지 못한 커플들이 어쩔 수 없이 선택하는 박탈감의 표현일 뿐이다. 뤄훈은 '싼가오三高', 즉 높은 집값, 비싼 자동차, 높은 의료비에 무방비 상태가 될 수 있다는 점에서 대부분 원하지 않는다.

백발맞선: 조건이 먼저, 애정은 나중에

조건이 좋은 상대를 찾는 것은 결혼을 앞둔 당사자들만의 일이 아니다. 나이든 부모들이 혼기에 이른 자녀들의 적합한 배우자를 찾기 위해 열심히 나서기도 한다. 이를 백발맞선白髮相親이라 부른다.

내가 상하이 인민공원의 맞선구역相親角에 도착한 것은 뜨거운 여름날의 주말 오전이었다. 정오도 되지 않은 시간에 이미 35℃까지 올라 습하고 더운 상하이의 여름날 공원 한구석에는 비가 오지 않는데도 펼쳐놓은 우산들이 빼곡하게 자리 잡고 있었다. 우산에는 배우자가 필요한 자녀들의 신상이 대동소이한 양식으로 적힌 종이가 붙어 있었고, 우산 뒤에는 초로의 상하이 사람들이 연신 땀을 닦으며 작은 낚시용 의자에 앉아 있었다.

상하이 인민공원 맞선구역

우산 위 종이에 적혀 있는 내용은 대체로 비슷하다. 자녀의 성별, 출생년도(나이), 키가 크다거나 마른 편이라거나 긴머리 등의 내세울 만한 신체조건, 학력, 직장/직업/직위, 월수입이나 연봉, 차나 집 소유 여부, 그리고 후커우戶口(1958년 도시와 농촌 사이의 이동 제한을 목적으로 만들어진 거주지 등록으로 도시와 농촌 후커우로 구분된다)가 적혀 있다. 남녀불문하고 대개 대학 졸업 이상의 학력을 가지고 있고 안정적인 직장에서 평균보다는 높은 연봉을 받는 경우가 대부분이다. 직장과 수입이 거의 예외 없이 제시되고 있다는 점은 이들이 재벌 2세富二代처럼 노력 없이 경제적 부를 축적한 것이 아니라, 스스로 노력하고 성실하게 일하는 능력 있는 경제주체라는 사실을 보여준다. 자녀가 성실하게 일하고 있는 능력 주체이며, 벌이가 있으니 상대에게만 기대려는 것은 아니라는 점을 보여줌으로써 스스로도 조건을 갖춘 당당한 존재임을 강조하고, 결혼 시장에서 조건에 맞는 적합한 배우자를 찾으려는 속물성을 자식의 성실성을 통해 애써 감추려는 것이다.

부모들은 이곳에서 자녀의 배우자를 찾으면서 동시에 최근 '결혼 시장'의 동향에 대한 정보를 얻는다. 어느 정도의 조건과 수준이어야 '적합한' 배우자를 찾을 수 있는지, 자신의 자녀 수준이라면 어느 정도 선에서 합의해야 하는지 알게 되는 것이다. 물론 이곳에 나오는 부모들은 자기 자녀의 조건이 어느 정도 수준 이상은 된다고 믿고 있다. "우리집과 내 자식의 조건은 다 공개했으니 거기에 걸맞은 조건을 제시해보라"는 태도가 이들에게 있다. 상대방과 상대 집안에 대한 자녀의 감정적 태도는 뒷전으로 미루고 결혼 당사자의 능력과 가족의 경제적 조건 등에만 기댄 상호탐색전은 조건을 두고 협상하는 비즈니스 미팅과 닮았다. 누군가 프로필에 약간 관심을 보이며 우산 쪽으로 조금 다가서는 순간 그 우산의 주인은 상대를 잽싸게 훑어보며 서로의 의사를 타진해도 될 것인지 가늠하기 시작한다. 맞선구역을 돌아다니는 나에게도 우산 주인들이 여러 차례 말을 걸어왔다. 내가 배우자 후보를 물색하는 혼인 당사자라고 생각한 그들은 거의 예외 없이 상하이어로 말을 걸어왔고 내가 상하이 말을 할 줄 모른다고 하면 상하이 후커우가 있는지 물었다. 상하이 후커우가 없다고 하면 "그러면 안 되지那就不行"라며 바로 발길을 돌렸다. 상하이 같은 대도시에서는 도시 후커우가 결혼시장에 발을 들일 수 있는 자격증과 같다.

맞선구역에 나온 부모들은 여러 '후보'의 경제적 조건과 후커우 소유 여부 등 사회적 조건을 살피고 상대방 부모의 '소질素質(지식, 사상, 교육적 수준을 고루 갖춘 성향)'을 통해 그 자식을 유추한다. 이는 부모가 괜찮으면 그 자식도 괜찮을 것이라는 믿음에 기대는 것이며, 집안끼리 잘 맞는가門當戶對를 보고, 집안을 통해 자식의 됨됨이를 보는 전통적 관념과 크게 다르지 않은 태도이다. 단웨이가 해체되고 노후의 삶까지도 개인이 알아서 책임져야 하는 상황에서 자녀에게 적합한 좋은 조건의, 집안도 괜찮은 배우자를 찾으려는 것은 자녀뿐 아니라 부모 자신들의 노후도 '기댈 수 있는 언덕'을 마련하려는 욕망과 기대 때문이다.

일부 자녀들은 부모가 자신의 프로필을 공개적인 장소에 걸어 놓는 것을 매우 싫어하고, 사회적으로도 백발맞선은 결혼이나 배우자에 대한 자녀의 선택권을 박탈하는 일이라는 비난이 제기된다. 한 글로벌 화장품 회사는 자녀가 가진 스스로의 능력과 모습을 존중하고 전통적 관념의 결혼을 강요하지 말라는 캠페인을 통해 상하이의 백발맞선을 비판하기도 했다. 그러나 다른 일각에서는, 부모들은 경험이 많기 때문에 그들의 의견은 신뢰할 만하다고 여기기도 한다. 특히 높은 물가, 비싼 집값, 결혼 의례에 들어가는 막대한 비용 등은 혼인 당사자의 개인적 능력만으로는 감당할 수 없고 어쩔 수 없이 부모에게 의존할 수밖에 없으니, 부모의 마음에 들 정도의 조건을 갖춘 배우자와 결혼하는 것이 그리 나쁜 선택은 아니라고 생각한다. 또한 부모는 자녀의 결혼 상대를 자기 마음대로 결정하고 강제하는 것이 아니라 자식들이 바쁘니 대신 나서는 것이고, 혹시 있을 수도 있는 상대방으로부터의 거절을 미리 걸러내 자녀의 체면을 보호하는 완충지대를 만들고 있다고 주장하기도 한다. 부모는 자녀의 결혼에 대한 관리 책임자 역할을 하며 결혼할 때까지 경제적 지원을 하고, 자녀는 결혼한 이후 부모의 노년을 경제적으로 보조하는 호혜적 태도를 현재 중국의 백발맞선 현장에서 볼 수 있다.

잉여여성剩女

맞선구역에 나와 자식의 배우자를 찾는 부모들에게는 '적당한 나이가 되면 반드시 결혼해야 하고 그 결혼은 어느 정도 조건이 잘 맞는 상대와 해야 한다'는 규범적 태도가 있다. 그리고 이 규범적 태도에는 "무슨 문제가 있어 결혼을 못하는 것"이라며 주변에서 수군대는 것을 방지하기 위한 목적도 있다.

한국이나 일본처럼 최근 중국에서도 결혼을 반드시 해야 하는 것은 아니라고 생각하는 비혼 인구가 점차 늘고 있기는 하다. 이를 두고 중국 가부장제의 문제점과 그에 대한 피로도가 축적되면서 결혼을 두렵고 피해야 하는 일로 보는 것恐婚이라고 이야기하기도 한다. 결혼을 두려워하는 것이든, 굳이 결혼할 이유를 못 찾는 것이든 비혼 역시 결혼과 마찬가지로 개인이 선택할 수 있는 옵션 중 하나라고 생각하는 사람들이 늘어나고 있지만, 비혼에 대한 외부의 시선은 여전히 공격적이다. 과거 중국의 문화적 맥락에서 독신은 좌절의 상태state of frustration 또는 부족과 결여의 상태state of deprivation로, 사회적으로 받아들일 만한 적절한 보상을 찾기 어려운 상태로 여겨졌다(Li et. al. 2010: 679). 오늘날에도 결혼하지 않은 사람들은 무엇인가의 결여 때문에 결혼을 못한 것이며, 특히 결혼의 중요한 전제라고 여겨지는 경제력, 매력 등을 포함한 상품성을 갖추지 못한 존재라고 여겨질 때가 많다. 이런 이유로 딸을 둔 부모들은 자신의 소중한 딸이 무엇인가 '모자란 존재'처럼 여겨지는 '잉여여성'이라는 경멸적 호명의 대상이 되지 않기를 바라는 마음이 매우 크다.

중국에서는 2010년을 전후하여 결혼하지 않은 여성을 '잉여여성'이라는 호명을 통해 비난하는 태도가 강하게 나타나기 시작했다. 여기에는 노동력 부족, 낮은 출생률, 노인 요양 등의 여러 문제를 여성의 비혼 탓으로 돌리며, 여성은 가정에서 아이를 키우고 노인을 돌봐야 한다는 관념을 당연한 것처럼 유포하는 가부장적 국가와 미디어의 역할이 크다. 결혼의 사회적 가치가 독신의 사회적 가치보다 중요하다고 생각하는 사회에서 독신으로 사는 것은 자기 의지에 따른 결정이 아니라 무엇인가 부족하고 모자라 타의에 의해 '선택되지 않은 사람'이라고 여겨지기 때문에 '잉여여성'은 실패한 사람으로 치부되고, 부모들은 자신의 자녀가 이런 경멸적 시선의 대상이 되기를 원하지 않는다.

'잉여여성'은 일반적으로 고학력, 고소득의 27세(!) 이상의 여성들을 지칭한다. 이 용어의 등장은, (현재는 폐지되었지만) 계획생육計劃生育이라 불리는 한 자녀 정책이 오랫동안 시행되면서 가부장제와 남아선호사상의 결과로 성비 불균형이 비정상적으로 심해진 상황을 배경으로 한다. 2019년 중국의 남녀 성비(여성 100명에 대한 남성 비율)는 104.45로 크게 심각하지는 않은 것처럼 보이지만 1994년 이후 출생자만 고려하면 110으로 높아진다. 둘째 혹은 셋째 아이들의 성비만 따졌을 때 150~160 정도의 비율을 보인다. 둘째나 셋째를 갖는 주목적이 아들을 낳기 위한 것임을 알 수 있다. 성비는 지역별로, 연령별로도 큰 차이를 보인다. 쓰촨을 제외한 모든 지역에서 남성이 많으며, 톈진의 미혼 남녀만 비교했을 때는 거의 2:1의 비율로 남성이 월등히 많다. 이와 같은 성비 불균형의 상황을 두고 중국의 많은 언론과 미디어는 향후 수십 년 동안 수백만 명의 남성이 배우자를 찾을 수 없을 것이라는 표제하에 기사와 글을 쏟아내고 있다.◆ 그리고 이것이 여성들의 이기심 때문이라고 결론을 내린다. 수치만으로 봤을 때 남는 것은 남성인데 왜 여성에 대해 '잉여'라는 표현을 사용할까?

잉여여성이라는 용어에는 일반적으로 교육수준이 높은 독신의 도시 여성들이 자신들의 커리어와 일 때문에 결혼을 기피한다고 보고, 이들에게 눈을 좀 낮추고 상대를 너무 신중하게 고르지 말라는 훈계의 의미가

◆ 〈男女比例失衡 中國每年約有120萬男性找不到初婚對象〉, 2021.4.1., https://finance.sina.com.cn/china/gncj/2021-04-01/doc-ikmyaawa3473221.shtml

내포되어 있다. "남성은 서른이 되면 한 송이 꽃이 되지만 서른 넘긴 여성은 문드러진 찌꺼기일 뿐男人三十一朵花, 女人三十爛渣渣"이라는 여성 혐오적 표현에서 볼 수 있는 것처럼 고학력, 고수입 미혼 여성들은 요구조건만 높고 '완벽한 남자를 기다리다가 늙어버린 노처녀'로 묘사된다. 무엇보다 이들을 '문제시'하는 시각은 남아선호사상의 결과인 농촌의 성비 불균형으로 많은 농촌 남성들이 배우자를 찾지 못하는 상황이 마치 도시 고학력 여성들이 눈이 높아서 나타나는 현상인 양 보는 데에서 온다. 국가의 인구정책, 가부장제하의 남성 중심주의, 도농 간의 불균형 성장 등 사회구조적인 맥락과 사회적 책임을 '여성들이 이기적으로 자기 삶과 커리어에 집착하고 있다'며 여성에게 전가한다. 또한 고학력의 높은 '소질'을 가진 여성에게 결혼을 장려함으로써 이들이 국가에 이익을 가져다줄 '높은 소질'의 아기를 낳아 '국민 전체의 소질을 향상시킬 것'이라는 우생학적 목표를 위해 여성을 수단화(핀처 2020: 191)하는, 매우 젠더차별적인 용어이다. 결혼 시장에서 독신을 고집하는 남성들에 대해서는 '황금 독신남' 혹은 '다이아몬드 독신남'이라는 용어를 쓰면서 독신의 자유를 누리는 존재로 묘사하는 반면 여성에 대해서는 '남아 있다'는 표현을 씀으로써 마치 여성들이 어떤 결함이나 문제를 가지고 있어서 '선택되지 못한 것'처럼 의미화하고, 가정을 꾸리고 자녀를 낳아 사회적 재생산에 참여해야 함에도 이런 의무를 저버리고 자신의 이익만을 챙기려는 이기적인 존재로 보는 것이다.

교육과 관련해서도 '잉여여성'에 대해서는 남성과 다른 기준이 적용된다. 중국에서 교육열은 점점 강해지고 있고, 이 책의 13장에서 볼 수 있듯이 좋은 대학을 다니거나 해외유학을 통해 학력 수준을 높이려는 열망 역시 커지고 있다. 이 책의 7장에서 자세하게 볼 수 있는 것처럼, 베이징 같은 곳에서 학군이 좋은 지역은 비싼 집값에도 불구하고 자녀의 미래에 투자하기 위해 집을 사려는 사람들이 몰려들 정도로 교육열이 강하다. 혁명의 경험이나 출신 성분과 같은 계급적 요소들이 더 이상 강하게 작동하지 않는 중국 사회에서 학력은 계층 사다리를 오를 수 있는, 불확실하지만 그나마 누구에게나 공평한 유일한 수단이라고 여겨진다. 그런데 '잉여여성'이라는 호명이 사용되는 맥락에서 고학력 여성은 오히려 위협적이고 자기만 아는 존재로 치부된다. 그들은 주관과 자기주장이 뚜렷해 남성들 입장에서 '다루기 어려운 존재'라고 생각된다. 한 베이징의 사업가 남성은 "아내는 플레인 요거트와 같아야 좋다. 그래야 내가 원하는 맛을 입힐 수 있다"는 말로 이와 같은 관점을 보여주었다(Lake 2018: 75-76). 중국의 '잉여여성'에 대한 한 다큐멘터리에서, 변호사인 34세 여성과의 맞선을 본 산둥 출신의 한 남성은 "아내가 나보다 강하지 않았으면 좋겠다"고 이야기하며 고학력 변호사 여성은 결혼상대로 적합하지 않다는 속내를 드러내기도 했다(〈Leftover Women〉, 2019). 학력이 높은 것이 문제가 되는 경우는 고학력 비혼 여성을 '잉여여성'이라고 부를 때 외에는 찾아볼 수 없다.

여기에서 중국 여성에 대한 사회적 시선의 문제가 드러난다. 경제적 수준이나 교육수준이 비슷한 남녀라도 남성에 대해서는 결혼 후 가정을 경제적으로 책임져야 한다는 이유로 자신의 커리어에 집중하는 것이 당연한 것으로 여겨지지만, 여성은 어느 정도의 경제적 수준이 있는 집안 출신이면서도 결혼을 통해 아이를 키우고 부모를 돌보며 남편이 커리어를 계속 쌓아갈 수 있도록 공헌해야 하는 존재로 여겨진다. 여성이 학력이나 커리어에서 만들어낸 성취는 결혼의 조건을 가늠할 수 있는 증명 이상은 아니며, 결혼을 할 경우 그 성취들은 모두 남편의 뒷바라지에 동원되며 가려진다.

현대 중국의 젊은 여성들은 만약 남자 형제가 있었다면 받지 못했을 관심과 돌봄을 그나마 한 자녀 정책 때문에 누릴 수 있었다고 얘기하기도 한다. 전통 중국처럼 여성은 재능을 가질 필요 없이 좋은 남편을 만나 그를 공경하며 사는 것이 마치 최고의 목표인 것처럼 이야기되던 시절과는 달리 여성도 교육과 자기계발에 참여하는 것이 당연하게 여겨지는 시대가 되었다. 그러나 잉여여성이라는 용어는 여성을 오로지 결혼이라는 하나의 목표만을 향해 살아가는 존재인 것처럼 묘사하며 여성들의 재능과 능력을 애써 인정하지 않으려 한다. 인간이 가진 삶의 총체성과 복잡성은 무시하고 여성을 결혼이라는 제도에 종속시키고, 이 제도에 편입되지 않은 경우 역할을 충실히 하지 못한 존재로 보는 시각을 잉여여성이라는 단어에서 발견할 수 있다.

'결혼 적령기' 딸의 프로필을 들고 맞선구역에 나오는 부모들에게 자녀의 높은 학력은 그가 가진 경제적 능력을 증명할 수 있는 지표이기는 하지만 동시에 "공부하느라 나이가 많고 학력이 높아진 잉여여성이 되었다"는 오명의 근원이 되는 모순적 위치에 있다. 중국에서 학력, 그리고 이를 통해 확보할 수 있을 것이라 믿어지는 경제력이라는 능력주의의 지표들은 백발맞선의 현장에서 볼 수 있듯이 그 자체로 모순과 역설을 내포하고 있다.

비혼, 결혼, 그리고 능력주의

현대 사회에서 먹고살기 위해서는 개인의 경제력이 중요하다. 중국은 공식적으로는 여전히 사회주의를 표방하고 있지만, 내용상으로는 삶의 거의 모든 영역이 시장화되었고 이 시장화 과정에 성공적으로 참여하기 위한 자격조건을 갖추는 것은 개인의 능력과 노력에 달려 있다고 이야기된다. 기본적인 삶의 조건을 개인이 해결하고 책임지기 위해서는 이를 위한 능력을 갖추어야 한다는 점이 자연스럽게 받아들여지고 있다. 이념적 차원에서라도 평등한 삶을 이상으로 삼았던 사회주의 이후 생산력의 증대를 위해 '누군가 먼저 부자가 되는 것'을 받아들인 현재의 중국은 여러 면에서 신자유주의의 특성을 닮아가고 있다. "신자유주의적 성과사회에서 실패하는 사람은 사회나 시스템에 의문을 제기하기보다는 자기 자신에게 실패의 책임을 돌리고 부끄러움을 느끼"며(한병철 2015: 11), "모든 것이 비교 가능하고 측정 가능한 것으로 환원되고 시장의 논리에 종속"되는(한병철 2015: 47) 상태는 상하이와 같은 대도시에서 쉽게 찾아볼 수 있는 모습이다.

전통사회에서 중국의 여성은 남성 가부장에 종속된 존재였고 경제적 권한 역시 가부장이 독점하고 있었다. 전통사회를 벗어난 이후, 그리고 "세상의 절반은 여성"이라며 여성 역시 삶의 주체이자 노동의 주체로 호출된 이후부터 여성 스스로도 경제적 권한을 필요로 하고 그에 대한 요구도 커지고 있다. 이와 같은 변화는 중국의 여성들로 하여금 결혼을 선택하든 비혼을 선택하든 경제적 조건과 돈을 버는 능력을 갖춰야 한다는 사회적 담론과 이를 실현하기 어려운 현실적 제약 사이에서 분투해야 하는 상황을 만들어낸다.

앞서 백발맞선 현장에 대해 언급했던 것처럼, 그곳에서는 학력, 경제력, 차와 주택 소유 여부 등 혼인 당사자의 '능력치'가 프로필화되어 전시된다. 이곳에서 자녀의 배우자를 물색하기 위한 우선적 기준은 현재의 중국 사회에서 먹고살 수 있는 능력을 갖추었는가이고, 그 '사람'이 어떤지에 대한 고려는 차후의 문제이다. 미디어나 인터넷에서도 주택과 차량 소유 여부, 소유하고 있는 집의 주소지(예를 들어 베이징은 하이뎬취海淀區와 같이 학군이 좋은 곳, 상하이는 징안취靜安區처럼 시 중심에 있는 곳), 당사자의 직업, 부모의 직업 등에 따라 가능한 결혼 상대를 등급화하여 나열한 표와 기사를 쉽게 발견할 수 있다. 이런 '결혼 등급'을 고려하지 않더라도 결혼을 하고 가정을 꾸리기 위해서는 어느 정도의 경제력을 갖추고, 안정적인 직장을 다니고 있어야 한다는 이야기는 상하이에서 결혼이나 비혼에 대해 대화를 나눌 때마다 듣게 된다.

중국에서 비혼을 선택하는 여성들에게 중시되는 것 역시 혼자서도 경제적 조건을 갖추고 잘살아갈 수 있음을 증명하는 것이다. 한국에서 여성들이 역량을 강화해야 한다는 주장처럼(2장 참조) "여성이 남자의 도움 없이도 혼자 살 수 있음"(상하이 비혼 여성 미미의 말)을 보여주어야 하는 것이다. 내가 상하이에서 만난 비혼 여성들은 아직 적당한 상대를 찾지 못해 비혼이거나, 굳이 결혼을 해서 복잡하게 살 필요는 없을 것 같아 비혼을 선택했거나 상관없이 모두 비혼의 중요한 조건으로 월급을 받을 수 있는 일이 있어야 한다는 것을 강조했고 실제로 모두 직장을 다니고 있었다.

비혼 여성들에게 "결혼은 선택지 중 하나일 뿐이며 선택의 주체로 당당히 서야 한다"고 조언하는 대부분의 비혼 여성 대상의 자기계발서도 한결같이 여성 스스로 경제적인 능력을 갖춰야 한다고 이야기한다.

"경제적 독립은 부모의 결혼 권유에 대항할 하드웨어적 조건硬性條件이다. 부모의 도움을 받아 집을 장만하거나 부모의 경제적 도움으로만 생활할 수 있는 사람은 결혼 문제와 관련하여 부모와 담판을 지을 자본이 없는 것이다."

"결혼을 하려면 먼저 돈을 모아라想結婚, 先致富."

"여성이 소유하고 있는 집은 향후 안전을 보장해줄 로프와 같다."

"돈을 모으면 결혼하지 않고 늙어서도 살 수 있고 '돌봄 서비스'를 구매할 수도 있다."

"30대 이상의 미혼 여성이라면 건강을 지키면서 집을 사는 계획을 세워라."
"혼자 자유로운 생활을 하기 위해서는 경제적으로 독립할 수 있는 능력이 선행되어야 한다."

한때 중국의 많은 젊은 여성이 좋아하던 작가인 미멍咪蒙 역시 자신의 책에서 비슷한 이야기를 한 바 있다.

경제적으로 자유로울 때 비로소 선택의 자유가 생기고 심지어 인격적 자유를 얻을 수 있다. 그러므로 노력하지 않는 사람들, 허송세월하는 사람들은 잔소리를 듣고 질책을 받고 무시를 당해도 싸다(미멍 2017: 127).

미멍은 비혼 여성들이 경제적인 능력을 갖춰야 할 뿐 아니라, 그 능력은 개인이 노력한 결과라고 이야기한다. 독립적인 삶을 위해 경제력이 중요하다고 강조하는 비혼에 대한 조언들은 결혼이 성인 여성의 먹고사는 문제를 해결했던 유일한 제도로 여겨졌던 전통 관념에 대한 뒤틀기를 시도하고 있다. 남성들의 경제적 자산 독점이라는 상황으로부터의 탈주를 요청하는 것이다. 남성 가부장에게 경제권이 집중되어 있던 전통사회에서 결혼 전 여성의 경제권은 아버지에게, 결혼 후에는 남편에게 종속되어 있었고 이는 사회주의를 거쳐, 신자유주의의 성향이 강한 현재의 시장경제 시절에도 완전히 사라지지는 않았다. 결혼이 결혼 당사자와 그 부모들에게 미래의 의존자산으로 여겨지는 상황에서 결혼을 선택하지 않아도 먹고살 수 있는 문제를 해결할 수 있어야 한다는 점은 강조되지 않을 수 없는 것이다. 결혼만이 삶의 유일한 선택지가 아니라면 그것을 통해서만 해결할 수 있다고 여겨지던 경제적인 문제 역시 해결방안을 찾아야 하며, 이는 비혼을 선택한 개인에게 주어진 숙제이고 개인의 노력으로 달성해야 할 목표가 되는 것이다.

그러나 문제는 안정적인 비혼의 삶을 지속하기 위해 경제적 경쟁력을 갖추는 일이 얼마나, 어떻게 실현 가능할 것인가에 있다. 한국과 마찬가지로 중국 역시 시장개혁이 가속화될수록 남성과 여성의 임금격차와 젠더 불평등은 점점 커지고 있다. 1990년 도시 여성의 평균 연봉은 남성의 77.5%였으나 2010년에는 67%를 약간 웃도는 수준으로 하락했다(핀처 2020: 186-187). 비정규직의 경우 남성임금 대비 여성임금이 1988년에는 84.4%였던 것이 1999년은 77.9%, 2007년은 74%였다가 최근은 거의 60% 수준으로 떨어졌다(유멍 2018: 143). 물가는 점점 높아져 가고 집값은 하루가 다르게 오르는데 그만큼 오르지 않는 월급에 임금격차마저 커지는 상하이에서 여성이 안정적으로 경제적 능력을 갖추고 비혼을 결심하는 것이 그리 쉬운 일은 아니다.

오래 전에 만났던 상하이 청년 J는 상하이에서 생활하기 위해서는 신경 쓸 것이 너무 많다고 했다. "게임에 비유하자면 상하이에서 사는 것은 '하드 모드'를 플레이하는 것과 같다"며 녹록치 않은 상하이 생활에 대해 한탄했더랬다. 사실 그 한탄은 10년 전의 일이고, 시간이 흘러 그는 이제 중년이 되었고 나름 큰 규모의 투자회사에서 임원으로 지내고 있으며 한 번의 이혼을 사이에 둔 두 번의 결혼을 거쳐 아내, 딸과 함께 도심에서 살짝 벗어난 위치에 있는 적당한 크기의 집에서 살고 벤츠를 탄다. 그 자신은 지극히 평범한 상하이 사람이라고 이야기하지만, 그와 그의 배우자 모두 좋은 학교를 나와 개혁개방이 궤도에 오르던 시기에 좋은 회사에서 유망한 직무를 선택했고, 지금과 비교하면 상대적으로 좋았던 시절을 좋은 조건의 남성 청년으로서 거쳐 왔다. 그런 사람조차 앞선 시기를 '하드 모드'에서의 플레이였다고 이야기한다면, 그렇지 못한 조건의 평범한 현재의 청년들이 거쳐 가야 하는 현재의 스테이지는 훨씬 강력하고 훨씬 많은 장애물과 함정이 있는 '초하드 모드'의 상황이라고 비유할 수 있을 것이다. 이들이 깨야 하는 퀘스트는 이전 세대에 비해 더 강력하고 더 하드하며 어쩌면 드디어 한숨 돌릴 엔딩이란 극히 일부에게만 허락된 스테이지일 수도 있다. 이런 상황에서 여성으로서 깨야 하는 비혼과 경제력의 퀘스트는 이보다 조금 더 강력하고 조금 더 하드한 상태이다. 결혼은 적당한 때에 적합한 사람과 반드시 해야 하는 것이라고, 그렇지 않으면 무엇인가 부족하기 때문에 남겨진 것일 뿐이라는 비아냥이 얼마나 문제적인지 적극적으로 방어해야 하고, 단지 여성이라는 이유만으로 능력과 성과가 남성과 동등하게 평가되지 않는 사회에서 비혼이면서 경제적 능력을 갖춘 여성으로서의 삶을 계속 유지하는 것은 그리 쉽지 않은 일이다.

분투하는 삶은 지속된다

앞서 본 것처럼 현대 중국에서 결혼을 선택하든 비혼을 선택하든 경제적 경쟁력을 갖추는 것이 공통적으로 요구된다. 결혼에 성공하기 위해서도 경제력과 능력을 갖춘 존재임을 내세워야 하고, 일시적으로든 장기적으로든 비혼을 선택하기 위해서라도 경쟁력을 갖추고 집을 포함하여 경제적 자산을 확보할 것이 요청된다.

현대 중국 도시의 결혼은 '규범성'과 '정상성'에 대한 다중적 강박을 드러낸다. '결혼은 반드시 해야 한다', '남자가 집을 마련해야 한다', '여자는 나이 들기 전에 결혼해야 하고 여성성을 드러내야 한다', '자식을 낳아 대를 이어야 한다', '가족은 잘 지내야 한다', '결혼을 하든 안 하든 개인의 능력을 통해 자격을 갖추어야 한다' 등의 규범성과 정상성이 여러 겹 겹쳐 있다. 또한 여성에 대한 태도, 여성들이 마주하고 있는 현실적 문제들도 드러난다. 결혼을 하기 위해서도, 결혼을 하지 않고 비혼으로 남기 위해서도 분투해야 하는 여성의 처지가 고스란히 나타난다. 이전에 비해 비혼이 늘고 있고 그에 대한 태도 역시 이전과 완전히 같지는 않지만, 비혼에 대해 "그럴 수도 있지"라며 자연스럽게 받아들이기까지는 좀 더 시간이 필요한 것으로 보인다. 그때까지 비혼 여성들의 분투는 더 필요할지 모른다.

최근 중국에서 인구가 감소하기 시작하여 정부는 한 자녀만 출생할 수 있도록 했던 계획생육 정책을 폐지하는 수순을 밟고 있다. 심지어 셋째를 낳으면 현금을 주자는 주장도 제기되고 있다. 하지만 다자녀 출산 정책이 시행되더라도 엄청난 양육비와 교육비용 때문에 실제 많은 사람들이 아이를 더 낳지는 않을 것이라고 이야기한다. 심지어 하나도 안 낳으려 하는데 세 명을 과연 낳으려 할까.

역사적으로 독신자를 비난의 대상으로 삼았던 이유 중에는 저출생에 대한 책임 문제도 있다(볼로뉴 2005). 중국의 인구감소가 확연하게 나타나기 시작하고 이것이 또 다른 사회적 위기가 될 수 있다는 경고가 잇따를 경우, 한국과 마찬가지로 저출생을 저출산의 문제로 보고 인구감소를 비혼 여성의 탓으로 돌리는 태도가 더 견고해질 수도 있다.

여기에 쓴 이야기가 중국만의 특수한 사정이라고 보기는 어렵다. 한동안 강력하게 시행되었던 한 자녀 정책이나, 개인이 도시와 농촌 중 어느 한 곳으로 거주지와 사회생활이 귀속되는 후커우 등 중국의 특수성이 있기는 하지만 그렇다고 중국만의 특수한 상황이라고 하기는 어렵다. 한국에서 비혼, 여성, 젠더 등에 대해 중국에 비해 조금 더 일찍부터 관심을 갖기 시작했고 조금 더 활발한 논의와 활동이 이루어지고 있는 것은 사실이지만 그렇다고 해서 우리가 차별과 혐오가 사라진 아름다운 세상에 살고 있는 것도 아니지 않은가.

중국의 경우 여성의 권리에 대한 논의와 여성이 구체적으로 맞닥뜨리는 현실에 관한 문제제기가 최근 진전을 보이고 있다. 한국과 마찬가지로 미투(#MeToo) 운동을 포함하여 그동안 공개적으로 논의되기 어려웠던 여성의 인권을 이야기하거나 남성의 권력 독점이 가진 문제점들을 지적하는 시도도 점차 확산 중이다. 하지만, 이에 대한 반발과 백래시 역시 강해 여성주의 활동이 더욱 심한 공격과 역경을 헤쳐 나가야 하는 상황이기도 하다(펀처 2020). 이런 상황에서 비혼을 선택할 때 남성에게는 적용되지 않는 기준이나 시선 때문에 겪게 되는 곤혹스러움을 중국의 여성들은 여전히 직면하고 있다.

개별 사회의 특수한 상황을 살짝 걷어내고 보면 이런 일들이 중국이어서, 혹은 한국이어서 겪는 곤경이 아니라 여성이어서 공통적으로 겪는 곤란과 불합리함임을 알 수 있다. 이런 악착같은 곤경의 끈을 각자의 사회에서 어떻게 끊어낼 수 있을지, 중국의 비혼과 결혼이라는 문제를 계속 지켜봐야 하는 이유가 여기에 있다.

참고문헌

미멍, 원녕경 옮김, 2017, 《나는 합리적 이기주의가 좋다》, 다연.

볼로뉴, 장 클로드, 권지현 옮김, 2005, 《독신의 수난사》, 이마고.

유멍, 2018, 〈노동시장의 성 불평등, 중국은 어떻게 대응하고 있는가?〉, 《국제사회보장리뷰》 여름호 5: 142-148.

이응철, 2014, 〈결혼 권하는 사회: 현대 중국의 결혼, 배우자 선택, 그리고 남은 사람들〉, 《아태연구》 21(4): 211-240.

이응철, 2019a, 〈현대 중국 도시 젊은이들의 결혼과 비혼〉, 《아시아연구》 22(2): 151-178.

이응철, 2019b, 〈중국의 결혼과 비혼에서 나타나는 능력주의 경제주체에 대한 요구〉, 《비교문화연구》 25(2): 231-262.

핀처, 리타 홍, 2020, 《빅브라더에 맞서는 중국 여성들》, 산지니.

한병철, 김태환 옮김, 2015, 《심리정치: 신자유주의의 통치술》, 문학과지성사.

Lake, Roseann, 2018, *Leftover in China: The Woman Shaping the World's Next Superpower*, New York: W.W.Norton & Company.

Li Shuzhuo, Zhang Qunlin, Yang Xueyan and Isabelle Attane, 2010, "Male Singlehood, Poverty and Sexuality in Rural China: An Exploratory Survey," *Population* 65(4): 679-693.

참고영상

〈Leftover Women〉, 2019, 83min., Documentary, dir. by Shosh Shlam, Hilla Medalia, Medalia Productions, Shlam Productions, Israel, USA.

◆ 이 글은 2013년부터 중국 상하이에서 이루어진 현장연구 자료와 다양한 문헌 및 인터넷 자료들을 토대로 한다. 글의 일부는 기출간 논문(이응철 2014, 2019a, 2019b)을 재구성한 것이다. 글에 등장하는 모든 인물의 이름은 가명이다.

4

어둠 속의 빛 —
쇼장방송秀場直播으로 삶을 변화시키려는 여성들

유빙

그 빛이란?

나는 석사 논문을 위해 취재할 때 온유(가명, 이하 동일)라는 BJBroadcasting Jockey◆를 알게 되었다. 2020년 2월, Y 플랫폼에서 그녀를 처음 만났다. 온라인 현장 연구를 진행하던 중 우연히

◆ 중국에서 BJ를 '주보主播'라고 부르는데, 이 단어는 또한 '앵커'나 '아나운서'를 가리키기도 한다. 독자들이 쉽게 이해하도록 이 글에서는 계속 BJ라는 단어를 사용하고자 한다.

한 쇼장방송秀場直播 방에 들어갔을 때였다. 그녀의 방송 섬네일은 노출이 있는 옷차림을 한 사진이었다. 그 방에 들어가 보니 방송 섬네일과 똑같이 꾸민 차림으로 신나게 한국 걸그룹 춤을 추고 있는 온유의 모습이 보였다. 동작이 서툴고 딱딱했지만, 그녀는 노래 리듬에 맞춰 열심히 퍼포먼스를 선보이고 있었다. 처음엔 온유의 겉모습만 보고, 너무 당연하게 그녀가 섹시한 콘셉트로 남성 시청자에게 애교를 부리면서 강한 여성성을 발휘하는 전략으로 수익을 올리는 스타일이라고 생각했다. 그 방에 한참 머물면서 온유가 시청자들과 이야기를 나눌 때 수줍어하는 모습을 종종 보았는데, 방송 경험이 많은 BJ답지 않았다. 한동안 지켜본 뒤, 온유에게 인터뷰를 요청했다. 석사 연구에 도움이 될 것으로 기대한다며 흔쾌히 승낙한 온유는 인터뷰하는 김에 새로운 친구를 만나 속마음을 털어놓고 싶다고 했다. 우리는 그날 밤, 곧바로 인터뷰하기로 했다.

한 시간 반가량 진행된 전화 인터뷰에서 들었던 온유의 한마디를 나는 잊을 수 없다. 온유는 나지막한 말투로 "우리처럼 어둠 속에 사는 사람은 빛을 얼마나 갈망하는지 모르시죠"라고 말했다. 온유에게 쇼장방송은 바로 그녀의 삶을 비추는 한 줄기 빛이었다. 나는 그전에는 쇼장방송에 어떤 의미를 부여하고, 어떤 식으로 이 장을 묘사할지 생각해본 적이 없었다. 방송업계에서 일하고 있음에도 그저 연구자로서 위에서 이 장을 바라보았고, 석사 논문을 쓰는 것이 마치 미션 수행처럼 느껴져 빨리 완성하고 싶을 뿐이었다. 나의 연구에 항상 뭔가 부족한 느낌이 들었는데 온유의 말을 듣고 그것이 무엇인지 알아낸 것 같았다. 온유의 말은 나의 딱딱하고 차가운 연구에 약간의 온기를 더했다.

중국에서 인터넷 개인방송은 사람들의 일상에 깊숙이 스며든 지 오래 되었다. 인터넷 개인방송 분야가 번창하면서 BJ라는 직업은 다양한 연령대와 사회 경험을 가진 사람들에게 새로운 형태의 일자리를 제공하고 있다. 쇼장방송은 바로 다양한 방송 장르 중 하나다. 쇼장방송이란 뛰어난 외모의 여성 BJ가 노래를 부르거나 춤을 추는 등의 장기자랑을 하며 시청자와 상호작용하는 방송 유형을 말한다. 쇼장방송을 지탱하는 주력은 바로 '따거경제大哥經濟'라는 경제 모델이다. '따거大哥'라는 단어는 중국어에서 '형/오빠'를 지칭하며, 대단하거나 존경할 만한 사람에게도 쓰인다. 쇼장방송에서 따거는 방 안에 선물을 많이 쏘는 큰손 시청자를 지칭한다. 하지만 따거경제가 단순히 '오빠경제'를 의미하는 것은 아니다. 따거경제의 의미는 크게 두 가지이다. 먼저 여성 BJ 방송을 보는 시청자들은 주로 남성 집단인데, 방마다 대량의 선물을 쏘는 시청자는 고정된 몇 사람뿐이다. 즉 따거경제란 일부 남성들이 소비 주체가 되어 여성에게 경제적 지원을 제공해주는 현상을 말한다. 다음으로, 남성 위주의 시청자 집단에서 일부 남성들은 '따거/형님'이라는 호칭으로 남다른 높은 신분을 가진다. 여기서 '따거'는 남성 시청자 집단의 엄격한 위계질서에서 나온 존재를 의미한다. 많은 젊은 여성들은 온유와 같이 쇼장방송을 단기 직업으로 삼고 있다. 그들은 이 단기적이고 예측 불가능하지만, 발전 가능성이 높은 직장이 자기 인생의 전환점이 되기를 기대한다. 그러나 이들의 바람은 대부분 실패로 끝나버린다.

인터넷 개인방송에 관해 연구하고 싶은 이유는 내가 이 분야에서 오랫동안 일했고, 또한 이 분야에 대해 많은 호기심이 있기 때문이다. 이 업계를 처음 접했을 때는 2015년이었는데, 한창 리그오브레전드 게임 방송을 즐겨 보고 있었다. 우연히 중국 SNS에서 리그오브레전드 프로게이머의 개인방송 통역을 모집하는 공고를 보고 지원했고, 2017년 4월부터 인터넷 방송 통역으로 방송 활동을 시작했으니 벌써 4년이 넘었다. 통역할 때는 얼굴이 노출되지 않고 음성만 나오는 순차 통역 형식이다. 나의 주된 역할은 한국인 선수가 말한 뒤에 바로 중국어로 통역하는 것이지만, 선수들이 중국어를 못하므로 시청자와의 소통 역시 일견 나의 몫이었다. 통역에 더해 방송 분위기를 조절하는 역할을 맡은 것이다. 2017년 9월, 연세대학교 문화인류학과 대학원에 진학한 그다음 달부터 호기심에 직접 개인방송을 운영하기도 했다. 이때 쇼장방송을 시작했고, 지인의 소개로 여성 BJ 단체 채팅방女主播群에도 들어갔다. 처음에는 단순히 새로운 디지털 분야를 체험해보자는 생각에 가끔 하고 싶을 때만 방송을 했다. 한 BJ 매니저를 알게 되어 그가 속한 공회公會◆에도 가입했지만 여전히 전업으로 BJ를 하지는 않았다. 그 후 2018년 1월, 지인을 통해 C 플랫폼과 계약을 체결하고 휴대폰 게임 BJ로 활동하기 시작했다. 한 달에

◆ 공회란 BJ를 발굴, 배양 그리고 관리하는 회사를 말한다. 공회는 플랫폼과 BJ 사이를 조절하는 '중간자' 역할을 한다. 이 글에서 말하는 공회公會는 흔히 노조를 지칭하는 공회工會와는 다르다.

후야TV의 쇼장방송 페이지

80시간을 채워야 했고 근무일이 최소 22일은 넘어야 했다. 당시 한 달에 3000위안(한화 약 51만 원)의 기본급에 시청자에게 받은 선물의 일부를 월급으로 받을 수 있었다. 개인적인 사정으로 2018년 겨울방학 동안만 전업 BJ로 일했고, 그 이후에 가끔 개인방송을 했지만 주로 방송 통역으로 활동하고 있다.

여성 BJ 집단에 대한 연구는 거의 석사 과정 내내 진행되었을 정도로 오랜 시간이 걸렸다. 그동안 나는 다양한 플랫폼을 넘나들며 각양각색의 방에 머물렀고, 여러 곳을 관찰하며 종종 채팅을 통해 방송에 참여하기도 했다. 많은 방 중에서 일부를 선택하여 장기간 방송을 관찰하고, BJ들의 삶의 궤적을 추적했다. 쇼장방송이라는 방송 유형은 중국뿐 아니라 전 세계적으로 확장되고 있고, 국가마다 조금씩 차이가 있긴 하지만 대개 비슷한 형식으로 나타난다. 한국의 경우, 아프리카TV를 비롯한 인터넷 개인방송 플랫폼에서 쇼장방송과 비슷하거나 수위가 훨씬 높은 '19금' 개인방송이 있어 중국과 유사한 디지털 산업 양상이 드러난다.

따라서 이 글은 중국 청년 여성뿐 아니라 한국 사회의 문제점도 어느 정도 반영한다고 할 수 있다. 어떠한 사회적 흐름이 청년 여성의 욕망과 만나 여성들을 쇼장방송이라는 디지털업계에 몸담게 했을까? 그 질문에 답을 찾으며 이 여성들의 이야기에 귀를 기울이고 싶었다.

개인방송과 중국 청년 여성의 만남

중국 인터넷 개인방송업계의 시조는 2005년에 창립된 '9158'이라는 사이트다. 푸정군傅政軍은 외국 사이트에서 영감을 얻어서 모르는 사람끼리 화상 대화를 통해 결연하는 소셜네트워크서비스 사이트인 '오랜 인연久久情緣'을 창립했다(項一誠 2018), 이후 '오랜 인연'은 '9158'로 바뀌며 명성이 자자해진다. 9158, 그 후에 출시된 'YY'와 '6Rooms'는 바로 중국 인터넷 방송의 1세대 플랫폼이다. 2014년부터 게임방송 붐이 시작됨에 따라 후야虎牙, 도위鬥魚, 슝마오熊貓, 짠치戰旗 등 게임방송 플랫폼이 잇따라 출시되었다. 게임방송과 쇼장방송의 선도 아래 야외방송, 요리방송, 개그방송, 먹방 등 점차 다양한 방송 장르가 생겨났다. 방송 콘텐츠가 다원화되는 동시에 방송 수단은 PC에서 접근성이 훨씬 좋은 모바일로 바뀌었다.

엄청난 발전 가능성으로 인해 막대한 자금이 인터넷 개인방송업계에 투입되면서 2016년, 중국 인터넷 개인방송업계는 전성기를 맞았다.

'천방대전' 시기의 플랫폼

통계 결과에 따르면 2016년 연초에 애플리케이션 스토어app store에는 300여 개의 개인방송 플랫폼을 다운로드할 수 있었다(江宇琦 2018). 수백 개의 플랫폼이 등장하면서 인터넷 개인방송업계의 경쟁은 점점 치열해졌다. 이러한 경쟁 상황을 '천방대전千播大戰'이라고 했다. 즉 수천 개 플랫폼 사이에 치열한 경쟁이 벌어지고 있다는 뜻이다. 그러나 높은 계약금으로 인해 결국 대부분의 플랫폼에서 적자가 나기 시작했다. 규모가 작은 플랫폼은 물론이고 왕이박하網易薄荷, 전민全民TV, 슝마오TV 등 규모가 큰 플랫폼조차 잇따라 파산에 이르렀다. 천방대전이 끝난 후에 겨우 수십 개의 플랫폼만 살아남았다.

인터넷 개인방송업계는 점점 더 많은 관심을 받으며 저속한 콘텐츠가 많아져 심각한 사회문제가 되었다. 남성 BJ들은 거칠고 저속한 발언과

엽기적인 행위로 눈길을 끄는가 하면 여성 BJ 방송에는 선정적인 내용이 많아졌다. 정부는 이런 저속하고 난잡한 산업 기풍을 바로잡기 위해 일련의 규정을 제정했다. 2016년 7월에 중국 문화부에서 〈인터넷 방송 관리강화에 관한 통보〉가 나왔으며 이 규정에 따라 26개의 플랫폼이 적발되었다. 디지털 환경을 보호하기 위해 국가신문출판광전총국에서는 2016년 9월 〈인터넷 방송 프로그램 관리강화에 관한 통보〉를 했고, 같은 해 11월에 〈인터넷 방송 서비스에 대한 관리 규정〉을 전달했다. 또한 2016년 9월부터 모든 인터넷 개인방송 플랫폼은 '정보 네트워크에서 프로그램 전파 허가증', '사이버 문화 경영 허가증', 그리고 '라디오, 텔레비전 프로그램 제작과 운영 허가증' 등 세 가지 '허가증'이 있어야 플랫폼을 운영할 자격을 얻게 되었다. 2017년 6월에 CNSAChina Netcasting Services Association에서 〈인터넷 방송 프로그램 콘텐츠 심사 규정〉을 제정하여 인터넷 개인방송 내용에 대한 관리를 강화했다.

중국 정부는 일련의 규정을 통해 BJ 신분에 대한 인증과 심사, 방송 콘텐츠와 채팅창에 대한 감독, 그리고 플랫폼의 의무를 명확히 하고 플랫폼을 엄격하게 관리했다. 또 전문적인 기관을 설립하고 인터넷 개인방송 분야를 철저하게 관리·감독함으로써 중국 방송업계의 산업화와 정규화를 추동하는 데 일조했다. 2017년 10월에 중국공산당 제19회 전국대표대회에서는 중국 오락산업에 관련하여 높은 수준의 내용과 작품을 요구하는 동시에 업계의 산업화와 수익성을 강조했다. 정부의 인터넷 개인방송업계에 대한 일련의 조치는 코로나19로 인한 실업 문제와 국가경제

침체를 해결하기 위해 마련한 노점경제地攤經濟◆ 대책과 비슷한 맥락에서 볼 수 있다. 국가가 추진하는 이 두 개의 분야는 국민의 개인적 열망을 동원해 경제를 촉진하는 책략의 일환으로 작동한다. 쇼장방송 역시 젊은 여성의 취업 문제를 해결한다는 점에서 경제 촉진에 적극적인 영향을 끼친다고 할 수 있다.

그렇다면 젊은 여성들이 이 업계에 대거 몰리는 이유는 무엇일까? 나는 이러한 현상을 중국의 젊은 여성의 자아의식이라는 내적 변화와 사회적 환경이라는 외적 측면에서 접근해보고 싶다. 부모 세대보다 질 높은 교육을 받고, 글로벌 경험이 많은 중국의 젊은 여성들은 경제적 독립의 중요성을 잘 인식하고 있다. 최근 몇 년 사이 중국 여성들이 가장 많이 이야기하는 것은 바로 "돈만이 자신에게 안정감을 줄 수 있다只有錢才能給自己安全感"는 담론이다. 이 책의 3장에서 보듯, 현재 중국 젊은 여성은 "결혼을 하기 위해서도, 결혼을 하지 않고 비혼으로 남기 위해서도 분투해야 하는" 처지다. 그럼에도 불구하고 부의 추구와 경제적 독립에 대한 갈망은 중국 젊은 여성의 사랑과 결혼에 대한 관념이 변화하고 있음을 단적으로 보여준다. 한국의 젊은 여성과 마찬가지로 중국의 많은 젊은 여

◆ 노점경제는 코로나19로 인한 경제적 충격에서 벗어나고 국가경제를 활성화하기 위해 국가가 마련한 대책이다. 2020년 5월 27일, 중국 중앙문명반中央文明办은 노점경제를 추진하기 위해 "올해 길을 점용한 노점, 길가 시장과 길거리 이동상점 등을 문명 도시 평가 항목에 포함하지 않는다不將占道經營, 馬路市場, 流動商販列為文明城市測評考核內容"고 선언했다. 이로써 중국 정부는 국민들이 창업하는 것을 동원하고 격려하고 있다.

성들 또한 비혼이나 늦은 결혼을 선택하는 경향을 보이고, 자신의 시간과 정력을 경제적 독립을 성취하는 데 투자하고 싶어 한다.

젊은 여성들은 자신의 힘으로 경제적 여유를 이루기 위해 적극적으로 노동시장에 진입하거나 창업을 한다. 하지만 여성들이 노동시장에 진입하는 것이 쉬운 일은 아니다. 〈2019년 중국 직장 성차별 보고서〉에 따르면 2018년 중국 여성의 평균 임금은 6497위안(한화 약 115만 원)으로 남성의 78.3%였다. 또한 직장생활 초기에는 노동시장에서의 성 불평등 문제가 심각하지 않지만, 시간이 지날수록 남녀의 임금격차는 점점 벌어지는 것으로 나타났다. 또 다른 연구 결과를 보면, 2016년 1월 1일부터 '전면적 두 자녀 정책全面二孩政策'이 시행되면서 여성은 정책 개방 이전보다 구직할 때 훨씬 더 어려운 상황을 만나고, 임금 감소 폭이 커짐에 따라 여성 노동자들이 노동시장을 더 쉽게 떠나는 경향을 보였다(張全同·張亞軍 2017). 이러한 노동시장에서의 성 불평등과 치열한 경쟁으로 인해 경제적 독립에 대한 여성들의 갈망은 물거품이 될 수밖에 없다.

젊은 층의 취업난 문제가 심각한 가운데 BJ라는 직업은 마치 지푸라기라도 잡고 싶은 심정의 여성들에게 한 가닥 희망을 주었다. BJ 온유는 모델로 일하는 동시에 파트타임 편집자로 일하고 있다. 이전에 아동 영어 강사도 해본 적이 있었다. 온유가 BJ가 되기로 마음먹은 이유는 코로나19로 인해 수입이 없어졌기 때문이다. 우현은 BJ가 되기 전, 정규직을 구하지 못해 바 종업원, 부동산 판매원, 미용사, 광고회사 직원, 사진 스튜디오 등 다양한 곳에서 비정규직으로 근무했다. 그 이후 우현은 지인의 소개로 한 달에 5000위안(한화 약 85만 원) 정도의 기본급을 받을 수 있는 BJ 일을 시작했다. "그냥 먹고 살기 위해서 시작했어요. 제가 할 줄 아는 게 없어서 월급이 5000위안을 넘는 직업을 찾기가 너무 어려워요." 2020년에 CNNIC China Internet Network Information Center에서 발표한 〈중국 인터넷 발전 상황 통계 보고〉에 따르면, 중국의 9.04억 명의 네티즌 중에 월수입이 5000위안 이상인 비율은 겨우 27.6%에 불과하다. 믿기 어려운 수치 같지만, 나는 이 수치의 객관성을 확보하기 위해 또 다른 통계 자료를 찾아보았다. 〈2021년 선전시 임금 수준 보고〉에 의하면, 빠른 속도로 발전하고 있는 대도시인 선전深圳에서 월수입이 만 위안 이상인 비율은 11.2%를 차지하는 반면, 월수입이 6000위안 이하인 비율은 62.5%에 달한다고 했다. 소도시에서 거주하면서 직장생활을 하는 한 지인의 경우, 2016년 졸업 후 바로 취직을 했고, 중간에 더 좋은 직장으로 옮겼으나 직장생활 6년 차인 지금, 한 달에 3000위안의 월급으로 근근이 살아가고 있다. 따라서 BJ라는 직업이 우현에게는 확실히 바람직한 수입을 얻을 수 있는 직장이라고 볼 수 있는 것이다.

전문적인 기능이 필요하지 않은 BJ라는 직업은 젊은 여성들에게 큰돈을 벌 수 있는 취업 기회를 제공해주었을 뿐만 아니라 이 직업을 통해 창업 자금을 마련해 성공한 BJ도 많다. BJ 이와는 방송에서 뷰티 살롱을 차렸다고 했고, BJ 항항은 미래의 창업 계획에 관해 자기 생각을 털어놓았다. 인터뷰 참여자인 우현도 미래 계획에 대해 언급했다. 그녀는 만약 방송을 통해 돈을 많이 벌게 된다면 작은 가게를 차릴 생각이라고 했다.

"인터넷 쇼핑몰을 운영할 수도 있고 실제 점포를 열 수도 있어요. 이거는 먼저 돈을 모아야 계획할 수 있는 거라 지금은 돈을 버는 게 우선이에요."(우현). 디지털 산업의 발전은 젊은 여성들에게 더 많은 취업 기회를 주었으며, 이들의 미래 발전에도 더욱 많은 가능성을 열어주었다.

BJ라는 직업은 일반 직업과 다르게 잠재력이 크고, 수입이 무한히 많아질 가능성이 있다. 여성 BJ의 수입은 따거를 만나는 '운'에 따라 크게 차이가 난다. 따라서 이 여성들은 항상 운의 중요성을 강조한다. 온유는 한때 호주로 유학을 가고 싶었다. 그가 유학이라는 꿈을 이루기 위해 기울인 노력은 바로 복권을 사는 것이었다. 온유에게 BJ라는 직업은 복권과 마찬가지로 하루 만에 인생을 바꿀 기회이자 희망이었다. 그는 '어둠 속의 빛'으로 이를 표현했다. "삶에 희망을 주잖아요. 우리처럼 어둠 속에 사는 사람은 빛을 얼마나 갈망하는지 모르시죠. 아주 작은 확률이라도 해보고 싶어요." 온유는 인터뷰할 때 '졸부暴富'라는 단어를 여러 번 사용했다. "어느 날 바보 몇 명이 와서 돈을 좀 줬으면 좋겠어요. 졸부가 돼서 그 돈으로 남친과 결혼도 하고 아이도 낳고 싶어요." 우현도 방송을 통해 벼락부자가 되는 것을 기대한다. "만약 갑자기 부자가 되면, 평생 써도 다 쓸 수 없는 돈을 가진다면, 아마 평생 아무 일도 하지 않고 그냥 먹고 놀기만 해도 돼요." 소라는 BJ라는 직업의 거대한 잠재력에 대해 자세히 설명했다.

"제가 BJ가 된 이유는 이 일이 돈을 많이 벌기 때문이 아니라 수입이 무한히 많아질 가능성이 있기 때문이에요. 간호사가 되면 일 년에 20만 위안(한화 약 3400만 원)까지 벌 수 있지만 더는 높일 수가 없어요. 하지만 BJ는 천장이 높아요. 1만 위안을 벌 수도 있고, 2만 위안을 벌 수도 있고, 심지어 한 달에 200만 위안을 버는 여성 BJ도 있거든요. 다 가능하죠. BJ라는 직업은 천장이 높고 잠재력이 아주 크다고 할 수 있어요."

중국은 빈부 격차가 매우 큰 나라로 보통 대도시의 임금 수준이 소도시의 2~3배에 이른다. 소도시 여성들의 월급은 보통 2000~3000위안(한화 약 30~50만 원)에 불과한데, 쇼장방송을 통해 소도시 여성들은 이제 도시의 평균 임금 수준을 훨씬 웃도는 수입을 얻게 된다. BJ로 활동하는 젊은 여성들은 쇼장방송이라는 지역적 경계를 넘어선 디지털 산업에 진입하면서, 자신이 지내온 지방 소도시 경제 상황의 어려움에서 벗어날 수 있게 되었다. 직장 일이 잘 안 풀리거나 자족할 만한 직장을 구하지 못할 때 쇼장방송은 이들에게 기회와 희망을 준다. 여성 BJ들은 쇼장방송이 장기적으로 종사할 수 있는 직업이 아니라는 것을 스스로 인식하고 "한몫 챙기고撈一筆" 바로 이 업계를 떠날 생각을 하고 있다. 이들은 쇼장방송을 일시적 횡재를 얻는 기회로 여긴다.

때마침 디지털 경제가 호황을 누리고 인터넷 개인방송 분야가 유례없이 번창하며, 국가는 각종 정책을 통해 이를 뒷받침했다. 교육과 경제발전이 가져온 변화는 삶의 질을 바꿨을 뿐 아니라, 관념의 변화 또한 가져왔다. 소황제 세대('한 자녀 낳기' 정책으로 인해 각 가정에서 독자로 태어나 황제처럼 자란 세대)의 여성들은 삶의 중심을 가정보다 개인의 발전에 더 집중한다. 강한 개인주의적 욕망과 성공, 행복에 대한 기대가 높은 젊은 세대 여성과 인터넷 개인방송업계의 만남은 각자의 목표를 실현하는 데 큰 시너지를 일으키고 있다. 쇼장방송업계의 발전은 뷰티 경제를 필요로 하고, 젊은 여성들의 삶에 다양한 가능성을 열어줄 수 있는 쇼장방송은 이들의 자기실현을 위해 놓칠 수 없는 기회가 된다.

쇼장방송의 풍경

이 공간 안에서 BJ는 방송 콘텐츠를 생산하는 가장 핵심적인 역할을 하고, 시청자의 높은 관심을 끈다. BJ들은 카메라를 통해서 자신의 외모와 주변 환경을 시청자에게 보여주면서, 마이크를 통해 시청자와 실시간으로 소통한다. 시청자는 채팅과 선물 증여로 방송에 참여할 수 있다. 이 공간 안에 BJ는 카메라와 마이크를 통해 구축된 생생한 이미지이지만, 시청자는 하나하나의 아이디 뒤에 숨어 있는 신비로운 형상이다.

여성 BJ들의 주요 방송 콘텐츠는 대개 비주얼과 몸매의 전시, 노래하기, 춤추기, 시청자와의 상호작용 그리고 다른 BJ와의 PKPlayer Killing 등 주로 다섯 가지로 구성되어 있다. 이러한 콘텐츠는 거의 모든 쇼장방송 여성 BJ의 방송에 포함된다. 여성 BJ에게 외모는 가장 중요한 조건인데

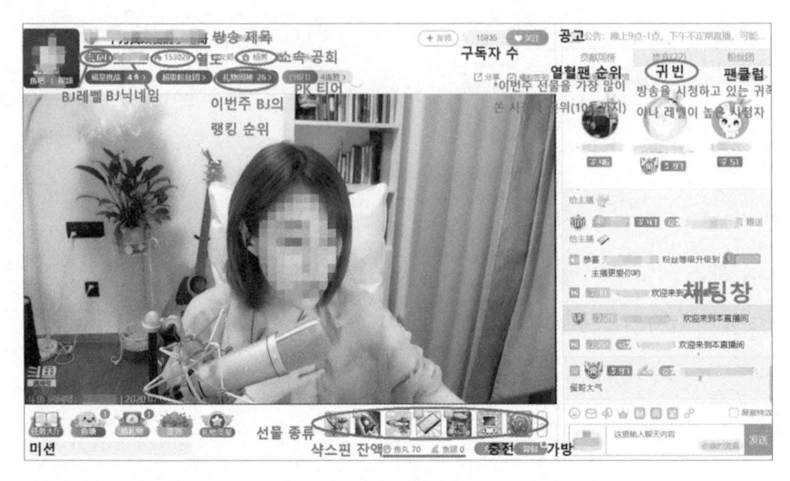

도위TV의 화면 구성

성공한 여성 BJ들은 대부분 대중의 미적 감각에 잘 부합하는 비주얼을 지녔다. 토크 및 시청자와의 상호작용은 BJ라면 누구든지 수행해야 하는 작업이다. 춤추기를 위주로 하는 BJ는 노래하기도 하고, 노래를 위주로 진행하는 BJ도 가끔 춤을 춘다. 이들은 시청자에게 되도록 다양한 퍼포먼스를 보여주려고 노력한다.

방송의 흥미를 높이기 위해 플랫폼에서 PK 기능을 도입했는데, 이는 중요한 방송 콘텐츠로 BJ와 플랫폼에 거대한 이익을 가져왔다. PK는 시청자도 함께 참여할 수 있는 게임에 가깝다. PK를 할 때 BJ들은 다양하고 재미있는 게임을 진행하면서 시간을 채우고 시청자에게 더 많은 재미를 제공한다. 양쪽 BJ가 같이 진행하는 게임은 끝말잇기, 진실게임, 노래자랑 등이다. 지고 있는 쪽만 진행하는 게임은 역도(역도처럼 팔을 위로 올

PK 화면 예시

렸다 내리는 자세를 반복하는 것), 힙 웨이브, 골반 댄스, 자전거 타기(몸을 옆으로 하고 손을 의자에 짚으면서 자전거를 타는 자세를 시늉하는 것) 그리고 발바리(손을 들고 혀를 내밀어서 강아지를 흉내 내는 것) 등이 있다. 마지막에 선물을 더 적게 받은 쪽이 게임에서 지게 되고 벌칙을 받는다. 벌칙도 매우 다양한데, 앉았다 일어서기, 땅에서 기어가기, 얼굴에 그림(수염, 앞머리, 하트, 거북이 등) 그리기, 비닐봉지로 머리 가리기, 채팅 매니저에게 전화해서 고백하기, 물 한 모금을 입에 머금고 말하기, 손가락으로 양치하기 등이다. 다음 판 PK에서 이기면 얼굴에 그린 것을 다른 BJ에게 전할 수 있다.

PK 기제는 이 공간에서 시청자들이 즐겨 참여할 수 있는 놀이 또는 게임이다. 양쪽 진영은 각자 BJ를 대장으로 시청자들과 협력해서 승리를 거두기 위해 전투에 나간다. BJ들은 PK에서 '나' 대신에 공동체를 의미하는 '우리집我們家'이라는 용어를 사용한다. 여기서 우리집은 게임에서 팀과 비슷한 개념으로 팀원들이 힘을 모여서 상대와 대전한다. BJ들은 지속적으로 이 전투가 우리 방 모든 사람의 명예와 관련된다고 강조하며 시청자의 승부욕을 자아낸다. 그들이 PK할 때 쓰는 용어 대부분은 게임에서 많이 쓰이는 말이다. 예를 들어 '백도어偷塔, back door'라는 말은 리그오브레전드 게임에서 상대 팀이 다른 라인에서 싸우느라 정신이 없을 때 한 명이 몰래 다른 라인에 가서 상대 포탑을 부수는 행위를 뜻한다. 쇼장방송에서 백도어는 PK가 끝나기 10초 전에 선물을 쏜다는 것을 의미한다. 백도어의 반대말인 '타워를 지킨다守塔'는 용어는 우리 방의 우세를 지키기 위해 선물을 좀 더 쏴야 한다는 뜻이다. 양쪽에서 PK를 할 때 보내는 가상선물을 '탄알子彈'이라고 부른다. 우승한 쪽은 선물을 많이 받은 경우에 상대 BJ에게 종종 병원비를 주기도 한다. '병원비醫藥費'란 승리한 쪽(BJ나 시청자)이 상대 BJ의 방에 가서 선물을 쏘고 위로해주는 것을 말한다. 그 이후에 PK에서 진 쪽은 다시 정비하고 복수를 하러 갈 수도 있다.

2020년 2월 29일, 방송에서 나는 '도위'라는 플랫폼의 비교적 큰 방인 BJ 배**m의 방에서 참여관찰을 진행하고 있었다. BJ 림**e는 배**m에게 PK 요청을 했고, 벌칙으로 배**m에게 '거지화장乞丐裝'을 전하고 싶어 했지만 게임에 져서 결국 실패로 끝났다. 나는 림**e을 추적해서 그의 방으로 따라갔다. 림**e은 바로 다른 BJ 'z**연'과 PK를 진행했는데 마침내 이겨서 '거지화장'을 z**연에게 전했다.

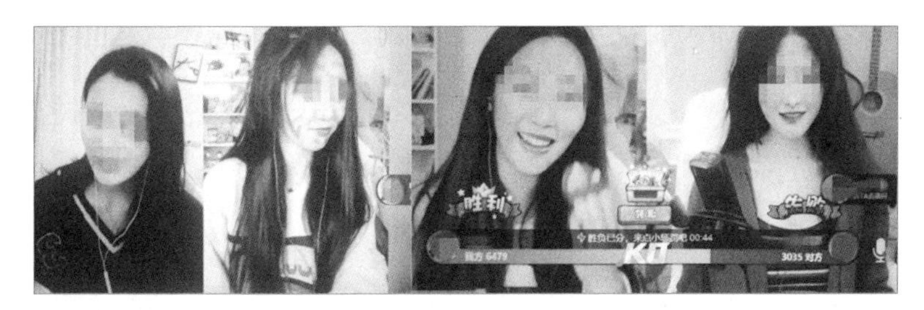

거지화장의 전달

쇼장방송의 내용은 바로 여성의 몸과 강한 여성성의 전시, 그리고 이미 구조화된 퍼포먼스와 오락성 콘텐츠로 구성된다. 쇼장방송업계가 포화상태인 데다 외모 조건이 훌륭한 여성 BJ들이 많아서 경쟁이 매우 심하다. 또한 쇼장방송이 성행한 지 이미 몇 년이 지났기 때문에 더는 시청자들에게 신박한 오락 활동으로 다가가지 않는다. 따라서 여성 BJ들이 이런 경쟁을 뚫고 나오려면 외모가 좋아야 할 뿐만 아니라 끊임없이 방송 콘텐츠를 충실하고 흥미롭게 구성하고 오락성을 높여야 한다. BJ 소라는 자신의 방송이 끝난 뒤에도 다른 BJ들의 방송을 시청하면서 계속 배우고, 최근에 유행하거나 재미있는 드립('애드리브'의 인터넷상 은어)을 알아내곤 한다. 소라는 BJ는 계속 새로운 것을 배워 자기 방송의 흥미와 신선감을 유지해야 한다고 말했다.

실제로 이 여성들의 노동은 결코 쇼장방송이라는 공간에 그치지 않는다. 따거를 유지하는 것은 수입원을 유지하는 것과 동일하므로 여성 BJ들은 따거를 유지하는 데에 전력을 다한다. 방송에서 따거에게 더 많은 주목과 관심을 보여주는 것 외에도, 따거와의 사적인 연락을 몹시 중시

한다. BJ 뮤리의 말에 따르면 따거를 얼마 동안 유지할 수 있는지는 사적인 대화가 얼마나 잘 되는지에 의해 결정된다. 따거에게 잊히지 않고 지속적으로 선물을 받기 위해 여성 BJ들은 시·공간적 경계를 넘어 따거와 사적인 연락을 하면서 관계 노동을 계속 수행해야 한다. 방송 이외의 시간에도 방송과 관련된 일로 가득 차 있는 것이다. 결국 일과 삶의 경계가 모호해지고 분리가 불가능해져서 자는 시간을 빼고 항상 일하고 있다는 착각에 빠지기도 한다.

그녀들의 이야기

석사 논문을 작성할 때 나는 쇼장방송 여성 BJ의 전체적인 모습을 부각하기 위해 항상 여성들 간의 공통점을 찾는 데 노력했다. 하지만 아쉬웠던 부분 중 하나는 바로 개개인의 특성과 다양성이 다소 누락되었을 수도 있다는 점이다. 각 여성의 사회적 배경, 개인적인 경험과 사유방식이 다르기 때문에 이들의 생생한 삶의 이야기는 들여다보면 볼수록 흥미롭고 감동적이다. 다섯 명의 여성 BJ 이야기를 통해 쉽게 간과되는 여성들 개개인의 모습을 보여주고 싶다.

혹평은 괜찮아, 내 일이 소중하니까

샤오씨는 대학 시절부터 게임에 관심이 많아서 처음에는 지인의 소개로 게임 BJ 활동을 시작했다. "게임에서 알게 된 친구가 갑자기 저한테 BJ를 하라고 권했는데 돈을 잘 벌 수 있다고 했어요." 샤오씨는 BJ로 활동하기 전에 고향에서 차예사茶藝師에 종사하고 월급으로 3500위안을 받았다. 고향인 계림桂林에 있을 때, 주로 전동차를 타고 출근했는데 계림에는 비가 자주 오기 때문에 샤오씨는 일터에 도착할 때마다 항상 온몸이 다 젖어 있었다. 그녀는 BJ라는 직업이 예전에 다녔던 직장보다 훨씬 바람직하다고 말했다. "제가 친구 말을 듣고 BJ를 시도해봤는데 첫 달에 진짜로 3000위안을 벌었거든요. 기분이 너무너무 좋고, 방송은 진짜 좋은 직업이라는 생각이 들었어요."

쇼장방송 BJ를 하나의 직업으로 여기면서 일하는 샤오씨는 점점 더 많은 돈을 벌면서 큰 보람을 느꼈다. 그의 성취감은 시청자의 인정과 사랑에서 비롯된다. "누군가가 나를 인정하고 함께 있어 주는 것은 운이 좋은 일이고, 다행이라고 생각해요. 시청자들이 제 방에 계속 찾아오는 것도 제가 그만큼 노력했다는 뜻이잖아요." BJ라는 직업, 특히 쇼장방송 여성 BJ는 중국에서 쏟아진 도덕적인 비판에 직면하고 있다. 그러나 자기 인생을 변화시킨 이 직업에 대해 샤오씨는 자신과 자신의 직업에 대해 올바른 인식이 필요하다고 주장한다. 샤오씨는 주변 사람들에게 손가락질을 받았음에도 여전히 자신의 직업을 소중하게 여기고 있었다.

"주변에서 손가락질할까 봐 걱정이 많았죠. 하지만 이 일은 먹고살기 위해 제가 선택한 직업이잖아요. 이렇게 살기로 한 이상 더 걱정하진 않을래요. 업계에서 암묵적으로 요구하는 비도덕적인 '관행潜规则'만 당하지 않는다면, 저는 주변 사람들이 뭐라고 하든지 두렵지 않아요. 이것은 제 직업이에요. 저는 아주 바른 자세로 저와 제 직업을 바라보고, 부정적이거나 악의적인 외부의 평가를 객관적으로 보고 있어요."

힘든 시간은 누구나 다 있지

인터뷰 참여자 중 가장 성공한 큰 방 BJ로 꼽혔던 소라는 인터넷 개인 방송을 통해 인생 궤적을 바꾸었다. 인터뷰를 진행할 당시 소라의 BJ 레벨은 79레벨이었지만, 몇 달 뒤엔 플랫폼 최고 등급인 100레벨이 되었다. 소라가 소재한 플랫폼에서 100레벨을 달성하려면 2300만 위안(한화 약 39억 원)에 가까운 가상선물이 필요하다. 소라는 지금도 플랫폼에서 손꼽히는 쇼장방송 BJ로 유명하다. 소라에게 성공 비결을 물었더니 그는 큰 방 BJ가 되는 데 가장 중요한 것은 올바른 마음가짐이라고 했다. 소라는 대학교 3학년 인턴 시절에 BJ로 활동하다 학업 때문에 한동안 방송을 접었다. 다시 쇼장방송으로 복귀할 때 그녀는 매우 힘든 시기를 보냈다. 돌아보면 그 시절을 잘 견뎌낸 자신이 아주 훌륭하다고 생각한다.

"가장 어려운 시기를 잘 버텨내야만 훌륭한 BJ라고 할 수 있죠. '멘탈'은 BJ의 한계를 결정하는 거예요. 복귀했을 때 진짜 상황이 안 좋았는데, 여전히 매일매일 버텼던 제가 너무 대단한 것 같아요. PK 할 때 연패는 자주 있는 일이었고, 방에 저랑 같이 대화하는 사람조차 없었어요. 지금 선물을 어마어마하게 받는 게 대단한 일이 아니에요. 저는 그때의 제가 제일 대단하다고 생각해요. BJ는 원래 그래요. 잘 안 될수록 방송을 더 하고 싶지 않아요. 저는 그래도 매일매일 방송을 했어요. 아무리 처참해도 꼭 8시간 동안 방송을 했죠. 그리고 하루하루 전날보다 조금씩 나아졌어요."

사실 이런 어려움은 많은 BJ가 방송을 잠시 멈춘 뒤 복귀할 때 직면하게 되는 상황이다. BJ 뮤리는 며칠만이라도 방송을 때려치우고 쉬는 것을 못하겠다고 했다. "이틀만 쉬어도 시청자들한테 잊힐까 봐요. 3일 동안 방송을 안 하면 시청자가 많이 없어진다니 진짜 무서워요." BJ 링링은 소라와 같은 플랫폼에서 상위 BJ로 유명했는데, BJ 생활에 지쳐 평범한 직장인으로 돌아갔다. 하지만 반년 뒤 링링은 다시 방송을 시작했고, 다른 플랫폼에서 복귀 방송을 시도한 뒤 얼마 지나지 않아 처음 활동했던 플랫폼으로 돌아갔다. 하지만 계속 불황에 빠져 낙담했던 링링은 결국 방송을 포기하고 말았다. 소라의 말대로 BJ는 불황에 빠질수록 포기할 생각을 많이 하게 된다. 나 또한 개인방송을 하면서 이런 상황을 종종 겪었다. 시청자들이 주는 선물은 금전적인 가치뿐만 아니라 BJ로서의 자기 긍정, 성취감의 원천이기도 하다. 소라는 어려운 시기를 잘 버텨내는 강한 정신력 외에도 BJ는 항상 긍정적인 태도를 가져야 한다고 했다. 사람들은 현재와 자신이 가장 좋을 때를 비교하는 습관이 있는데, 이로 인해 심리적 격차와 스트레스가 생긴다는 것이다. 심리적 격차는 BJ에게 가장 치명적인 약점이 될 수 있다.

"BJ마다 다 기복이 있고, 저도 선물이 적었던 때가 있었어요. 심리적인 격차가 있을 수 있는데 BJ는 그게 너무 무서워요. 오늘 10만 위안을 받았는데, 내일 당장 2만 위안을 받으면 오늘 방송이 잘 안 됐다고 생각하게 되죠. 근데 2만 위안은 이미 대부분의 BJ보다 많이 받은 것인데, 그냥 스스로 심리적 격차가 생겼을 뿐이에요. 제 매니저는 '네가 지금 방송이 너무 잘 안 돼서 어렵고 심리적 격차가 클 때, 방송 첫날을 생각해봐. 그날 너는 가진 게 아무것도 없었잖아'라고 했어요. 저는 이 말을 아직도 기억해요. 지금도 좋을 때가 있고, 안 좋을 때가 있어요. 불황에 빠질 때는 좋을 때랑 비교하지 말고, 첫날과 비교하면서 마음을 다스려야 해요."

돈 벌기에서 돌봄으로

우현은 여성 BJ 단톡방에서 알게 됐다. 우현에게 인터뷰를 요청했고, 우현은 흔쾌히 부탁을 수락했다. 비정규직 경험이 많은 우현은 쇼장방송을 통해 생계 문제를 해결했다. 사실 우현과의 인터뷰는 나의 마음을 뒤흔들었고, 그의 이야기 덕분에 여성 BJ 집단의 다원성을 더욱 잘 파악할 수 있었다. 우현의 방에는 실제로 소매점을 운영하는 '따거'가 있었다. 그는 상품을 사들이는 돈으로 일 년 동안 우현에게 30만 위안(한화 약 5100만 원)을 쐈줬다. 실제로 경제적 수준이 높은 따거가 아닌 시청자가 힘들게 번 돈으로 선물을 쏘는 것이 신경 쓰인 우현은 따거에게 방송을 그만 접으라고 권했다. 그러나 그 따거는 방송에 돈을 쓰는 것을 그만하는 것이 아니라 우현 방을 떠나서 보름 동안 다른 여성 BJ에게 15만 위안을 쐈다. 우현은 따거의 이러한 행동에 크게 실망했다.

"멍청하고 BJ에 쉽게 빠지는 사람들은 실제로 돈도 별로 없고 어리석어서 그들의 돈을 뜯어내는 게 양심에 찔려요." 이 여성들은 남성 시청자에게 끊임없이 선물을 쏘라고 유도하는 것처럼 보이지만, 이런 작업을 수행하면서 시청자에 대한 동정심을 느끼며 그들을 돌볼 마음이 생긴다. 그들은 방송에서 계속 '가족'이라는 말을 쓰고 '내 사람 만들기'를 수행한다. 처음에 시청자들은 오빠 역할을 맡지만, 나중에는 여성들이 '누나'가 되어 취약하고 불쌍한 '가족', 즉 남성 시청자를 돌본다. 여성 BJ들은 방송과 관계된 것들을 자신이 통제할 수 있다고 생각하지만 실제로는 계속 영향을 받고 통제당하며 피곤함을 느낀다.

여성 BJ들은 방송에서 만난 시청자들이 대부분 일반인이라는 점을 강조한다. 물론 실제로 큰 경제력을 가진 부자도 있지만 그 숫자는 미미하다. 여성 BJ들은 경제적 상황이 평범하거나 심지어 가난한 시청자들 앞에서 측은한 마음을 갖기도 한다. 그러나 BJ라는 직업에 대한 이들의 태도는 방송 경험이 쌓이면서 계속 변하고 있다. "제가 따거에게 선물을 적당히 쏘라고 했는데 걔가 기분이 좀 상했어요. 이런 일 때문에 자주 싸워서 전 이제 선물을 그만 쏘라는 얘기도 더 이상 안 할 거예요."(너의 고양이). 이들은 형편이 좋지 않은 따거, 또는 일반 시청자에게 선물을 쏘지 말라고 권유하기도 하지만, 실제로 아무 소용이 없는 경우가 많다. 경제적으로 풍족하지 않은 따거들은 방송에서 주목을 받고 체면을 얻고자 선물을 쏘기 때문에 BJ들이 선물을 그만 쏘라고 하는 것은 곧 그들의 자존심을 훼손하는 것이 된다.

내가 이 돈을 받아도 돼?

앞에서 온유의 이야기를 잠깐 꺼냈는데 그녀는 쇼장방송을 통해 벼락부자가 돼서 자신의 삶에 변화가 오기를 갈망했다. 하지만 막상 기회가 찾아왔을 때 온유는 겁을 먹었다. 나는 온유가 BJ를 시작한 지 일주일쯤에 그녀를 처음 만났고, 인터뷰 후에도 온유와 계속 연락을 주고받았다. 그녀는 유용한 연구 자료를 더 많이 제공하고 싶어 해서 자주 쇼장방송 진행 중에 있었던 일이나 방송에서 따거와 있었던 이야기를 자세히 알려주었다. 2020년 3월 초의 어느 날 갑자기 온유에게 연락이 와서 어제 오후 방송 때 무서운 일이 있었다고 했다. 알고 보니 어떤 따거가 그의 방에 왔는데 20분 만에 온유에게 1만 위안을 쏴준 것이다. "너무 무서워. 아직도 실감이 안 나고 받아들일 수가 없어. 나는 아무 일도 안 했는데 왜 나한테 이렇게 큰돈을 준 거지? 그래서 내가 걔한테 그만 쏘라고 말했거든." 큰손 시청자 때문에 그날 온유 방의 시청자 수는 평소보다 훨씬 많았다. 새로 들어온 시청자들은 계속 온유에게 따뜻한 칭찬을 했는데, 자신은 그저 평범한 사람이라고 생각했던 온유는 칭찬의 말을 듣고 오히려 더 힘들어했다.

'이 돈을 내가 받아도 돼?' 어리석은 우려 같지만 실제로 이런 일은 많은 BJ를 곤란하게 한다. 여성 BJ들은 따거가 돈을 빌려달라고 한 적이 있다고 이야기했는데, 이 요구는 사실 따거가 선물을 쏜 후에 후회가 되서 돈의 일부를 다시 가져가고 싶다는 뜻이었다. 니코는 이런 따거를 많이 만났고, 온유를 포함한 많은 BJ들이 따거가 자신에게 돈을 빌려달라고 했던 경험이 있었다. "상황을 봐서 돈을 조금 빌려달라고 하면 줄 수도 있는데, 그 돈을 다시 받을 수 있을 거라는 생각은 안 해요. 금액이 많으면 그냥 거절해요"(니코). 니코처럼 큰돈이 아닐 경우 따거가 자신에게 돈을 빌려달라고 했을 때 받은 것을 조금 되돌려준다는 생각으로 돈을 빌려준 BJ들이 많다. 이런 마음가짐을 볼 때 어떤 여성 BJ들은 BJ라는 직업에 의미를 크게 부여하지도 않고, 자신이 수행하는 노동을 충분히 인정하지도 않았다. 이들은 시청자에게 받은 돈을 노동의 대가로 정당화하지 못하고, 따거에게 빚졌다는 생각을 하기도 한다.

싱글맘이라는 신분으로 겪은 어려움

BJ 빠오즈는 어린 아들과 둘이 사는 싱글맘이다. 참여 관찰을 진행할 때 우연히 빠오즈를 발견했는데 그는 방송에서 시청자에게 이혼과 아들에 대해 숨김없이 이야기했다. 빠오즈에게 인터뷰 요청을 했지만 아쉽게도 그녀는 동의하지 않았다. 따라서 빠오즈와 관련된 내용은 모두 방송에서 언급한 내용을 바탕으로 작성할 수밖에 없다. 빠오즈는 어린 아들을 돌봐야 하므로 다른 직장을 구하기가 어려웠다. 그녀는 쇼장방송 BJ

가 "아이도 돌볼 수 있고 수입도 얻을 수 있는 직업이라 처음에는 너무 좋고 만족했다"고 했다. 하지만 2020년 3월, 현장 연구를 진행하는 동안 BJ 빠오즈의 방은 불경기가 지속되어 선물을 쏘는 따거가 거의 없을 지경이었고 매우 힘들어 보였다.

싱글맘 빠오즈 방송의 형편은 다른 BJ보다 좀 더 힘들어 보였다. 빠오즈는 BJ가 돈을 벌 수 있는 직업이지만, 수입이 많지 않기 때문에 방송 시간이 점점 고통스럽게 느껴진다고 했다. 그녀는 "간신히 연명해가고 있다"는 말로 자신의 초라한 상태를 표현했다. 이 때문에 방송 도중에 몇 안 되는 시청자들과 더 이상 쇼장방송 BJ를 하지 않겠다는 생각을 나눴다. "쇼장방송으로 먹고살기가 정말 힘들어요. 저는 별로 두드러진 장점이 없고 너무 평범하잖아요." 하지만 사실 빠오즈의 외모 조건은 나쁘지 않다. 빠오즈는 방송에서 "우리 방 상황이 다른 방과 달라서 내 수입이 남들보다 훨씬 적은 것 같고, 따거도 많이 있기 어려울 것 같다"는 말을 반복했다. 여기서 빠오즈가 언급하는 "다른 방과 다르다"는 말은 바로 그녀가 싱글맘이라는 점이다. 따거들이 여성 BJ에게 선물을 쏴주는 행동은 왕왕 BJ와 더 깊은 사이를 원하는 구애의 의미가 담겨 있다. "쇼장방송 BJ들이 어떻게 큰 방으로 발전했는지 다들 잘 알고 계시겠지만 그냥 따거가 있어서, 따거가 BJ를 좋아하고 BJ랑 발전하고 싶어야 방송이 잘될 수 있는 거예요." 빠오즈는 싱글맘이라는 신분으로 '썸경제曖昧經濟'가 크게 작동하는 쇼장방송에서 자리 잡기 힘들다고 생각했다. 많은 사람이 빠오즈가 쇼장방송에 적합하지 않으니 빨리 다른 활로를 구하라고 조언했지만,

그는 다른 직장을 구하기가 어려워 계속 버틸 수밖에 없었다. 쇼장방송 BJ라는 직업은 포용성이 강한 것처럼 보이지만, 여성의 외모와 나이, 그리고 사회적 경험까지 이미 정해진 전제 조건들이 선행한다. 누구나 다 쇼장방송을 할 수 있으나, 진정으로 이 장에서 받아들이고 이득을 볼 수 있는 것은 아니다.

인생을 다르게 살아보는 용기

디지털 경제의 발전은 분명 더 다양한 기회를 제공하며, 시작 비용이 낮다는 점에서 경제적·사회적 자원이 적은 여성들에게 해볼 만한 선택지가 된다. 이 글을 통해 중국 쇼장방송의 발전 과정, 정부의 규정과 지원 정책, 그리고 쇼장방송의 풍경과 몇몇 여성 BJ의 실제 경험에 대해 간략하게 설명했다. 여성 BJ들의 경험이 제각각 다른 이 업계에서 이들의 전체적인 모습을 그려내기란 쉽지 않다. 누군가는 그냥 해보자는 마음으로 이 일을 하는가 하면, 누군가는 전력을 다하고 자신의 모든 것을 쏟아 붓는다. 또 어떤 이는 쇼장방송을 통해 경제적 독립을 이루었고, 어떤 이는 그저 잠깐 거쳐 갔다. 쇼장방송은 누구에게나 공평한 기회가 주어지지 않을 수밖에 없다. 같은 여성이라도 외모 조건과 사회적 경험은 그들의 운명을 암암리에 결정짓기 때문이다. 어떤 사람은 남들보다 더 쉽게 큰 성공을 거둘 수 있는 반면, 어떤 사람은 아무리 발버둥 쳐도 자리를 잡기가 힘들다.

플랫폼 노동은 청년들의 고용 문제를 해결할 수 있는 대안으로 조명받아왔다. 하지만 이 책 6장에서 배달앱 연구를 통해 지적한 바와 같이, 숙련 노동자들의 움직임은 사실상 자동 배차 프로그램을 구축하는 주요한 데이터로 축적되고, 이러한 자동 배차 프로그램은 수많은 비숙련 노동자를 더 적은 비용으로 사용하는 데 활용된다. 실제로 여성 BJ들은 배달앱 노동자에 비하면 수입이 훨씬 더 불안전하다. 이들은 충분한 능동성과 자율성을 가지고 쇼장방송이라는 소위 자유롭게 창업할 수 있는 기회를 잡고, 이 장에 들어갔다. 하지만 이들 대부분은 저임금, 또는 무임금에 가까운 노동을 수행하면서 플랫폼에 의한 자본주의적 축적 과정에서 희생양이 되는 운명에서 벗어나지 못한다. 처음 뛰어들었을 때 이들은 반드시 큰 방 BJ로 성장해서 성공하겠다는 포부를 갖고 있었지만, 결국 그 꿈은 현실 앞에서 파멸될 수밖에 없다.

쇼장방송에 대한 평판은 분분하며, 논란이 계속되고 있다. 사회적으로 여성 BJ에 대한 비판의 목소리가 쏟아지는 가운데 나는 이 여성들의 목소리를 직접 들어보고 싶었다. 이들 중에 쇼장방송을 소중한 직장으로 여기는 사람이 있다. 그들은 사회적으로 여성 쇼장방송에 대한 부정적인 평가를 알고 있으면서도 자신의 직업에 대한 올바른 태도를 지니기 위해 노력하고 있었다. 때로 자기조차 자신의 노동에 대해 회의적인 시각을 가지며 갑작스럽게 생긴 부에 대해서 두려움을 느끼기도 한다. 사실 젊은 여성들에게 사이버 공간에서 일면식도 없는 낯선 시청자에게 자신을 선보이는 것은 큰 용기가 필요한 일이다. 따라서 시청자에게 얻은 가상선물이 적을 때는 자존감이 떨어져서 버티기가 더욱 어려워진다. 흔히 쇼장방송의 여성 BJ가 수단과 방법을 가리지 않고 남성에게서 부를 받아들이는 여성이라고 여기지만, 이들은 때로 경제적인 사정이 좋지 않은 따거에 대해 연민을 느끼고 그들에게 쇼장방송을 접으라고 권유하기까지 하는 모습을 보인다.

저마다 어려운 사정이 있는 그들은, 자신의 삶을 바꿀 수 있다는 희망을 품고 쇼장방송에 도전하기로 선택했다. 쇼장방송은 청년 여성의 여성성을 매개로 남성 시청자를 유치해오는 장르이기 때문에 이러한 구조에서 일하는 여성은 경제적 자본을 얻을 수는 있지만, 반복되는 여성성의 전시로 인하여 정신적으로 크게 스트레스를 받고 입지가 취약해질 수밖에 없다. 나는 이전에 발표했던 논문에서 '딜레마'와 '함정'이라는 표현을 많이 사용했다. 그러나 이번 연구를 통해 소위 이 함정이라는 것이 어떤 이들에게는 캄캄한 삶을 비추는 유일한 빛, 즉 희망일지도 모른다는 사실을 깨달았다. 궁지에 빠진 그녀들은 주어진 삶에 너무나 열정적이고 용감했다.

참고문헌

LIU BING, 2020, 〈중국 '쇼장방송秀場直播' 여성 BJ들의 젠더화된 정동노동〉, 연세대학교 석사학위논문.

江宇琦, 2018, 〈從'全民直播'到'直播已死', 上市熱是直播平台的再出發還是妥協認命?〉, 壹娛觀察, https://36kr.com/p/5125375?_t=b1582160379.

項一誠, 2018, 〈從千播大戰到被遺忘的風口：直播行業的短暫高潮〉, http://dy.163.com/v2/article/detail/DPJOAPVL0517RVPN.html.

張全同·張亞軍, 2017, 〈全面二孩政策對女性就業的影響〉, 《人口與經濟》 224: 1-11.

◆ 이 글은 2017~2020년 중국 쇼장방송에 대한 연구에서 수집한 현장연구와 심층면접 자료를 토대로 한다. 이 글의 일부는 석사학위논문(LIU 2020)을 수정·보완한 것이다.

2부

일터와 삶터

5

공장 찾아가기와 공장 벗어나기 — 동남권 학생들의 일경험과 구직

양승훈

청년이 도대체 누구이길래: 청년, 지방소멸, 노동의 눈

KTX를 타고 서울과 창원을 오가면서 종종 종이신문을 펼칠 때가 있다. 종이신문의 한 꼭지에는 반드시 청년 이야기가 나온다. 이 글을 쓰는 2021년 6월에는 청년과 '공정' 그리고 '능력주의' 이야기가 함께 나온다. 요컨대 2021년 4월 재보궐 선거, 그중 가장 중요했던 자리인 서울시장과 부산시장을 뽑는 선거에서 여당인 더불어민주당이 완패한 후 갑자기 '공정'과 '능력주의' 바람이 불었다. 처음에는 민주당을 비토한 20대 남성을 이해해야 한다며 '이대남' 이야기가 나왔고, 조금 지나서는 '공정함'을 모토로 온갖 적극적 조치affirmative action를 규탄하며 나선 이준석 후보가 대한민국 정부 수립 후 최초로 보수 야당의 30대 당수가 됐다. 정치적 입장에 따르는 해석과 상관없이 그 중심에 청년이 주요한 '재료'로 등장하는 것만은 분명해 보인다. 매번 때만 되면 청년을 소환하니, 청년 당사자로서 청년을 동원하는 정치를 비판하는 《청년팔이사회》(김선기 2019) 같은 책을 출간하는 것도 자연스럽다.

그런데 내 관심은 조금은 다르다. 나는 청년에 어떠한 방식이든 사회가 관심을 갖는 것 자체에 대해서는 특별한 유감이 없다. 아예 관심을 가지지 않는 것도 이상하지 않나. 다만 나는 청년을 어떻게 보여주느냐에 대해 다른 방식의 문제의식이 있다. 우선 '청년'이 '누구(who)'인지다. 둘째로 청년을 보여줄 때 중요하다고 여겨지는 '장소성' 혹은 '어디(where)'에 있는지도 쟁점으로 보인다. 마지막으로 청년을 '무엇(what)'을 하는 사람으로 볼 것인지 문제다.

첫 번째 질문, 청년이 도대체 '누구'인가. 미디어에 재현되는 청년들은 대개 '모범생'들이다. 달리 말하면 중고등학교 한 반에 30명만 있을 때 1~5등에 속했던 청년들이다. 80%가 넘는 나머지 청년들은 등장하지 않는다. 대기업들이 신입사원을 많이 뽑겠다는 명목으로 대졸 초임을 깎는 바람에 '88만 원 세대'가 더 가난해질 것이라는 전망이 있었지만, 거기 등장하는 '대졸'은 보통 대기업에 지원할 수 있는 서울 소재 4년제 대학을 졸업했다는 것을 의미했다. 곧이어 청년들이 '어디' 있냐는 질문이 따라온다. 미디어에 투사된 청년들을 조금 거리를 두고 살펴보면, 서울, 특히 마포구 반경 5km 이내에만 청년들이 존재한다는 느낌이 든다. 기자들의 근거지가 그렇고, 기자들의 친구들 근거지가 그렇겠구나 하는 생각만 든다. 물론 우리는 여름만 되면 부산 광안리와 해운대에 모여 있는 청춘들을 기억하지만, 이들은 청년을 호출할 때 등장하지 않는다. 마지막으로 청년들이 잘 해야 하는 게 '무엇'인가 곱씹게 된다. 시험을 잘 보고 시험을 치르고 또 치르고, 마치 일련의 RPG 게임 퀘스트나 미션을 수행하는 청년들만 청년이 되고 만다. 특히 '공정성'이라는 질문은 시험 바깥의 모든 청년을 왜소하게 만든다. 예컨대 학교에 갔지만 일을 많이 했고, 또 학교를 졸업하고도 또 일을 많이 했던 청년들은 등장하지 않는다. 오로지 몇 가지 종류의 '취준(취업준비)'을 수행하는 학생들만 청년의 범주에 잡히기 일쑤다. 그 바깥에도 물론 청년이 있다. 어쩌면 지역에서는 자주 볼 수 있는 청년들의 이야기가 중앙 미디어에 등장하지 않을 뿐일지 모른다.

다른 한편, 서울, 경기, 인천으로 대별되는 수도권을 제외한 모든 지역에서는 청년을 소환하지 못해서 안달인 상황이다. '지방소멸'의 공포 때문이다. 내가 근무하는 대학이 위치한 경상남도는 도지사의 말을 빌리자면 '청년특별도'이다. 입버릇처럼 지역 정치인들과 고위 관료들은 청년을 모셔 와야 하고, 청년들이 나가지 않아야 한다고 강조한다. 청년 일자리를 만드는 일에 지방정부들은 사활을 걸고 있다. 고용노동부는 이에 맞춰 '지역 맞춤형 일자리' 등 다양한 프로그램을 운영하며 기획안을 잘 작성한 지자체를 선정하기도 한다. 그러나 청년을 '어떻게' 유치해야 할지에 대한 아이디어가 나오는지는 의문이다. 청년들이 바라는 것이 무엇인지 묻는 행사는 많이 있지만, 실제로 많은 것들은 중앙정부가 계획하고 지방정부가 수립한 애초의 청년 사업계획을 실행하는 데 그친다. 또한, 모든 지방정부는 '지방소멸'을 걱정한다. 지방소멸지수는 '가임기 여성' 대비 65세 이상 노령 인구가 얼마나 되는지로 계산된다. 지방정부들은 '가임기 여성'을 유치하기 위해 정주여건을, 특히 '문화'를 강조한다. 요컨대 "청년에게 일자리를, 여성에게 주거와 문화를 …"이라는 기조다. 문제는 여성들이 '주거'와 '문화'를 우선시한다고 보기 어렵다는 점이다. 수많은 설문조사에서 여성 청년들이 걱정하는 것은 '경력단절'이다. 지방의 청년이 누구이고 어디에서 무엇을 하는지 중앙에서 잘 모르고 있는 동안, 지방에서는 여전히 전통적인 성역할의 렌즈로 남자의 일과 여자의 일을 구분하는 데서 크게 벗어나지 못하고 있다.◆

마지막으로 이른바 노동운동 진영과 진보정당 등은 노동의 렌즈로 지역을 보는 경우가 많다. 예컨대 이중노동시장의 이야기를 하면서 원청 정규직과 하청 비정규직을 조명하는 것이다. 동남권의 경우 '산업수도'

◆ 최근 농촌연구원은 지방소멸지수 대신 지역재생잠재력지수를 통해 지역의 재생산 수준을 포착하기 시작했다. 지역재생잠재력지수는 출산가능인구 비율 대비 두 자녀 이상 출생률로 계산된다. 지역재생잠재력지수는 단순히 '가임기 여성'을 계산하는 것보다, 지역의 육아·보육 인프라와 경력단절 상황 등 여성의 잔류를 포착할 수 있다는 점에서 좀 더 진전된 방식이라고 볼 수 있다. 관련 자료는 송미령 외(2021) 참조.

울산 외에도 창원, 거제 등의 산업도시들에서 일하는 '아빠 세대' 정규직 노동자들이 '노동계급 중산층'을 형성하며 살았다. 1987년 노동자 대투쟁으로 대표되는 민주노조운동을 통해 대형 사업장에서 강고한 노동조합을 형성했다. 노동조합은 노동자들의 정년을 보장했고 연공서열제를 정착시켰으며 조합원 간의 임금격차를 축소시켰다. 지역의 노동조합과 진보정당은 "해고는 살인이다"라는 팻말을 들고 정규직들의 일자리를 사수한다. 그런데 같은 시간 작업장에서는 공간 분리 속에서 원청 노동자들과 하청 노동자들이 일상적인 차별과 위계를 경험한다. 가장 바쁘고 위험한 공정을 사내 하청 노동자들이 맡는 것은 일종의 상식이 됐다. 이에 대해 진보진영은 비정규직의 정규직화 등을 대안으로 내민다. 문제는 이러한 이중노동시장, 위험의 외주화 등의 문제제기가 다수 지역 청년들의 삶과 어떤 연결성을 갖느냐다. 주지하다시피 대다수의 노동은 이미 제조업 섹터가 아니라도 비정규직으로 재편되어 있다. 이 지점에서 '갑자기' 비정규직 철폐를 외치는 것은 유의미한 해법이 될 수 없다. 더 큰 문제는 대다수의 청년들이 대학을 졸업한 '고등교육 이수자'라는 것이다. 2010년대 이래로 한국의 대학 진학률은 70%를 상회한다. 즉 노동운동과 진보진영은 지역의 '생산직 노동' 문제를 지속적으로 제기하지만, 청년들의 구직 수요와는 다르다. 이 지점에서 '낭만적 목소리' 또한 넘나들기 일쑤다. 요컨대 "대학에 너무 많이 간다. 지역의 사업체들은 일손을 찾는다"라는 방식의 발화가 그렇다. 마이스트고등학교 등 직업계 고등학교만 졸업하고 일자리를 잡으면 된다는 것이다. 그러나 언급한 것처럼 그러한 노동은 대개 하청 노동의 위험한 작업들이다. 고등교육이 과잉이라고 말하는 논평은 결과적으로 산업의 전환과 노동시장의 재편을 반영하지 않는다.

결과적으로 지역 청년들의 모습은 '이벤트'로만 등장하고 있다. 서울로 향한 지방대생이 겪게 되는 주거의 어려움이나 일자리 구하기의 어려움은 미디어에 등장하지만, 지방에 거주하면서 지방에서 일자리를 구하려는 청년들의 모습은 미디어에 등장하지 않는다. 지역의 노동은 지속적으로 비정규직 문제나 산재 등 '사건'으로만 등장하기 일쑤다. 이벤트로 지역 청년들이 등장할 때마다 지역은 '이상한' 것들의 집합이 되며, 지역 청년들은 하등한 청년들이 되기 일쑤다. 심지어 고등교육을 마쳤음에도 고등교육을 마친 자격을 인정받기 어려운 상황이기도 하다. 이 지점에서 지역이 만들어내는 '구조적 제약'은 소멸된다. 예컨대 지방 산업도시들의 일자리 수급 상황은 수도권보다 좋다. 문제는 (비정규직) 생산직 일자리는 많은데, (정규직) 사무직 일자리가 없다는 것이다. 또한, 지방 산업도시들은 여성들을 주된 사업장인 제조업 대공장에서 채용하지 않는다. 이러한 특징들은 간과되고 '복학왕' 지방대생들의 '이상한' 특징들만을 떠올리게 만든다.

표준 취업경로의 함정 그리고 채용 방식의 변화

이 지점에서 독자들에게 소통을 위해 한 가지 요청을 해보자면, '표준 취업경로'만 있는 게 아니라는 걸 생각해달라는 거다. 표준 취업경로는 거칠게 말해 시험을 통해서 입사하는 직장과 그 이후 이어지는 커리어패스career-path를 의미한다. 공무원 시험을 봐서 공무원이 되고, GSAT 등의 인적성시험을 봐서 대기업에 취업하고, NCS 문제집을 통한 시험을 봐서 공기업에 취업하는 일자리들이 표준 취업경로의 시작이다. 2020~2021년을 달궜던 '공정'의 핵심에 '인국공(인천국제공항공사)'이나 '공공의대' 등이 있던 것을 상기해보면 미디어가 표준 취업경로에 대해 얼마나 주목했는지를 알 수 있다.

그런데 표준 경로 가정은 두 가지 문제를 가지고 있다. 먼저 청년 내 대표성 문제가 있다. 이러한 표준 경로 안에 위치한 공채나 국가고시를 통해 노동시장에 진입하는 인구는 얼마나 될까? 줄잡아 10~15% 이내다. 이는 서울 소재 4년제 대학과 지방거점국립대학('지거국')에 입학하는 인원을 합친 숫자(30% 가량)의 절반가량에 그친다. 달리 말하면 85~90%의 인구는 표준 취업경로와 상관없이 노동시장에 진입한다. 10~15% '선망 직장(대기업, 공기업, 공무원, 교원)'에 진입하는 구직자를 제외하면, 85~90%의 청년들은 '그 외'로 분류되는 중견기업이나 중소기업, 플랫폼 노동 등 비정형 노동을 하거나 자영업을 영위하게 된다. 주류 미디어와 정책의 언어가 절대다수의 노동을 '이례적인 것'으로 묘사하고 있는 셈이다. 시험을 잘 봐서 합격하고, 내부노동시장 안에 들어가서 안정적인 임금과 근속을 보장받는 것은, 공채나 국가고시 바깥의 노동시장에 진입하는 인구 관점에서 보면 일종의 '지대추구'에 가깝다. 다만 시험의 정당성이 전 사회적인 이데올로기로 잘 기능하고 있을 따름이다(물론 그 물적 토대도 잘 형성이 되어 있다고 봐야 한다. 1000년 가까이 운영되어온 과거제도의 역사성을 떠올려보라).

두 번째로 공채 시험 위주 입직 과정이 사회적으로 변화하고 있다는 점이 간과되고 있다. 예컨대 현대자동차 등 대기업들은 공개채용 대신 수시채용을 수행하고 있다. 한편으로 수시채용은 신입 채용 대신 경력직 채용을 기업이 선호한다는 트렌드를 보여준다. 다른 한편으로 수시채용은 시험으로 전국의 지원자들을 순위를 매겨 채용하는 것보다, 각 사업장의 특성에 맞게 인근 지역 인재를 뽑겠다는 의도 또한 포함하고 있다. 또한 공채가 전제하는 내부노동시장 내 정규직이라는 지위 자체가 조직 내부적으로 분해되고 있는 상황을 감안해야 한다.

취업 책임교수의 일과 학생들의 시큰둥함

나는 지방 사립대 사회학과에서 취업 책임교수를 맡고 있다. 취업 책임교수는 먼저 (국내) 학생들의 현장실습과 취업을 알선한다. 매학기 4학년 학생과 '5학년' 졸업유예생 등 아직 취업을 하지 않고 구직을 희망하는 학생들과 취업면담을 진행한다. 교수 눈에 비친 학생들은 취업준비가 '거의' 되어 있지 않다. 앞서 언급한 '표준 경로'에 진입하는 등 일반적인 구직을 하기 위해 요구되는 '스펙', 예컨대 학점, TOEIC 등 영어점수, 인턴십 경험, 공모전, 자격증 등을 '그럭저럭' 갖춘 경우는 매년 졸업 예정자 중 1명이 있을까 말까다. 보통 가장 어려워하는 준비는 영어점수다. 대학교 1학년부터 방학 때마다 TOEIC 학내 강좌를 듣거나 학원가를 다니지만, 영어 울렁증은 졸업할 때까지 극복되지 못한다. 지역의 다른 학교까지 포함해 영어영문학과 혹은 영어학과 교수들과 대화해보면 졸업할 때 TOEIC 700점을 받는 경우가 드물다. 학점은 2000년대 이래 계속 이어지는 '학점 인플레'라는 트렌드 덕택에 3.5/4.5 이상을 따는 경우가 많지만, '지방대 페널티'를 감안하면 그리 높은 점수가 아니다. 공모전에 참여하는 학생도 드물다. 대학들은 다양한 공모전을 진행하고 거기까지는 참여하는 경우가 왕왕 있지만, 학교 울타리를 벗어나 공모전에 도전하는 학생들은 드물다. 정확히 말하면 학교 밖으로 진출시키기 위해서는 교수의 발품이 필요하다.

취업 책임교수는 표준 취업경로의 '경쟁' 준비가 되어 있지 않은 다수의 학생들에게 '현실적'인 선택지들을 제안하면서 현장실습과 취업을 알선하게 된다. 먼저 현장실습(인턴십)의 경우 LINC+ 사업단◆의 4주와

◆ LINC+는 'Leaders in INdustry-university Cooperation'의 약자로 한국연구재단이 운영하는 사회맞춤형 산학협력 선도대학 육성사업이다. LINC+는 한편에서 대학의 직업

8주짜리 방학 중 현장실습을 제안한다. 학과가 가족기업 협약이나 현장실습 협약을 통해 확보한 현장실습처는 학과 전공 특성상 대개 YMCA나 참여연대 같은 시민단체나 지역의 사회적 경제협동조합, 도시재생센터 등이다. 그 외 학교가 확보한 현장실습처가 있는데, 지역 공기업이나 도청, 시청 등 공공기관, 은행 등이 포함된다. 학생들은 학과에서 섭외한 현장실습에 가는 경우가 많은데, 학교가 섭외한 '좋은' 현장실습지는 대개 경쟁이 치열하기 때문이다. 취업 책임교수는 매 학기 현장실습을 나갈 수 있는 3~4학년 대상 학생들을 모아서 현장실습 설명회를 진행한 후 면담을 통해 학생들을 현장실습지에 배치한다. 그 과정에서 현장실습 시작 시기, 행정적인 절차 등을 학과 행정조교와 함께 조율한다. 현장실습과 취업을 연계하는 과정도 있다. IPP사업단◆◆의 장기현장실습이나 일학습병행제 등이 그러한 취지에서 설계된 과정이다. 12주가량의 현장실습을 한 후 현장실습을 수행한 기업이나 기관에 취업할 수 있는 경우가 있고, 그럴 경우 학생들은 주로 6개월 계약직 또는 수습 직원으로 입사할 수도 있다. IPP사업단이 주로 확보하고 있는 기업 풀은 지역 내 중

연계형 교육 개발을 지원하며, 다른 한 편에서 4/8주 방학 중 현장실습(인턴십)의 경비나 인증 등을 지원한다.

◆◆ IPP사업단은 기업연계형 장기현장실습Industry Professional Practice의 약자로 한 학기 이상 장기현장실습과 취업을 연계한다. 디지털일자리는 고용노동부에서 주관하던 일자리 사업으로 빅데이터 및 온라인 콘텐츠 관련 기업이 신입사원을 채용했을 경우 180만 원씩 6개월간 임금을 보조해준다.

견, 중소기업들이다. 지역 내 중견·중소기업들은 지역 상공회의소, 중소기업협의회, 혁신기업협의회 등 이해당사자들의 협회를 통해 대학 산학협력단에 인력충원을 요청하면서 현장실습과 현장실습을 통해 종업원을 채용한다. 매월 학교는 상시취업률, 유지취업률 등 취업률을 관리하며 교육부에 보고한다. 취업률이 대학 구조개혁평가의 주요한 항목이기 때문이다. 모든 대학은, 특히 지방 사립대는 취업률 외에도 이른바 구조개혁평가에서 '3대 지표'의 나머지 2개인 신입생 충원율, 재학생 충원율 모두가 수도권 소재의 대학이나 지방 국립대보다 훨씬 나쁘기 때문에 취업률을 최대한 끌어올리기 위해서 애를 쓴다. 취업 책임교수는 한편에서 4학년 및 졸업유예생들에게 기업을 소개하면서 취업활동을 독려하고, 지표에 마지막으로 반영되는 졸업 후 만 1년이 되지 않은 동문들에게도 연락을 돌려 기업들을 소개하고 취업 활동을 독려한다.

취업 책임교수는 효과적인 취업 지원을 위해서 평소 1학년부터 개별 지도교수들을 통해 취합된 진로 면담 기록 등을 활용하고, 또 그 외에도 4학년 개별 면담을 통해 개별적인 진로 전망 등을 파악해둔다. 가능한 한 원하는 직무나 직종, 산업 분야를 찾아주려 하기 때문이다. 그러나 취업 알선이나 정보 제공을 했을 때 4학년, 졸업유예생, 졸업 1년 이내 동문들(이하 학생)의 반응은 많은 경우 '시큰둥'하다. '단톡방'을 파서 정보를 전달했을 때 학년이 낮을수록, 교수와의 친분이 있을수록 정보를 확인했다고 답장할 확률이 높다. 하지만 시간이 지날수록 학생들의 반응은 저조해진다. 몰래 '단톡방'을 탈퇴하고, '개인톡'을 하더라도 읽고 답장을 안 하는 경우가 늘어간다. 교수보다 학생들과 가까운 학과 행정조교와는 그런대로 연락이 닿다가 역시 시간이 지나면 연락두절이 되고 만다.

교수와 연락이 끊어지고 학교(제도)와 연락이 끊어지는 이유는 학교가 제안하는 일자리가 별로 구직자 학생들의 맘에 들지 않다는 데 있다. 학교가 제안하는 일자리는 대개 지역의 중소기업 일자리일 경우가 많다. 급여가 최저임금 +α 수준, 구체적으로 월 180만 원 +α 수준에 형성되어 있다. 최근 유튜브 드라마 〈좋좋소〉에 나오듯이 지역 중소기업 일자리들은 박봉에 야근이 잦고 복리후생을 기대할 수 없는 중소기업이거나, 생산직과 구분이 되지 않는 생산관리직 일자리일 때가 많다. 학교는 '스펙'을 갖추지 못한 학생들에게 걸맞고, 지역사회에서 구인난을 겪고 있는 회사들이 요구하는 자리를 제안하지만, 양자의 이해는 맞아떨어지지 않는다. 더불어 학생들이 실제로 바라는 일자리는 앞서 언급한 지역 내 '선망직장(공기업, 공무원, 교원)'들을 제외하면 대체로 지역사회에 존재하지 않는다. 달리 말해 학생들 관점에서 '취업 성공 사례'인 졸업생들은 서울 수도권에 위치해 있는 경우가 더 많다. 그러다보니 떠나고 싶다는 일반적인 생각 정도 외에 정보는 별로 존재하지 않고, 그나마 정보가 알려져 있는 곳들은 맘에 들지 않은 상황에서 어떤 정보들에 노출되어 왔느냐, 즉 정보의 경로의존성에 따라 많은 것들이 좌우되는 상황이 된다.

사실 동남권의 (주로 남성) 학생들은 교수의 말보다 본인들의 일경험을 통해 충분히 지역의 기업 사정을 몸으로 '간파'하고 있고, 그 경험들이 본인들의 구직 의사를 형성하는 데 큰 영향을 끼친다.

공장 알바 경험: 어른 되기

동남권 남학생들이 구직의사를 형성하는 데 큰 영향을 끼치는 건 그들의 공장 알바 경험, 즉 일경험이다. 학생들 관점에서 학교 제도가 제안하는 일자리는 특별히 대단해 보이지 않는데, 많은 경우 사무직 일자리가 제안하는 월 180만 원 +α 수준보다 본인들의 공장 아르바이트 급여가 더 높기 때문이다. 월 150~300만 원까지 다양한 월급이 형성되어 있다. 주로 대기업의 하청기업들인 중소 제조기업들이 '물량 쳐내기(빠르게 원청에 부품이나 소재, 장비를 공급하는 것)'를 해야 하는 상황에서 웃돈을 주고 아르바이트 학생까지 동원해서 공정을 운영할 때가 많기 때문이다. 이러한 일자리는 절대다수가 남학생들에게 주어진다.

남학생들은 '교차로' 등의 무가 정보지, '알바천국' 등의 온라인 아르바이트 중개 웹사이트 등을 통해서 아르바이트를 구하는 경우가 많다.

"공장 들어가려면 알바천국보다는 교차로, 교차로가 최고에요. 인터넷으로도 볼 수 있는데. 한 시인가 다섯 시가 되면 초기화가 돼요. 그 시간에 맞춰서 바로 기다렸다가 전화 한 번씩 해보면 되는 거죠."
(김영도 / 남성 / 26)

그리고 또 중요한 정보가 바로 '지인'이다. 사회학자 마크 그라노베터가 《일자리 구하기Getting a Job》(1974)에서 밝혔듯, 실제 많은 일자리는 자신들이 가지고 있는 느슨한 지인 네트워크를 통해서 얻게 되는 경우가 많다. 아주 친밀한 가족이나 친지보다, 어쩌다 알게 된 지인 등이 취업을 하는 데 도움이 된다고 한다.

"처음에는 같이 전역한 친구가 있었는데, 공장에 보니까 아는 애들이 좀 있더라고요. 바로 들어갔죠." (김영도)

좋은 일자리를 구하기 위해서는 '귀인'을 만나는 것이 중요하다. 김영도는 입대 전에는 무가 정보지 등을 통해, 전역 후에는 군대 동기를 통해 공장을 알선 받고 일경험을 하게 된다. 이러한 지인이나 정보망을 통한 공장 일경험은 동남권 여학생들에게는 드문 일인데, 지역에 여성이 일할 수 있는 공장 일자리가 경공업이 붕괴한 2000년대 이후로 드물기 때문이다.

"저는 재수하던 학원에서 선생님이 됐었거든요. 울산 북구에 있는 학원에서 선생님을 하다가 학원이랑 트러블이 있어서 디스커버리라고 달동에 있는 서비스직을 하다가 우선 제가 서비스직이 안 맞다 생각을 했었는데 그래도 그 집 다니다가 휴대폰 매장도 해보고 그다음에 지금 일식을 배우고 있습니다." (이은수 / 여성 / 27)

적지 않은 남학생들이 방학 때마다, 그리고 입대 전, 또 입대 후 시간이 남았을 경우 등을 정해서 아르바이트를 한다. 월에 300만 원 남짓을 두 달 정도 벌면 한 학기 등록금과 생활비를 마련할 수 있기 때문이다. 최근에는 이 책 6장에 등장하듯 배달 플랫폼 노동을 하거나 택배 및 이커머스 물류센터 아르바이트를 하는 경우도 많지만, 여전히 익숙한 것은 공장이다. 많은 경우 부모들은 남학생들의 아르바이트 경험에 대해서 별로 부정적이지 않다. 본인들에게도 공장이 익숙하고, 주변에 공장에서 일하는 사람들이 많기 때문이기도 하다. 최근 중대재해로 목숨을 잃은 평택항 청년 노동자도 아버지를 따라서 함께 일을 갔던 경우다. 제조업 일자리가 많은 산업도시나 항구 도시 등에서는 청년들이 아버지를 따라서 일하러 가거나 아버지 일이 궁금해서 같은 일을 해보는 경우가 많다. 그런 면에서 학생들에게 일터는 배움터이기도 하다. 실제 본인들의 진로를 설계할 때 자신들의 준거점이 자신들의 일경험에 있기 때문이다. 일터에서 보이는 조직이 사회에 대한 상을 반영하고, 일터에서 만나는 선배가 자신의 미래에 대한 상을 반영한다.

중공업 공장에는 산재가 흔하다. 조선소 같으면 거의 한 달에 한 번꼴로 사망을 포함하는 중대재해가 일어난다. 그 외의 작업장도 언제든 사소한 경상부터 중대재해까지 모든 종류의 산업재해가 일어난다. 그런데 학생들은 산재 자체가 주는 충격보다 지역의 공장들이 '사람'을 어떻게 다루는지에 대해 충격을 받곤 한다.

"(산재는 됐어요?) 산재처리를 못했어요. 그러니까 보험을 안 들었어요. 4대 보험 안 들고 하겠습니다, 이래가지고 …. (들 수 있는데 안 든 거예요?) 네 이건 제 발 찍은 경우도 있고 그리고 잘 몰랐어요. 그리고 막 그 와가지고 막 사장이 그냥 호들갑만 떠는 거예요. 그래가지고 저는 몰랐죠. 이게 그리고 아프지도 않아요. 신경이 나가서 그런지 그냥 멍해가지고 뭐 이러고 있다가 나중에 보니까 이렇게 돼 있더라고요. 의사도 호들갑만 떨고." (천우주 / 남성 / 31)

"아버지가 어떻게 일하는지 보려고 20살 되자마자 조선소 들어갔죠, 그래가지고 돈을 벌었죠. 거기서 일을 하고 있는데 옆 사람이 죽었어요. 바로 옆 사람은 아닌데 건너편 사람인데 …. 어려요. 20살밖에 안 된 애인데 … 감전되는 사람도 있고 심지어 제 친구 같은 경우에는 7층 높이에서 떨어져서 허리뼈가 다 나간 사람이 있고. 그렇게 힘든 걸 알다 보니 조금 더 열심히 하게 되더라고요. 동기부여가 되더라고요." (조환규 / 남성 / 30)

산재가 벌어질 경우 많은 경우, 대기업 원청 노동자가 아닌 이상 공상(사고 후 초기 치료비를 업체에서 부담하고 산재보험 처리를 하지 않는 일)처리를 하는 경우가 흔하다. 한편으로는 본인들이 잘 몰라서 근로계약서를 제대로 쓰지 않을 정도로 어수룩하게 넘어갔기 때문이고, 때로는 아르바이트를 많이 해본 본인들의 경험 때문에 구태여 4대 보험을 들어 추가적으로 월급에서 보험료가 공제되는 것이 싫기 때문이다.

> "(근로계약서는 잘 썼어?) 매번 새로 쓰고 또 새로 쓰곤 했어요. 해수로는 1년인데 1년을 채운 건 아니죠. 그만두고 왔다 갔다 하니까. 공장이 있으면 밑에 거의 각 산업체마다 다르잖습니까. 여기서 같이 일하는 게, 다른 사람이랑 같이 하는데 월급 받는 데는 다 달라요. 산업체마다 4대 보험을 떼는 데가 있고 없는 곳이 있고. 그게 불법이긴 불법인데, 저는 안 떼는 곳을 더 선호했어요. 어차피 이 일을 평생 할 게 아니고, 돈을 벌기 위해서라. 세금 떼고 안 떼고가 월에 몇 십만 원 차이가 나니까." (김영도)

4대 보험을 들지 않는 심리는 아르바이트치고는 높은 보수를 받고 있지만, "이 일을 평생 할 게 아니"라는 데에서 출발한다. 평생직장으로 공장을 배제하는 데는 여러 가지 요인이 작용한다. 먼저 공장에서 경험하게 되는 이중 노동시장에 따른 원청 정규직('직영')들과 자신들에 대한 차별, 그리고 열려 있지 않은 직영 정규직의 가능성 때문이다.

> "취업했다 하면, 정직원 이 정도인데, 쉽게 뽑는 추세도 아니고. 근데 거의 거기서 일하다가 젊은 형들, 가정 있는 형들 보면, 가정을 이끌어 가기 때문에 다니는 거라. 그러면 언제 잘릴지 모르는 거죠. 보면 아무리 그런 데라도 낙하산이 있더라고요. 가족의 가족, 누구 아들, 낙하산

빼면 거의 없어요. 공채 넣는 거 아니면, 일하다가 전환되는 경우는 거의 없을 것 같아요. 있긴 있겠지만….” (김영도)

“프레스 공장이죠. 프레스에서 이제 그걸 적재하고 … 물류 그거를 이제 걸어가지고 해주는 회사였죠. 그 되게 이때 제가 엄청 그 정규직이나 이런 것들에 대해서 그거 정말 생각을 팍 품었던 게, 너무 화가 났어요. 이 사람들이 중간에서 그러니까 하청에서 정규직으로 온 이런 사람들, 막 싫지는 않았는데 오래된 사람들 있잖아요. 프레스 이거 세팅을 해놓고 3시간 동안 사무실에서 그냥 장기 두고 놀아요.” (천우주)

아르바이트로 일하러 갔을 때는 잔업과 특근이 많아 많은 벌이를 할 수 있지만, 실제 공장일이 직업이 되면 오히려 임금은 줄어들기 일쑤다. 연봉으로 소급되어 임금이 정해질 수도 있고 그럴 경우 수당이 따로 지급되지 않는 공장은 드물지 않다. 동시에 그럭저럭 하청업체 중 괜찮은 일자리를 발견해서 정규직의 가능성에 대해 타진하게 될 때, 그런 자리는 대개 업주의 친인척이나 지인들이 독차지 하고 있는 경우가 드물지 않다. 영세한 규모의 기업이기 때문에 가족경영을 하는 특성도 영향을 끼칠 것이다. 좀 큰 공장을 갈 경우 노동조합의 방패 안에 있는 정규직들의 노동 윤리는 천차만별이고, 많은 경우 힘들고 위험한 공정을 사내 하청 노동자들에게 떠넘기고 본인들은 간접직을 맡거나 ‘태만하게’ 일을 하는 경우도 있다. 아르바이트생 남성 대학생들은 이러한 경험을 통해서 일터의 조직구조와 행위에 대해 눈을 뜨게 된다. 남학생들이 공장일을 비관적으로 생각하게 만드는 것은 '인간'뿐 아니라 '기계'이기도 하다.

"17년도에, 그때 거기서 일을 하다가 자동화 쪽으로 넘어갔어요. 자동화 자리가 남들이 보통 개인으로 하면, 수동으로 깎으면 두 대 정도 맡는데, 거기는 스물 몇 대를 세 명이서 맡아요. CNC 절삭기. … 그렇게 4개월 일하다가 17년도 12월? 그때 쯤에 회사가 뭐라 뭐라 하면서, 정직원 그런 이야기가 나왔었죠. 그래서 그때 고민을 했어요. 이 정도 돈이면 정직원 되어서 보너스 받으면 괜찮겠다. 그래서 생각해보니 이 일을 평생 하지는 못하겠더라고요. 누굴 제대로 만나지도 못하고. … 근데 거의 거기서 일하다가 젊은 형들, 가정 있는 형들 보면 가정을 이끌어가기 때문에 다니기 때매. 그러나 언제 잘릴지 모르는 거죠." (김영도)

수동 공작기계는 혼자서 두 대를 담당할 수 있지만, 자동 공작기계(CNC Computerized Numerical Control 공작기계)는 세 명이 20대가 넘는 기계를 담당해서 공정을 운영할 수 있다. 창원공단과 경남의 기계 공장들은 수동 공작기계를 자동 공작기계로 빠르게 대체하고 있다. 동시에 정부가 야심차게 추진하는 중소기업의 스마트공장SMART FACTORY 구상이야말로 자동화의 구상과 함께 맞물리는 것들이다. 학생들은 공장경험을 통해서 생산직 일자리의 미래를 다시금 비관적으로 아로새기게 된다.

방학마다, 군 입대 전후 휴학기에 아르바이트를 통해 일경험을 누적해온 학생들은 나름의 인적 네트워크를 형성하여 좀 더 좋은 일자리를 좀 더 쉽게 구할 수 있게 되지만, 역설적으로 같은 시간 이러한 일자리를 본인들의 일자리 구상과 점점 더 단절시키게 되는 계기가 된다.

"그래도 제가 대학을 나왔는데": 일경험의 결론

"그래도 제가 대학을 나왔는데." 3~4년 이상의 일경험을 축적한 학생들과의 면담에서 이야기를 듣다가 취업 담당 교수인 내가 공장일은 어떠냐고 물을 때 반사적으로 따라오는 대답이다. 함께 일했던 '형들', '친구들'로부터 연락이 오는 경우는 드물지 않다고 한다. 들어오면 '직영'을 달아주겠다는 제안도 있다고 한다. 그러나 아르바이트 과정에서 쌓인 '내공'만큼, 그러한 제안 등에 대해서는 더욱더 냉소적이 되고 불신하는 경향은 커진다. 공장이 많아 아르바이트를 구하기 쉬웠던 본인들의 지역은 졸지에 일자리가 별로 없는 지역이 되고 만다.

"본인의 진로 방향만 바꾸면 이 지역은 공장이 많으니까, 단순히 자아를 찾는 게 아니라 돈벌이만 생각하면, 공단에서 필요한 자격증만 준비하면 열리는 것 같아 보입니다. 이쪽은 공장에 자리가 치우쳐 있으니까." (김권준 / 남성 / 26)

"공장은 어찌 보면 공대나 폴리텍 애들이 거의 가는 것 같긴 하더라고요. (그래도 경험이 있으니 관리직 갈 수 있지 않나?) 그냥 그래요. 생각은 있는데 하기가 싫어요. 뭘 해야 할지도 모르겠고요." (김영도)

산업도시 울산, 창원, 거제 등은 전국에서 가장 많은 일자리를 제공하는 지역이다. 하지만 그 자리는 생산직에 그친다. 대졸 이상을 필요로 하는 관리직 일자리는 부족한 상황이다. '눈높이'라고 해석하기에는 일자리의 질 차이나 직무의 차이가 결정적으로 크다. 달리 말해 구조적 미스매치가 전형적으로 나타난다고 볼 수 있다.

고학년이 되고 남학생들의 일경험과 진로 설계의 딜레마가 드러나는 시점에서 부모들이 '등판'하기 시작한다. 1980~90년대 대규모로 대기업에 입사하여 창원이나 거제, 울산의 중산층을 형성했던 노동자 아빠와 전업주부 엄마. 그들은 많은 경우 "하고 싶은 것 다해. 뭐든지 지원해줄게" 하는 교육관을 가지고 자녀를 키웠다. 산업도시들의 대학진학률은 서울이나 광역시들에 비해 높은 편인데, 이는 부모들의 학구열이 높기도 하거니와 직장에서 자녀들의 대학교 등록금을 전액 지원하기 때문이다. 노동조합과 회사가 단체협상을 체결한 덕택이다.

갈팡질팡하는 자녀와 부모가 타협할 수 있는 안은 바로 공무원 시험, 공기업 시험 등 입사시험이다. 앞서 언급했던 '표준 취업경로'로 회귀하게 되는 셈이다.

"집안은 잘 모르겠는데, 어찌 보면 공무원 시험 자체가 붙기만 하면 되는 거 아니에요. 그런 것 때문에 하는 건가 싶기도 하고. 생각보다 된 애들이 많더라고요. 안 친한 애들 소식만 봐도. 생각보다 다들 하니까 되긴 되던데요? 공무원 시험이 핑계대기는 좋은 것 같아요. 서른 전까지는." (김영도)

"낮 12시에 엄마한테 갑자기 전화 와서 공무원 할 생각 없냐고 해서 없다고 했어요. 친척 중에 공무원이 됐다고 하더라고요. 영어교육과 나왔는데 임용 준비하다가 두 번 떨어지고 6개월 동안 9급 준비하고 붙었다고 하대요. (나이가?) 11학번이요." (김권준)

'엄친아', '엄친딸'들은 언제 어디서나 찾을 수 있다. 그러나 본인들이 그 '엄친아'가 되는 것은 전혀 다른 이야기다. 사실 이미 잘 알고 있다.

"사범대라 하더라도 시험 쳐야 되는 거고. 또 간호학과 이런 애들도 국시 붙어야 하는 거고. 다 보면 애들 대학교 졸업한 애들 보면, 다 공무원 준비하고 있던데요? 거의 열에 아홉이 그렇죠. 걔들도 시험 밀리고 그러니까." (김영도)

"여자가, 약간 세뇌될 지경인데, 여자가 육아휴직내고 평생직장 할 수 있는 건 공무원밖에 없다고 생각해서 뭐." (이은나 / 여성 / 29)

그러나 위 김영도의 이야기나 김권준의 이야기에 등장한 공무원 시험이나 공기업 '합격자'들은 대개 수도권으로 유학을 갔던 친구들이거나, 지역의 거점국립대학 출신들인 경우가 대부분이다. 실제 진주 혁신도시의 공공기관에서 2018년 한 해 동안 지역인재 채용 목표제로 143명을 뽑았는데, 그중 100명이 경상대학교 졸업생이었다. 지역거점국립대는 지역사회의 공무원, 공기업직원, 교원 배출의 요람이 되어가고 있다.

이 지점에서 '시험'에 대해서 다시금 언급해야 한다. 지방 사립대에 진학한다는 것은 대학에 '합격'해서 진학하는 것이 아니고, 모조리 떨어져서 떠밀려 진학하는 것에 가깝다. 학령인구가 줄어들고 대학 정원보다 적어진 지금, 대부분의 수험생은 '상향' 지원을 한다. 6~7번의 수시, 3번의 정시 지원을 마치고 나서 다 떨어지더라도 대학에 갈 수 있다. 신입생 정원을 다 채우지 못한 지방대학들이 학생들에게 추가모집의 문호를 열어 모든 전공과 지원을 약속하기 때문이다. SKY → 서울 사립대 → 수도권 사립대 → 거점국립대학 → 지방 사립대로 이어지는 학벌 피라미드의 꼬리에 위치한, 다수를 형성하는 지방 사립대생들은 그런 의미에서 시험 경쟁에서 '승리'해본 적이 없는 청년들이다. 이들에게 시험을 통한 직업 형성은 자신들이 가장 두려워하는 게임 참가와 같은 의미다. '핑계' 이상의 의미가 되지 못하는 경우가 적지 않다(물론 그사이 자신의 한계를 딛고 시험에 합격하는 경우도 최근 벌어지고 있다).

그런데 '아빠 찬스'에는 시효가 있다. 1980~90년대 입사한 현재 대학생들의 아버지들인 대기업 생산직 노동자들의 정년은 이제 10년가량이 남았다. 2030년을 즈음해서 울산, 창원, 거제 등 조선, 기계, 자동차 산업의 작업장에서는 정규직 생산직 노동자들이 희귀한 존재가 된다. 회사들이 더 이상 정규직을 채용하려 하지 않기 때문이다. 인건비 절감을 위해, 그리고 적대적 노사관계에 대한 불만 때문이다. 청년들에게 지역의 대기업 생산직 정규직이나 엔지니어직, 사무직 일자리 등 '괜찮은' 일자리를 제공하기 위한 협의는 이루어지지 않고 있다. 같은 시점 대공장 원청 정규직 노동조합은 현대자동차를 위시하여 '65세 정년 연장'을 제안하기 시작했다. 자녀들이 공장에 오는 것보다, 자녀들을 공무원 합격시킬 때까지 학원비를 대줄 전능한 가장의 모습이 더 중요하다는 인식으로만 보인다.

겉도는 말, 헛도는 일: 'Learning to Exit'

폴 윌리스의 《학교와 계급 재생산》에 등장하는 1960~70년대 영국 노동계급 청소년들이 정규 교육과정과 상관없이 '싸나이' 노동계급으로 재생산되었다면, 동남권 노동계급 청년 남성들은 대학 진학 후 일경험을 통해 일터의 본질을 간파하며 일터와 지역을 떠나려고 한다. 심층 면접에 참여했던 청년 중 공장 일경험이 가장 많았던 김영도는 면접을 마친 2020년 말 취업 책임교수인 내 알선으로 간단한 면접만 보고 서울의 의료기기 회사 영업직으로 취업을 해서 지역을 떠났다. 지역을 떠나기 위해서 서울의 회사를 선택한 것이 아니라, 본인이 원하는 직무를 고르다 보니 가장 좋은 회사가 서울의 회사였다. 게다가 애인이 서울에서 간호사로 근무하고 있어 만족스럽다고 했다. 마침 김영도가 거처하는 곳은 서울에서 40km 이상 떨어진 북서쪽의 일산-파주의 경계다. 이 책 1장에 등장하는 청년 여성들과 7장에 등장하는 중국의 청년들처럼 서울은 쉽사리 지역 출신에게 주거의 기회를 제공하지 않는다. 영도는 미래를 생각하면 수도권의 비싼 주거비가 큰 걱정거리지만, 회사에서 사택을 수도권 소도시에 제공하고 셔틀버스도 제공하기 때문에 만족하고 있었다.

같은 시간 낭만적 목소리들은 다양한 버전으로, 담론의 언어로 등장한다. 청년 노동시장의 구조적 미스매치에 대해 "대학을 너무 많이 간다"라면서 독일식 조합주의를 외치는 일군의 학자들이 있다. 그들은 마이스터 고등학교를 나와 현장에 빠르게 정착할 수 있게 노사정 합의를 체결해야 한다고 한다. 동남권이 좋은 모델을 만들 수 있다고 한다. 정규직 생산직 노동자들의 임금피크 도입과 '광주형 일자리(폭스바겐 모델)' 같은 일자리 나누기 모델을 도입하자는 것이다. 또 직무급을 통해 연공급의 '상후하박' 연봉 구조를 깨자는 메시지도 함께 전한다. 실제로 현업의 정규직 생산직 노동자들이 이러한 논의에 부정적인 것도 문제지만, 청년들과 그들의 부모들(생산직 노동자들과 그들의 아내)이 생산직 노동을 재생산하기를 별로 바라지도 않는다. 심지어 독일이나 다양한 북유럽 조합주의 국가에서도 대학진학률은 급증하는 중이다.◆

이 지점에서 지역에서 '직업교육'으로서의 고등교육의 의미를 묻고 싶다. 대학을 진학하여 부모 세대와는 좀 다르되 좀 더 나아진 일자리를 기대하는 지역의 청년들에게 필요한 고등교육으로서의 한국의 대학은 무엇을 해야 할까. 학령인구 감소 상황에서 동남권을 포함한 비수도권 사립대학들은 지표관리를 위해 인문사회계열의 이른바 '리터러시'를 만들어주는 학과들을 대거 폐과 조치하고, 이공계에서도 '어려운' 전공을 폐과하면서 기초학문들을 형해화시키고 있다. 같은 시간 줄인 정원만큼 '사회복지학', '물리치료학', '치위생학' 등의 전문대 전공들이 4년제 대학을 채우고 있다. 문제는 이러한 전공들을 이수하고 얻게 되는 직업 역시 저임금 '불안정 노동' 혹은 '유연노동'일 확률이 높다는 것이다. 그러한 전공을 마친 학생들이 자신들의 '노동권 방어'를 위해 필요한 언어를 가지기 힘들다는 것도 특기해둘 필요가 있다.

또한 주요 공장마저 수도권으로 향하고 있는 2010년대 이후의 산업 '전환' 혹은 '고도화'에 대해서도 한마디는 남겨두고 싶다. 지역의 공장들은 실행 혹은 생산이라는 역할 관점에서도 수도권에 많은 역할을 빼앗기고 있다. 청년들은 수도권 1호선 지하철을 타고 출근하는 공장과 버스를 타고 출근하는 공장 중 전자를 선호한다. 짧게 다뤘지만 아예 정규직 일자리가 없는 여성 청년들은 일자리를 찾아 '커리어 패스'를 만들기 위해

◆ 독일의 고등교육 진학률tetiary school enrollment은 2010년 46%를 유지하다가, 2011년부터 50%를 돌파하여 2019년 기준 57.6%가 됐다.

수도권으로 떠나고, 하청 노동자 신세를 면하기 위해 남성 청년들도 수도권으로 떠난다. 또한 맞벌이가 시대정신이 된 상황에서 여성이 일자리가 없는 지역으로 회귀하기는 쉽지 않은 일이다. 이 책 3장에 등장하는 상하이 여성들처럼 그들에게는 갈림길만이 있을 뿐, 꽃길은 잘 보이지 않는다.

수도권 집중, 제조업의 고도화, 4차 산업혁명과 스마트팩토리, 지역대학의 쇠락은 함께 어우러져 더 큰 파도가 되고 있다. 이 지점에서 지역의 청년들은 무엇을, 그리고 그들을 위한다는 정치는 무엇을 해야 할까.

참고문헌

그라노베터, 마크, 유홍준·정태인 옮김, 2012, 《일자리 구하기》, 아카넷.

김선기, 2019, 《청년팔이사회》, 오월의봄.

송미령 외, 2021, 《'지역재생잠재력지수'의 의의와 시사점》, 한국농촌경제연구원.

윌리스, 폴, 김찬호 옮김, 2004, 《학교와 계급 재생산》, 이매진.

◆ 이 글은 2019~2020년, 울산, 창원(마산)에서 수행한 현장연구 자료에 기초해서 작성했다. 연구 참여자의 이름은 모두 가명이다.

6

배달 플랫폼 노동 청년들의 숨쉬기

채석진

전 세계적으로 플랫폼 노동은 청년들의 고용 문제를 해결할 수 있는 대안으로 조명 받아왔다. 이 글은 한국에서 광범위하게 확산된 플랫폼 노동 가운데 하나인 음식 배달앱 노동을 수행하는 청년들의 이야기이다. 전통적으로 음식 배달은 주로 저학력 남성들이 수행하는 전형적인 성별화된 노동시장이었다. 특히 오토바이 운행은 배달 노동시장에서 주요한 진입장벽으로 작동해왔다. 배달앱을 매개로 플랫폼 노동화된 현재에도 이러한 특성은 강력하게 지속되고 있지만,* 최근에는 자전거, 킥보드, 도보 등으로 배달 수단이 다양해지면서 여성 및 학생을 포함하여

보다 다양한 사람들이 배달 노동에 뛰어들고 있다. 이 과정에서 음식 배달 노동력은 급속하게 양적으로 팽창해왔고, 동시에 다양하게 분화했다(채석진 2021a). 이 글은 음식 배달앱 노동을 하는 청년들의 삶의 취약성을 '숨쉬기'라는 개념을 중심으로 성찰한다. 숨쉬기는 우리가 생명을 유지하기 위한 필수적인 행위로, 단지 생물학적인 공기만이 아니라 사회적인 공기와 긴밀하게 연결된다(Apata 2020). 예컨대, 우리가 목소리(Couldry 2020)를 인정받으며 소통할 수 있는 환경은 삶의 숨통을 터준다. 반면에 억압적이고 차별적인 환경은 질식시키는 사회적 공기를 생성한다. 이러한 억압적인 공기는 많은 청년들의 삶에서 미래 변화 가능성의 부재로 감각되며, 생물학적 죽음으로 이어지기도 한다. 이 글은 세 명의 청년들의 이야기를 통해, 플랫폼 노동이 숨 쉴 만한 삶을 만들고자 하는 이들의 시도와 어떻게 얽혀서 수용 및 경험되는지 성찰한다.◆◆

◆ 최근 배달앱 노동자에 관한 서베이 조사에 따르면, 서울지역 배달앱 노동자는 고졸 학력의 20~40대 남성이 주를 이루고 있다. 이들은 평균 하루 9~10시간, 주 5.4일 일하고 있고, 서울 평균 배달료는 3400원이다(정흥준·김남수 2020).

◆◆ '청년'은 대단히 정의하기 어려운 용어이다. 청년은 특정 연령대를 지칭하기도 하고, 안정적인 삶의 기반을 구성하지 못한 상태를 의미하기도 한다. 후자의 의미는 전자에도 많은 영향을 주어서 '청년'을 지칭하는 연령 기준은 계속 확대되어왔다(예컨대, 관련된 정부정책에서 청년은 2000년대 후반까지만 해도 20대 후반이었으나, 이후 30대 중반까지 확장했다). 이러한 상황 속에서 청년은 불안정한 노동 조건 속에서 일하는 현대 사회의 위태로운 노동자 계급의 전형으로 부상했다. 이는 안정적인 직장의 급격한 감소와 맞물려 특정 연령을 기준으로 기대되었던 취업, 결혼, 출산, 퇴직 등의 전통적인 통과의례를

2018년 10월, 승엽의 이야기

2018년 10월, 성공회대 도서관에서 야간 대학원 강의 준비를 하다 한 선생님의 전화를 받았다. 서울시에서 여는 플랫폼 이동 노동 관련 토론회에 같이 가자는 제안이었다. 당시 한국 플랫폼 이동 노동 관련 연구를 수행하고 있던 차라 곧바로 토론회 장소로 향했다. 세미나는 서울시와 민주노총이 함께 이동 노동자들을 지원하기 위한 정책 방안을 모색하는 자리였다. 서울시 의원과 민주노총 관계자의 인사말이 끝난 후, 대리운전 기사, 퀵서비스 기사, 배달 라이더 세 명의 이동 노동자가 '현장 증언' 발표를 이어갔다. 주로 이동 노동의 열악한 노동 조건과 노동법상에서 보장하는 노동 기본권 보장을 플랫폼 이동 노동자들에게도 적용해주기를 요구하는 내용이었다. 이 가운데 특별히 나의 관심을 끈 것은 맥도날드 라이더 승엽(34세)의 발표였다. '라이더'는 오토바이로 음식 배달을 하는 사람들을 가리키는 용어이다. 그는 같은 해 여름 광화문 맥도널드 본사 앞에서 '폭염 수당 100원'을 요구하는 일인 시위를 했었고, 내가 만났을 당시 배달앱 라이더 노조를 준비 중이었다. 그의 발표는 준비 모임의 10대 요구안에 관한 것이었다. 핵심 내용은 폭염, 혹한, 미세먼지, 폭우, 폭설 등 열악한 기상 상황에서 수행하는 배달 노동에 대한 추가 수당 지급(날씨 수당), 라이더가 날씨에 따라 작업을 중지할

거칠 수 있는 물질적 기반이 현격하게 축소한 삶의 조건과 긴밀하게 얽혀 있다.

수 있는 권한 부여(작업 거부권), 날씨에 따른 안전 장비 및 작업복 개인 지급(헬멧, 황사 마스크, 장갑 등 방한용품, 계절에 따른 적절한 유니폼), 식대 및 산재보험과 오토바이 보험 제공 등이다.

승엽의 발표는 기존의 플랫폼 노동 관련 논의에서 거의 언급되지 않았던 배달 노동자가 마주하는 가장 근본적인 삶의 조건을 집중 조명했다. 즉 배달 노동이 도시 아스팔트 표면 위에서 특정한 날씨의 영향을 직접적으로 받으며 수행된다는 점이다. 승엽이 '폭염 수당 100원'을 요구했던 2018년 여름은 이례적으로 폭염이 장기화했던 때였다. 전국 대부분의 지역 낮 최고 기온이 40도를 넘나드는 폭염을 기록했다. 폭염을 피하여 많은 사람들이 실내로 움츠러드는 시기는 음식 배달 주문 또한 급증하여, 배달 노동자들은 폭염에 노출된 채 더 많은 배달량을 소화해야 하는 상황에 처한다. 승엽은 한 매체와의 인터뷰에서 폭염 속에서 이동하는 배달 노동자의 몸을 다음과 같이 묘사한다.

> 교차로 신호 대기가 걸리면 죽음이다. 온 몸은 땀범벅인데 그늘 하나 없고 버스가 토해내는 뜨거운 매연을 몇 분 동안 마시면 숨이 막힌다. 헬멧 안으로 뜨거운 수증기가 들어오고, 마스크를 썼으면 내 뜨거운 입김까지 섞인다. 매연, 햇빛에 노출이 돼 피부가 따갑다.

배달 노동은 생활의 가속화가 빠르게 진행되는 도시 공간, 즉 지방보다 서울, 서울의 변두리 지역보다 강남과 같은 도심 지역을 중심으로 몰

광화문 기자회견

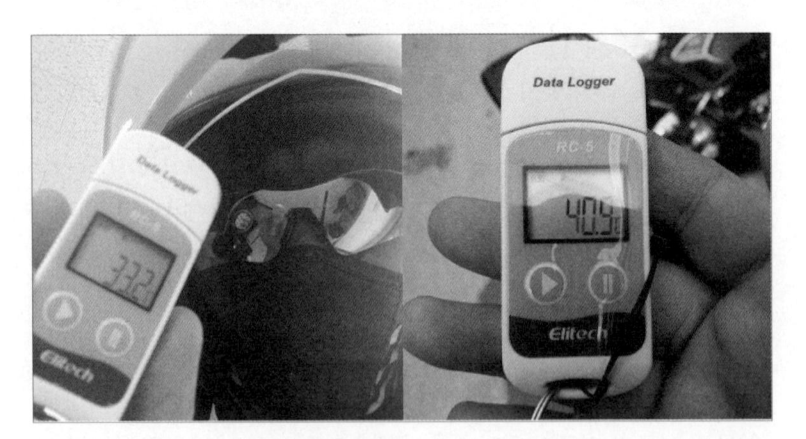

배달 노동자 온도계 측정 사진(라이더 유니언 제공)

린다. 도심은 아스팔트 표면에 열섬 현상이 발생하여 뜨거운 열기를 뿜어내는 곳이다. 인골드(Ingold 2010: S123)가 지적하듯, 현대식 건물이 에어컨 설비, 온도 조절 장치, 인공조명, 차단 유리로 아무리 날씨를 차단하려고 노력하더라도, 우리는 날씨를 마주해야 한다. 이러한 노력들은 건물 외부의 공기를 더욱 뜨겁게 달구어, 실외에 있는 사람들의 삶을 더욱 숨쉬기 어렵게 한다. 배달 노동자는 도심 건물 외부의 질식시키는 공기 속에서 삶을 만들어 나가야 하는 사람들 가운데 하나이다. 승엽을 두 번째 마주한 2019년 여름 광화문 기자회견은 실제 아스팔트 위에서 배달 노동자가 체감하는 온도를 가시적으로 보여주었다. 그날 집회는 녹색연합 프로젝트에 동참하여 진행한 것으로, 배달 라이더들이 직접 배달 노동을 수행하면서 체감 온도를 측정한 것을 공개하는 이벤트였다. 이는 기후변화가 어떻게 계급적으로 불균등하게 경험되는지, 그리고 배달 노동자의 삶을 질식시키는 '느린 폭력'(Nixon 2011)으로 작동하는지 보여준다.

2019년 11월, 민수의 이야기

배달 노동에 관한 연구를 진행했던 2018년부터 2020년은 음식 배달 노동이 빠르게 플랫폼화되는 시기였다. 국내 플랫폼 노동은 IMF 위기 이후 특수고용 방식으로 전환된 노동을 중심으로 확산했는데(장귀연 2020), 배달 노동이 그 가운데 하나이다. 전통적으로 식당에 직접 고용되어 일하던 배달 노동력은 IMF 금융위기 이후 확산된 임시직화 물결 속에서 배달대행업체를 통한 특수고용(일명 프리랜서) 방식으로 대폭 재조직되었다. 2010년 이후 스마트폰의 확산 속에서 배달대행업은 '플랫폼 산업'의 형태로 진화했다. 먼저, 배송 경로 프로그래밍 업체가 지역 배달대행업체들을 통합하여 전국적인 배달대행 플랫폼 회사로 진화했다(예: 바로고, 부릉, 생각대로 등). 또 다른 한편, 음식 배달 주문앱 기업들이 확산했다(예: 우버, 배달의 민족, 요기요, 쿠팡이츠 등). 이후 배달 주문앱들이 자체적으로 배달 노동자를 모집하며 배달대행까지 수행하면서, 주문에서 배달까지 통합한 원스톱 시스템이 구성되었다(배민라이더스, 요기요 플러스, 우버이츠, 쿠팡이츠 등).◆

이러한 배달 산업의 진화 과정 속에서 배달 노동력은 임금 노동자에서 특수고용된 프리랜서로, 또다시 플랫폼 노동자로 재구성되었고, 그 속에서 다양한 방식의 고용 상태, 노동 조건, 노동 수단에 따라 분화했다(채석진 2021a). 승엽이 2018년에 주장했던 날씨에 따라 일을 중단할 권리 등에 대한 요구는 직접 고용 상태의 배달 노동자들에게 적용되는 것(당시 맥도날드 라이더는 직접 고용되어 초과 수당 등을 보장받는 극소수의 배달 노동 일자리였다)으로, 특수고용 상태에서 일하는 많은 배달 노동자들에게는 적용하기 어려운 요구 사항들이었다.

◆ 국내 음식 배달 주문앱 거래 규모는 2013년 3347억 원에서 2015년 1조 5065억 원, 2018년 3조 원가량으로 급성장했다(신미진 2019).

민수(29세)도 그 가운데 한 명이었다. 민수는 강남 지역에서 일하는 '배민 라이더스' 라이더이다. 내가 민수를 마주한 것은 배민 라이더들이 모이는 오픈 채팅방에서였다. 이 채팅방은 2019년 겨울에 생긴 공간이었다. 2019년 11월 법원이 '요기요' 배달 노동자들의 노동자성을 인정하는 판결을 내린 후, 해당 업체는 근로 감독의 증거가 될 수 있는 대면 관리 체제를 대폭 축소했다. 이 과정에서 근무 태도 관리에 사용되기도 했던 라이더들의 채팅방을 폐쇄했고, 라이더들은 카카오톡 오픈 채팅방을 활용하여 상호작용할 수 있는 대체 공간을 마련했다. 이 공간에 모인 사람들은 대부분 배달앱 노동자들로서, 영국 노동 사회학자 어쉴라 휴즈가 '로그드 노동logged labour'(Huws 2016)이라고 명명한 형태의 배달 노동을 수행하고 있었다. 로그드 노동은 조각나고, 기록되고, 항상 로그인 상태로 연결을 유지해야 하는 디지털 미디어 앱을 매개로 구성되는 노동의 특성을 포착한 용어이다. 배달앱 노동은 전형적인 로그드 노동의 형태를 보여준다. 배달앱을 매개로 조직되는 노동 과정은 조각으로 쪼개지고, 기록되고, 일을 하기 위해서 항상 연결되어 있기를 요구받는다. 이러한 고립되어 연결된 상태에서 기록되는 노동 과정은 더욱더 세밀하게 배달 노동 과정을 감시하는 것을 가능하게 한다.◆ 특히 2019년 11월부터 해당 업체가 배달 노동자의 현재 위치를 실시간으로 고객에게 제공하기

◆ "관제 메인 모니터 보시면 지역의 지도 위에 오토바이 위치가 수백 개 모두 떠 있죠. 실시간으로 움직이는 거 수백 개가 한눈에 보임"(오픈 채팅방에서 발췌).

시작하면서 이러한 경향은 더욱 심화했다.

시공간 제약을 받지 않고 자유롭게 일한다는 배달앱 기업 광고와 달리, 실제 배달앱 노동은 지역과 시간의 제약을 많이 받으며 구성된다. 배달앱 노동자는 지역별로 배정되어 해당 권역 내에서 노동을 수행한다. 물론 지역 변경 신청을 하면 배달 영역 변경이 가능하지만, 배달 과정에서 지역 지리에 대한 지식이 대단히 중요한 요소이고 변경 과정도 시간이 소요되어서 그리 간단치 않다. 민수가 일하고 있는 강남 지역은 콜 수도 많을 뿐만 아니라 배달비도 가장 높게 책정되어 있는 지역으로 배달 노동자들이 많이 몰리는 곳이다. 오픈 채팅방에서도 다른 도시나 지역에서 일하는 배달 노동자들이 오고 싶어 하는 곳이어서 강남에서 일하는 것에 대한 문의도 상당하다. '요기요 사건' 이후 사측으로부터의 근로 관리(출퇴근 시간, 근무일, 근무태도 등)가 거의 다 사라진 상태였음에도 불구하고, 민수는 상당히 고정적인 패턴으로 일하고 있었다. 민수는 하루 일과를 크게 세 부분의 일하는 시간을 중심으로 조직하고 있었다. "오전 11시 30분부터 오후 3시 일하고 집에 와서 밥 먹고 쉬고, 다시 저녁 6~9시까지 일하고 집에 와서 쉬다가, 밤 11~1시까지 일하고 귀가." 배달일을 안 하는 시간에는 대부분 집에 와서 쉬고, 보통 하루 두 끼를 먹는데, 한 끼는 고시원에서 라면 등으로 때우고 한 끼는 사먹는다.

배달앱 노동은 그때그때 배달 수요에 맞추어 조직되는 노동으로, 배달 단가가 수시로 변하여 예측하기가 어렵다. 민수에 따르면, 배달비는 "배달 주문량과 배달 노동력의 비율에 따라 결정된다". 특히 민수가 일하는 강남은 배달 시장을 상징하는 곳으로 여러 배달앱 업체들이 시장 점유를 위해서 치열하게 경쟁하는 지역이다. 배달 과정에서 재빨리 움직일 수 있는 유동성을 갖추기 위한 비용과 위험은 전적으로 배달 노동자들에게 전가되고, 이러한 비용 부담은 배달 노동자들의 자기 착취 양식으로 이어진다.◆ "12일 동안 안 쉬고 일했는데 요즘 자다가 쥐가 계속 나서 검색해보니 과한 노동으로 인해 근육 피로 때문에 쥐가 난다네요. 고시텔 잡고 이것저것 돈 많이 필요해서 못 쉼"(오픈 채팅방에서 발췌).

오픈 채팅방에서 배달 노동자들은 배달 노동 과정의 다양한 경험과 감정들을 나누고 있었다. 신규 배달 노동자들에게 경험 있는 배달 노동자들이 조언을 주기도 했다. 이 가운데 가장 중요한 이슈는 어떻게 높은 수익을 올릴 수 있을지에 관한 것으로, 어느 지역이 배달을 하기에 좋은지, 프로모션은 어떻게 진행되고 있는지 등이었다. 배달 노동자들은 노동 조건이 만들어지는 과정에서 배제될 뿐만 아니라, 배달 노동이 수행되는 기술적 환경에 대한 총체적인 이해도 불가능하다. 혼자 고립되어 일하는 상황에서 이들은 채팅방을 통해서 각자 지역의 상황과 정보를 공유하며 배달앱 기업이 적용하고 있는 알고리즘 방식 등에 대한 집단적인 이해를 구축하고 있었다.

◆ 다른 강남 라이더가 오픈 채팅방에 경비를 정리하여 올린 적이 있다. 그는 월 총비용 250만 원이 나가고 있었고, 여기엔 월세 70만 원, 식비 60만 원, 휴대폰 비용 8만 원(데이터 무제한)~13만 원(기기값 포함)이 포함된다.

상당수의 라이더들은 날씨가 안 좋은 날을 위험하기도 하지만, '수익을 올릴 수 있는 기회'로도 인식하고 있었다.

"겨울에는 체력소모도 심하고 빙판길, 특히 야간에 운전하면 에너지 소모가 두세 배로 피곤해요."
"대행의 꽃, 겨울. 누구나 20 벌어가고 중수 이상은 30 벌어가는."
"겨울에는 해도 짧아져서 비나 눈 오고 영하로 떨어지면 야간 운전 너무 위험해요. 야간에 가로등 없거나 오르막길 많은 주택 지역은 배달하기 더욱 힘들죠. 도로 관리 잘되는 강남이나 사람 많이 사는 관악 홍대 신천 이런 데나 그나마 할 만할 듯요. 특히 약간 내리막에서 방지턱 지나 언 땅에 미끄러지면 큰 사고 납니다."
"추위랑 블랙아이스에 슬립 하는 것만 조심하면 겨울에 한몫 챙기기 가능"

(오픈 채팅방에서 발췌)

예컨대, 비오는 날에 '총알 배송'을 내세운 '쿠팡이츠'는 배달 건당 2만 원을 넘는 프로모션을 진행한다. 다른 업체들도 이에 대응하여 프로모션 요금을 경쟁적으로 올린다. 일종의 노동 경매장이 휴대폰의 작은 창으로 열린다.

배달 노동자들은 높은 수익을 추구하며 대단히 높은 수준의 시간 압박이 작동하는 노동을 수행하고 있었다. 민수를 숨 막히게 하는 것은 안 좋은 날씨보다 이러한 시간 압박 속에서 마주하는 사회적 관계이다. 민수가 마주하는 숨 막히게 하는 것들은 다음과 같다.

> "진상 사장의 대표적인 경우는 음식이 과도하게 늦게 나오는 매장, 너무 빨리 왔다고 난리치는 매장, 배달원에게 반말 및 무시하는 매장, 포장을 엿같이(국물음식인데 대충하는 경우) 하는 매장, 빨리 가라고 재촉하는 매장, 영수증도 안 붙이고 음식 잘못 주는 매장 등등이 있습니데이. 조심하이소."
> "진상 손님의 대표적인 경우는 갔는데 부재중 손님, 옷 빨개벗고 나오는 손님, 주소를 잘못 알려줘 놓고 적반하장 하는 손님, 빨리 오라고 재촉하는 손님."
> "안전운전, 코로스 배달, 네비 낚시(입구가 아닌 이상한 곳으로 안내하는 경우) 진상 손님 및 매장, 묶기 실수(역동선이나 너무 떨어진 곳), 음식종류에 따라 조리시간 염두에 두기."
>
> (오픈 채팅방에서 발췌)

일상의 공간에서 배달 노동자의 몸은 많은 사람에게 위협적인 존재로 가시화된다. 오토바이, 헬멧, 배달 가방, 휴대폰 거치대 등으로 선명하게 구별되는 배달 노동자의 몸은 차도와 인도를 오가며 신호를 무시하고 움직이는 무법자로 언제 나의 가족의 안전을 해칠지 모르는 잠재적 위협으로 각인된다. 즉 노동 과정을 매개하는 기술 체계 속에서 비가시화되어

음식점주가 붙인 공지문
(오픈 채팅방)

있는 강압성은 배달 노동자들이 위험한 수행을 하도록 이끌고, 이들의 위험한 수행만이 가시화되면서 이에 대한 도덕적 책임과 비난은 모두 배달 노동자들에게 전가되며, 이들을 '사회적 죽음'(Patterson 1982)의 상태로 이끈다. 배달 노동자들의 죽음을 다루는 기사들에 달리는 댓글은 이들의 죽음을 추모하기보다는 '돈 욕심에 신호 무시하고 내달리다가 받은 합당한 값'으로 평가한다.

심지어 배달 노동자들은 음식을 전달하는 공간에서조차 흔하게 제거되어야 하는 존재로 취급받는다. 주요 노동 공간인 아파트를 예로 들어보자. 아파트는 배달 노동자들이 가장 많이 출입하는 공간이자, 가장 기피하는 공간이다. 특히 고급 아파트는 입구부터 감시 카메라와 인터폰으로 외부인을 감시하고 차단하는 시스템이 구축되어 있다. 자동차로 지하주차장으로 곧장 들어가서 출입구에 설치되어 있는 '스마트' 기기로 신분을 확인하고 엘리베이터를 타고 자신이 사는 층으로 올라가는 이동 동선은 외부인들과의 접촉을 최소화하는 것을 추구한다. 이러한 공간들은 배달 노동자가 배달하는 음식은 원하지만 배달 노동자의 몸은 원하지 않는다. 이로 인하여 배달 노동자들과 경비원들 간에 출입통제를 둘러싸고 잦은 마찰이 발생하고, 출입을 허용하는 경우에도 지하 주차장이나 화물 엘리베이터를 활용하여 이동하도록 요구받는 경우가 많다. 지하 주차장은 오토바이가 미끄러워지기 쉬운 공간으로, 비가 오거나 눈이 내렸을 경우 사고가 많이 나는 공간이다. 코로나19가 확산하면서 배달 노동자를 차단하는 건물들이 더욱 많아졌다.

노동 과정 전반에 걸쳐서 배달 노동자들은 대단히 고립되어 있고, 배달 노동 과정에서의 지체, 여기에 얽혀 있는 다양한 행위자들 간의 마찰과 문제 등은 기술적 환경 속에서 비가시화되고 음소거된다. 이러한 '음소거' 과정은 배달 노동자들을 노동과정에서 질식하게 만드는 주요한 요인이다. 민수는 크게 두 가지 방식으로 이에 대응한다. 먼저, 블랙박스, 녹음, 사진촬영 등을 통하여 증거를 남길 수 있는 기술적 환경을 스스로 구축한다. 민수는 이러한 기술이 자신들의 목소리가 체계적으로 제거되는 상황 속에서 분쟁이 발생했을 경우 자신을 지켜질 수 있는 유일한 장치라고 인식한다. 또 한편으로, 이러한 시스템에서 최대한 '멘탈'을 유지하도록 노력한다. '멘탈을 유지한다'는 것은 여러 단계의 상호작용 속에서 경험하는 비인간적 대우에 영향 받지 않도록 노력하는 것이다. 배달 노동은 하루 10시간 이상 꾸준히 해야만 안정적인 수익을 얻을 수 있는 일이다. 멘탈을 유지하지 못하면, 시간 압박에 맞추어 이동하는 리듬이 깨지고, 이는 단순히 수입의 감소를 넘어서 사고의 위험을 높여서 실제 물리적인 죽음으로 이어질 수 있다. 민수는 이전에 공공앱 개발자로 일했었다. 가끔 언제까지 배달일을 할지 고민이 되기도 하지만, 현재로서는 다른 대안이 보이진 않는다.

> "하루 16시간씩 노예짓했던 본업 생각하면 돌아갈 생각이 안 든다. 공공웹 개발자로 4년 일했는데 남는 건 허리통증에 거북목, 수면 부족으로 인한 잡병. 하루 3시간도 못 잠. 배달은 어깨 좀 나간 거 말고 매우 만족한다. 공무원 독촉 받을 일도 없고 수입도 개고생 할 때 비해서 훨낫다. 스트레스 덜 받는 게 최고. 속편한 배달." (오픈 채팅방에서 발췌)

2020년 5월, 윤정의 이야기

급증한 배달 노동자 사고와 맞물려 배달 노동 조건 개선에 대한 사회적 압박이 커지고, 배달노조의 집단적인 움직임 및 배달 노동자들의 근로자성을 인정한 판결이 나오는 상황 속에서 민수가 일하고 있는 배달앱 기업은 '커넥터'의 수를 급격하게 확장했다. 커넥터는 단거리(200m~2km 이내) 배달을 킥보드나 자전거로(이후 오토바이, 도보, 자동차까지 확대) 수행하는 배달 노동력을 지칭한다. 2019년 7월 모집을 시작한 커넥터는 2020년 1월 1만 명을 넘었고, 2020년 이후 코로나19 상황 속에서 급증하여 2020년 12월에는 5만 명에 달했다(권현

주 2021.2.1.). 특히 코로나19 상황에서 사측은 대면 교육이 어려움을 내세워 신규 라이더 모집을 중단한 반면, 커넥터는 사용 가능한 운송 수단을 확대하며 대규모로 확장해왔다.

내가 윤정(27세)을 처음 만났던 2020년 5월은 코로나19 팬데믹 상황으로 사회적 거리 등의 조치들이 취해지고 있는 시기였다. 윤정은 그해 2월 막 호텔경영학 전공으로 대학을 졸업했다. 윤정은 그동안 해외 항공사나 국내 호텔에 취업 준비를 하고 있었는데 팬데믹 상황으로 채용 일정들이 모두 취소되어 있던 상황이었다. 윤정은 어려서부터 "사람 만나서 이야기하는 게 좋고, 사람들이 원하는 것을 해주는 것이 너무 좋아서" 서비스업에서 일하고 싶었다고 한다. 대학 수능이 끝나자마자 알바를 하기 시작해서 대학 시절 내내 베스킨라빈스, 파리바케트, 웨딩홀, 계절 밥상 등 서비스업에서 일했다. 윤정은 서울 강서 지역에서 부모님과 남동생과 같이 살고 있었다. 아빠가 재직하고 있는 회사에서 대학 등록금도 지원해주고 부모님으로부터 용돈도 받아서, 특별히 경제적인 어려움은 없었다. 알바는 "용돈 버는 것도 있지만 집에서 혼자 시간 보내는 것을 잘 못 하고 사람을 만나는 것도 좋고 뭘 한다는 것도 좋아서" 계속 해왔다. 그러다가 "외국에서 살아보고 싶고 영어도 쓰고 싶어서" 워킹 홀리데이 비자로 캐나다와 호주에 다녀왔다. 캐나다에서는 처음에 한국인 사장이 운영하는 하와이안 음식점에서 일하다가, 이후 일본인 사장이 운영하는 라면 가게에서 일했다. 윤정은 일본 라면 가게에서 10개월간 일한 경험을 대단히 자랑스러워했다. "처음에 서빙으로 시작해서 마지막에는 꽤 높은 곳까지 올라가서 새로 다른 지점 오픈하는 거까지 도와주고 비자가 만기가 되어서 왔어요. 그곳에서 원하면 비자 문제도 처리해준다고 했는데, 아직 대학 졸업도 안 해서 거절했어요."

캐나다에서 돌아와서는 한국에서 10개월간 맥도날드에서 일하며 다시 호주로 워킹 홀리데이 가는 것을 준비했다. 맥도날드를 선택한 이유는 캐나다에서 스타벅스와 같은 글로벌 기업에서 일한 경험을 인정해주는 것을 보고 "맥도날드는 전 세계적으로 알아주는 프랜차이즈니까 호주에 가서 일을 구하는 데 도움이 될 것" 같아서다. 호주에서는 중국계 회사인 미니소에서 일했다. 윤정이 간 도시에 미니소가 입점할 당시 단기 알바로 시작했다가 "열심히 일해서" 오픈하고도 계속 일을 할 수 있었다. 윤정이 커넥터 일을 시작한 것은 호주에서 돌아와서, 2019년 하반기에 다시 학교에 등록해서 마지막 학기를 다니면서다.

"그때 처음으로 알바를 쉬었어요. 엄마가 이제 취업을 해야 하니까 알바 하지 말고 공부 해보라고 해서. 근데 돈이 문제가 아니라 너무 심심한 거예요. 뭘 하고 싶고. 그러다가 인스타그램을 보는데 마침 배달의 민족 커넥터가 시작된 지 얼마 안 되었을 때였어요. 9월 말에 2시간 교육받고 10월에 시작했어요. 호주에서도 30분 이상 자전거로 출퇴근해서, 자전거로 하면 괜찮겠다, 타는 게 재밌기도 하고 운동도 되고, 돈도 주니까. 제일 좋았던 거는 원할 때 아무 때나 할 수 있으니까. 그런데 처음엔 저 혼자 여자여서 조금 민망했어요. [웃음] 배달 왔다고 하면 주위에서 다 쳐다봐요. 여자애가 가방 매고 헬멧 쓰고 오니까. '여자애가 배달을 왔다'면서."

배달앱 기업 홈페이지에서 신청하고 집에서 가까운 지점에 가서 안전 교육, 고객 응대, 배달 방식, 앱 사용법을 교육받았다. 교육을 받을 당시 커넥터가 많이 안 알려진 상태여서 "교육을 받으러 오신 분들은 대부분 오토바이로 하시는 아저씨들"이었고, 윤정 혼자만 여자였다. 오토바이로 배달하는 사람들을 따로 불러서 보험 처리하고, 자전거나 킥보드로 배달하는 사람들은 별도로 보험 처리를 했다. 자전거 보험은 시간당 배달료에서 차감되는 방식으로, 휴직 신청을 하면 잠깐 멈춤이 되어서 보험료가 안 빠져나간다. 교육을 마치면 사측에서 배달앱을 다운 받을 수 있는 주소를 문자로 전송해주고(배달앱이 앱스토어에 공개된 것이 아님), 앱을 다운 받은 후 사측에서 개인 번호를 부여해주면 그것으로 로그인을 한다.

"로그인을 하면 이제 시작할 수 있어요. 들어가면 추천 배달이 떠요. 그것을 누르면 수락이 되는 거예요. 출발해서 음식점까지 도착하는 데 얼마나 걸리나 체크하는 게 있고, 도착해서 음식을 받을 때 또 앱에 체크해야 해요. 음식을 받아서 출발한다고 체크하면, 음식점에서 손님이 사는 곳까지 얼마나 걸릴 것 같냐, 5분, 10분, 15분, 20분 이렇게 고를 수 있어요. 선택한 시간 안에 배달을 하고 완료를 누르면 끝나요. 앱에 음식점까지 거리가 몇 킬로이고, 음식점에서 손님 집까지 몇 킬

로인지 떠요. 이 정도 거리면 내가 할 수 있겠다 싶으면 수락하고, 아니면 다른 사람이 가져가서 창에서 없어지는 거죠."

민수와 달리, 윤정은 특정한 패턴 없이 일했다. 어느 날은 집 근처에서 낮 2~3시에, 어느 날은 조금 떨어진 지역에서 저녁 7시 넘어서 하기도 했다. 배민 센터에서 헬멧과 배달 가방은 보증금 3만 원을 내고 빌렸고, 자전거는 서울시 '따릉이'를 이용했다. 윤정의 말로는, 따릉이는 서울시에서 저렴하게 대여해주는 자전거로 한 달에 오천 원 내면 한 시간까지 최대한 탈 수 있고, 한 시간 지나면 추가금이 발생하지만 주차를 했다가 다른 자전거를 꺼내 오거나 바꿔 타면 다시 이용할 수 있다고 한다.

윤정은 자신의 배달 노동 경험이 배달앱 기업 홍보에서 묘사하는 것과 유사했다고 말하며 전반적으로 긍정적으로 평가했다. 무엇보다 "언제 어디서나 원할 때 원하는 만큼" 일할 수 있는 게 좋았고, 배달 사고 시 책임을 배달원에게 물리지 않은 점을 좋게 평가했다.

"교육받을 때 배달 사고가 나면 사진을 찍어서 고객센터에 전송하면 처리해줄 테니 걱정 말라고 들었어요. 저도 실수를 한 적이 있어요. 떡볶이 배달이었는데 음식점 사장님한테 제 것이 맞는지 물어보고 배달했는데 고객센터에서 연락이 온 거예요. '주문한 게 아니라 다른 게 갔다고 회수해올 수 있냐'고, 앱 채팅으로 왔어요. 마침 다른 배달을 이미 잡아서 시간 내에 배달해야 해서 회수를 할 수는 없을 것 같다고 했더니, 그럼 배달을 다하고 다시 연락을 달라고. 배달 마치고 연락을 했더니 다른 라이더님께 연락을 해서 해결을 했다, 걱정하지 않아도 된다고 넘어갔어요. 제가 느낀 건 배달하는 사람들한테 책임을 많이 묻는 것 같진 않았어요. 뭔가 실수가 있고 엎어지고 이래도 배달하시는 분들 탓하지 않겠다는 뉘앙스를 많이 받았어요. 그래서 되게 좋았지요."

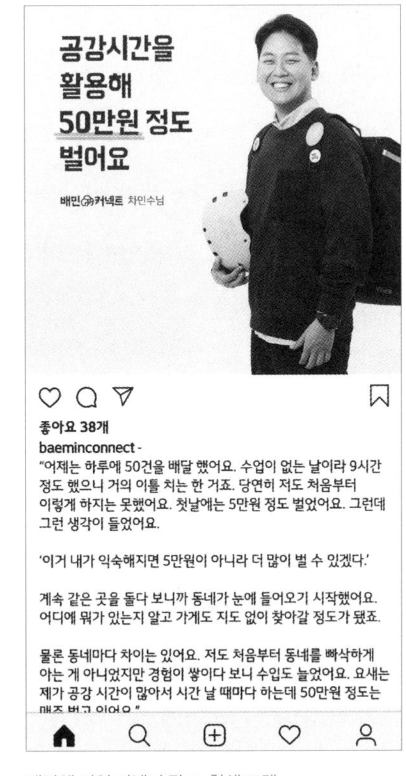

배달앱 기업 커넥터 광고_학생 모델

하지만 윤정이 말해주는 배달 경험은 이러한 인식과 차이가 났다. 무엇보다 "언제 어디서나 원하는 만큼" 할 수 없었다. 일단 배달 구역이 정해져 있어서 학교 근처에서는 하기 어려웠고, 자전거로 이동하는 것도 생각보다 힘들었다.

"생각보다 자전거 도로가 잘 안 되어 있어요. 오르막길이 많이 있는 곳은 정말 너무 힘들어요. 그러다 오토바이로 배달하시는 분을 보면 '아저렇게 하면 편하긴 하겠다. 운전하는 데 힘이 안 드니까.' 힘들다 보니 점점 텀이 길어졌던 것 같아요. 오늘은 안 해야겠다 하고 넘어가고. 그러다 용돈이 좀 필요하면 바짝 두세 시간해서 6~7개까지 하고 그랬었어요. 그때 하루에 몇 개 이상을 하면 추가로 만 원을 더 얹어준다거나 며칠 연속으로 하면 얼마를 더 준다 이런 이벤트가 있어서 그거 채우려고 했었어요."

수입도 생각보다 많지 않았다. 윤정은 다른 운송수단이나 좀 더 체력이 좋으면 더 많은 수입을 올릴 수 있었을 것이라고 생각했다.

"당시엔 배달비도 4천 원이었고 주문이 많으며 5천 원까지 올라갔어요. 5천 원짜리를 네 개를 하면 한 시간에 2만 원이고 그렇게 5~6시간 하면 10만 원 벌겠구나 생각했는데, 그만큼 몸도 힘들고 한 시간에 네 개를 받기가 쉽지 않더라고요. 한 번 배달을 하는데 못해도 20분, 길면 30~40분까지 걸려요. 두세 개 묶어서 받을 수도 있지만, 저는 한 번도 해본 적 없어요. 동시에 비슷한 음식점에서 음식을 시키는 경우가 별로 없어요. 한번은 곱창집에서 시켜서 배달했는데 또 이 곱창집에서 같은 아파트로 가는 배달이 뜬 거예요. 시간차가 있어서 같이 못했는데 갔더니 또 뜨더라고요. 계속 왔다 갔다 하다 나중에는 힘들어서 안 받았죠. 그리고 배달이 몰리지 않는 시간에는 주문이 잘 안 들어와요. 그럼 시간을 낭비하는 느낌? 내가 계속 이것만 잡고 있을 수도 없고, 다른 것을 하자니 중간에 뜨면 나가야 하잖아요. 그게 너무 싫었어요. 그 시간이 너무 아깝다. 나는 지금 내가 있는 곳에서 받고 싶은데 계속 다른 곳에서 오라고 뜨니까. 사이사이에 비는 시간이 너무 아까웠어요."

윤정은 2주 정도 일한 후에 휴직 신청을 했다. 그 후 새로운 전자계약서에 서명하라는 통보를 받고 응답을 안했는데, 나중에 로그인을 하려고 시도해보니 계정이 차단된 상태였다. 윤정은 커넥터 일을 그만하게 된 여러 가지 이유를 다음과 같이 설명한다.

"날씨 영향이 컸어요, 추워서. 점점 추워지는 때였고 중간, 기말시험이 겹치면서 점점 안 하게 됐어요. 그때 마침 회사에서 '서울시 따릉이 측에서 민원이 들어왔다. 돈을 벌 목적으로, 개인적인 목적으로 따릉이를 사용하는 것은 삼가달라'라는 전체 문자를 받았어요. 그 문자 받고도 두세 번 더 하긴 했어요. 그런데 좀 불안한 거예요. 괜히 누가 보고 신고를 하면 어떤 불이익을 받을 수 있지 않을까 하는 그런 불안감이 커서 안 하게 되었어요. 부모님도 싫어하셨어요. 여자애가 무슨 배달이냐고."

윤정은 커넥터를 중단한 후 곧장 카페 일을 시작해서 계속하고 있었다. 카페일은 커넥터처럼 "누구한테 허락받지 않고 마음껏 뺄 수 있는"

자유는 없지만, "내가 빠지면 일하기 힘들어지는" 동료들과 "지정된 날짜에 계속 나가면 일정 금액이 들어오는" 안정성이 있었다. 윤정을 만났던 시기 윤정의 남동생이 커넥터 일을 시작했다. 동생도 그해 워킹 홀리데이 비자로 호주에 갔는데 코로나 사태로 두 달 만에 돌아와서 알바를 찾다가 마침 집에 윤정이 반납 안 한 헬멧이랑 가방도 있어서 커넥터 일을 시작했다고 한다. 남동생이 커넥터를 시작할 시점에는 헬멧과 가방도 직접 구매해야 하고 배달 단가도 3000원으로 내렸다.

윤정을 인터뷰하면서 가장 흥미로웠던 점은 윤정이 직장과 알바를 구분 짓는 기준이었다. 윤정이 한국에서 했던 일도 대부분 10개월 이상을 했기 때문에 근무 기간상에서는 별 차이가 없었음에도 불구하고, 윤정은 캐나다와 호주에서 일은 직장이라고 느끼는 반면에 한국에서의 일경험은 알바로 인식하고 있었다. 윤정은 "알바는 잠깐 하는 거고 직장은 평생 가져가는 거"로 구분한다. 하지만 일한 시간과 업종으로만 따지면 한국과 외국 경험이 별 차이가 없다. 외국에서 일한 경험을 직장으로 인식하는 이유를 윤정은 다음과 같이 말한다.

"호주랑 캐나다에서는 직원처럼 계약을 해서 직장으로 느꼈어요. 한 주에 몇 시간 이상 일하는 거 보장하고, 초과근무 수당, 연차 휴가, 연금도 주고. 일할 때 사람들이 저를 대하는 태도도 그렇게 느껴졌어요. 잠깐 하다 갈 사람이 아니고 계속 일해줄 사람이라고 생각하는 것 같았고, 그것 때문에 더욱 책임감이 생겼던 것 같아요. 캐나다 애들하고 일할 때 실수해서 미안하다고 하면 '왜 미안해하냐고 다시 만들면 된다'고. 손님이 우선이 아니라 자기들이 우선인 게 좋았어요. 손님이 줄 서서 기다려도 우리가 할 게 있으면 기다리라고 해도 손님이 화내지 않는 게 좋았어요. 캐나다에서는 더 있고 싶으면 비자 지원을 해준다고 했는데, 그때 거절한 게 지금은 후회되죠. 외국에서는 알바 경험도 경력으로 인정해주지만, 한국에서는 알바를 경력으로 생각해주지 않으니까 경력이나 그런 곳에 쓰기가 애매하죠."

윤정은 일을 하면서 존중받고 인정받을 수 있는 사회적 공간으로 '외국'을 인식하고 있었다. 그러한 사회적 공간에 들어가기 위해서 계속 외국 기업 입사를 준비해왔지만, 팬데믹 상황 속에서 한국에서 직장을 구하는 것을 고민 중이다. 하지만 이미 입사해서 2, 3년 차인 친구들의 직장 생활 이야기를 들으면 한국에서 직장 생활을 버틸 수 있을지 자신이 없다고 한다.

"회사에 가면 나쁜 상사도 있잖아요. 제 친구 중에 한 명은 간호사인데 '너는 머리가 나쁘냐'며 때리기도 한대요. 그런 말을 듣고 가만히 있어야 하잖아요. 대들면 회사 생활이 힘들어지잖아요. 근데 과연 내가 그런 걸 다 참고 아무 말도 안하고 네네 하면서 가만히 있을 수 있을까? 지금은 저는 알바니까, 알바랑 직장은 다르잖아요. 알바는 내가 존중받지 못한다고 생각하면 그만두고 다른 알바 구하면 되니까. 직장은 그런 게 아니잖아요. 계속 바꿀 수 있는 게 아니고 계속 커리어를 쌓으려면 상사가 마음에 안 든다고 계속 그만두면 안 되니까. 외국 쪽은 제가 듣기로는 아닌 건 아니라고 말할 수 있는, 커뮤니케이션 할 수 있는 환경인 것 같아요. 그래서 외국에서 일하고 싶어요. 막상 외국에 나가서 살아보니 너무 좋았어요. 제가 어떤 옷을 입던 어떤 행동을 하던 사람들이 신경 쓰지 않고. 한국에서는 주위에서 말이 너무 많아요. 짧은 반바지 입으면 처음 보는 사람이 와서 뭐라 말하고, 지하철 타면 가슴 쳐다보고. 외국에서는 아무도 신경 쓰지 않으니까."

내가 만났을 때는 윤정은 카페에서 일하면서 무역회사에 들어갈 취업 준비를 하고 있었다. 코로나19 사태를 겪으면서 서비스업 대신 좀 더 안정적인 직장을 찾아보려는 시도였다. "졸업을 해서 인턴 지원도 못하고 서비스 쪽만 생각했는데 거긴 다 안 되고, 호텔 쪽은 무급 휴가 때리고 있고 … 서비스업은 사람이 이동해야 하지만, 무역은 물건만 이동해도 되니까 좀 덜 영향을 받지 않을까 해서…" 무역회사 입사 지원서에 기록할 자격증 시험(무역 영어 등) 준비를 하고 있었던 윤정은 인터뷰를 마치고도 곧바로 자격증 시험 학원으로 향했다.

숨 쉴 만한 삶을 향하여

세 청년들의 이야기는 이들이 숨 쉬고 있는 상이하면서도 연결되어 있는 공기를 드러낸다. 승엽의 이야기는 환경적 공기의 변화가 어떻게 배달 노동자들이 숨 쉬는 생물학적 공기에 영향을 미치는지 보여주고, 민수의 이야기는 배달 노동자들을 질식시키는 사회적 공기를 드러낸다. 윤정은 기술로 매개된 통제가 어떻게 비가시화되는지와 함께 젠더화된 사회적 공기를 보여준다. 이들은 각자 자신의 일상에서 숨 쉴 만한 삶을 구성하기 위해서 끊임없이 시도하고 있다. 승엽은 노동조합을 구성하여 집단적인 목소리와 움직임을 만들어서 생물학적 숨쉬기가 위협받지 않을 수 있는 삶을 구성하려고 시도하고 있다. 배달앱 노동자들이 노동법의 보호망에 적용받을 수 있게 하는 것이 주요한 전략 가운데 하나이다. 민수는 이러한 움직임에 동의하면서도 노동자로서의 지위를 인정받는 것이 이에 대한 해법이 될 것인지에 대해서는 의문이다. 오히려 민수는 비인간적인 대우를 받으면서 저임금 장시간 노동을 강요받는 임금 노동자의 삶에서 벗어나기 위한 방책으로 배달앱 노동을 시작했기 때문이다. 그의 경험으로 배달앱 노동은 적어도 장시간 노동하는 만큼 돈을 벌 수 있는 일이다. 따라서 민수는 노동자로서 인정받는 것이 오히려 여러 배달앱을 오가며 더 많은 수익을 벌어들이는 데 제약을 만들까 우려한다. 민수에게 배달앱 노동은 직장의 억압적인 공기에서 벗어나 자신이 주도적으로 일을 구성하며 훨씬 많은 소득을 만들 수 있는 기회이다. 배달 과정에서 마주하는 '진상' 사장과 손님들을 선별하는 능력이 쌓이면서 차츰 적응하고 있고, 배달앱으로 번 돈으로 그동안 쌓인 빚을 갚으면 숨통이 좀 트일 것 같다. 승엽과 민수는 모두 배달 노동의 지배적인 노동자인 젊은 남성 라이더로서 소셜 미디어를 매개로 흩어져 있는 다른 배달앱 노동자들과 상호작용하는 사회적 공간을 구성하고, 그 속에서 집단적인 정체성과 연대를 구축하고 있었다. 이에 비하여 윤정의 배달앱 노동 경험은 훨씬 파편화되고 고립되어 있다. 윤정은 다른 배달앱 노동자와의 어떠한 형태의 접속과 연결도 없었다. 윤정은 이러한 접속과 연결의 부재를 오히려 기존의 억압적인 공기에서 벗어날 수 있는 조건으로 인식하면서도, 자신의 목소리를 인정해줄 수 있는 사회적 공간을 끊임없이 찾고 있었다. 윤정에게 한국 직장에서 일한다는 것은 자신의 목소리를 포기해야 하는 것으로, 질식시키는 공기를 참고 있어야 하는 것이다. 따라서 외국에 나가서 일하고자 하는 것은 좀 더 숨 쉴 만한 삶을 구성하고자 하는 윤정의 욕망을 보여준다.

배달앱 기업은 이들의 욕망에 호소하며 급속하게 시장을 확장해왔다. 배달앱 기업은 초기 일반배달대행에서 경험하는 문제들을 해결하겠다고 내세우면서 기존의 숙련된 배달 노동자들을 흡수했고, 배달앱을 매개로 이전에 노동시장에서 배제되어왔던 여성과 학생을 포함한 사회적 약자들을 차별하지 않는 일자리를 제공하겠다고 홍보했다. 승엽과 민수도 더 나은 노동 조건과 삶을 기대하며 배달앱 노동을 수용했다. 하지만 이러한 숙련 노동자들의 움직임은 자동 배차 프로그램을 구축하는 주요한

데이터로 축적되고, 이러한 자동 배차 프로그램은 수많은 비숙련 노동자를 더 적은 비용으로 사용하는 데 활용된다. 숙련 배달 노동자들은 이 점에서 배달앱 기업의 목적은 "전 국민의 커넥터화"라고 표현한다. 또한 이러한 배달 노동력의 비숙련화 과정은 이들 간의 적대적 관계의 확산으로 이어졌다. 배달 노동력의 증가와 비례하여 배달 단가는 내려가고, 자신이 수행할 수 있는 배달 건수가 감소하며 수입 감소로 이어진다. 끊임없는 경쟁 관계를 가시화하는 노동 과정은 신규 노동력에 대한 적대와 혐오로 이어지고, 이러한 적대와 혐오는 전업과 부업, 숙련과 비숙련, 남성과 여성, 내국인과 외국인 간의 상상적 위계로 정당화된다. 이러한 위계는 라이더들 간의 공유되고 있는 '능력주의'와 긴밀하게 결합되어 구성되고 있다.◆ 이 점에서 배달 플랫폼 노동은 기존의 위계적이고 억압적인 차별적인 공기를 더욱 강화시키며, 숨 쉴 만한 삶을 구축할 수 있는 조건을 오히려 훼손시키고 있는 듯하다.

◆ 숙련된 배달 라이더들 사이에서 광범위하게 공유되고 있는 '능력주의'와 이와 결합된 윤리적 감각은 이 책의 2장과 7장에 나타난 한국 청년과 중국 청년들의 능력주의와 공명한다.

참고문헌

신미진, 2019.1.9., 〈배달앱 전성시대 … 라이더 시장도 '질주'〉, 《매일경제》, https://www.mk.co.kr/news/business/view/2019/01/16835/.

신윤애, 2019.9.24., 〈출근 전 알바 수입 짭짤, 사고 때 책임 전담 씁쓸〉, 《중앙일보》, https://lifetrend.joins.com/article/article_view.asp?pno=577.

장귀연, 2020, 〈노동유연화로서 플랫폼노동의 노동 조직 과정과 특성〉, 《산업노동연구》 26(2).

정흥준·김남수, 2020, 〈전국 배달 노동자 실태조사 보고서〉, 한국비정규직노동단체 네트워크 전국배달노동자 공동사업단.

조성은, 2019.7.26., 〈폭염에 헬멧 쓴 배달 라이더, 얼마나 뜨거울까요? 라이더유니온, 고용노동부의 실효성 있는 폭염 대책 촉구〉, 《프레시안》, https://m.pressian.com/m/pages/articles/250698.

채석진, 2021a, 〈'기다리는 시간' 제거하기: 음식 배달앱 이동 노동 실천에 관한 연구〉, 《한국언론정보학보》 108.

채석진, 2021b, 〈팬데믹 시대의 숨쉬기에 관하여〉, 《한국언론정보학보》 109.

Apata, Gabriel, 2020, "'I Cant' Breathe': The Suffocating Nature of Racism," *Theory, Culture & Society* 37(7-8): 241-254.

Huws, Usula, 2016, "Logged labour: a new paradigm of work organisation?," *Work Organisation, Labour & Globalisation*, 10 (1): 7-26.

Ingold, Tim, 2010, "Footprints through the weather-world: walking, breathing, knowing," *Journal of the Royal Anthropological Institute* 16(s1): S121-S139.

Couldry, Nick, 2010, *Why Voice Matters: Culture and Politics After Neoliberalism*, London: Sage. 이정엽 옮김, 2015, 《왜 목소리가 중요한가》, 글항아리.

Nixon, Rob, 2011, *Slow Violence and the Environmentalism of the Poor*, Cambridge and London: Harvard University Press.
Patterson, Orlando, 1982, *Slavery and Social Death: A Comparative Study*, Cambridege, MA: Harvard University Press.

◆ 이 글은 2018~2020년 서울에서 수행한 현장연구 자료를 토대로 한다. 이 글은 기출간 논문(채석진 2021b)의 일부를 재구성했다. 인터뷰 참여자 이름은 모두 가명이다.

7

베이징에서 살아남기 위한 분투— 불평등과 능력주의 서사

김기호

세 명의 여성, 〈겨우 서른〉과 베이징의 현실 사이

넷플릭스를 통해 국내에 소개된 〈겨우 서른〉은 중국 드라마에 대한 인식을 바꿔놓았다는 평가를 받을 정도로 큰 인기를 얻었다. 등장인물의 생활양식이 상하이의 높은 소비 수준에 대한 호기심과 동경을 자아내기도 했겠지만, 세 명의 30세 여성이 겪게 되는 직장과 결혼, 육아에 대한 고민과 갈등을 감성적으로 묘사한 것이 많은 한국 시청자의 공감을 얻었던 것 같다. 예컨대 구지아가 4살짜리 아들

쉬쯔엔의 영어 유치원 입학을 위해 고군분투하는 모습이 다소 과장되기는 했지만, 자녀의 영어 유치원 입학을 위해 이른 새벽부터 줄을 서는 한국 부모들에게 그리 낯선 장면은 아니었을 것이다. 명품매장 직원 만니와 사업가 남자친구의 관계 역시 계급 상승 욕구에 대한 직설적인 설정이라는 점에서 한국 드라마의 전형적인 신데렐라 스토리와 맞닿아 있다. 샤오친은 평범한 회사원이지만 철이 없어 보이는 순수한 성격으로, 서로 다른 세계에 속해 있는 듯한 구지아와 만니를 연결해주고 있다. 〈겨우 서른〉은 그 줄거리의 배경이 되는 교육과 계급, 소비의 사회적 맥락이 묘하게 한국적 정서에 부합하는 매력이 있다.

하지만 실제 중국 대도시에서 청년 세대가 결혼을 하고 자녀를 양육하며 가정을 이루는 과정은 한국에서보다 더 절박하고 위태해 보인다. 베이징이나 상하이의 집값은 이미 서울의 집값 수준을 넘어섰는데 중국 청년들의 평균 소득은 한국의 절반에 미치지 못해 소득 대비 집값은 훨씬 더 높게 체감된다(Li et. al. 2020). 집을 구매하지 않더라도 한국처럼 전세 제도가 있는 것도 아니고 월세도 가파르게 상승하여 불안정한 주거 환경에 처하기 쉽다. 게다가 외지인 청년의 경우 중국의 호구户口 제도로 인해 교육, 의료 등 사회복지 혜택에 제약을 받기 때문에 베이징에 정착하는 데에 이중의 장벽을 느끼게 된다(이보고 2019). 이 글은 베이징의 외지 청년들이 이렇듯 열악한 주거 환경에 어떻게 적응하고 있는지, 그들에게 차별적인 사회제도에 대해 어떻게 받아들이고 있는지, 그들이 바라는 합리적이고 평등한 사회의 모습은 무엇인지에 대한 질문으로부터 시작했다. 연구 참여자는 주로 베이징의 대학이나 연구소에 근무하는 지인들 소개로 만나게 되었는데, 비교적 교육 수준이 높고 직업적으로 안정된 편이다. 더 어려운 환경에 처한 중국 청년의 모습을 고찰하는 데는 한계가 있겠지만, 직업적 안정성에도 불구하고 이들이 외지인이기 때문에 겪게 되는 불평등한 사회구조를 보다 명확하게 드러내 보여줄 수 있을 것이다.

베이징의 한 교육 컨설팅 회사에 근무하는 리나, 장민, 왕핑을 처음 만난 것은 그들의 회사 건물 1층 카페에서였다. 베이징대학 부속중고등학교에서 교사를 하다가 최근 같은 회사로 이직한 지인이 이 연구의 인터뷰를 위해 동료들을 소개해준 것이다. 내 연구 주제인 주택과 교육 문제가 이들에게도 초미의 관심사였기 때문에 처음부터 흥미로운 대화가 이루어졌다. 이들은 모두 20대 후반의 여성으로, 외지인이며 교사 출신이라는 공통점이 있다. 어찌 보면 교육 수준도 높고 비교적 안정적인 직업을 가지고 있지만, 이들은 조만간 베이징을 떠나야 할지도 모른다는 불안감에 시달리고 있다. 그중 리나는 산둥성 출신으로 사범대학 졸업 후 고등학교 국어 교사로 일하다가 현재의 회사로 이직했으며, 최근 동향 출신의 남편과 결혼하여 임대 주택에 거주하고 있다.

> "베이징에서 사회보험을 7년 이상 납입하면 베이징 호구를 신청할 수 있다고는 하지만 그때가 되어서 신청한다고 해도 호구를 받을 수 있다는 보장은 없어요. 우리는 그런 희박한 가능성에 기대를 걸 만큼 용감

하지 못해요. 만약 호구를 받는다고 하더라도 베이징에 집을 장만하기 위해서는 은행 대출뿐만 아니라 양가 부모님의 노후 자금까지 쏟아 부어야 겨우 가능한 수준이죠. 나 자신뿐만 아니라 부모님까지 '팡누房奴(집의 노예)'로 만들 수는 없어요. 대학원 동기 중에 한 명은 베이징 외곽 지역에 20평대 아파트 한 채를 대출 받아 샀는데 매달 자신의 월급에 해당하는 대출상환금을 감당해야 하고 게다가 지금 살고 있는 집의 월세도 내야 돼요. 그렇게 큰 대출의 부담을 지게 되면 병에 걸리거나 직장을 그만둘 경우 심리적 압박이 커서 집이 있어도 행복할 것 같지가 않아요. 아이가 생기면 베이징을 떠날 생각이에요. 아이를 임신하고 키울 때까지 여기에서 월셋집에 살고 싶지는 않아요. 집은 단순한 거주 공간이 아니라 아이에게 안정감을 줄 수 있는 정신적인 기초가 된다고 생각하거든요. 서른이 되기 전까지는 베이징에서 최대한 돈을 벌고 산둥성의 지난이나 칭다오 같은 2선 도시에 정착하고 싶어요." (리나, 2019년 7월 4일)

리나가 베이징에 남기 위해 호구뿐만 아니라 주택 구매의 부담까지 느끼게 되는 것은 중국의 학군 배정에 주택 소유 여부가 중요한 기준이 되기 때문이다. 중국에서는 2005년 〈의무교육법〉 개정으로 초등학교 입학시험이 폐지되고 근거리 입학 원칙이 적용되기 시작했다. 각 학군지역별로 입학 우선순위의 구체적인 규정이 다르기는 하지만 대부분 해당 학군지역의 주택 소유가 결정적으로 작용한다. 예를 들어 학군지역의 학부모

호구 및 주택 소유자가 1순위라면, 학군지역 외 베이징 호구와 학군지역 주택 소유자는 2순위, 그리고 학군지역의 학부모 호구 및 조부모 명의의 주택 소유자는 3순위 등의 방식이다. 다시 말해, 한국처럼 전세나 월세 등 임대 주택에 거주하면서 선호도가 높은 학군지역에 자녀를 취학시키는 것이 거의 불가능하다. 개인이 속해 있는 집체 단위에 거주 주택이 보장되었던 사회주의적 전통이 학군배정에 적용되면서 생겨난 유습이라고 할 수 있다. 또한 우수 학군지역의 학교들이 국제반, 특별반 등을 개설하고 높은 학비를 바탕으로 실력 있는 교사들을 채용함으로써 학군 간의 격차가 심화되었다. 이로 인해 학부모들이 선호하는 학군지역의 주택은 '쉬에취팡學區房'이라 불리며 아무리 작고 낡은 아파트라도 평당 8000만 원(이하 모두 한화 표기) 이상을 호가하는 현상이 나타났다. 베이징에서 하이뎬구, 시청구, 동청구 등 선호 학군지역에 25평 정도의 아파트를 장만하기 위해서는 20억 원에 가까운 자금이 필요한 셈이다. 중국 정부에서는 최근 이와 같은 학군주택 문제를 해결하기 위해 하나의 거주 주택에 주위의 복수 학교를 추첨식으로 배정하거나 명문학교와 주위 학교를 분교 형식으로 통합하는 등의 정책을 펴고 있으나 근본적인 해결책이 되지는 못하고 있다.

아직 결혼하지 않은 장민은 리나와 생각이 조금 달랐다. 톈진 출신의 장민은 현재 결혼을 전제로 만나는 남자친구가 있고, 스스로 리나에 비해서 '90허우(1990년대 출생)' 세대의 특성이 강한 편이라고 여겼다.

"나는 베이징에서 호구와 자녀 교육 문제만 해결된다면 아이를 키우면서 계속 임대 주택에 살아도 상관없어요. 아이를 가지는 것도 32~33세까지 늦어져도 괜찮고 최소한 아이가 학교에 갈 때까지는 베이징에서 더 많은 기회를 가져보고 싶어요. 리나처럼 자녀 교육을 위해 모든 것을 희생하고 싶지는 않아요. 내가 아는 과일가게 주인은 집도 사지 않고 자녀 교육에 투자했는데 지금 그 아들이 택배 배달을 해요. 아이가 베이징에서 꼭 좋은 학군에서 학교를 다니지 못하더라도 나중에 해외유학을 보내는 데에 투자한다든지 다른 방법이 있을 수도 있어요. 또 베이징에서 호구를 받지 못하면 톈진에서 아이를 키우면서 주말 부부로 사는 방법도 있고요. 주위에 그렇게 하는 사람들이 점점 늘어나고 있어요." (장민, 2019년 7월 4일)

동북 지역 출신인 왕핑의 사정은 장민이나 리나보다 더 나아보였다. 왕핑은 상하이에서 초등학교 영어 교사로 근무한 뒤에 미국 뉴욕에서 석사 유학을 하다가 해외인재 귀국 우대 정책으로 베이징 호구를 받은 경우다. 결혼한 후에는 은행 대출을 받고 사업을 하는 왕핑 부모님의 도움을 받아 베이징 북쪽 외곽 화이러우구에 집을 하나 장만했다. 베이징시의 행정 구역이 넓기 때문에 화이러우구는 서울을 기준으로 한다면 대략 경기도 동두천 정도의 위치라고 할 수 있다. 현재는 직장 근처 임대 주택에서 부모님, 직업군인인 남편과 함께 거주하고 있다. 약 30평 정도의 임대 주택의 월세가 한 달에 250만 원 정도인데, 처음에는 부모님과 분

위: '쉬에취팡(학군주택)'의 세태를 묘사한
한 인터넷 매체의 그림
왼쪽: 하이뎬구의 아파트 단지 사이에 위치한
인민대학부속 유치원

담했지만 요즘에는 경제적으로 힘들어서 부모님이 거의 다 내주고 있다. 남편 월급의 절반 이상을 대출상환금으로 지출하고 있기 때문이다. 왕핑은 아직 아이가 없지만 앞으로 자녀를 위해 하이뎬구 북 5환 지역으로 이사를 할 예정이다. "하이뎬구에는 베이징대, 칭화대, 인민대 부속 유치원, 부속 초중고 등 우수 교육기관이 밀집해 있고 중관춘의 IT 인재의 자녀들이 거주하는 곳이라서 교육열이 높은 편이에요. 아이가 하이뎬구에서 더 부유한 집의 아이들에게 심리적 압박을 느끼지는 않을까 걱정도 되지만 교육에는 좋은 환경이라고 생각해요." 물론 베이징 호구가 없고 주택이 없더라도 선호 학군이 아닌 변두리 지역에서 자녀들의 취학 문제를 해결하는 방법도 있다. 하지만 베이징의 학군별 교육 편차가 크기 때문에 교육에 관심이 많은 학부모들은 변두리 지역의 교육 수준에 만족하

지는 못한다. 차라리 2선 도시의 우수 학군 지역에서 교육시키는 것이 낫다는 생각이다.◆

부모의 경제적 능력에 맞게 교육 수준이 제공되는 것이 공평하다?

첫 만남 이후 보다 심층적인 인터뷰를 위해 점심시간을 이용해 회사 근처 식당에서 같이 식사를 하며 대화를 나누었을 때, 그들은 베이징에서 외지인으로 느끼는 불평등한 사회구조에 대해 보다 허심탄회하게 불만을 털어놓았다. 장민은 현재의 호구 제도가 청년 노동력을 착취하는 기제로 작동한다고 비판했다. "베이징이라는 도시는 젊은 인재들을 유입시켜 몇 년간 값싼 노동력을 소모시킨 다음 그들이 결혼해서 정착할 때쯤에는 외부로 밀어 내고 더 젊은 노동력을 충원해서 착취하고 있어요. 그 과정에서 경제적 능력이 있어 버틸 수 있는 사람들만 베이징에 살아남게 돼요. 최근 젊은이들 사이에서 '베이징, 상하이, 광저우 이탈逃離北上廣 현상'이 일어나는 것도 내가 도태된 것이 아니라 대도시에 더 이상 값싼 노동력을 제공하지 않겠다는 의지의 표현인 것이죠." 셋 중에서는 리나가 가장 억울하다는 입장이었다. "그것이 만약

◆ 중국에서는 베이징, 상하이, 광저우, 선전 등의 1선 도시를 기준으로 상업적 발전 정도에 따라 1선에서 5선 도시까지로 구분한다.

개인의 능력에 의해 결정되는 것이라면 받아들일 수 있어요. 하지만 베이징에 부모나 조부모가 호구와 주택을 가지고 있는 경우와 같이 집안의 배경에 의해 결정된다면 세습적인 계급 사회나 다름없죠. 만약 베이징에 정착하지 못하고 결국 떠나게 된다면 일종의 치욕감이 들고 사회적 정의나 인생의 가치에 대해 회의를 느낄 것 같아요. 베이징을 떠나야 한다는 것이 내 개인의 능력에 의한 것이 아니고 불평등한 사회구조에 의한 것이 분명하지만 그 때문에 자존감이 상실되는 것은 어쩔 수 없을 거예요." 리나는 격앙된 듯 약간 울먹이는 목소리로 말했다.

한편 현재의 불평등을 해결할 수 있는 대안이 무엇인가에 대해 이들은 대체로 모호한 태도를 보였다. 왕핑은 "역사적으로 중국인들이 체제에 순응하며 살아왔고 불만을 표출할 수 있는 수단이 없었다"고 한다. "예를 들면 회사에는 공회(노조)가 있어서 직원들의 불만을 회사에 전달하는 위치에 있지만, 공회는 회사와 매우 원만한 관계를 유지하죠. 새해가 되면 직원들에게 선물을 나눠준다든지 친목 행사를 조직하는 기구에 불과해요." 나아가 중국의 학군제도에 대한 이들의 반응은 단지 체념적 포기가 아니라 그 체제의 논리와 가치를 적극적으로 내재화하고 있는 듯했다. 어찌 보면 체제에 비판적이면서도 다른 한편으로는 그 체제를 옹호하는 것으로 비치기도 했다. 베이징에서 왜 주택 소유 여부가 학군 배정의 조건이 되었는지에 대해 왕핑은 다음과 같이 설명했다. "그것은 베이징 같은 대도시에서 인구 압력을 해결하는 방법이에요. 우승열태優勝劣汰, 즉 더 능력이 있는 사람이 대도시에 남는 것이 도시의 발전에 효율적이라는 논리죠. 베이징뿐만 아니라 다른 도시들도 호구와 주택 보조금 등의 우대 정책으로 더 우수한 인재를 유치하기 위해 노력하고 있어요. 이런 방식으로 지방의 우수 교사들이 베이징의 호구 혜택을 받고 이직을 하기도 하고요." 앞서 언급했듯이 왕핑 자신이 이러한 인재 우대 정책의 수혜자이기도 하다. 장민 역시 왕핑의 설명에 동의했다. "한국이나 일본과 달리 중국은 인구에 비해 도시의 교육자원이 한정되어 있어요. 주택 소유 여부는 지역 거주민에게 취학의 기회를 주는 합리적인 방법이라고 생각해요. 이러한 정책을 우리가 받아들일 것인지는 중요한 문제가 아니에요. 우리는 이미 신분과 경제적 지위를 기반으로 계층이 분화되는 상황에 적응해왔어요. 예를 들면 어릴 때부터 학교에서 실력에 따라 우열반을 나누어 수업을 들었고, 정부가 우수 인재에게 각종 혜택을 주는 것에 익숙해요."

그렇다면 베이징에서도 한국처럼 거주기간을 기준으로 자녀의 취학 우선순위를 정하면 어떨까? 왕핑은 그러한 방식이 베이징의 상황에는 적합하지 않다고 생각한다. "베이징에는 외지에서 온 유동인구가 많기 때문에 거주기간을 기준으로 한다면 베이징에서 오래 거주한 원주민에게만 교육의 기회가 편중되는 문제가 있을 거예요." 장민은 또 다른 문제점도 지적했다. "위장 전입으로 거주기간을 늘리는 문제가 발생할 수 있어요. 또 업자들이 학군주택을 대규모 매입하여 임대업을 하게 되어 임대료가 급등할 수도 있겠죠. 정책이 변한다면 사람들은 새로운 방법을 통해서 경쟁하게 될 겁니다. 가장 공평한 방식은 추첨제라는 의견도 있지만, 아무리 좋은 학교라고 하더라도 추첨을 통해서 입학한 학생들이 학교의 교육 방향이나 수준과 맞지 않을 수 있어요. 절대적인 평등성이 항상 바람직한 결과를 가져오는 것은 아니니까요." 결국 이들은 베이징 출신의 동년배들이 부모나 조부모의 배경으로 호구 및 주택 소유의 유리한 고지를 점유한 것에 대해서는 불공평하다고 느끼고 있지만, 자신들이 스스로 획득한 경제적 능력에 따라 교육 자원이 배분되는 것은 합리적이라는 데에 동의하고 있었다. 그런데 정도의 차이는 있겠지만 이들 역시 베이징 출신들처럼 어느 정도 부모의 경제적 도움을 받고 있기 때문에 순전히 자신의 능력만으로 주택과 교육 문제를 해결하는 것은 아니다. 이들이 불만을 느끼는 대상은 자신들보다 교육 수준과 경제적 능력이 부족하지만 단지 베이징 토박이이기 때문에 특권을 누리는 사람들에 집중되어 있다(朱迪 2016). 이 책의 8장에서는 베이징 출신이지만 자신의 집이 없어 자녀의 호구 등록을 위해 부모의 호구부에 기대야 하는 베이징 토박이 청년의 불안정한 상황을 묘사하고 있는데, 치열한 경쟁 속에서 살아남고자 하는 외지인 청년의 눈에는 불평등한 것으로 비칠 수 있는 부분이다.

"능력이 있는 부모가 자녀에게 좋은 교육을 시킬 수 있는 것이 공평한 방식이라고 생각해요. 부모가 경제적 능력이 안 된다면 자신의 환경에 맞춰서 학교를 보내면 되죠. 부모의 경제적 능력에 맞는 교육 환경을 제공하는 것이 우리가 보편적으로 받아들일 수 있는 방식이에요. 중국은 인구가 많고 자원이 한정되어 있어서 우리는 어렸을 때부터 적자생존의 원리에 익숙해져 있어요. 누군가에게 우선적으로 사회적 자원을 배분해야 한다면 치열한 경쟁 속에서 자기 능력이 강한 사람이 자원을 쟁취하게 될 거예요. 그 척도가 바로 경제적 자원이고 거기에 자신의 능력이 체현되어 있지요. 베이징에서 학군지역에 주택을 샀다는 것은 그만큼 경제적 활동을 하면서 세금도 내고 도시 발전에 기여한 사람이라고 볼 수도 있으니까요." (왕핑, 2019년 7월 9일)

이와 같은 왕핑의 주장에 리나와 장민도 대체로 수긍했다. 장민은 자신이 베이징에서 밀려나 2선 도시에 정착하게 된다면 2선 도시의 누군가는 자신에게 밀려나 3선 도시로 밀려날 것이라면서 개인의 경제적 능력에 의한 결정 논리에 합리성이 있다고 믿었다. 왕핑이 얼마 전 인터넷에서 본 한 사업가의 사례는 이들이 말하는 불공평함의 논리를 대변해준다. "외지인 출신인 한 사업가가 10년 넘게 동안 베이징에 거주하면서 매년 고액의 세금을 납부해왔지만 정작 베이징 호구가 없어서 그 자녀는 공립 초등학교에 진학하지 못했을 뿐만 아니라, 사립 초등학교에서는 거주지의 임차증명서를 요구했는데 임대인이 거절해서 사립학교조차 입학하지 못하고 캐나다로 유학을 보냈다고 해요. 이 이야기가 실화인지는 모르겠지만 많은 이들의 공감을 얻어 400만 건 이상의 조회수를 기록했는데 그 후 인터넷에서 삭제되었어요." 외지인이지만 자신의 능력으로 경제적 기여를 하고 주택 구매를 할 정도의 능력을 갖춘 사람에게도 그에 합당한 교육의 기회가 주어져야 한다는 논리인데, 거기에는 부모의 능력에 따라 자녀의 교육 기회가 결정되는 것은 과연 공평한 것인가에 대한 고민은 빠져 있다.

물론 한국에서도 강남이나 목동처럼 학군지의 높은 부동산 가격을 보면 중국의 상황과 비슷하게 보일 수 있다. 하지만 그 내면에 존재하는 교육의 평등성에 대한 논리는 놀랄 만큼 판이하다. 만약 한국에서 같은 지역에 거주하는데 자가 주택이 아닌 전세나 월세로 산다고 해서 그 지역의 학교에 진학할 수 없다고 한다면 과연 어떻게 받아들여질까? 한국 사회에서 현실적으로는, 혹은 결과적으로 학군지의 대학 진학률이 높다고 해도 표면적으로는 부모의 사회경제적 능력과 상관없이 평등한 교육의 기회가 주어져야 한다는 도덕적 명제가 강하게 작용하고 있기에 중국의 학군제도는 상상하기조차 어려울 것이다. 물론 이견이 존재할 수 있겠지만, 한국 사회에서는 중학교 의무교육 및 고교평준화 정책 등을 통해 경제적 배경에 따른 교육의 격차를 줄여야 한다는 원칙에 대한 사회적 합의가 어느 정도 자리 잡았다. 최근 정부의 자사고, 외국어고, 국제고 폐지 방침도 비슷한 맥락에서 결정되었고 다수 여론의 지지를 얻었다고 볼 수 있다. 반면 중국에서는 교육 시장의 상당 부분을 자율화하여 경제적 능력에 따른 교육의 격차가 되돌릴 수 없는 현실로 자리 잡고 있다. 1년 학비만 2000만 원이 넘는 국제유치원을 3년 정도 다니면 아이들은 이미 영어 조기교육뿐만 아니라 승마, 아이스하키, 야구 등 고급 스포츠를 익히게 된다. 〈겨우 서른〉에서 묘사된 것처럼 국제유치원에 입학하기 위해서는 학부모가 면접시험을 보게 되는데 그 기준이 상당히 까다로워서 베이징의 명문대를 졸업하고 공기업에 근무하는 한 30대 남성은 자신이 국제유치원 학부모 면접에 통과할 수 있을지 자신이 없다고 했고, 왕핑은 국제유치원은 자신과는 "다른 세계에 속한 사람들의 이야기"라고 했다. 국제유치원을 졸업하고 국제초등학교에 진학하게 되면 1년에 3000만 원 이상의 학비가 소요되는데 이마저도 아이가 입학시험에 통과하지 못하면 진학하기 어렵다. 이러한 국제학교의 과정은 대부분 국내 대학보다는 해외유학을 목표로 구성되어 있으며 심지어 일부 우수 공립학교에서는 별도의 등록비를 책정하여 국제반, 특별반을 개설하기도 한다. 국제반이나 특별반이 같은 공립학교에 다니는 일반 학생들과 비교해 불공평한 것이라는 인식보다는, 국제학교 학비를 감당하지 못하는 학생들에게 대체재를 제공해준다는 점에서 공평한 것으로 받아들여지기도 한다. 왕핑, 리나, 장민이 처해 있는 경제적 조건은 조금씩 다르긴 하지만 부유층의 자녀들이 진학하는 사립 국제학교부터 학군주택을 구매해야 진학할 수 있는 학군지 공립학교, 2선 도시의 최상위 학군 지역, 그리고 베이징의 변두리 지역에 위치한 공립학교 등 교육 자본의 위계적 서열 속에서 자신의 사회경제적 자원에 부합하는 위치를 확보하게 된다면 그 나름의 합리성을 받아들이게 될 것이다. 다만 그 과정에서 자신들보다 능력이 부족하거나 많은 노력을 기울이지 않았는데도, 단지 집안의 배경에 의해서 자신보다 우월한 위치를 차지하는 것에 대해서는 불공정하고 억울하게 느끼는 것이다.

그 후 2년, 서른이 되고 엄마가 되다

2019년 여름 베이징에서 왕핑, 리나, 장민을 만난 지 2년이 지나 위챗 메신저를 통해 그들의 안부를 물었다. 왕핑과 리나는 그사이 나이 서른이 되었고 공교롭게도 둘 다 2021년 초에 아들을 낳았다고 한다. 리나는 원래 아이를 낳게 되면 베이징을 떠나 산둥성의 2선 도시에 집을 장만해 아이를 위한 안정적인 주거 환경을 갖기를 원했다. 하지만 리나는 아직 베이징의 임대 주택에 거주하고 있다. 남편이 인터넷 계통의 일을 하는데 산둥보다는 베이징에서 더 좋은 직장을 유지할 수 있기 때문이다. 아이를 돌봐주기 위해 친정 부모님이 같이 살아야 하기 때문에 조금 더 큰 집으로 이사를 했다. 출산 후 3개월 정도는 보모를 쓰기도 했는데 한 달에 140만 원의 비용이 부담되어 결국 부모님의 도움을 받기로 했다. 베이징에서 맞벌이 부부의 경우 지방에 거주하던 친정 부모님이 같이 살면서 아이를 돌봐주는 경우가 많다. 또한 리나는 이전 직장에서 출장을 자주 다녀야 했기 때문에 아이를 안정적으로 돌보기 위해 베이징대학 부속고등학교로 이직했다. 원래 대학의 부속학교 교직원은 자녀를 부속 유치원이나 초등학교에 입학시킬 수 있는 특혜를 받기도 하는데 리나는 계약직이기 때문에 그런 혜택을 받지 못한다. "아이가 세 살이 되면 유치원에 다녀야 하니까 그때쯤 베이징을 떠나야 할 것 같아요. 베이징 호구가 없으면 공립 유치원조차 보낼 수가 없어요. 만약 남편이 산둥에서 좋은 직장을 찾지 못한다면 내가 톈진에서 친정

부모님과 아이를 키우면서 주말 부부를 하는 방법도 고민하고 있어요. 톈진은 호구를 받기도 쉽고 집값도 베이징에 비하면 부담이 적은 편이거든요." 톈진으로 이사하는 것은 리나가 베이징에서 밀려나 고향 산둥으로 돌아가지 않을 수 있는 유일한 대안일 수 있다. 하지만 주중에 남편과 떨어져 친정 부모님과 함께 아이의 양육을 책임져야 하는 불안정한 삶을 감당해야 할 것이다. 리나도 〈겨우 서른〉을 봤다고 한다. "구지아를 보면서 통쾌한 기분도 들었지만 상대적으로 이상화된 인물이라고 생각해요. 실제 중국의 대부분 서른 살 여자들은 직장이나 가정에서 걱정되는 일이 생겼을 때 구지아처럼 배짱을 가지고 행동하지는 못할 거예요." 리나보다 한 살이 어렸던 장민은 연락이 닿지 않았는데 리나에 의하면 다른 회사로 이직을 했고, 아직 결혼은 하지 않았다고 한다. 왕핑은 자신이 계획했던 대로 아이를 낳기 전에 하이뎬구 북 5환 지역에 아파트를 장만해서 이사했다. 그 사이에 베이징 집값이 더 올랐지만, 화이러우구에 사두었던 집값도 올랐기 때문에 가능한 일이었다. 왕핑은 2021년 1월에 서른 살 생일을 맞이했는데, 친정어머니가 집에 같이 계셨고 자신도 스스로 엄마가 되었기 때문에 더욱 특별한 생일이 되었다고 한다. 그녀는 위챗 모멘트에 자신의 생일케이크 사진과 함께 "엄마가 된다는 것은 어렵고 위대하다는 것을 깨닫게 되었다"는 글을 올렸다. 앞으로 왕핑은 남편과 함께 매달 한 명의 월급 액수를 넘는 대출상환금을 갚아가며 경쟁이 치열한 하이뎬구에서 아들의 교육을 위해 헌신하는 험난한 '엄마'의 길을 걷게 될 것이다.

같은 도시의 다른 세계: 하이뎬구와 차오양구

베이징의 북서쪽에 위치한 하이뎬구는 베이징대, 칭화대, 인민대 등의 부속 유치원, 초중고 같은 교육 자원이 풍부하고 대학 교원이나 중관춘의 IT 인재의 자녀들이 치열하게 경쟁하는 대표적인 학군지라고 할 수 있다. 하이뎬구의 '쉬에취팡(학군주택)'은 대부분 작고 노후해서 살기에 불편하지만 교육열이 높은 젊은 부모들이 경제적인 부담을 안고서라도 그 비싼 집값을 감당하고자 한다. 반면 베이징의 북동쪽에 위치한 차오양구에는 1990년대 이후 고층 아파트 단지들이 들어서면서 상대적으로 넓고 쾌적한 주거 환경을 선호하는 중산층 거주 지역으로 자리 잡았다. 한국인 주재원이나 사업가 등이 거주하는 한인 타운으로 알려진 왕징 지역 또한 차오양구에 위치해 있다. 전통적인 명문 학교들이 주로 하이뎬구, 동청구, 시청구 등에 집중되어 있기 때문에 차오양구는 학군지로서의 매력이 상대적으로 떨어지는 편이다. 하지만 사립 국제학교의 학비와 유학비용을 감당할 수 있는 부유층의 경우 오히려 차오양구의 고급 아파트 단지에 거주하면서 자녀를 사립학교에 보내는 것을 선호하기도 한다.

차오양구의 초등학교에 다니는 자녀를 둔 연구소 연구원의 소개로 차오양구의 학부모인 샤오린과 위란을 만날 수 있었다. 이들은 모두 학령기 자녀를 두고 있어서 왕핑, 리나, 장민의 미래 모습일 수도 있고, 계층적으로 본다면 이들보다 더 사회적·경제적 자원이 풍족하다는 점에서 왕핑이 말했던 "다른 세계에 속한 사람들"일 수도 있다. 리나와 동갑인 샤오린은 2012년 대학 졸업 후 정부 교육기관의 직원으로 취업하고 결혼도 일찍 했다. 후베이성 출신이지만 정부기관에서 일하기 때문에 베이징 호구는 쉽게 받을 수 있었다. 남편의 부모님이 농촌 출신이라 결혼 당시에는 집을 장만하지 못했는데 2014년 임신을 하면서 불안한 마음이 들어 다싱구에 30평 아파트를 하나 분양 받았다. 당시 분양가는 약 4억 원 정도였는데 60%는 은행 대출을 받고 나머지는 샤오린 부부가 모은 돈과 친척, 친구로부터 빌린 돈으로 충당했다. 또한 샤오린의 부모님이 후베이성 공무원 출신이어서 경제적인 지원을 받을 수 있었다. 현재는 차오양구에서 20평 아파트를 임대해 살고 있는데 다싱구의 집에서 나오는 월세 90만 원을 현재 월세 140만 원에 보태고 있다. 2014년 출산을 하면서부터 친정 부모님이 함께 살면서 육아를 도와주시기 때문에 방 두 개짜리 집에서 비좁게 살고 있다. "베이징의 집값이 2008년부터 계속 오르고 있었기 때문에 불안한 마음이 생겼어요. 특히 임신을 하게 되면서 아이가 학교에 갈 때쯤에는 학군지에 집을 구매해야 하는데 외곽 지역에라도 집을 구매해놓지 않으면 나중에 집값을 감당할 수 없겠다는 생각이 들었어요." 지금 5살 딸은 국제유치원에 다니는데 유치원 외에도 수영, 스케이트, 무용 학원 등을 포함해 한 달에 교육비로 샤오린 자신의 월급보다도 더 많은 돈을 지출하고 있다. 아이가 초등학교에 진학할 때에 맞추어 다싱구의 집을 팔아서 학군주택을 구매할 생각이다. "만약 학군주택을 살만한 여력이 되지 않으면 10평짜리 작은 집이라도 사서 아이를 학교에 입학시키고 근처에 큰 집을 임대해 살면서 아이를 차로 등원시키는 방법도 있어요. 아는 사람 중에는 차오양구의 넓은 아파트에 살다가 자녀의 학교 입학을 위해 하이뎬구의 반지하 집으로 이사를 하기까지 했어요. 중국에서 부모들이 자녀 교육을 위해서 이렇게까지 희생하는 것은 교육이 자녀의 계층을 결정한다고 믿기 때문이에요." 샤오린의 남편은 농촌 출신이지만 지금은 컨설팅 회사에서 일하기 때문에 수입이 안정적인 편이고, 그 때문인지 샤오린은 학군주택 마련을 위한 경제적 부담과 교육 경쟁으로 인해 스트레스를 받기보다는 주어진 여건 속에서 나름대로 잘 헤쳐 나가고 있다는 뿌듯함을 느끼고 있는 듯했다. 최근 위챗으로 연락을 주고받았을 때 샤오린은 여전히 차오양구에 살고 있었다. 올해 9월이면 딸이 초등학교에 입학하지만, 학군주택으로 이사하기에는 아직 자금이 부족하다. 샤오린은 차오양구에 소유한 주택이 없기 때문에 우선순위에서 밀려 선호도가 떨어지는 공립학교에 배정될 가능성이 크지만 학군주택으로 이사할 때까지는 다른 방도가 없다고 한다.

30대 중반의 위란은 베이징 출신으로 동북지역 출신의 남편과 함께 국영 연구원에서 근무하고 있다. 시아버지가 사업을 하고 있어서 2009년에 결혼할 때 차오양구에 집을 하나 장만해주셨는데 당시 5억 원 정도 하던 아파트가 지금은 세 배나 올랐다. 초등학교 2학년에 다니는 딸은 국제유치원을 졸업하고 차오양의 공립 초등학교에 다니고 있다. 같은 유치원에 다녔던 아이들은 대부분 국제초등학교에 진학했다. 위란은 같은 유치원에 보냈던 부모들 사이에서 자신의 경제적 수준을 평균 이하라고 묘

차오양구의 영어보습학원. 학부모들이 모니터를 통해 자녀들의 수업 장면을 실시간으로 지켜보고 있다.

사했다. 그만큼 위란보다 경제적으로 여유 있는 학부모들이 많았다는 말이다. 국제초등학교는 학비도 비싸지만 입학이 까다로워서 아이의 필기 및 면접시험, 부모 면접 등을 통과해야 하는데 작년에는 딸의 영어 작문이 부족해서 탈락했고 올해 다시 시도해볼 예정이다. 국제초등학교에 진학하게 되면 중고등학교까지 국제학교를 보내야 하고 졸업 후에 국내 대학입시는 포기하고 해외유학을 보내야 한다. 위란 부부는 나름 경제적으로 여유가 있는 편이지만 내년에 둘째를 가질 계획이라서 경제적으로 부담이 되는 것도 사실이다. 물론 하이뎬구 학교들의 경쟁력이 더 높기 때문에 위란이 원한다면 차오양구의 아파트를 팔고 하이뎬구의 학군주택을 살 수도 있다. 게다가 위란의 친정 부모님이 하이뎬구에 거주하고 있어서 친정 부모님 소유의 주택 명의로 딸을 학교에 입학시키고 임대로 거주하는 방법 등 선택지는 다양하다.

"하이뎬구의 학교에 보내려면 아이가 중국의 교육제도에서 경쟁할 수 있는 능력이 있어야 하는데 지금으로서는 집중력이 약해서 확신이 서지 않네요. 하이뎬구의 학생들은 태생적 조건이 우수해요. 부모들이 주로 명문대학을 졸업해서 IT 산업이나 대학에 종사하는 고학력 엘리트이기 때문에 자녀 교육에 열성적이거든요. 자신들이 교육 경쟁을 통해서 사회경제적 신분을 획득했기 때문에 자녀도 같은 성취를 얻을 수 있도록 적극적으로 투자하는 것이죠. 반면에 차오양구의 학교는 학생 관리가 느슨하고 학부모들도 여유를 부리는 편이에요. 하이뎬구에 비해 차오양구에는 사업을 하거나 경제적으로 여유 있는 사람들이 많아요. 애들이 공부를 좀 못 해도 조급해하지 않고 나중에 유학을 보내면 된다는 생각으로 애들이 경쟁에 너무 시달리지 않게 하려는 경향이 있죠." (위란, 2019년 6월 30일)

마치 한국의 청담동과 대치동의 차이를 떠올리게 하는 차오양구와 하이뎬구의 사이에는 국제학교와 해외유학의 대안을 가지고 있는 위란, 무리를 해서라도 자녀 교육을 위해 하이뎬구로 진입하려는 샤오린과 왕핑, 베이징 호구도 없고 경제적 자원도 부족해 2선 도시로 밀려날지 모르는 리나가 어딘가에 위치해 있다. 그들은 얼핏 보면 베이징이라는 같은 도시 안에서 서로 다른 세계에 속한 것 같기도 하지만 상대적 위치를 짓는 준거점으로서 서로 얽혀 있기도 하다. 경제적으로 풍족해 보이는 위란이 국제중학교 학부모들 사이에서 스스로를 평균 이하라고 여기거나, 장민이 베이징을 떠나 2선 도시의 우수 학군지로 이주할 때 그곳에서 누군가는 3선 도시로 밀려날 것이라고 말했던 것처럼. 그렇게 위계적으로 얽혀 있는 위치 속에서 안간힘을 쓰다 보면 조금씩 위로 올라가고 다른 누군가는 조금 더 아래로 밀려 내려가는 것을 지켜보면서 그 나름의 합리성을 확인하고 안도할지도 모른다.

"부동산 시장의 차에 올라타다": 결혼 준비를 위한 주택 구매

앞서 왕핑이나 샤오린이 화이러우구, 다싱구 등에 집을 산 경우처럼 결혼 시점을 전후로 하여 베이징 외곽 지역에 비교적 저렴한 집을 한 채 구매하는 것을 중국 부동산 시장에서 "차에 올라탄다上車"라고 한다. 그러한 집은 대부분 시내에서 멀리 떨어져 있어서 실제 거주하면서 출퇴근을 하기는 어렵다. 현실적으로 직장이나 학군지에서 가까운 주택을 구매하는 것이 불가능하기 때문에 외곽 지역에 가용자원을 동원하여 작은 집이라도 하나 장만해두어 치솟기만 하는 베이징 집값과의 갭을 메워보려는 전략이다. 또한 아직까지는 신랑 측이 신혼집

차오양구에 위치한 국제학교 정문

을 장만해야 한다는 전통적인 관점에서 보면 베이징에 거주하는 외지인 청년에게 "차에 올라타는 것"은 결혼을 위한 조건을 갖추는 과정이 되기도 한다. 물론 대도시의 집값이 너무 비싸기 때문에 양가 집안에서 능력이 되는대로 돕지 않을 수 없고, (이제 폐지되었지만) 한 자녀 낳기 정책으로 인해 딸도 부모의 재정적 지원을 전폭적으로 받기 때문에 대도시에서 신랑 측이 신혼집을 전적으로 준비하는 규범은 상대적으로 약화되고 있는 것도 사실이다. 왕핑이나 샤오린의 경우에도 집 구매에 여자 쪽 집안의 경제적 지원이 컸다. 하지만 여전히 청년 세대 사이에서도 남자 쪽 집안에서 집 장만에 도움을 주지 못해 어려움을 겪는다면 주위의 수군거림이 존재하고, 결혼 전에 집을 장만해놓은 남성이 잠재적 결혼 상대자에게 더 호감을 주는 것 또한 무시할 수 없는 현실이다. 이 책의 3장에서도 중국 대도시에서 평범한 직장인이 집을 구입하는 것이 현실적으로 어려운 상황에도 불구하고, 경제적으로 집을 마련할 수 있는지가 결혼 상대를 고려할 때 우선적인 조건이 되는 현실을 보여주고 있다.

국내 대학의 한 중국인 연구원이 인터뷰를 위해 소개해준 친구인 양밍은 산둥성 출신으로, 석사 졸업 후 국영 출판사에서 근무하고 있다. 나이는 30대 초반으로 90허우라고 할 수 있다. 현재 직장이 정부 사업단위라서 민간 기업보다 급여는 적지만 베이징 호구를 받을 수 있기 때문에 선택했다. 양밍은 2017년 취업한 지 2년 만에 베이징 남쪽 외곽 지역인 다싱구에 20평 아파트를 약 5억 원에 분양 받았다. 그중 50%는 은행 대출을 받았고 나머지는 자신이 모은 돈, 부모님의 지원, 친척 및 친구들에게 빌린 돈으로 충당했다.

"원래는 무리를 해서 집을 살 생각이 없었는데 베이징의 집값은 계속 오르고 직장 동료가 집을 샀다는 이야기를 들으니 조바심이 나기 시작했어요. 중국에 '짧은 고통이 긴 고통보다 낫다'는 말이 있어요. 당장 대출금을 갚느라고 힘들더라도 장기적으로 집이 없어서 생기는 불안감보다는 낫다는 거죠. 대출에 대한 스트레스는 생각보다 그렇게 크지 않았어요. 친척이나 친구들에게 빌린 3000만 원 정도는 지난 2년 동안 모두 갚았고, 회사에서 별도로 주택공적금 지원도 받거든요. 퇴근

후 혼자 집을 보러 다닐 때 마음에 드는 집은 너무 비싸고 가격이 맞는 집은 너무 작고 낡아서 스트레스도 받았지만 이제는 베이징에 집이 한 채 있다는 점에서 심리적 안정감이 들어요. 젊은 세대의 관념이 바뀌었다고는 해도 아직은 여자들이 결혼 상대자를 찾을 때 남자가 집이 있는지를 중요하게 여기는 것 같아요. 집이 있으면 결혼 상대자와 미래를 설계할 때 더 많은 선택지를 가질 수도 있고요. 중국에는 인구가 많고 베이징으로 진입하려는 사람들은 계속 증가하기 때문에 집값이 크게 떨어질 거라 생각하지는 않아요." (양밍, 2019년 7월 14일)

양밍의 사례는 한국에서 20, 30대 청년들이 무리한 대출을 동원하여 아파트를 구매하는, 이른바 '영끌' 투자를 연상시키기도 한다. 하지만 베이징에서 외지 출신 청년의 '영끌'은 부동산 시장에서의 투자 그 이상의 의미를 지닌다. 베이징에서 직장을 구하고 호구를 얻기 위해서는 대학에서부터 열심히 공부해서 치열한 경쟁을 뚫어야 하는 지난한 과정을 거치기 때문에 이들이 주택을 구매하는 것은 어렵게 진입한 베이징에 정착하여 가정을 이루기 위한 필수 조건을 갖추려는 절박한 노력이기도 하다. 결혼한 뒤에도 외지인 부부에게 베이징 외곽 지역에 집 한 채가 있다는 것은 베이징에 정착했다는 심리적인 안정감과 함께, 만일의 경우에 대비해 베이징에서 밀려나지 않을 수 있는 안전망이 되기도 한다. 어린 자녀 두 명을 키우고 있는 한 대학 교직원(남성) 역시 실제 하이뎬구에 거주하면서 다싱구에 집을 한 채 사서 소유하고 있었다. 그는 "젊은이들이 자신이 실제 살지도 않을 곳에 집을 구매해야 하는 것은 어떻게 보면 비참 한 현실이에요. 베이징의 임대 제도가 불안정하기 때문에 임대료가 올라 집주인이 위약금을 주면서 임차인을 쫓아내려 하면 어쩔 방법이 없어요. 베이징에서 임차인은 표류한다는 불안감을 안고 살 수밖에 없기 때문에 외곽 지역에 작은 집이라도 하나 있으면 최악의 경우를 대비한 심리적인 퇴로, 혹은 최소한의 마지노선이 될 수 있어요"라고 토로했다.

양밍은 인터뷰 이후 2년이 지난 지금도 결혼은 하지 않았다. "사실 결혼은 안 해도 상관없지만 부모님의 압박이 있기 때문에 가능한 한 늦게 하려고요. 지금은 혼자 생활하는 것을 충분히 즐기고 있어요. 주말에 친구들을 만나 맛있는 것도 먹고 취미인 테니스도 하면서 풍부한 여가생활을 하고 있거든요." 그는 만약 결혼해서 자녀가 생긴다면 사립 국제학교에 보내는 것보다는 하이뎬구의 학군주택을 구매하는 것이 낫다고 생각한다. "사립학교의 학비나 유학비용은 자녀의 교육을 위해 소모되지만, 학군주택은 자녀가 학교를 졸업한 후에도 자산으로서의 가치가 상승할 수 있기 때문에 가성비가 좋다고 생각해요." 주택 소유와 취학 기회가 연동되어 경제적 능력에 따른 교육 기회의 불균형에 대해서는, "베이징에 유입되는 인구가 점차 증가하고 있기 때문에 어떠한 기준에 의한 불공평성은 불가피해요. 예를 들어 최근 정부에서 노상의 식당이나 점포를 철거하고 외지인들을 고향으로 돌려보냈어요. 그 사람들 입장에서 보면 억울하겠지만 도시의 발전을 위해서 일부 집단의 피해는 감당할 수밖에 없어요"라고 답했다. 결국 양밍도 비슷한 또래인 왕핑, 리나, 장민과 비슷한 관점에서 개인이 노력해서 성취한 베이징의 주택 소유라는 기준으로 교육 기회의 우선순위를 정하는 것이 비교적 합리적이며 그로 인해 다른 누군가 기회를 얻지 못하는 것은 공리적 이익을 위해 어쩔 수 없는 것이라는 입장을 보였다.

삼대에 걸친 노력으로 수도 베이징의 도시민으로 자리 잡기까지

천위는 내가 시카고대학 인류학 박사과정에서 같이 공부했던 중국인 친구의 칭화대학 동문이다. 2019년 7월 천위를 만난 것은 마침 그가 처음으로 집을 분양 받아 은행에 가서 주택담보대출 절차를 마치고 매매 영수증을 받아 온 날이었다. 그는 수더분한 인상에 차분한 성격이지만 그날은 목소리가 조금 상기되어 있었다. 30대 중반에 미혼인 천위는 후베이성 우한 출신으로 칭화대학 문과에 입학한 뒤 의대로 전과하여 2010년 졸업과 함께 의사로 일하다가 최근에서는 의료 서비스 회사의 관리자로 근무 중이다. 중국에서 엘리트 코스를 밟아왔다고 볼 수도 있는 그가 베이징 북쪽 외곽에 작은 집 하나를 장만한 우여곡절은 한편의 무용담처럼 들리기도 했다. 천위는 대학 졸업 후 줄곧 방을 임대해서 살아왔는데 베이징의 월세가 계속 올라 월셋집만 네 번 옮겨야 했다.

"대학 졸업 당시 한 달에 50만 원대였던 월세는 이제 100만 원을 넘어요. 베이징에 집을 사야 한다는 생각은 있었지만 졸업 후 베이징 시립의료원에서 연수를 받는 동안에는 월급이 많지 않아서 엄두를 내지 못했죠. 2015년 의료 회사로 이직하고 승진하면서 저축을 많이 할 수 있었지만 2017년에는 어머니의 병원비로 목돈을 지출해서 여의치 않았어요. 그러던 중 2018년까지 베이징 시립의료원의 집체集體 호구를 개인 호구로 전환하지 않으면 행정적으로 복잡해진다는 것을 알게 되어 무리를 해서라도 분양을 받기로 했어요. 집체 호구를 개인 호구로 이전하기 위해서는 자기 소유의 주택이 있어야 하거든요. 집체 호구로 계속 남아 있으면 나중에 자녀의 취학 문제가 어려워진대요. 지금 일하고 있는 회사는 베이징 호구를 부여해줄 수 있는 권한이 없기 때문이죠." (천위, 2019년 7월 9일)

천위가 분양을 받은 집은 창핑구(서울을 기준으로 대략 파주시 정도의 위치)에 위치한 20평대 아파트다. 현재 근무하고 있는 회사의 모기업에서 토지를 매입해 주택 사업을 하는 것이라서 약간의 할인을 받아 약 7억 원 정도에 분양 받았다. 그중 40%를 선수금首付으로 내야 했는데 천위 스스로 모은 돈 1억 2000만 원에 부모님이 7000만 원을 보태주었고 나머지 1억 원 정도는 친척과 친구들에게 빌려서 해결했다. 중국에서는 집을 살 때 친척이나 친구들에게 꽤 큰돈을 빌리기도 하는데 친분관계에 따라 이자를 받지 않고 빌려주는 경우가 적지 않다. 천위에게 3000만 원 정도를 빌려준 친구도 이자를 안 받겠다고 했다. 집값의 나머지 60%는 대출을 받았기 때문에 앞으로 25년간 매달 250만 원씩 상환해야 한다. 최근 중국 정부에서 부동산 시장을 억제하기 위해 선수금을 30%에서 40%로 높이고 상환기간도 30년에서 25년으로 단축하면서 천위의 부담이 더 커졌다. "부담이 크기는 하지만 집을 장만하는 것이 결혼 준비를 위한 중요한 기초가 될 거에요. 이제 결혼을 위한 객관적인 조건을 갖추기는 한 것 같아요. 특히 개인 호구를 받게 되어서 앞으로 자녀의 취학 문제가 해결됐다고 생각하니 마음이 놓이네요."

베이징에 집을 장만하게 된 뿌듯함에 젖어서인지 천위는 집과 관련된 집안의 내력을 회상하기 시작했다.

> "할아버지는 우한 교외 지역의 농민 출신이에요. 1940년대 항일전쟁 이후 우한에서 중학교를 다닌 후 우한의 한 상점에서 견습생으로 일하다가 해방 후에는 공장에서 노동자로 일하면서 중간 간부까지 지내셨어요. 할아버지는 아들 둘을 포함해 다섯 명의 자녀가 있었는데 1974년에서야 처음으로 우한 시내에 10평도 안 되는 작은 집 한 채를 분배 받았죠. 1983년에 나도 그 집에서 태어났어요. 1984년 공장에서 방이 두 개 있는 좀 더 넓은 집(약 18평)을 분배해주어서 내가 그 집에서 성장했고 부모님은 최근까지도 그 집에 거주하셨어요. 그 후 숙부가 결혼하면서 우리 가족과 숙부 내외가 할아버지 집에 같이 살았고, 아버지가 우한 외곽에 집을 하나 사서 거기에 할아버지 내외가 거주하도록

해드렸어요. 숙부는 딸만 하나 있어서 내가 우리 집의 유일한 손자이기 때문에 할아버지 집을 우리 집 명의로 해주셨고 대신 숙부가 집을 얻어 나갈 때 아버지가 돈을 보태주셨죠. 부모님 두 분은 평생 우한의 방직공장에서 일하셨고 2015년에 우한 시내에 집을 한 채 더 사셨어요. 우한에 있는 집은 세 채를 다 합쳐도 5억 원이 조금 넘는 정도에요. 우한의 집들은 농민에서 도시민으로 진입하기 위해 삼대에 걸쳐 분투한 결실이고 중국의 도시화 과정의 혜택이기도 하답니다. 내가 베이징에서 집을 장만하는 데에도 우한의 집들이 든든한 버팀목이 되어주었죠. 예를 들어 내가 큰 병이 걸리거나 대출 상환금을 못 갚을 경우 우한의 집을 팔아서 대처할 수 있거든요." (천위, 2019년 7월 9일)

천위에게 있어서 베이징에서 안정된 직장을 구하고 어렵사리 집까지 장만한 것은 단지 한 개인의 성취에 그치는 것이 아니라, 우한의 농민 출신인 할아버지가 사회주의 해방을 통해 도시민이 되고 부모님이 공장 노동자로서 성실히 일한 경제적 토대 위에서 천위 자신이 수도 베이징의 적격한 시민으로 자리 잡기 위한, 여러 세대에 걸친 노력의 결정체이기도 하다.

천위는 하이뎬구와 같은 학군지에 값비싼 집을 사서 자녀를 교육시키는 것은 거의 불가능한 것으로 여긴다. 그가 집을 분양받은 창핑구의 교육 환경은 그리 좋은 편이 아니다. 베이징의 학군지에 집을 사는 것이 어렵다면 고향인 우한에서 학교에 보내는 것도 대안이 될 수 있다. "베이징의 학군지 집을 사는 것은 투자비용이 너무 높은 데 비해 베이징에서의 대학입시 경쟁률은 갈수록 치열해지고 있어요. 반면에 내가 졸업한 우한 외국어고등학교는 올해 베이징대, 칭화대 합격률이 베이징의 고등학교들에 비해 높은 편이죠. 우한에서 베이징의 좋은 대학에 진학시키는 것이 비용 측면에서 훨씬 합리적이에요." 천위가 미래의 자녀 교육을 위해 베이징에 집을 사고 또 입시문제까지 고민하는 것은 중국에서 도시 중산층으로 자리를 유지하는 것이 쉽지 않다고 믿기 때문이다. "중국에서 도시 중산층의 계층 하락은 쉽지만, 상승은 각 세대가 끊임없이 노력해야만 가능해요. 우리 집안의 경우처럼 우한의 농민 계층부터 도시 노동자, 그리고 내가 베이징의 중산층으로 자리 잡는 것도 삼대에 걸쳐 성실한 노동과 교육을 위한 투자가 없었다면 불가능했을 거예요."

평등의 사회주의 유산이 신자유주의적 능력주의로 환원된 아이러니

내가 베이징에서 만난 중국 청년들은 어찌 보면 한국에서 '영끌' 투자로 집을 사거나 자녀 교육을 위해 학군지로 진입하기 위해 안간힘을 쓰는 젊은 학부모들을 연상케 할 수도 있다. 하지만 다른 한편으로는 개인의 경제적 능력에 따라 사회적 자원이 차등적으로 분배되는 것에 순응하며 그 속에서 자신의 위치를 끌어 올려 안도하거나 밀려 내려갈 것에 대해 불안해하며 서로 위계적 구조를 형성하는 것에 대해 무덤덤해지고 있다는 인상을 지울 수가 없었다. 물론 한국에서도 경제적 능력에 따라 학군지 이주나 사교육 투자를 통해 교육적 격차가 벌어지는 것이 문제가 되고 있으나, 결과론적으로 격차가 발생하는 것과 원칙적으로 차별적인 기회가 주어져야 한다는 것은 전혀 다른 차원의 도덕적 담론이라고 할 수 있다. 2019년 내가 베이징에서 만난 서른 명이 넘는 중국 청년들 중에서 "왜 주택 소유 여부가 자녀 교육 기회의 기준이 되어야 하는가?"라는 문제의식에 대해 진지하게 공감하는 사람은 거의 없었다. 유일하게 유학하는 남편을 따라 유럽에 갔다가 최근에 베이징으로 돌아온 한 30대 여성만이 이런 이야기를 했다. "유럽에 있을 때는 평등성에 대한 의식을 많이 했는데 베이징에 돌아와 살다 보니 점차 정글의 법칙인 약육강식이나 승자독식의 원리가 내심 판단의 기준이 되는 느낌이 들어요. 만약 평등성을 가장 중요한 가치관으로 고수하려고 한다면 많은 것들이 너무나 불공평하기 때문에 마음 편하게 살아갈 수가 없을 거예요."

한국과 중국에서 청년 세대는 그들의 부모 세대와 마찬가지로 높은 교육열을 가진 학부모가 되고 좋은 학군에 거주하기 위한 주택 시장에서 치열하게 경쟁하기 시작한다. 이 과정에서 개인의 능력에 따른 차등적 보상을 공평한 것으로 여기는 신자유주의적 능력주의가 팽배한 것으로 보인다(조문영 2012; 이응철 2019). 물론 그 이면에는 강남의 8학군 형성을 통해 도시 개발을 위한 자본을 축적했던 한국의 사례처럼, 국가 권력, 부동산 개발, 교육의 시장화에 중산층의 욕망이 제도적으로 결탁되어 있다. 다만 중국의 경우 모두가 평등했던 사회주의적 유산이 급격한 시장화의 물결을 가속화하고 경쟁과 차별을 노골화하는 아이러니가 존재한다. 계획경제 시기 단위 체제에 속한 모두가 평등하게 작은 집 한 칸씩을 분배받았던 호구 제도가 지금의 학군제도의 근간이 되면서, 학군지에 주택을 소유할 수 있는 경제적 능력을 가진 부모의 자녀가 우월한 교육적 기회를 얻는 것을 합리화하고 있다.◆ 어떤 이에게는 평등했던 과거에 비해 지금의 현실이 더욱 불평등하게 느껴질 수도 있고, 경쟁에서 살아남은 자의 입장에서는 정치적 계급이나 연줄보다는 학력과 경제적 능력에 따라 사회적 보상이 주어지는 것이 훨씬 더 평등하다고 볼 수도 있다. 탈사회주의post-socialist 시대의 중국 사회에서 신자유주의적 능력주의는 사회주의적 제도의 탈을 쓰고 있기에 무엇이 평등하고 무엇이 불공평한 것인지는 더욱 혼돈스러워진다. 이 불평등의 혼돈 속에 많은 중국 청년은 자신의 부모들이 그랬던 것처럼 열성적이고 헌신적인 부모 되기에 여념이 없다.

◆ 중국에서 토지는 국가의 소유라는 사회주의적 전통으로 인해, 개인의 부동산 소유(보다 정확하게 말하자면 사용권)에 대한 상속세 및 재산세가 부과되지 않는 것 또한 이와 유사한 맥락에서 자본의 축적 및 세습을 용이하게 하는 역설을 낳고 있다.

참고문헌

이보고, 2019, 〈도시 사이를 표류하는 중국 청년들〉, 《동북아시아문화학회 국제학술대회 발표자료집》, 238-246.

이응철, 2019, 〈중국의 결혼과 비혼에서 나타나는 능력주의 경제주체에 대한 요구〉, 《비교문화연구》 25(2): 231-262.

조문영, 2012, 〈중첩된 시간성과 벌이는 협상: 중국 동북지역 저소득층 대학생들의 속물성에 대한 인류학적 변명〉, 《한국문화인류학》 45(2): 37-76.

朱迪, 2016, 〈주거문제와 중국 청년의 삶〉, 《성균차이나포커스》 24: 28-38.

Li, Keyang, Yu Qin, and Jing Wu, 2020, "Recent Housing Affordability in Urban China: A Comprehensive Overview," *China Economic Review* 59: 1-23.

◆ 이 글은 2019년에 중국 베이징에서 수행한 현장연구와 2021년 위챗 메신저를 이용한 추가 조사를 바탕으로 작성했다. 인터뷰 참여자는 가명을 썼다.

8

90년대생 베이징 토박이의 '유서 시대遺書時代'

우자한

엔지니어 K와 건축 기사 이상의 '만남'

2021년 첫날, K에게 메시지를 받았다. 오랫동안 서로 얼굴을 보지 못한 탓에 채팅방에서 새해 인사를 주고받다 어느새 수다를 떨기 시작했고, 영상 통화까지 하게 되었다.

"최근에 베교대北交大(베이징교통대학교의 약칭) 학생 자살한 거 알아?" 얼굴을 보자마자 K가 건넨 첫 마디였다.

지난해 12월, 베이징에서 공대생 한 명이 기숙사 옥상에서 뛰어내려 젊은 생을 마감했다. 목숨을 끊기 전에 남긴 유서에서 그는 마지막 심경을 드러냈다. "안녕, 친구여. 안녕, 사랑하는 친구여. 그대는 내 마음속에 있네." 예세닌의 시구가 적힌 이 유서의 행간에 중국 청년들이 직면하고 있는 '선택의 단일화' 문제가 잠재되어 있다. "난징대 학생이 분신했다!" "후난대 4학년 여학생이 목을 매고 자살했다!" 학업, 취업 등 과도한 경쟁에 내몰려 여러 면에서 어려움을 겪고 있던 중국의 청년들은 최근 코로나 팬데믹 상황까지 겹쳐져 더욱 광범위한 위기에 처했고, 결국 중국에 '유서 시대'를 열었다.

"내가 말이야…." 공학을 전공한 뒤, 국유 기업에서 엔지니어로 일한 지 2년이 넘은 K는 혼자 중얼거리듯이 말했다.

"요즘에는 회사에서 처리하는 문서가 유서처럼 보여. 하하. 나도 한번 자살해볼까?"

충격적이고 의미심장한 말을 듣고 그의 웃픈 표정을 물끄러미 바라보다 순간 내 의식은 '33번지 18가구'로 흘러갔다.

'공학', '유서', '청년', '자살' 이런 기표가 머릿속에 들어오자 이상, 김해경을 떠올릴 수밖에 없었다. 27세의 나이로 요절한 한국 문학사의 귀재, '노웅老雄' 이상은 태어날 때부터 '공포의 기록'에 박제된 상태였다. 친부모가 '적빈赤貧'이라는 이유로 이상의 백부 김연필은 김해경이 세 살도 되기 전에 그를 데려가 양자로 키웠다. 일제 강점기에 조선 중인이었던 김연필은 본처를 내쫓고 아들 딸린 여인을 집안에 앉힐 정도로 폭군적 권위를 지닌 남편이기도 했다. 김해경은 바로 이런 '무서운 아버지' 밑에서 자랐다. 나중에 연작시 〈오감도〉에서 그는 '아버지' 옆의 '나'를 난해하게 기호화하고 무서운 아이이며 동시에 무서워한 아이인 '나'가 막다른 골목에서 질주하면서도 꼼짝 못한다는 아이러니에 절규했다. 김해경은 경성고등공업학교를 수석으로 졸업하고 총독부에서 건축 기사로 일하면서도 화가의 꿈을 포기하지 않았다. 이후 결핵과 각혈로 인해 그의 모든 희망이 부서지고 말았는데, 그때부터 자살 충동이 수없이 그를 찾아왔다. 그 후 김해경은 이상이라는 '타자로서의 나'의 가면을 덮어쓰고 "최후의 칼"을 들어 자의식 탐구를 시작했다. 문학적으로는 〈종생기終生記〉, 전기적으로는 우인에게 보낸 〈사신私信〉과 같이, 이상은 여러 형식으로 '유서'를 내놓았다.

"학교에 다닐 때는 별생각 없이 공부만 했는데 일을 하다 보니 갑자기 나는 '나'와 항상 멀리 있다는 느낌이 들었어. 나는 요즘, 내가 낯설다." K의 자조 섞인 '독백'은 내 의식의 흐름을 강제로 중단시켰다.

K는 베이징 토박이다. 토박이라는 개념에 대한 정설은 없지만 적어도 삼대三代가 베이징에서 살아야 토박이로 인정받는다. 비유컨대, '조부 조의관'이 베이징 사람이어야 '손주 조덕기'가 비로소 베이징 토박이가 될 수 있는 것이다. 청국의 팔기八旗(중국 청나라 때의 여덟 개의 군사 부대) 중 하나인 정황기正黃旗라는 부계 혈통을 계승한 K는 이렇게 볼 때, 토박이임에 틀림이 없다. K는 김해경처럼 천재적인 면모가 있었다. 시할구◆에서

진학률이 제일 높은 중학교에 다녔고 베이징뿐 아니라 중국 전체에서 이름난 고등학교를 졸업했다. 명문대에서 엔지니어 전공(일종의 프랑스어를 기초로 전개한 전문적인 공학 교육 프로젝트)을 한 다음에 브뤼셀에 가서 유학했는데, 석사 과정을 마치기 전에 K는 이미 베이징의 큰 국유 기업으로부터 일자리를 제안 받은 상태였다.

공학을 전공하고 정부기관에서 일하며 여러 언어에 능통한 '경성京城 토박이' K와 김해경은 시·공간의 경계를 초월하여 내 머릿속에서 마주치게 되었다. 문제는 또 다른 '보편'을 구축하려는 현대 중국의 90허우後(1990년대 출생자)가 어째서 근대 식민지 조선의 보헤미안과 '자살 충동이라는 사거리에서 만나게 되었는가' 하는 점이다. 아무리 사적인 공통점이 많더라도 '온실의 소황제小皇帝(계획생육으로 황제처럼 떠받들며 키우는 자녀)'인 K와 '골목의 무서운 아이'인 김해경이 연결된 톱니바퀴는 전혀 다르게 생겼는데 말이다.

이런 단상에서 출발하여 나는 그동안 누구도 크게 주목하지 않았던 90년대생 베이징 토박이들과 인터뷰하고 그들 중 '문제적 인물'이라고 할 만한 K의 개인적 사례를 추적하여 현대 중국의 수도인 베이징에서 태어나 성장해온 청년들 앞에 가로막힌 일방적 담론, 현실에서 얻은 상실감과 무력감, 계획생육計劃生育(한 자녀 낳기 정책)과 인터넷으로 야기된 자

◆ 시할구란 중국 도시의 행정 구역이다. 베이징은 시청구, 동청구 등 16개의 시할구로 구성된다.

기 서술의 부재 등으로 인한 '자살 충동'의 맥락을 짚어가려고 한다. 의식적이든 무의식적이든 수많은 베이징 토박이 청년은 지금 '유서 시대'에 무방비로 노출되어 있다. 1930년대의 김해경이 자아의 재구성에 문학적으로 접근하면서 자살을 놀리듯이 — 황석영의 말을 빌리면 — "허공을 그러쥐고 대상과 함께 스러져"갔다. 반면 K를 비롯한 베이징 토박이 또는 현재의 중국 청년들은 처음부터 '내 정체성에 관한 내러티브'가 성적만을 중시하는 가오카오高考(중국의 대학입학시험) 이면에 은폐되어 있기 때문에 자살 충동이 다가올 때, 어떻게 타자에게 열려 있는 자아를 발견하고 설득하여 자신을 살려야 하는지 모른 채, 유서를 쓰고 죽음으로 향하고 있다. 나는 대화자 신분으로 그들 중 한 명의 삶과 그 뒤에 숨은 서술의 가능성을 보여주기로 했다. 많은 베이징 토박이와 중국 청년이 이에 대해 나와 함께 '대화'하게 되면 좋겠다고 생각하면서 응답을 기다릴 것이다.

카니발에서 들린 절창

"어디서 왔어요?"

"전 ×× 사람이에요."

"오! 거기 알아요! 맛있는 거 너무 많죠. 옛날에 한 번 가 봤는데…."

"어디서 왔어요?"

"전 베이징 사람이에요."

"오."

석사 과정 마지막 학기 때, K는 브뤼셀에서 현지 기업에 채용되었다. 그러나 베이징에 있는 직장에서 채용 통지서를 받자마자 그는 해외의 일자리를 서슴없이 포기하고 귀국했다. 20년 전에 중국은 유학생이 필요했으나 현재는 유학생에게 중국이 필요하다. 최근 중국에서는 유학생의 귀환 열풍回國熱이 일고 있다. 중국의 국제 지위 상승, 해외의 구직난 등이 이러한 '귀소현상歸巢現象'의 주요 원인이다. 베이징 토박이도 마찬가지다. 하지만 K와 같은 토박이의 상황을 따져보면 베이징 청년의 귀국에는 현실적 원인은 물론 심정적 원인도 크게 작용한다. 오히려 후자가 보다 결정적인 영향을 끼쳤다.

"베이징은 내 집이야. 다른 곳이 아무리 좋더라도 내 집만큼은 못해."

K가 말했다. 나와 인터뷰한 많은 하이구이海歸(보통 해외에서 유학을 마치거나 직장을 다니다가 중국으로 돌아오는 사람)들도 똑같았다. 외국에서 오랫동안 머무는 것은 처음부터 토박이의 인생 계획에 없었다. 귀국 후 상하이, 선전 등의 대도시를 고려하지 않고 모두 예외 없이 베이징으로 돌아간 것을 보면 다른 나라 혹은 중국의 다른 도시가 그들에게는 일종의

'여행지'일 뿐이라고 할 수 있다. 철저한 '귀소주의자'인 베이징 청년의 머릿속에 애초에 '제2의 고향'이라는 개념은 없었다.

'귀소'는 내면의 안정감을 찾는 데 필수적이라고 K는 말했다. "외국에서 오래 사는 것을 떠올리면 마음이 놓이지 않아요." "베이징은 아무래도 나와 제일 맞는 것 같아." 토박이들은 각자 다르게 표현했지만 '자기 집'에서 심리적 안정감을 누리고자 하는 최종 목적은 흡사해 보였다. K 같은 엘리트 토박이가 국유 기업國企이나 중앙 기업央企에 먼저 지원했다는 것도 이를 증명한다. 중국에서 이런 기업은 가장 안정적인 직장이다. 현대 중국의 기점인 톈안먼과 바로 그 뒤에 위치한 역사적 상징인 쯔진청紫禁城처럼 이동성이 강한 도시 공간과 안정을 원하는 토박이 시민은 베이징에 양면성을 부여한다.

안정감이라는 기표에는 '익숙해서 예측이 가능하다'는 의미가 담겨 있다. 하지만 출근 첫날 K는 '자기 집'에서 전혀 예상하지 못한 일을 겪었다. 앞에 제시된, 유일한 토박이 K와 베이징에서 일하지만 호구戶口가 다른 도시에 속한 베이퍄오北漂인 동료들 사이의 대화가 그것이다. 베이징 사람이라고 해서 베이징에서 일자리를 구하는 데 특혜가 주어지지는 않는데 이런 주장은 신입 사원을 뽑을 때 '토박이라면 무조건 우대 받는다'는 통설과 거의 정반대된다. 또한 일부 회사에 베이징 사람이 어느 정도 있어야 한다는 내규가 있는 것은 아이러니하게도 두 가지 전혀 다른 입장의 주요 근거가 된다. "국가가 베이징 사람을 우대하고 있다"는 입장과 "이런 정책 덕분에 베이징 사람들이 베이퍄오의 침식侵蝕으로부터 보호

받았다"는 분쟁이 일어나는 것이다.

K가 일하는 기업에 베이징 청년은 비교적 적은 편이다. 특히 규모가 큰 기업에서 이러한 경향은 뚜렷이 나타난다. "베이징 사람은 잘사니까 일할 때 성실하지 않을 수도 있다." "베이징 사람은 게으르고 절박함이 없다." "그들은 베이징 사람이라는 신분을 믿고, 겁이 없으며 상사와의 충돌이 끊이지 않는다." 대기업에서 사원을 뽑을 때 능력이 엇비슷한 경우 베이징 사람을 선택하지 않는 이유는 대개 이렇다. 한때 베이퍄오에 비해 호구 문제, 주택 문제를 해결해줄 필요가 없어서 기업 인사팀에서 반겼던 베이징 토박이는 이제 동일한 이유로 회사로부터 입사를 거절당하고 있다. 토박이 청년들의 인생에서 지금 여러 가능성이 박탈되고 있다는 것이다.

그럼에도 K는 이와 같은 일방적 언설이 범람하는 수렁에서 벗어나 자기가 기울여온 노력에 상응하는 일자리를 구했다. 하지만 그를 기다리는 것은 회사라는 보다 세분화된 도시 공간에 있는 대다수, 즉 베이퍄오들에게 받는 배제였다. K는 그들로부터 가시화된 폭력이 아닌 무관심의 침묵이라는 냉대를 당했다. 베이징 사람이 베이징에서 베이퍄오를 배척한다는 담론과 일부 베이징 사람이 베이징에 있는 회사에서 베이퍄오에게 배척되고 있다는 현실은 역설적이지만 공시적인 관계를 이룬다. 동시에 K가 브뤼셀에서 느꼈던 동족애와 같이 통시적인 아이러니를 보여준다. 유학 시절 K는 자기 고향에 대해 중국의 다른 지역에서 온 친구와 대화를 살갑게 주고받다가, "오"라는 동료의 한마디로 분위기가 바뀌었던 경

베이징의 퇴근 시간

험을 했다. '혐중(중국 혐오)' 분위기가 가득 찬 나라에서 한 집단으로 함께 손을 잡아야 내면적 위기와 현실적 어려움이 극복될 것이라는, 언제부터 형성되었는지 모르는 공동의식 때문에 중화민족이라는 정체성을 공유한 유학생 사이에서 공동체 내부의 균열은 자연스럽게 봉합되었다. 그러나 나라 안, 특히 베이징에 들어오면 토박이와 베이퍄오라는 이분법에 따르지 않으면 안 되는 처지에 빠지게 된다. 양분의 논리에 의해 토박이가 중국인을 혐오하는 유학지의 현지인으로, 베이퍄오는 해외에 거주하는 중국인으로 보이게 된다. 그러나 공동체 외부에서와 달리 베이징에서 현지인은 배제 대상이 되어버렸다.

맹종이라는 모체에서 유전된 상상과 오만은 독단적인 발화와 침묵을 섞어 하나의 폐쇄된 시공간을 만들었다. K는 거기에 갇히고 말았다. 이런 상황에서 그가 자기 회복을 위해 취한 전략은 외부와의 소통이 아닌 자신처럼 고립된 집단과 함께 잃어버린 신분을 되찾는 것이었다. '베이징의 마지막 쓰허위안四合院(입 구口자 형태로 된 베이징의 전통 건축 양식)'이라 불리는 궁런티위창工人體育場(베이징 노동자 체육장, 이하 궁티)은 바로 그의 아지트이다.

1959년, 중화인민공화국 건국 10주년을 맞아 베이징에는 열 군데의 랜드마크가 건립되었다. 노동자 계급의 위상을 대표한 궁티는 그중에 하나였다. 1950년대에 노동자工人는 중국에서 국가의 주도자로 중요시되었기 때문에 궁티는 베이징 현대화의 상징적 시발점일 뿐 아니라 한때 국가 권력의 지정학적 구심점이기도 했다. 1980년대에 이르러 궁티의 발전 방침이 정치에서 경영으로 전환되었는데, 이에 따라 스포츠 이벤트나 문화 공연이 펼쳐지기 시작했다. 1992년부터 궁티는 본격적으로 베이징 축구팀의 홈그라운드로 사용됐고 축구가 시민문화의 한 부분이 되는 데 큰 역할을 했다. 그로부터 30년 후인 현재, 베이징 토박이에게 정신적인 토템이라 불리게 된 궁티는 단순히 경기장 혹은 공연장이 아니라 국가, 노동계급과 분리되어 강렬한 지역성을 갖는 공간이 되었다. 특히 축구 경기가 있는 주말마다 토박이는 일상적인 세계와 잠시 단절된 이 공간에 몰려들어 응원이라는 명분 아래 광적으로 포효함으로써 '자기'와 '자기 집'을 사수한다. 그때 베이징 토박이 청년은 인류학에서 연구해온 원주민과 다를 게 없다. 베이징 청년이 궁티에서 부르짖는 '소리'는 '문화의 해석'으로 새겨들어야 한다.

인류학자 클리퍼드 기어츠는 발리 원주민의 닭싸움 행위를 문화 상징적 의미가 내포된 텍스트로 보고 중층 기술이라는 방법론을 통해 해석했다. 그는 수탉과 남성성을 연결하여 발리 원주민이 닭싸움에 내기를 거는 것과 그 뒤에 함축된 의미를 사회적 지위의 경쟁이라고 해독함으로써 원주민의 가치관과 원주민 사회의 기질적 특징에 접근했다(기어츠 2009). 같은 심층 놀이로서 닭싸움과 축구는 유사한 문맥을 공유하지만 그것에 내재된 은유의 작동 방식은 크게 상이하다. 닭싸움의 주인공은 언제나 닭과 주인이 융합된 형태로 등장하는 데 반해, 축구의 주인공에는 팬도 함께 포함된다. 관조자여야 하는 축구 팬이 놀이의 중심이 되면서 경기장에 전도된 분위기를 불어넣는 것이다. 또한 집단 안팎에서 일어나는 닭싸움과 달리 축구란 절대적인 대외를 전제하고, 형성된 집단 간의 전쟁을 일으킨다. 중요한 것은 두 가지 놀이에서 들린 '소리'가 무척 다르다는 점이다. 닭싸움의 관중이 지르는 환호는 내기, 명예 그리고 자기 친족에 대한 충성을 둘러싸고 사면팔방으로 울려 퍼지지만, 축구 경기장의 응원은 자아ego를 발산하는 행위로 조작되어 들려온다. 즉 경기장이라는 전도한 시공간에서 평소 내면에 숨어 있는 또 다른 '나'가 발견되는 것이다.

선수 육성 프로그램의 미비로 인해 실제로 중국의 축구팀은 세계성을 확보하지 못했다. "본국을 벗어나지 못한走不出國門" 각 지역의 축구팀을 응원해주는 팬은 대부분 현지인으로 구성되어 있다. 그중에서 베이징의 지역적 결속력은 놀랄 정도로 높은 편이다. 토박이 청년은 축구 팬으로서 계급, 이해관계, 신분으로 구분된 경계가 사라진, 이른바 '카니발적인 공간'인 궁티에서 그들의 '소리'를 통해 '진정한 베이징', '자기 집'을 지키려고 한다.

"여기는 어디야? 베이징! 여기는 어디야??! 베이징!!!"

경기가 시작되기 전마다 토박이는 이와 같은 '자문자답'적 외침으로 자기만의 의례를 치른다. 고함에는 일반적으로 축구 팬들이 축구팀에 보내는 보편적 응원이 담겨 있을 뿐 아니라 경기장 밖에서 베이퍄오에게 당한 배제로 인한 울분, 정체성의 되찾음과 재확립에 대한 열망 등 심층적인 의미도 포함된다. 이때, 궁티의 안과 밖은 각각 카니발적인 세계와 일상적인 세계를 대표하게 되는데, 그것은 밤의 논리와 낮의 논리 혹은 감각과 이성이라는 철학적 이원 관계로도 설명할 수 있다. 베이징 토박이의 영혼은 카니발, 밤, 감각으로 단장된 '광장'에서만 또 다른 '나'를 발견하고 극대화한다. 닭싸움에서 발리 원주민의 영혼이 닭으로 전이된다면, 베이징 축구 문화에서 궁티라는 경기장과 토박이로 구성된 축구 팬은 모두 베이징의 '마지막 촛불'을 지킨다. 심층 놀이인 축구는 베이징에서 돈을 지향하지 않는다. 그 뒤에 은유의 방식으로 작동한 문화의 심층성은 토박이의 '소리'에 수반되어 표출된다. '베이징의 마지막 쓰허위안'

공사 중인 '낮의 궁티'

에서 토박이가 하는 축제는 "지위를 둘러싼 유혈극"이 아닌 존엄을 위한 비장한 절창이다. "베이징!!!"이라고 힘껏 외치면서 토박이는 '자아'에 대한 충성을 내비친다.

문제는 내부의 소리가 폐쇄된 집단을 더욱 폐쇄적으로, 대립 관계를 더욱 대립적으로 만든다는 사실이다. "왜 다른 축구팀의 팬들은 베이징 팬과 자주 싸움이 날까?" 등 질문에 해명하지 않고 "여기는 베이징이야"라는 외침만 반복하는 토박이들은 습관적으로 '특권 계급' 혹은 '지역 차별화'의 주체로 간주된다.

'주말의 카니발'만으로 토박이가 주변화되는 현실은 조금도 변하지 않고, 그들의 지역적 정체성은 이 특정한 시공간에서만 확인된다. 카니발이 끝나고 그들의 마음속에는 '허무'라는 감정만이 남는다. 열광적인 '카니발' 경기가 끝난 다음 날 아침, 궁티는 인적이 뜸하고 아무 소리도 들리지 않는다.

K는 직장을 다니고 나서 궁티에 자주 가게 되었다고 했다. 그는 축구를 보는 동시에 자기 자신도 본다고 고백했다. K가 보려고 한 '자신'은 순간적으로 밤의 논리에 지배되어 감각의 카니발에 녹아든, 헤겔이 비판한 '낭만적 자아'일지 모르지만, 그는 현대적 축제를 통해 인간의 '저주된 열정'과 일상생활에서 느낀 상실감 해소를 위해 몸부림친 것이 분명하다. 그러나 낮의 논리에서 얻은 상실이 직장에서만 비롯되지 않는다는 것을 그는 몰랐다. 직장에서의 냉대는 그저 시작일 뿐이었다.

상륙:
환멸의 신기루

"베이징 사람은 죄다 부동산 부자야. 아파트를 얼마나 많이 가졌는지 몰라."

"부모 덕분에 베이징 토박이들은 평생 어려움 없이 살 수 있겠다."

'여유로운 현지인의 모습'과 '정해진 아름다운 꽃길'이라는 타자의 발화는 현실에서 부동산 문제에 허덕거리는 토박이의 실체를 은폐시켜왔다. 베이징에는 '상륙上岸'이라는 함축적인 유행어가 있다. 상륙이란 고생 끝에 대학원에 붙은 대학생을 가리키는 동시에 "내 집 마련의 꿈"을 실현한 청년의 기쁜 상태를 의미한다. 일찍 '상륙'하지 않으면 주택 시장이라는 바다에 익사할 거라는 불안감에서 빠져나온 소위 '살아남은 자의 기쁨'이다. 과거에 상륙하기 위해 죽도록 노력한 역군이 베이퍄오였다면 지금은 토박이도 이에 합류할 수밖에 없는 지경에 이르렀다. K도 그중의 한 명이다. 베이징 출신의 엘리트로서.

K는 연인과 7년이나 사귀었다. 토박이인 두 사람은 모두 안정적인 직업을 갖고 있으나 결혼 얘기는 한 번도 꺼내본 적이 없다고 했다. 애정의 문제도, 비혼주의도 아닌 집이 문제였다.◆ 대부분의 토박이 청년과 같이, K와 연인은 직장에 다니면서도 부모와 한집에 살 수밖에 없었다. 여기서 이동성으로 대표되는 중국의 '퍄오'들과 토박이의 생활 방식이 반대된다는 것을 알 수 있다. '집이 없으면 결혼도 못 하겠다'는 다소 전통적인 '소리'는 아이러니하게도 어렸을 때부터 국제화, 현대화를 맛본 토박이의 머릿속에 떠나지 않고 메아리치는 메시지였다. 브뤼셀에서 '유럽적 자유주의'를 귀동냥한 K도 이 점에서 예외가 아니다. 토박이가 해외의 일자리를 포기하고 귀국하는 보편적인 현상은 내면적인 안정감을 추구하는

◆ 시장화와 상품화의 영향을 받아 형성된, 대도시에 거주하는 중국인들의 결혼 관념과 행동 양식에 대해서는 이 책의 3장에 실린 에피소드를 참조하기 바란다.

그들의 존재 방식을 설명할 수 있지만, 상륙에 대한 불안감은 이들의 존재론적 귀소 본능마저 넘어선다. 모범생으로 순조롭게 국내에서 일을 구하게 되면서 어느 정도 안정감을 찾았지만, 상륙에 대한 압박은 K에게 끝없는 무력감과 혼돈, 아득함을 느끼게 했다. 어쩌면 부동산 가격에 큰 영향을 주는 베이징의 순환 도로(이하 환로)와 연결되는 K의 상륙 길은 일종의 '영원회귀'일지도 모른다. 보이는 도시 공간의 구조와 보이지 않는 부동산 시장으로 구성된 이 모자이크 같은 미궁으로 인해 토박이는 쉽게 방향을 잃고 혼란에 빠진다.

베이징은 동심원-방사형이라는 도시 공간 구조로 되어 있다. 이것은 역사의 중심이자 정치의 중심인 쯔진청·톈안먼 일대를 중심으로 밖으로 뻗어 나간다는 도시 건축의 이념으로 형성된 결과물이다. 1992년 9월에 도시 외곽을 순환하는 입체교차로인 2환二環은 '환로'라는 개념의 등장과 함께 도시 공간 구조의 한 골격이 되었다. 지금까지 베이징의 환로 시스템은 아직 공사 중인 7환이 포함되면 총 여섯 개의 고속도로를 갖추게 된다(2~7환). 이를 시할구에 결부시켜 설명하면, 시청구와 동청구를 둘러싼 2환과 3환은 도심 지역, 차오양구, 하이뎬구, 펑타이구, 스징산구를 횡단하는 4환과 5환은 내교 지역을 구획한다. 나머지 순이구, 통저우구를 비롯한 열 개의 시할구는 원교와 농촌 지역으로서 5환 밖에 위치한다.

환로가 건설되면서 베이징의 인구 구성과 부동산 가격도 큰 변동을 겪었다. 도시-농촌이라는 이원대립적인 인식을 떠나 2000년도 이전에는 베이징에 호구를 가진 사람이 상주인구常住人口의 90% 이상이었다. 여기서 상주인구란 호구를 가진 베이징 사람과 베이퍄오로 구성된다. 전자는 '호적인구戶籍人口'라고 불리기도 한다. 밀레니엄 시대에 들어서면 베이퍄오는 베이징 올림픽 유치 소식과 함께 빠른 속도로 베이징으로 이동하여 정착하기 시작했다. 20년 후 현재, 호적인구는 1397만 명으로 상주인구 2154만 명의 65%에 불과하다(北京市統計局 2020). 다시 말해 '90%'였던 베이징 사람의 수가 베이징 인구의 3분의 2로 떨어진 것이다.

토박이의 호적은 주로 도심과 내교 지역에 집중되는데, 통계에 의하면 호적인구의 60% 정도를 차지한다. 그러나 집값 상승, 도시 개조 프로젝트, 호적인구 개혁 등의 이유로 실제 도심과 내교 지역을 구성하는 청류구城六區에 거주 중인 호적인구가 지속적으로 줄어들고 있다. 3환 안에 위치한 도심 지역의 변화가 특히 두드러진다. 도심의 경우 호적인구가 250만 명이지만 상주인구는 190만 명에 불과하다(北京市統計局 2020). 도심에 호적이 있지만 본인 이름으로 된 주택이 없거나 오래된 집에서 더는 살고 싶어 하지 않은 토박이가 처한 곤경은 어느 정도 암시된다. 호적지戶籍地에 살지 않는 것을 보통 '호구 콩과戶口空掛'라고 부른다. 2019년 말, 베이징 도심의 콩과 인구는 100만 명을 넘었으며, 5환 안에 주택을 보유한 토박이는 50%에 불과했다. 달리 말해 토박이의 절반이 현재 도심에서 내교가 아닌 원교 심지어 농촌으로 밀리고 있다는 것이다. "베이징은 내 집이야"라고 외친 토박이는 점점 '집'에서 멀어지고 있고 "여기는 베이징이다!!!"라는 말은 풍자로 들리게 된다.

도심에 사는 K가 콩과 인구가 되는 것은 어쩌면 정해진 일일지도 모

도심에 위치한 K의 집 근처

른다. 동일한 주택이라도 3환 안에 위치한 것은 5환 밖에 있는 것보다 다섯 배나 비싸기 때문이다. 2010년에 두 배였던 차이는 10년 동안 두 배가 더 늘었다. 1선 도시의 신축 주택 가격이 5% 올랐다는 2021년 3월에 조사된 결과를 보면, 베이징의 집값 상승은 당분간 끝이 보이지 않을 듯하다. 결국 환로에 좌우되는 부동산 시장은 엘리트로 보이나 실은 샐러리맨에 불과한 K에게 자기 힘으로 상륙한다는 생각을 일찌감치 집어치우게 했다.

K는 평생 임대라는 방식으로 사는 것을 계획해본 적도 있었다. 중국 청년 사이에서 열풍적인 인기를 끌었던 이 거주 형식은 팡누房奴(하우스

푸어)의 시대에 다양한 삶의 가능성과 상대적인 합리성을 보이지만, 베이징 토박이에게는 오히려 일종의 환상에 가까운 일이었다. K도 이리저리 궁리했다가 결국 포기하고 말았다. 겹겹이 쌓인 내면적 불안과 정책 제한이 바로 그 원인이다.

베이퍄오와 달리 베이징 토박이는 앞서 얘기된 것처럼 무엇보다 안정감을 원한다. 평생 '임대냐 상륙이냐' 하는 양자택일의 문제 앞에서 그들은 상륙밖에 선택이 없다는 운명적인 필연성을 강요당한다. 베이퍄오가 베이징에서 지옥 같은 삶을 겪는다는 점은 늘 대중매체와 연구자들의 시선을 끈다.◆ 토박이도 이것을 인정하고 베이퍄오가 당면한 비참한 현실에 안타까움을 보낸다. 하지만 동시에 베이퍄오와 자신의 처지를 비교하면서 자조하기도 한다.

"베이퍄오는 베이징에서 더 이상 못 버티면 고향에라도 돌아갈 수 있잖아. 근데 우리에게 베이징은 고향이고 집이야. 우리는 여기서 못 버텨도 버텨야 돼. 하하. 우리가 더 불쌍한 거 아니야?"

퇴로 없이 끝까지 버텨야 한다는, 웃음으로 포장된 토박이의 의식에서

◆ 베이퍄오 청년의 삶은 호구, 주택, 교육 등 절박한 문제들이 교착되어 이루어진 '중심지대'에 오래 놓이면서 같은 공간에서 살아가는 토박이 청년의 상황과 상호관련성을 맺게 된다. 베이퍄오 청년의 생활 실태에 대해서는 이 책 7장의 글을 읽기 바란다.

느껴지는 강렬한 불안감은 은밀한 메커니즘으로 작동한다. 최대한 빨리 상륙해야 이 불안이 어느 정도 해소될 것이며 자신의 집(베이징)에 자신의 집(부동산)이 없는 것보다 더 두렵고 무서운 일은 없다. 최근 몇 년간, 특히 포스트 코로나 시대에 이르면서 젊은 베이퍄오는 "못 버티고 고향으로 돌아가"기 시작했다. 토박이의 자기 연민의 전반부는 현실이 되어갔다. 이러한 상황은 그들을 임대가 아닌 주택 구매에 더욱 집착하게 만들었다. 베이퍄오가 떠났으니 부동산 경쟁률이 잠시 감소하겠다는 착각과 예측하지 못한 사회의 흐름이 이 시점에서 동력을 제공한 것이다. 그 외에 현대 중국에서 부동산 구매가 위험성이 제일 낮은 재테크 방식이라는, 민족공동체 내부로부터 이루어진 합의도 크게 작용했다.

"중국에서 자신의 아파트를 가진다는 것은 나와 국가의 운명을 묶어 버리는 거야."

K가 이렇게 말한 것은 부동산 시장이 중국의 부상에 따라 끊임없이 호황을 맞을 것이라고 믿기 때문이다. '국가의 미래'로 보장된 '집'은 거주 공간과 재테크 수단으로서 베이징 토박이에게 이중적 안정감과 희망을 준다. 하지만 상륙이라는 필요충분조건을 갖추지 못한 상태라면 '국가'와 '집'이 공유하는 아름다운 미래는 집값의 가파른 상승세에 따라 악몽이 되어갈 수밖에 없다. 상륙의 시급성과 중요성은 이 때문에 더욱 두드러진다. 상륙 전의 불안과 초조, 상륙 후의 기대와 여유는 기묘한 대조를

이룬다. 전자의 토박이와 후자의 토박이는 같은 '나'이면서도 '나'와 '타자'가 된다. 이화異化된 '나'와 '타자'의 운명은 결코 '나'가 쥘 수 없는 환영幻影이다. 이렇게 얻은 내면적 안정감은 모래사장에 상륙해서 보게 된 신기루에 지나지 않는다.

하지만 토박이는 '신기루 구경'이 허황된 꿈인 줄 알면서도 거부할 수 없다. 도시 호구정책으로 인해 "고향이자 집"인 곳에서 기본적인 신분을 확립하려면 "자신의 아파트를 가지는 것"은 기본 조건이기 때문이다.

베이징, 상하이 같은 1선 도시에서 '집'은 부자에게는 신분의 상징물이지만 평범한 사람에게는 '신분증의 디딤돌'이다. 중국에서는 아이가 태어나자마자 부모 혹은 조부모의 이름으로 된 부동산을 기초로 만들어지는 호구부戶口本에 호구등록上戶口을 해야 한다. 2021년 4월, 중국 국무원은 중소도시에서 평생 임대로 살아도 호구등록이 가능하다는 의미로 해석되는 정부 문건을 발표했는데, 베이징은 역시 이에 적용되지 않는다. 수도로서 중국의 정치, 외교의 중심 역할을 수행한다는 점을 고려하면 토박이에게 호구부와 방산증房産證(집문서)이 분리되는 것은 무척 아득한 일이다. 결국 토박이 청년은 집을 마련하지 못한 채 출산할 경우 아이를 호구에 등록시키기 위해 부모의 호구부에 기대지 않으면 안 된다. 이러한 이유로 삼대가 '일차원적 공간'에서 일가단란一家團欒(온 가족이 단란한 모습)한 것은 베이징에서는 드문 일이 아니다. 상륙이 점점 어려워지고, 평균 수명이 길어지면서 호구부에 '사세동당四世同堂(한 집에 네 세대가 모여 사는 것)'이 나타나는 것은 시간문제일지도 모른다.

상륙하는 길은 험하고 평생 임대는 처음부터 유토피아였다. "부모 덕분에 …"라는 말에 담긴 '선천적인 특권'도 '외부의 응시'에 비친 허구에 불과하다. 대부분 토박이가 부모에게 도움을 받긴 하지만, 그것의 미미함은 이미 오래전부터 토박이 내부에서 공론화되어왔다. '나'와 '타자'가 영영 융합하고 공존하지 못하듯이 토박이와 '토박이가 아닌 자' 사이의 소위 일체성이라는 것은 없었고, 앞으로도 없을 것이다.

결국 베이징 청년의 정신적인 위기는 민족공동체 안에 뿌리 깊이 번져 있는 편향적인 말들과 '나'의 내면적 균열에서 비롯된 불안정과 함께 K에게 다가왔다.

밤에서 낮으로: 자기 서술의 부재

"어느 날 퇴근하면서 창안가長安街(베이징 도심 지역을 관통하는 간선 도로)를 걷다가 갑자기 그냥 멈췄어. 아무 생각도 안 나고 머리가 텅 빈 것 같더라고. 그러고 나서 울었어."

현란한 네온사인에 비친 K의 울음은 어두워 보였다. 직장과 집은 심리적 안정감을 찾으러 베이징으로 돌아온 K의 내면세계를 황폐화했다. 여기서 말하는 '황폐화'란 안정에 대한 기대에서 불안으로 떨어지는 과정

창안가의 야경

에 생긴 "머리가 텅 빈 것 같다가 울음을 터뜨린" 정신 병리의 표상이자 자아가 자기 서술에 의해 형성될 가능성이 말살된 현실에서 나온 비극적 양상이다. 후자에는 지속적인 외부의 독단적 시선이나 현실의 쓴맛보다 '타자'를 빙자해 자아를 형성하는 환경의 부재가 더욱 결정적인 영향을 주었다. 점차 사라지고 있는 계획생육이 남긴 트라우마는 90년대생 베이징 토박이 청년을 '혼자'로 만들고, 자기 이야기를 들려줄 '타자'가 없는 상황에서 분출된다.

자기 내면의 발견과 고백, 즉 자기 서술은 자아 형성을 기반으로 이루어지고 동시에 자아를 재인식하는 데 필수 불가결한 힘을 발휘한다. 자기 서술과 자아 형성은 지속적으로 상호작용을 하는데, 자기 서술이든 자아 형성이든 '들어줄 자'는 선결 조건으로 필요하다. 계획생육은 현대성과 함께 '자아의 외형'을 개인화시키는 동시에 자아 고백을 들려줄 대상을 없애버렸다. 엄격한 출산 정책과 급속한 현대화로 상징되는 1990년대의 베이징에서 독생자녀獨生子女로 태어난 베이징 토박이는 단순히 외롭다기보다 '카피된 개인'이 되지만 그 '개인' 안에 자아가 없는 역설적인 존재로 봐야 한다. 다시 말하면 개인의 자아 정신이 없고 '개인'이라는 껍데기만 있는 것이다. 이들이 정신적 위기에 부딪힐 때 "머리가 텅 빈 것 같은" 느낌을 받는 이유는 이와 관련이 깊다.

계획생육 정책은 1950~60년대에 시험과 선전을 거쳐 1970년에 중국에서 본격적으로 펼쳐지기 시작했다. 1980년대에 이르러 보다 엄격하게 출산 제한을 하기 위해 독생자녀 정책이 시행되었고, 한 부부가 아이를 한 명만 낳아 기르도록 권장되어 독생자녀 모친, 독생자녀 가정 등 새로운 호칭과 생활방식이 등장했다. 비록 이런 개념이 가진 외연적 의미는 조금씩 차이가 나지만 모두가 불과 10년 사이에 중국인의 출산관념이 격변했다는 사실을 보여준다. 이 피동적인 변화 과정에서 작고 큰 사회적 갈등이 빚어지자 이를 완화하기 위해 정부는 "농촌 지역과 소수민족의 생육 규제는 어느 정도 완화할 수 있지만, 도시에서는 지속적으로 실시되어야 한다"와 같은 조정 방침을 제시했다. 이로써 '한 자녀 정책一孩政策', '두 자녀 정책二孩政策', '세 자녀 정책三孩政策' 등이 계획생육에서 분화되어 각각 해당 지역에 적용되었다(原新 2017: 16-18). 이 중에서 도시 지역과 베이징, 상하이 등 대도시의 농촌 지역은 '한 자녀 정책'에 따라 관리되었는데 베이징, 상하이 등에서 독생자녀 정책은 가장 철저하게 실행되었다. 1991년에 중국 정부는 인구 상승 억제를 강화해야 한다는 문건을 발표하면서 대도시의 출산 제한을 한층 더 엄격하게 시행했다. 이러한 정치적 상황과 사회적 분위기를 고려하면 2000년에 통계로 발표된 70%에 가까운 베이징의 독생자녀율은 결코 이상한 것이 아니다(黃潤龍 2009: 7). 게다가 나머지 30% 중에 쌍둥이를 낳은 경우도 포함되어 있으니 실제로 베이징, 상하이 등의 대도시에서 '한 자녀 정책'을 위반한 가정은 드물다.

90년대생 베이징 토박이는 바로 '한 자녀 정책'이 제일 철저하게 실행된 시기에 태어난 세대이다. 형제자매와 함께 성장하는 것은 그들에게 드라마나 문학 작품에서만 접하는 이야기이다. 나와 인터뷰한 90허우 토박이는 모두 독생자녀이고 그들 주변에 있는 또래 친구나 동창의 경우도 대부분 비슷하다고 했다. 이렇듯 베이징에서 보편화된 독생자녀 현상은 계획생육의 성과를 상징하는 동시에 과거에 없었던 개인적인 심리 문제도 많이 일으켰다.

대도시의 독생자녀를 둘러싼 담론은 대부분 "부모의 지나친 사랑", "자아도취", "약한 사회성", "외로움" 등으로 대표된다. 즉 이들에게 폐쇄적인 개인이라는 이미지가 구축된 것이다. 사실 '독생자녀'라는 정체성 이면에 숨어 있는 이들의 자아는 누구보다 자기 소리를 내고 싶어 한다. 그러나 주어진 가정환경은 원론적으로 이에 부합하지 않는다. "누나가 한

명 있었으면 좋겠어요." "아버지랑 고모 간의 관계가 부러워요." 아이가 부모의 애정을 잃어버릴까 봐 동생의 출산을 반대한다는 대중매체에서의 모습과 달리 토박이 청년들은 형제자매를 갖고 싶어 했다. 그들은 친구나 부모보다 형제간의 관계에서 자신의 내면세계를 보다 쉽게 보여줄 수 있다고 굳게 믿고 있다. 하지만 그 믿음이 맞는지 틀리는지 영영 증명하지 못하는 일이다.

어릴 때부터 속마음을 들어줄 대상이 없는 환경에서 자라온 토박이 청년은 자아에 관한 인식 혹은 어떤 사건에 대한 생각을 언어화할 때 어려움을 겪곤 한다. "저도 잘 몰라요", "어떻게 표현해야 할지 모르겠어요"라는 대답은 이번에 그들과 대화하면서 내가 자주 들은 말이다. 그 이유와 '해결책'에 대해 K는 이렇게 말했다.

> "처음에는 누구한테 털어놓아야 하는지, 어떻게 말해야 할지 몰랐다가 나중에는 말하고 싶지도 않게 되더니 지금은 그런 생각조차 하지 않게 됐어. 그래서 면대면의 대화 대신 인터넷 세계에 가버렸어. 거기서 내 말을 들어줄 사람도, 나 자신도 찾아보고 싶었어."

현대 사회에서 개개인이 분하는 '역할'은 다층적이다. 현실과 인터넷에 자신의 모습을 각각 다르게 보여주는 것도 그중의 한 형태이다. 일상생활에 '들어줄 사람'이 부족하다는 이유로 그들은 인터넷 공간으로 갔다. 그곳에서 자기 서술을 시도하고 '가상의 형제자매'에게 응답을 받고 싶어 한다. 그러나 인터넷에서 만나는 타자, 타자와 주고받는 대화는 애초에 현실의 대체물에 불과하다. 한때 성행한 위챗 모멘트WeChat Moments가 지금 대부분의 중국 청년에게 인기가 없는 데서 알 수 있듯이, 이 대체물의 가치적 시효는 일시적이다. 인터넷에서는 타자와의 교류, 자기표현이 더 편하게 이루어지기 때문에 사람들은 일상의 집단에서 잠시 벗어나 그곳에서 개인으로서 자유를 얻을 수 있다. 그러나 실제로 가상공간에서 자기 서술력을 키우기는커녕 어디서 온지도 모르는 타자에게 영향을 받아 자아가 형성되기도 전에 이를 잃어버릴 수도 있는 상황이다. 이른바 기계화된 상태에서 피동적으로 타자를 모방함으로써 자아가 아닌 '자아'를 만들고 그것을 자아로 착각하는 '카피된 개인'이 되는 것이다. 그곳은 가상공간이 아닌 가상공장이며, 그때 '카피된 개인'이란 가상공장에서 가공된, 개인이라는 상품명이 붙은 생산물일 뿐이다. 현실에서 도망간 '개인'은 다시 인터넷 속의 공장 공동체에 빠지고 만다. '개인'은 한순간도 진정한 개인이 되지 못한다. 이렇게 볼 때 혼자 자라온 독생자녀는 외로웠던 적이 없다. 진정한 외로움은 자아와 대화한 방랑자에게 휘몰아치는 고귀한 고통이기 때문이다.

자아를 찾고 싶다고 말한 K는 카니발 속의 군중이자 상륙하기 위해 발버둥치는 토박이지만 방랑자일 수는 없다. 안주하려는 그에게 밤의 순간적인 자아를 되찾아온 '나'와 낮의 '카피된 개인'으로서의 '나' 간에 생겨난 인터넷이라는 규제적 공장의 균열만 느껴질 뿐이다.

2020년 2월 7일 새벽, 공권력과 코로나바이러스에 저항한 우한武漢

의사 리원량李文亮이 세상을 떠났다. 그는 중국에서 거의 처음으로 신종 바이러스를 발견하고 의사로서의 책임감으로 동료들에게 사실을 공유하여 대중에게 영웅이 된 인물이었다. 숨지기 전날 저녁, 코로나에 감염되어 치료를 받던 리원량은 인터넷에서 주목을 받았는데 그때 '영웅의 생사'는 화제의 중심이었다. K도 SNS를 지켜보면서 심한 감정기복을 드러냈다. 리원량이 사망했다는 소식을 들었을 때, 그는 울면서 "착한 사람은 결국 이렇게 되는 거야?"라는 댓글을 남겼는데, 조금 전의 소식이 가짜이고 그가 아직 살아 있다는 보도를 듣자 "죽지마라! 꼭 살아남아라"는 말로 바로 전에 자신이 썼던 댓글을 고쳤다. 그날 밤에 울고 웃는 모습이 반복적으로 나타났다고 K는 내게 토로했다.

나는 그의 말을 듣고 놀랍고 의아했다. 바로 7일 점심쯤 K가 새벽에 SNS에 남긴 '심경'을 모두 지우고 자기가 요리한 음식 사진을 올렸기 때문이다. 당시 각 방면의 반응에 집중하여 비교적 냉정하게 상황을 지켜본 나와 달리, '밤에서 낮'으로 K는 전혀 다른 인피人皮를 덮어쓰듯이 크게 편해졌다. 순간 세 가지 이유가 내 머릿속에 떠올랐다. ① 그날 밤에 심정을 노출한 사람은 K가 아니었다. 그는 인터넷에 영향을 받아 무의식적으로 따라한 것일 뿐이었다. ② 그날 밤에 감정을 노출한 사람은 K였으나 인터넷에서 아무 응답을 얻지 못해서 더 이상 표현하고 싶지 않게 되었다. ③ 그날 밤에 감정을 노출한 사람은 K였으나, 현실적인 어려움 때문에 잠깐 스트레스를 풀려고 한 것일 뿐이었다.

"음… 글쎄. 나도 모르겠네. 내 행동은 이 세 가지 중 어떤 것에 해당 할까?"

세 가지 이유를 K에게 들려주자 그가 말했다. 이 말을 듣고 나는 더욱 충격에 빠졌다. 자신의 행동에 대해 고민해본 적이 없을 것이라고 예상은 했지만, 타자의 말을 듣고 수동적으로 이유를 찾으려고 할 줄은 상상도 못했기 때문이다. K는 자기 서술을 시도하려고 하지 않았다. 내면의 모순이 다가올 때 그것의 원인과 해결책을 완전히 타자로부터 받아들이는 것은 그에게 이미 자동적인 반응이었다. 이 점에서 독생자녀로 자라나 현실에서 받은 상실감과 무력감으로 인해 인터넷이라는 가상공장 속으로 피신했다가 '카피된 개인'이 된 그의 유동적인 인생 경로는 크게 영향을 끼쳤다.

'나'의 말은 '타자'의 말과 상호작용하며 이루어진다. 과거에도 그랬고 현재에도 그렇다. 그러나 지금 '나'의 말이 형성되는 속도는 과거보다 기하급수적으로 빨라졌다. 현대성은 사회 발전, 생산과 생활, 과학기술의 혁신을 가속화한다(哈爾特穆特 2018). 인터넷도, 인터넷에 의해 구성된 다언어적이고 다발화적인 환경도 이와 같은 현대성의 가속화 범주에서 벗어나지 못한다. 결국 끝없이 가속되는 과정에서 '나(자아)'는 '타자'의 말을 조직할 여유를 잃어버리고 '타자'의 말에서 완전히 방향을 잃고 만다. ① '나'는 '네가 이렇게 해야 한다'에서 ② '나는 이렇게 하고 싶다'로 극복해 나가는 길을 자각하게 됨으로써 ③ '나는 누구인지'에 대해 고민

리원량이 세상을 떠난 날
K가 SNS에 올린 음식 사진

해야 자기 서술의 실현 가능성이 있다(卡爾 2019: 80). 그러나 지금 '나'는 ①에 속고 ①에서 헤맬 뿐이다. ①은 현대 사회에서 보이게 또는 보이지 않게 작용하여 ②의 모습으로 드러난다. 이를 놓고 "'나'는 ②와 ③의 '나'와 항상 멀리 있다"는 K의 깨달음은 어느 정도 접근된다.

유서와 '유서', 죽음과 신생新生

직장 동료, 축구 팬, 네티즌 등 '타자'로서의 인간 행위자와 궁티의 밤, 축구, 환로의 윤회, 호구부와 방산증, 계획생육, 인터넷, 그리고 타자로부터 삽입된 일방적 발화 등 K는 시공간과 언어가 만나 움직이는 비인간 행위자로 짜인 그물에 붙잡혔다. 그는 안정감을 희망했으나 일상에서 안정감을 잃어버렸다. 이 상실의 상태에서 자기 서술과 그것을 들어줄 사람의 부재로 인해 내면의 균열이 표면화되었고

'유서 시대'에 시각과 청각으로 느껴진 '부분적인 연결들'로 구성된 본문의 서술은 한 90년대생 베이징 토박이가 겪는 삶의 일부를 드러낸다. 아예 무시되거나 중요시되지 않는 그 일부이다.

'타자'는 베이징 토박이에 관한 담론을 늘 '특권', '게으름', '부동산 부자'와 연결해서 말하곤 한다. 이러한 기존의 설명에는 사실이 포함되어 있기는 하다. 그러나 그것도 사실의 편모일 뿐이다. '타자'의 관심은 늘 농민공農民工(농촌을 떠나 도시에서 일하는 이주노동자)과 베이퍄오에 초점을 맞춘다. 물론 운명과 사생결단하는 그들의 삶을 환원하고 담론화할 필요는 있으며 그 과정에서 느껴진 찬란한 원초적 생명력에도 경의를 표해야 한다. 하지만 그렇다고 농민공과 베이퍄오를 무대 위의 절대적인 주인공으로 등장시켜야 하는 것은 아니다. 절대적인 주인공은 언제나 불평등을 재생산하는 장본인이기 때문이다.

농민공과 베이퍄오의 삶을 바라보는 동시에 '타자'의 시선은 고정관념에 사로잡힌 도시의 가식假飾을 꿰뚫어 대부분 평범한 토박이의 본래 모습을 좇아야 한다. 베이징 토박이는 지금 '가진 자'라는 이미지로 조형되어 '타자'의 편견과 그들이 가지는 '주인공 의식' 속에서 희미해지고 있다. 다시 말해 토박이 청년은 어두운 등잔 밑에서 '침묵된 실체'가 되고 있는 것이다.

침묵 당하는 동시에 침묵하는 K는 실명으로 나타나는 것을 꺼려서 내게 K로 기호화되었다. 그를 보면서 끝내 성에 들어가지 못하고 성 앞의 마을에서 헤매다가 인생의 길을 잃어버린 카프카 소설의 주인공 K가 떠올랐다. K는 90허우 베이징 토박이를 대표할 수는 없다. K의 이야기는 그저 K의 이야기일 뿐이다. 하지만 K는 90허우 베이징 토박이이고 그의 이야기는 곧 토박이 청년의 이야기임에 틀림없다. K는 K인 동시에 K들이기도 하다. K는 오늘의 K이며 과거의 K였을 수도, 미래의 K일 수도 있다. K는 소설 세계의 '문제적인 인물'의 현실적 변체變體다. K라는 프리즘과 볼록 렌즈에 의해 이 시대의 한 초점이 굴절되고 확대되며, K에 의해 토박이 청년의 그림자가 추적되고 숨겨진 문제가 드러난다. 문제에 대한 대화는 여기서 시작할 수 있다.

K는 내 친구다. 하지만 나는 해석자 신분으로 친구를 '내려다본 것'이 아니다. 그를 한 '언어의 형상'으로 간주하고 그의 말은 물론 그곳에 투영된 의식과 대화하기를 시도했다. K에 대한 나의 이해는 순수한 독백보다 '이중음성적인 혼재물'에 가깝다. 나의 말에는 K의 말이 이미 용해된 채 포함되어 있다. 물론 문학 연구를 통해 연구자가 마지막으로 다른 것이 아닌 자신을 들여다봐야 한다는 김윤식 교수의 조언에서 영향을 받아 텍스트 분석을 하면서 그 행간에 끼어 있는 자신을 찾아내도록 노력한 문학 학도로서 나는 지금 K와 다르게 세상을 경험한다. 하지만 나도 베이징 토박이고 독생자녀이다. 존재론적인 측면에서 우리는 똑같다. 내가 그의 이야기를 하는 것은 그가 나를 빙자해 자신을 재인식한 것이기도 하고, 내가 그를 서술함으로써 나 자신을 이해한 것이기도 하다. 나와 K는 서로 '나'이면서 '타자'이다.

K는 주조 저음을 연주하는 여러 토박이 청년들과 서로 바라보면서 '유

서 시대'라는 악장을 진행하다가, 유서(처리한 문서)를 보게 되었다고 말했다. 유서가 보인다는 것은 죽음의 상징인 유서 쓰기의 징후가 아닐 수 없다. 사실 유서 쓰기를 통해 '나'는 '나'를 어느 정도 이해할 수 있다. 하지만 그것은 젊은 '나(들)'에게는 처음이자 마지막 기회이고 '내가 누구인지'에 대한 다시없는 절창이다.

이와 같은 자기 서술의 방식 중 하나인 '유서'는 미리 써야 한다. 27세의 이상 김해경은 레몬 향기를 상상하면서 자살이 아닌 결핵으로 타계했으나 자기가 남긴 여러 편의 '유서'에서 영생을 누리고 있다. 27세의 K는 나와 대화한 것 같이 여러 경로를 모색하면서 생의 죽음과 사死의 죽음에서 탈출하기 위해 애써 버티고 있다. K(들)의 첫 번째 '유서' 쓰기는 나와 그의 언어로 미완성 상태에서 일단락되었다. 나는 첫 번째 '유서'를 바탕으로 K(들)에 관한 '유서'가 '나'에 의해서든 '타자'에 의해서든 이어지길 바란다. 유서는 죽음이고 '유서'는 신생이다. '유서 시대'는 "최고의 시절이고, 최악의 시절이다. 희망의 봄이고, 절망의 겨울"이다. 이 시대에 "우리 앞에 모든 것이 있고, 우리 앞에 아무것도 없다". 죽음이자 신생인 '유서 시대'의 '유서' 쓰기는 죽음에서 신생으로 빠져나가는 방법 중 하나이다.

'유서 시대' 아래, 유서가 아닌 '유서'가 필요하다.

참고문헌

기어츠, 클리퍼드, 이보람 옮김, 2009, 《문화의 해석》, 까치.

卡爾·洛維特, 劉心舟 譯, 2019, 《尼采》, 北京: 中國華僑出版社.

北京市統計局, 2020, 《北京統計年鑒2020》, 北京: 中國統計出版社.

原新, 2017, 〈中國計劃生育的歷史演進〉, 《百年潮》 2017.11: 14-24.

哈爾特穆特·羅薩, 鄭作彧 譯, 2018, 《新異化的誕生》, 上海: 上海人民出版社.

黃潤龍, 2009, 〈中國獨生子女: 數量, 結構及風險〉, 《南京人口管理幹部學院學報》 25(1): 5-10.

3부

마주침의 장소들

9

테크노-소셜 밸리의 (비)연결—사회혁신 스타트업의 청년들

조문영

새로움, 재미, 의미

2017년 11월 10일, 나는 중국 선전深圳의 번화가에 자리 잡은 '선전국제혁신센터' 빌딩에서 "사회적 가치"라는 문구를 중국어와 영어로 온종일 듣고 있었다. 국제공익학원China Global Philanthropy Institute이라는 중미 합작의 공익단체가 주최한 이틀간의 워크숍은 '비콥B-Corp'이라는, "비즈니스로 더 나은 사회를 만들고자 하는 기업"에게 부여되는 일종의 글로벌 인증 제도를 소개하는 자리였다.

중국에서 "유럽 사회혁신의 대부"라 불리는 영국인 마이클 노튼이 워크숍 내내 비콥의 전도사 역할을 자처했다. 기업이 오래 살아남으려면 단순한 수익profit 창출에서 벗어나 사회 전반의 이익benefit을 도모하도록 평가 시스템을 바꿔야 한다는 점을 역설하고, 중국도 전 세계적 흐름에 동참해줄 것을 호소했다. 국내에서 공유차 서비스를 제공하는 쏘카SOCAR가 비콥 인증을 받았단 얘길 들어 솔깃했지만, 기업의 윤리성에 관한 논의를 지루하게 되풀이하는 그의 연설보다 워크숍 참여자들의 면면이 더 흥미로웠다. 중국공산당과 정부의 지원을 받는 장애인 비영리단체에서 대만의 비콥 인증기관, 중국에 공장을 둔 코카콜라까지, 역사와 규모가 천차만별인 조직들이 '소셜social'이라는 우산 아래 집결했다. 중국에서 비콥 인증을 받은 몇 안 되는 스타트업의 대표들은 특히 젊고 영어도 유창해서 참여자들의 눈길을 끌었다. 케빈도 그중 한 명이었다.

그의 실제 이름을 아는 사람은 거의 없었다. 국제 교류에선 케빈으로, 중국 내에선 또 다른 중국어 필명으로 불렸다. 케빈은 대학에서 사회복지를 전공하고 굴지의 IT 기업인 텐센트Tencent에 취직하면서 '사회혁신(창신)'이나 '사회적 기업' 같은 용어에 친숙해졌다. 홍콩에서 관련 행사를 자주 접하면서 "내가 인터넷 기술을 활용해서 하고 싶었던 게 이런 일"이란 확신을 품었다고 한다. 2011년 사회혁신을 전면에 내세운 미디어 플랫폼을 창업했고, 그가 2년간 세계여행을 하며 찍은 다큐멘터리 〈체인지메이커創變者〉는 중국 내 코워킹스페이스coworking space나 각종 공익, 창업 행사에서 상영되면서 청년들 사이에 입소문을 탔다.

워크숍에서 자신의 미디어 스타트업 'D'를 소개하면서, 케빈은 "의의 있는 일을 재밌게 하자", "우리가 모두 체인지메이커다"라는 모토를 강조했다. "CSR(기업의 사회적 책임)이라는 좁은 개념을 벗어나 어떻게 체인지메이커들이 공동 창조의 길로 나아갈 수 있을까, 어떻게 상업적 기회와 공익추구를 동시에 실현할까 고민했습니다." 그는 기업의 주 수익원이 무엇인지에 대해서는 말을 아꼈다. 대신 비콥의 까다로운 인증을 통과하는 과정이 자신과 동료들이 성장을 위해 무엇이 필요한지 탐구하는 과정이었다면서, 기업의 성장을 인품人身의 배양에 빗대어 설명하는 데 공을 들였다. 미국 실리콘밸리의 CEO들이 저마다 구루guru를 대동하듯, 그가 중국의 명망 있는 서예가를 자신의 사부로 모신다는 얘기는 나중에 전해 들었다.

같은 달 25일에 나는 소셜벤처social venture가 밀집한 서울 성수동의 한 코워킹스페이스에서 젊은 창업가들이 '일'에 대해 갖고 있는 생각을 온종일 듣고 있었다. '리워크RE:WORK'라는 제목으로 이틀간 열린 컨퍼런스는 "일에 대한 어제의 인사이트, 오늘의 트렌드, 미래의 패러다임"을 제시하겠다며, '일'에서 새로움, 재미, 의미를 좇는 젊은 창업자들을 스피커로 초대했다. 모터사이클 여행 중에 일과 삶의 통합 가능성을 발견하고 대기업에 사표를 제출했다는 콘텐츠 스타트업 종사자, 자신을 "재미주의자"로 소개하는 한의사 출신의 수제맥주 창업자, 창작자·창업가·운동가의 경계가 모호해지는 현실을 유쾌하게 받아들이자는 크라우드펀딩 플랫폼 대표 등, 연단에 초대된 청년들은 창업을 통해 구현하고 싶은 사회적 가치가 어떻게 개인의 독특한 경험에서 출발했는가를 이구동성으로 강조했다. 독서모임 스타트업 'T'를 만든 준영도 그 가운데 한 명이었다.

그날 나는 준영을 처음 알았지만, 그는 돈 내고 독후감까지 써야 하는 독특한 사업모델을 수익화하는 데 성공한 인물로 소셜벤처업계에서 이미 유명세를 탔다. 케빈처럼 선망하는 IT 기업에 잠깐 몸담았지만 퇴사 동기는 달랐다. 사회문제에 관심이 많았는데 회사에서 이를 충족하긴 어려웠다. 대신 빠른 속도로 IT 기업이 성장하는 과정을 지켜보면서 "세상은 기술과 자본이 다 해먹는다"라는 걸 실감했다고 한다. "기술에 취약한 '문돌이(문과 출신 남성)'가 어떻게 외국자본과 기술이 늦게 진입하는 부문을 공략할 수 있을까"를 고민하다 대학 때 취미를 살려 독서모임 멤버십을 창업 아이템으로 만들었다. 사회를 변화시키겠다는 열망도, 이 열망을 실현할 최적의 수단이 기업이라는 인식도 확고했다. 그는 컨퍼런스에서 지금이 "종교의 시대도, 국가의 시대도 아닌 기업의 시대"라면서 독서모임을 비즈니스로 만든 이유를 밝혔다. "《사피엔스》,《총, 균, 쇠》를 이삼십만 명이 읽는 나라이니 'T' 가입자도 10만 명까지 확대될 수 있다"라면서 기대 수익을 전망하고, 동시에 이를 사회 변화에 대한 기대와 연결했다. "그런 사회가 되면 이 나라가 조금은 달라지지 않을까요?"

기업가 청년, '사회'와 '청년'의 위기 너머

지난 20여 년 동안 한국과 중국에서 급부상한 주요 화두 중 하나가 '사회'이다. 한국의 경우 1990년대 말 금융위기 이후 전면화된 신자유주의적 구조조정은 노동과 산업 구조 전반에 불안정성을 심화시켰을 뿐 아니라, 보호와 연대를 위한 사회적 연결망을 계속 축소해왔다. 영화 〈국가부도의 날〉에서 IMF 위기로 어음부도를 겪고 간신히 살아남은 갑수는 시간이 흘러 기업 면접을 앞둔 아들에게 절대 누구도 믿지 말라고 신신당부한다. 2014년 송파 세 모녀가 공과금을 못 내 집주인에게 미안하단 말만 남기고 생활고로 목숨을 끊었을 때, 사람들은 경쟁과 각자도생의 에토스가 똬리를 튼 세계에서 '사회'의 행방을 수소문했다(정용택 2014). 개혁개방 이후 불평등이 심각한 수준에 치달은 사회주의 중국에서도 위기감은 팽배하다. 2003년 광저우에서 한 외지 청년이 임시 거류증을 소지하지 않았다는 이유로 수용소에 감금되었다가 구타로 사망한 쑨즈강 사건은 '신뢰의 위기信任危機'에 불을 지폈다. 지난해부터 공론장에 심심찮게 등장한 '네이쥐안內卷'은 앞으로 나아가지 못하는 일종의 퇴행 상태involution에 대한 중국어 번역어로, 실패와 퇴로를 허용하지 않는 경쟁이 매일의 의례가 된 현실을 비추고 있다. 나는 한국 사회의 경쟁에서 정지 버튼 없는 러닝머신을 떠올렸는데(조문영 2020), 중국의 인류학자 샹뱌오項飆(2020)는 경쟁 속의 중국인을 쳇바퀴 도는 팽이에 비유한다. "우리 모두 자신을 끊임없이 채찍질하면서 공회

전만 반복하는 상황입니다. 활력의 함정에 빠져서 에너지만 잔뜩 소모하고 있죠."

쉴 새 없이 달리거나, 기약 없이 맴돌기만 하는 대표 주자로 양국 모두 '청년'을 지목한다. 근현대 역사에서 줄곧 구국과 애국, 발전과 성장, 사회적 생산과 재생산의 기표로 '청년'을 소환해온 두 나라에서, 가뜩이나 경제성장이 둔화하고 인구노령화 속도가 가파른 상황에서, 일자리가 없는 청년, 우울한 청년, 결혼과 출산을 포기하거나 거부한 청년의 등장은 재앙에 가까웠다. 청년의 위기를 국가의 위기로 여긴 만큼, 양국 정부는 청년을 사회문제로 프레임하고 갖가지 처방을 내놨다. 더 경쟁력 있는 인적 자본으로 거듭나길 요구하면서 양국 청년들의 뜀박질, 팽이질을 조장하는 한편, 청년을 위한 고용과 주택 관련 정책도 꾸준히 쇄신했다. 사회의 환부로 등장한 청년에게 무너져가는 사회를 구원할 책임을 부과하는 모습도 양국의 공통적인 풍경이었다. 한국에서는 지역의 브랜드화에 발 벗고 나선 자치정부와 민주화 운동을 거치면서 정부의 전략적 파트너로 부상한 시민단체의 합작하에 사회적 기업, 협동조합, 마을 만들기, 도시재생 등 각종 프로젝트가 급증했다. 교육·문화자본을 갖춘 청년들이 사회를 돌보고 활력을 불어넣을 핵심 인력으로 소환되었다. 중국에서는 문화대혁명 시기 도시 청년을 농촌으로 내려 보낸 상산하향上山下鄕과 유사하게, 도시의 대학생이나 대졸자를 촌관, 당 간부, 사회복지사, 자원활동가 등의 신분으로 농촌에 파견하는 정책이 중앙과 지방에서 우후죽순 늘어났다(김재석 2021). 농촌에서 봉사를 마치면 공무원 시험 가산점을 제공하는 식의 유인책도 등장했다.

하지만 '사회의 위기'와 '청년의 위기'를 일거에 다스리는 해법으로 양국 정부와 미디어의 전폭적인 지지를 받은 것은 단연 창업이다. 정부 주도하의 각종 사회건설 프로젝트가 임시직 일자리만 양산한다는 이유로, 청년의 '의존성'을 심화시킨다는 이유로 (한국의 경우) 진보와 보수 양쪽에서 의구심을 낳은 반면, 청년이 스스로 기업가가 되어 경제성장을 견인한다는 발상은 각계의 찬사를 끌어냈다. 특히 '소셜 이노베이션social innovation'은 2000년대 말 글로벌 금융위기 이후 "윤리적", "포용적", "창조적"이란 수사를 부착한 자본주의의 핵심 테제로서, 청년실업의 위기를 청년창업의 기회로 바꿔내는 주술적 힘을 발휘하고 있다. 이 용어는 한국에서 사회혁신, 중국에서 사회창신社會創新으로 번역되는데, 기존의 사회구성을 문제화하고 새로운 해결책을 모색했던 흐름과 열망이 내부에서도 상당히 이질적이었기 때문에(이승철·조문영 2018) 용어의 역사와 쓰임새를 국가별로 비교하긴 어렵다.◆ 하지만 한국의 소셜벤처, 중국의 사회창신창업 현장에서 내가 만난 청년들은 '소셜 이노베이션'을 새로운 IT 기술과 아이디어를 동원해 사회문제를 해결하는 것으로 비교적 느슨하게 정의했고, 생태 위기와 불평등처럼 전 세계가 공통으로 겪는 사회문제를 정부에 일임하는 것은 불가능하고, 심지어 비효율적이라는 생각

◆ 중국에서 이노베이션 개념이 수용되어온 과정, 특히 '혁신' 대신 '창신' 언어가 현재 선호되는 배경에 대해서는 은종학(2021)의 논의를 참고하기 바란다.

을 공유했다.

재미와 의미, 공익과 수익을 동시에 추구하는 기업가 청년이야말로 청년의 미래성, 잠재성을 성장동력으로 삼는 국가가 가장 바라던 형상이다. 한국이든 중국이든 지도자가 직접 창업을 독려하고, 정부가 대기업과 대학, 비영리재단과 시민단체(중국의 경우 사회조직과 인민단체)의 자원을 연결해내고, 경진대회, 공모전, 육성프로그램 등 각종 지원사업을 양산한 배경이기도 하다. 2014년 다보스포럼에서 "모두가 창업하고 혁신하라大衆創業 萬衆創新"는 슬로건을 발표하며 이른바 '쌍창雙創' 개혁에 불을 지핀 리커창 총리는 이듬해 1월 선전 최초의 메이커 스페이스를 전격 방문해 젊은 창업자들을 독려했다. 2017년 문재인 대통령은 고용 없는 성장과 경제적 불평등을 극복할 수 있는 대안으로서 사회적 경제의 중요성을 설파하기 위해 서울 성수동의 한 코워킹스페이스에서 일자리 위원회를 개최하고, 소셜벤처 종사자들과 담소를 나눴다. 이 책의 10장과 11장에서 보듯, '청년', '혁신', '사회적 가치'를 결합해 분단체제, 양안관계의 긴장을 희석하는 정부의 대외활동·창업 지원책도 급증했다.

하지만 "동방의 실리콘밸리" 선전과 "소셜벤처 밸리" 성수동에서 내가 만난 청년들 다수는 정부의 청년창업 정책이 본격화되기 훨씬 전부터 다양한 경험을 통해 스타트업 세계에 진입했다. 사회적 기업, 사회혁신, (빈민에게 소액 대출을 제공하는 방글라데시의 사회적 기업인) 그라민은행 등 자신에게 영향을 미친 사안을 자국의 정부 지원사업을 통해서가 아니라 인터넷 미디어를 통해 먼저 접했다. 케빈과 준영처럼 IT 기업에서 새로운 조류를 경험하거나, 미국과 유럽의 대학, MBA, 민간재단, 비영리단체에서 시행하는 연수 프로그램이나 컨퍼런스에 참여하거나, 실리콘밸리의 각종 플랫폼에 접속해 온라인 커뮤니티에서 정보를 주고받으면서 국경에 그다지 구속받지 않는 방식으로 세계를 구축했다. 이 세계의 한중청년들은 대체로 '사회'나 '社會'가 아닌 영어 '소셜social'을 고집했고, pivot, demo day, angel, incubator, accelerator, series A, B 등 실리콘 밸리에서 파생된 각종 스타트업 용어들을 그들만의 에스페란토로 삼았다. 사업 설명이나 교류에서 "social innovation", "social impact", "social enterprise", "social quality", "social value" 같은 모호한 개념들을 마구잡이로 나열해도 이의를 제기하는 사람이 드물었다. (빅테크 기업에 대한 중국 당국의 단속이 매서운 현재라면 상황이 달랐겠지만) '소셜' 네트워크를 통해 연결된 젊은 창업자들은 중국에 대한 혐오보다 부러움을 드러냈다. 중국에서 창업을 도모한 한국인들의 경험을 나누는 컨퍼런스에서 발표자들은 "중국과 달리 한국은 '부'를 의심하고 본다", "중국은 (한국과 달리) 영웅을 받들어주는 사회"라며 한국에서 기업과 재부에 대한 홀대에 서운함을 내비쳤다.◆ 성수동 소셜벤처 종사자들과의 인터뷰에서도 "마윈은 태극권 영화에도 나오는데 (엔씨소프트 대표) 김택진은 광고에 출연했다가 욕만 바가지로 먹었다", "한국 사회는 (성공한 기

◆ 스타트업 얼라이언스·플래텀 주최, 제2회 '중국의 한국인: 중국의 혁신과 미래, 그리고 한국인' 컨퍼런스(2017.10.31.).

업가보다) 여전히 코워킹스페이스를 벗어나지 못하는 젊은 도전자를 가장 좋아한다", "사촌이 땅을 사면 배가 아프다는 한국 속담을 내 중국 친구들은 이해하지 못한다" 같은 언급이 튀어나왔다.

후술하겠지만, 사회혁신 스타트업에 참여하는 청년들 내부의 차이도 청년이라는 세대집단의 다양성만큼이나 뚜렷하다. 하지만 이 생태계에서 어느 정도 적자適者가 된 젊은 기업가들은 우리 시대가 주조해낸 '약자' 또는 '피해자'로서의 청년 표상과 거리가 멀고, 나아가 이 표상을 당당히 거부한다. '청년'이 (특히 한국의) 사회문제 공론장에서 주요 화두가 되면서 각종 불평등에 대응하기 위한 정책과 제도가 많아진 것은 반갑지만, "'88만 원 세대' 담론과 'N포 세대' 담론으로 완성된 '불쌍한 청년' 서사는 … 세대 내에서 유리한 위치를 점하고 있는 청년들마저도 스스로를 '피해자'로 인식하는 길을 트기도 했다"(김선기 2021: 240-241). 언론과 기업은 이 '피해자' 표상에 떨떠름한 청년들을 '밀레니얼 세대', 최근에는 'MZ세대'로 새롭게 호명하면서 소비 스타일을 밝히겠다고 야단이다. 하지만 비판적 연구자들은 '약자'에 시선을 둬야 한다는 책무감으로—때로 '약자'를 선험적으로 가정하는 우를 범하면서—이들을 청년 논의에서 곧잘 배제한다. 나라고 예외가 아니지만 궁금함이 남는다. 한국과 중국의 창업 청년들이 '기업'을 통해 '사회'를 변화시키고 싶다는 열망이란 과연 무엇인가?

"마윈처럼,
빌 게이츠처럼"

중국 남부 광둥성 선전은 중국 최초이자 최대 규모의 경제특구로, 중국 개혁개방의 브랜드라 해도 과언이 아니다. 홍콩과 인접한 한적한 어촌은 불과 40여 년 만에 1200만여 명이 거주하는 대형 도시로, 1인당 GDP가 3만 달러에 달하는 경제 허브로 거듭났다. 초기의 선전은 외국의 자본과 기술, 정부의 지원, 농촌에서 몰려든 값싼 노동력을 기반으로 한 단순 하청생산 중심의 제조업으로 급속한 성장을 구가했다. 하지만 1997년 홍콩 반환과 2001년 WTO 가입 이후 개혁개방의 완충지이자 시험장으로서 이 도시가 갖는 전략적 중요성이 퇴색하면서, 2000년대 이후 IT 산업이 새로운 성장동력으로 급부상했다. 노동 착취와 생태환경 악화로 오명을 떨친 제조업 공장들이 도시의 외곽이나 중국 내륙, 동남아시아로 이전했고, 첨단 기술과 금융 산업이 세련된 고층 빌딩의 외관으로 새롭게 자리를 꿰찼다.

중앙정부는 '중국제조 2025', '인터넷 플러스'라는 양대 정책을 중심으로 선전의 '혁신'을 적극적으로 지원했고, 선전시 정부도 창업 요건을 대폭 완화하고 자금지원과 호구전환의 특혜를 베풀면서 젊은 인재를 발 빠르게 유치했다. 이미 텐센트, 화웨이, DJI(드론), BGI(유전자분석) 등 굴지의 IT 기업이 도시의 브랜드 가치를 높인 데다, 중국의 거대한 내수시장과 제조업과의 시너지에 주목한 글로벌 IT 기업들도 앞 다퉈 진출했다. 2017년 선전의 스타트업은 이미 1만여 곳에 달했고, 스타트업에 투자하고 성장을 위한 각종 인프라를 제공하는 엑셀러레이터도 150곳이 넘었다. 이 중 10%는 외국 엑셀러레이터로, 핵스HAX가 2013년 본사를 미국 실리콘밸리에서 선전으로 이전한 일은 스타트업 종사자들 사이에서 일대 사건으로 여겨졌다.

2017년 가을, 나는 선전시 화창베이 창업단지, 선전만창업광장, 선전-홍콩 혁신센터, 선전대학창업원 및 선전과 광저우의 여러 코워킹스페이스를 방문하여 자기 일을 "사회창신창업"으로 범주화하는 다양한 청년들을 만났다. 소셜 이노베이션과 스타트업, IT 기술, 엘리트 청년이 연합한 테크노-소셜 벨리의 풍경은 2013년부터 선전 외곽의 폭스콘Foxconn 공장지대에서 현장연구를 수행하면서 보아온 모습과 너무도 달랐다. 일례로 홍콩과 인접한 선전-홍콩 혁신센터 단지 내 마련된 '청년드림팩토리青年夢工場'는 청년창업을 위해 홍콩과 선전시가 함께 조성한 파크이다. 'WE THE FUTURE'라는 거대한 글자 조형물 뒤로 각 스타트업 사무실과 이노베이션 서비스센터, 클라우드·인큐베이팅 센터, 코워킹스페이스, 쉐어하우스가 드넓게 펼쳐져 있다. '공장'이라는 명칭은 이제 농촌에서 온 가난한 제조업 노동자의 품을 떠나 스타트업 청년의 생활세계로 이동해 '혁신'과 '창조'라는 제품을 생산하고 있었다. 폭스콘 공장의 노동자 청년들이 30년 전 이 도시와 대륙의 도약을 이끌었던 'Made in China'의 시공간에 머문다면, '드림팩토리'의 엘리트 청년들은 가까운 미래에 실리콘밸리를 추월하겠다고 선언한 도시의 중심에서 'Created in China'를 디자인하고 있었다.

선전-홍콩 혁신센터 단지

스타트업 안에서도 사회혁신에 초점을 맞춘 청년들은 주로 기업, 국제기구, 비영리재단, 지방정부를 고객으로 삼아 문화콘텐츠나 공익 이벤트를 기획하거나, 소외계층이 접근 가능한 상품을 개발하는 일을 했다. 재미와 의미, 개인의 경험과 세계의 변화에 대한 열망을 결합해 환경, 도시, 교육, 보건 등 여러 주제의 스토리를 제작하고, 이를 자본화하여 플랫폼 비즈니스의 핵심인 커뮤니티와 네트워크를 확장했다. 무엇보다 이들은 새롭고 가치 있는 스토리의 제작자이자 실천가로서 '청년' 표상을 소환했다. 다큐멘터리 〈체인지메이커〉에서 케빈은 왜 청년이 사회혁신의 주체가 되어야 하는가에 답하기 위해 그라민뱅크 설립자이자 노벨평화상

수상자인 무함마드 유누스를 질문자로 등장시킨다. "당신(케빈) 같은 청년들은 무제한의 힘을 갖게 되었어요. 그렇다면 스스로 물어야 합니다. 이 힘을 무엇을 위해 쓸 건가요?"

내가 만난 청년들은 이 "힘"을 자기만을 위해 쓰고 싶어 하지도, 그렇다고 중국의 당과 국가가 '청년'에게 기대하는 바를 수동적으로 따르고 싶어 하지도 않았다. 이들은 권위주의 체제하에서 자신과 사회, 세계의 문제에 대해 의견을 개진하고 동의를 획득할 기회로 사회혁신이라는 모호한 기표의 정치적 가능성을 재발견했다. '선한 비즈니스Business for Good'를 새로운 방식으로 추구하는 윤리적·창의적 기업가를 자처함으로써, 중국의 꿈을 위해 진력하는 청년 주체의 표상을 일방적으로 강요받는 대신, 사회적 의제를 발굴하고 다양한 참여의 플랫폼을 조성하는 능동적인 행위성을 발휘하고자 했다. 선전에서 벤처캐피탈 회사의 애널리스트로 일하는 오랜 중국 친구는 내가 만난 청년 창업가들의 열정과 포부에 대해 언급하자 다음과 같이 말했다. "한국에서는 청년들이 촛불을 들어서 세상을 바꿨잖아요. 여기선 당연히 그럴 순 없죠. 대신 기업가로서 세상을 바꿔볼 수 있어요. (알리바바의) 마윈이 국가를 다스리진 못해도 빌 게이츠처럼 전 세계의 사회문제를 해결하는 데에 기여할 수 있지 않을까요?"◆ 그가 "여기선 당연히 그럴 수 없다"라고 말한 정치 체제

◆ 이 글을 쓰고 있는 2021년 여름, 마윈과 빌 게이츠는 중국 정부의 제재 및 부적절한 성관계라는 각기 다른 이유로 가십의 대상으로 전락했지만, 당시 이들은 전 세계에 선한 영향력을

의 문제를 내가 만난 청년들은 중국 사회의 갑갑함과 근엄함으로 소묘했다. 중국의 교육제도는 "일방적 명령"밖에 할 줄 모르고, 어른들은 "반드시 이걸 이렇게 하라"며 진로를 강요하고, 이런 환경에서 자란 젊은이들은 "한마디로 놀 줄 몰랐다". 케빈은 사회문제 해결을 즐겁게 함께할 역량이 결핍된 중국인을 축구팀에 비유했다. "축구시합에서 잘하려면 다들 각자의 역할에서 충실하면 되는 건데, 중국 팀은 누구나 전방 공격수가 되어야 한다고 가정하죠."

정부를 상대로 일해본 경험이 있는 청년들의 비판은 좀 더 노골적이었다. 미국에 자회사를 둔 엑셀러레이터에 취직하기 전, 구어빈은 도시계획과 농촌개발에 관여하는 프로젝트 대행사에서 일했다. 영국 유학 중에 사회적 기업에서 활동한 경험을 맘껏 발휘할 수 있으리란 기대는 허물어졌고, 정부 관리의 부패를 무기력하게 바라보기만 한 자신이 "정부와 부동산회사에 이용당하는 기계"에 불과했다고 회고했다. 구어빈과 같은 청년들에게 기업가정신의 수행이란 일상적인 억압에 대항해, 또는 억압에도 불구하고 자신들이 쟁취한 것이었다.

사회혁신 스타트업의 세계는 엘리트 청년들이 인터넷 미디어와 해외 유학 경험, 다양한 글로벌 활동에 참여하면서 국가라는 영토성, 민족이라는 정체성으로부터의 탈착을 부분적으로 경험하는 장이다. 그렇지만

행사하는 기업가의 모범으로 추앙받았다.

국가·민족 담론은 비판과 거부의 대상으로 주변화되기보다 선별적으로 재등장하고 있다. 중국몽의 호위부대가 될 생각도 없지만, 실리콘밸리의 아류로 남고 싶지도 않다. 자국에서 비즈니스를 수행할 때 당-국가체제의 인정과 지지가 긴요하다는 현실 인식, 개인의 성장사와 중국 '제국'의 대서사가 교직하고 있다는 데 대한 자부심, 정치적 검열과 주입식 교육이 국외에서 희화화되는 데서 느끼는 불편함, '조국'에 대해 정동적으로 체화되어온 민족주의가 중첩되면서 청년들의 창업 활동에서 '중국'은 일종의 큐레이션의 대상이 되었다. 청년 기업가들은 사회주의 당-국가체제와의 불화를 피해가는 한편, '중국'을 표상하는 다양한 요소들 가운데 당과 정부의 인정을 획득한 전통문화와 지역성을 선별적으로 소환해 매력적인 스토리를 만들고자 했다.

가령 젊은 창업가 친후이는 창의적 아이디어를 지닌 개인들이 모여 무언가를 만들어내는 '메이커Maker' 문화에 매료되었다. 메이커 제품을 유통하고 관련 문화컨텐츠를 제작하는 스타트업을 설립한 뒤 첫 사업으로 '메이커 페어 시안Maker Faire Xi'an'을 개최했다.

"시안西安은 아시다시피 13개 왕조의 천년 고도였죠. … 중국 전통문화와 접목해서 메이커 개념을 새롭게 재구성해보고 싶었어요. 미국 라이선스 때문에 M로봇 문양은 바꿀 수 없지만, 대신 그 옆에 (진시황의 무덤 부장품인) 병마용 문양을 집어넣었어요. 중국 아이들도 귀엽고 생동감 넘치는 디자인을 보면 전통에 다시 관심을 두게 될 것이고,

'Maker Faire Xi'an' 로고가 담긴 기념품

외국인들도 이 문양을 보면서 'Wow so cool' 할 수 있잖아요. 그림자극 인형을 만드는 어르신, 연을 만드는 어르신들도 집마다 방문해서 페어에 참가하도록 설득했죠. 이분들이야말로 메이커잖아요." (2017년 11월 16일)

요컨대, "개혁개방의 자식들"로 태어나 소비의 자유와 정치참여의 자유가 엇박자인 상황에서 성장한 중국 청년들의 인식세계가 "거대한 역사를 소小시대로 바꿔내는" "역사 허무주의"(양칭샹 2017: 51)로만 귀결된 것은 아니다. 오히려 국경을 넘어 전 지구적 화두에 개입하고, 온라인과 오프라인을 경유해 글로벌 네트워크를 구축함으로써 '대大시대'에 대한 비전을 찾는 데 동참하고 싶은 열망, 국가와의 관계를 자발적·능동적인 방식으로 조율하고 싶은 열망이 윤리적·창의적 기업가 주체성을 형성해 내고 있었다.

변화는 기업이 주도한다는 믿음

중국의 청년 기업가들이 (직접 언급하지 않지만) 정치적으로 권위적인 당-국가체제에서 파생된 사회문화를 잠재적 대립물counterpart로 삼는 것과 달리, 서울 성수동에서 내가 만난 한국의 소셜벤처 종사자들은 종종 이전 세대의 사회운동 집단을 자신이 생각하는 혁신의 대립물로 바라봤다.

한국과 중국에서 '사회적 기업social enterprise'이 밟아온 다른 궤적은 이 차이를 이해하는 데 중요하다. 중국에서 사회적 기업社會企業은 서구와 교류가 많은 NGO나 학계의 큰 관심을 받았으나 중앙정부의 통일된 정책이 존재하지 않고, 민간 인증기관도 큰 영향력을 발휘하지 못하는 상태이다. 이와 달리 한국은 2007년 고용노동부 주도로 〈사회적 기업 육성법〉을 제정했다. 사회적 기업을 "취약계층에게 사회서비스 또는 일자리를 제공하여 지역주민의 삶의 질을 높이는 등의 사회적 목적을 추구하면서 재화 및 서비스의 생산·판매 등 영업활동을 하는 기업"으로 정의하면서, 사회적 기업을 운영하고자 하는 자는 "고용노동부 장관의 인증을 받아야" 함을 명시했다. 이러한 한국의 법 제정은 권위주의적 국가개입을 견제하는 동시에 탈규제화된 시장지배를 제어하고자 노력한 시민운동의 성과이기도 하지만(조문영·이승철 2017: 109), 벤처·스타트업이나 IT 업계를 경유해 소셜벤처 장에 진입한 청년들에게는 이질적인 흐름으로 여겨졌다. 글로벌 교류나 경영학 수업을 통해 'social enterprise'를 접했던 창업자들은 정부의 인증을 받지 못하는 경우 '사회적 기업'이란 명칭을 쓸 수 없다는 점, 일자리 제공이 사회적 기업의 최상의 목적이어야 한다는 점을 수용하기 어려웠고, 대신 '소셜벤처'라는 별도의 명명 아래 삼삼오오 집결했다.

서울시 성동구 성수동은 소셜벤처의 집결지이자, '소셜'의 의미와 문법을 제조하는 새로운 공장지대이다. 처음부터 서울시 정부가 계획하고 공공기관이나 정부 지원 NGO가 대거 입주한 은평구 불광동 서울혁신파크와 달리, 성수동 지역은 민간자본이 모이면서 하나의 클러스터를 형성하고, 최근에야 정부가 지원하는 공공기관이 입주하기 시작했다. 허름한 주택가와 영세 작업장이 뒤섞인 강북 변두리 지역이 '소셜벤처 벨리'라 불리기까지 불과 5년 정도의 기간밖에 걸리지 않았다. 대형 IT 기업이나 컨설팅 회사에서 일하다 그라민은행 같은 사회적 기업가 스토리에 자극받아 방향을 선회한 젊은 엘리트들, 일찌감치 인터넷 기술과 사회적 가치를 결합한 스타트업으로 두각을 나타낸 창업가들이 벤처 1세대 기업가들과 협력하여 임팩트 투자·평가기관을 조성했다. 이 기관들이 육성하고 투자하는 소셜벤처가 성수동 일대 코워킹스페이스에 입주하고, 문화자본을 갖춘 젊은이들을 위한 상권도 빠르게 형성되기 시작했다.

이곳의 기업가 청년들이 사회적 기업에 거리감을 느끼는 이유는 까다로운 인증절차나 일자리에 방점을 둔 정책 때문만은 아니다. 성수동에서 내가 만난 청년들은 민주화 운동이나 시민운동 출신 중장년 인사들이 사회적 경제라는 제도권 영역에서 진입하면서 보인 행보에 대해 불편함을 내비치며, 소셜벤처와 사회적 기업을 각각 비즈니스와 (사회)운동, 젊음과 '꼰대', 창의적 아이디어와 비효율적 행정으로 구별하기도 했다. 한 엑셀러레이터는 "자활과 자립에 초점을 맞춘 운동가 출신 사회적 기업 1세대"와 자신을 구분했고, 코워킹스페이스 대표는 "저희는 행사 기획할 때 '활동가'는 일단 배제한다"라고 선을 그었다. 성수동에 오기 전 서울혁신파크에서 사회적 기업 관련 공모사업을 담당했던 소셜벤처 투자 담당 정민은 사업이 독선적·관료적·비합리적인 방식으로 운영되는 데 따른 불만으로 일을 그만뒀다.

"반면 여기 성수동 소셜벤처는 … 마지막 보루 같은 느낌이에요. 젊은 저희 같은 밀레니얼 세대들이 뭔가 수평적인 문화에서 자기 의견을 적극적으로 개진할 수 있고, 꼰대 없고, 뭔가 일을 빨리 배우고, 일하면서 나를 바꿔나갈 수 있는 마지막 보루 같아요. 성수동은 자원을 이미 갖고 계신 분들이 자기 돈을 내서 세운 게 되게 많아요. 다른 데는 운동권이셨던 분의 reputation(평판)에 따라서 자금을 배정을 받다 보니 자유로울 수가 없는데, 여긴 어쨌거나 목표를 달성하기 위해 가장 효과적인 방법을 선택하자는 데에 자원을 출자한 분이 동의했고, 그래서 이야기하기 좋고 자원이 풍족한 편인 거죠." (2017년 12월 20일)

정민의 "운동권" 비판은 사회운동 자체의 지향보다 '위선'에 초점을 맞춘다. 민주와 정의를 강조했던 어른들이 정작 사회적 기업이나 NGO 운영에서 과정과 절차를 무시하고, 특정 인사의 명망에 휘둘리는 양상은 기대에 대한 배반으로 여겨졌다. 앞서 소개한 '리워크RE:WORK' 컨퍼런스에서 연사로 나선 수제맥주 창업가는 국제개발 NGO에서 일하면서 자본 없는 공익추구는 허상에 불과함을 깨달았다고 말했다. "NGO에서 일 잘한다는 것은 결국 펀딩 따오는 능력이더라고요. 아, NGO에 가면 결국 영업하는 거구나. 하지 말아야지! 의미 있는 일을 하되 돈을 벌어야겠다는 생각을 그때 했어요."

IT 벤처업계를 거쳐 소셜벤처에 진입했든, 사회운동이나 NGO, NPO 경험을 쌓고 방향을 선회했든, 성수동에 모인 청년들은 기업의 위상과 역할을 인정하면서 사회적 가치를 추구해야 한다는 생각을 공통으로 갖고 있다. 사회운동 배경을 자본화하면서 권위적·위선적 행보를 보이느니, 차라리 처음부터 당당하게 기업가 선언을 하는 게 더 깨끗하고 투명하다는 믿음이 인터뷰 곳곳에서 등장한다. '소셜 임팩트'를 창출하는 프로젝트와 개인 투자자를 연결하는 금융 스타트업 대표는, "비즈니스의 장점 중 하나는 인간이 돈에 의해 움직인다는 아주 단순한 사실을 이용하는 거다. 우리는 그 사실에서 출발해 (사회적) 가치를 추구한다"라고 말했다. 아티스트와 팬이 창작물로 교류할 수 있는 플랫폼을 만든 청년 기업가는 소셜벤처 인큐베이터에서 투자와 멘토링을 받으면서 인상 깊었던 말을 떠올렸다. "자본주의 사회에서 상업 활동을 하는 게 어떤 가치를 확산하는 데 가장 효과적이고 빠르다, 거기 이사님 중 한 분이 이런 말씀을 많이 해줬어요. … '가장'인지는 모르겠지만, 이 말이 너무 와닿았어요."

(앞서 소개한) 준영한테 "지금은 기업의 시대"라 주장한 까닭을 물었더니, 그는 좋든 싫든 기업이 대세가 되었음을 강조했다.

> "지금은 거의 모든 사회구성원이 가장 민감하게 반응하는 게 돈이잖아요. 돈이랑 밀접하게 관련된 주체가 기업이니까. 심플한가 … 돈이 나쁘냐 하면 꼭 그렇게 생각하진 않아요. 그 돈을 움직이는 주체가 기업이고. 그럼 기업이 사람들의 생각과 행위에 가장 큰 영향을 미칠 수 있겠구나 하는 생각을 했어요." (2017년 12월 7일)

기업의 '합리성'과 '효율성'을 강조할수록, 정부는 대조적인 타자로 등장한다. 정부의 부패를 비판하는 선전의 청년들과 달리, 소셜벤처업계에서 비교적 성공한 한국 청년들은 정부가 청년들의 창의적인 아이디어와 기술을 부당하게 가로채고 있다는 점, 자율적이어야 할 기업 활동을 정부가 지원과 보호라는 명분 아래 간섭해서 창업생태계를 외려 망친다는 점을 신랄하게 지적한다, 사용자 중심의 부동산 시장을 지향하며 공간 공유 플랫폼을 운영하는 선주는 "다시는 정부와 일하지 않겠다"라며 억울했던 경험을 토로했다. 정부와 계약하에 지역의 낡은 시설을 개조해서 청년들의 스터디룸이자 일자리 준비 공간을 제공할 수 있도록 플랫폼 작업을 도왔는데, 수개월 후 시에서 자체 제작한 사이트가 자신의 콘셉트, 디자인, 운영방식을 완전히 모방했단 걸 알았다. 담당자의 사과를 받았지만, "스타트업은 대기업이 뺏어가고, 소셜벤처는 정부가 뺏어간다"라는 암묵지를 재차 떠올렸다.

성수동에서 만난 청년들이 선전에서 만난 중국 청년들보다 정부에 대한 비판이 훨씬 노골적이고 구체적인 것은, 제도적 민주화 이후 민관협력의 장이 그만큼 확대되었음을 보여주는 것이기도 하다. 하지만 정부의 지원과 개입에 대한 시선은 하나로 귀결되지 않는다. "일찌감치 죽어서 창업생태계의 양분이 되어야 할 기업을 좀비처럼 살려두고 있다"라는 비난도 등장하지만, '지원'의 생태계가 창업의 문턱을 낮춰주고 이런저런 경험을 쌓게 돕는 일종의 사회적 보호 메커니즘이란 해석도 가능하다. 후술하겠지만, 이 세계에서 자신을 당당히 '기업가'로 호명할 수 있는 청년은 소수이기 때문이다.

'소셜'이라는 신기루

마크 피셔는 "자본주의가 유일하게 존립 가능한 정치·경제 체계일 뿐 아니라 이제는 그에 대한 일관된 대안을 상상하는 것조차 불가능하다는 널리 퍼져 있는 감각"(피셔 2018: 11-12)을 '자본주의 리얼리즘'이란 명명으로 포착한 바 있다. 이 감각은 기존의 비판 진영을 무기력의 늪에 빠뜨렸지만, 사회혁신이라는 새로운 엔진을 장착한 스타트업 세계에서는 유일한 희망이 기업이라는 전도된 믿음을 등장시켰다. 정부가 지원해온 사회적 기업이나 비영리재단이 후원해온 공익

활동 역시 소셜벤처의 언어와 문법을 차용하기 시작했다는 점은 의미심장하다. 일례로 서울시 NPO지원센터는 수익이나 상장이 목적이 아닌 비영리조직에도 새로운 기술과 아이디어, 빠른 의사결정 등 스타트업이 갖는 장점이 반영되어야 한다며 2017년 이후 소셜벤처 데모데이demo day와 유사한 '비영리스타트업 쇼케이스'를 개최하고 있다. 중국에서도 사회복지기구나 비영리 사회조직들이 정부의 서비스 구매만 기다리다 경쟁력을 잃었다면서, 정부 의존을 벗어나 창의적으로 자원을 다각화하라는 요구가 공익계公益界에서 빈발하고 있다. 소셜벤처나 사회창신기업을 합리적·효율적·혁신적 모델로 찬양하면서, 반대로 기존의 비영리단체나 사회조직을 관료적이고 비효율적이며, 경쟁력이 없는 상태로 규정하는 언설들이 공론장에 출몰하는 중이다.

하지만 기업의 헤게모니가 굳건해지고, 모든 영역이 비즈니스로 재편되는 게 당연하고 바람직하다면 왜 굳이 '소셜'이 필요한가? 한국이든 중국이든 사회혁신 스타트업의 세계에서 '소셜'은 해시태그처럼 따라다니지만, 정작 누구도 명쾌하게 설명하기 힘든 기표가 된 것처럼 보인다. 이 단어를 과도하게 강조하면 ('소셜'이란 수사를 입히지 않고는 거듭날 수 없는) 기업 자체의 부정성을 인정하는 꼴이 되고, 이 태그를 아예 떼버리면 이 업계의 종사자들이 거리두기를 선언한 대기업이나 투기자본과의 경계가 흐려진다. "인간은 돈에 의해 움직인다"라는 주장을 자명한 사실로 간주하면서도, 현실에서는 자신의 스타트업이 ○○과 수익을 함께 추구한다고 선언하는 이율배반이 매일의 연행이 된다. 상황에 따라 ○○에

"소셜", "가치", "임팩트", "공익" 등 다양한 어휘를 투입하면서 말이다.

하지만 '소셜'의 효용이 모호성의 딜레마를 상쇄하기 때문에 실제 연행에서 이율배반은 큰 문제가 아니다. '소셜'을 내세운 스타트업에서는 사회혁신에서 순환되는 아이디어와 디자인의 논리를 적극 동원하여, 사회문제를 "개개인의 아이디어를 통해 기술적으로 해결 가능한" 영역으로 마름질한다(이승철·조문영 2018: 295). '구조', '시스템'과 같은 난공불락의 언어에 압도되는 대신 사회문제를 해결 가능한 수준으로 재조립함으로써, 나아가 이를 통해 일정한 수익을 창출함으로써 성취감을 맛볼 수 있게 된다. 2017년 12월 소셜벤처 데모데이에서 후속 투자 유치에 성공한 교육 관련 스타트업 대표는 "맞벌이 가정 내 어린 자녀의 방과 후 돌봄 공백"을 사회문제로 제시했다. "구멍 난 돌봄에 … 올 신학기만 초등생 엄마 1만 5000명 퇴직했다"라는 헤드라인의 신문 기사를 보여주면서, 여성의 경력단절을 추가적인 사회문제로 언급했다. '자녀의 돌봄 공백'과 '경단녀'를 사회문제로 마름질하고, 이에 대한 해결책으로 아이와 대학생 선생님을 매칭해 놀이와 학습을 돕는 서비스를 개발했다. 이 대표는 "여성의 육아를 돕는 게 아니라 여성의 일을 장려한다"라는 취지라며 이 해결책의 급진성을 강조했지만, 상기한 두 문제를 동시에 해결하는 게 가장 버거운 대상이 서비스를 구매할 수 없는 빈곤 여성이라는 사실은 문제에서 제외했다. 또 다른 예로, 대학 시절부터 지역 현안을 창업 소재로 삼아온 밍가오는 도시에 대한 '이해 부족'을 사회문제로, 이 문제가 낳은 '귀속감의 부재'를 또 다른 사회문제로 파악하고, 문제에 대한 해결책으로 'Change by Play'란 모토 아래 선전 도시를 탐험하는 게임을 제작했다. "우리 작업은 선전이라는 도시와 항상 연결되어 있어요. 선전은 이민 도시잖아요. 근데 여기서 귀속감을 느끼지 못한다면 그건 도시에서 살아가는 사람들, 그들의 의식과 삶, 문화, 예술에 대한 이해가 부족하기 때문이죠." 여기서 "도시에 대한 이해"를 가져봤자 뿌리 깊은 호구제도 때문에 과객으로 남을 수밖에 없는 외지인들, 저임금과 장시간 노동으로 공장과 기숙사만 오가는 노동자들은 그가 마름질한 사회문제 바깥에 머물렀다.

'소셜'은 사회혁신 스타트업의 생태계를 착취적·투기적 자본주의 생태계와 분리해 바라보게 하는 효용도 갖는다. 세계 최대의 전자상가 단지라 불리는 선전 화창베이의 한 건물에는 메이커스페이스 'H'가 입주해 있다. 중국과 세계 전역에서 온 청년들이 랩을 만들어 갖가지 도구와 기계로 실험을 벌이고, 창업을 도모하는 공간이다. 서울 세운상가에 조성된 '메이커스 큐브'가 정부 주도로 만들어졌다면, 'H'는 이 건물의 주인인 화창베이 그룹의 지원으로 조성되었다. 내가 방문했을 때 완구용 로봇을 만들고 있던 노르웨이 청년은 "서로 윈윈인 셈"이라며 웃었다. "부동산회사가 정부와 협상할 때 우리 같은 랩lab은 좋은 포트폴리오가 됩니다. 우리가 혁신을 서비스로 제공해주는 셈이죠." 나와 동행한 리펑은 그가 말한 "윈윈"이 정량적인 것은 아니지만 일리가 있다고 덧붙였다. "어쨌든 부동산회사가 코워킹스페이스를 끼고 있다는 건 정부에 (허가) 명분을 실어주는 거죠. 첨단 기술 도입과 중소기업 지원이라니 얼마나 멋져요.

요새는 부동산회사가 정부 대상으로 제안서 준비할 때 (창업과 혁신을 독려하는 정부 슬로건인) '쌍창雙創' 문구를 죄다 집어넣어요." 리핑은 실제로 선전에서 부동산업을 하면서 건물 다른 층의 임대율을 높이기 위해 코워킹스페이스를 운영한 경험이 있는데, 사정은 서울 성수동도 크게 다르지 않았다. 부동산 공급 과잉으로 공실률이 계속 높아지는 상황에서 코워킹스페이스는 일종의 매력적인 임대업이라는 이야기, 성수동 땅값이 가파르게 오르고 있어서 이곳에 자기 자본으로 소셜벤처 단지를 조성한 기업가들은 입주한 스타트업이 다 망해도 손해 볼 게 없다는 농담이 여러 인터뷰에서 등장했다. '소셜'은 이러한 부동산 서사를 변방으로 밀어내면서—앞서 정민의 말처럼—성수동을 밀레니얼 세대를 위한 "마지막 보루"로 재현해내는 데 긴요한 쓰임을 갖는다.

한국에서 좀 더 활발하지만, '소셜' 기표는 기업, 정부, 대학 등 각 조직이 '청년창업'을 중심으로 사슬처럼 얽힌 네트워크에서도 일종의 인증 역할을 수행한다. 대학, 컨설팅 회사, NGO가 정부나 대기업, 비영리재단의 공모사업을 수주하고, 대학생/청년을 선발하여 초기 자금과 업무 공간, 멘토링을 지원하고 스타트업 견학을 기획하는 등, 비즈니스와 활동이 중첩된 방식의 창업 육성프로그램이 많아졌다. 전문 IT 기술을 습득하지 않은 청년들이 지원하는 프로그램은 대부분 "소셜벤처", "비영리스타트업", "사회혁신스타트업"처럼 '소셜' 기표가 장착된다. 여기에 맞춤형 뉴스피드를 제공하는 소셜미디어에서 소셜벤처를 발굴하는 신문까지, 미디어는 '사회적 가치'의 추구를 청년다움의 한 속성으로 자연화하면서 '청년'과 '소셜'을 결합한 스토리를 꾸준히 생산하고 있다. 유제품 기피 고객을 위한 온라인 판매숍을 운영하는 형식의 창업 과정은 '소셜' 기표의 우발적 행위성을 잘 보여준다.

"창업에 관심이 있어서 SNS에서 관련 포스팅에 '좋아요'를 누르다 보니 뉴스피드가 그쪽으로 쏠리더라고요. 그 와중에 스타트업 캠프 신청 공모가 두 개 떴어요. 둘 다 '소셜'(에 관한 것)이었어요. ××기업은 처음부터 사회혁신을 내세웠고, 다른 캠프의 경우 지원할 수 있는 섹터가 세 개였는데, (문과인) 제가 지원할 수 있는 건 소셜밖에 없었어요. 결국 판이 깔려서 들어가게 된 건데…." (2018년 3월 26일)

형식이 기억하는 석 달여의 창업캠프는 아이디어만 가지고 뛰어든 청년들이 사회문제를 찾아야 한다는 부담과 싸우고, 어떤 사회문제가 비즈니스에 적합한가를 두고 씨름하는 과정이었다. 캠프 초반의 '문제 탐색 주간'은 사회문제를 이해하고, 정의하고, 탐구방법을 습득하는 일련의 워크숍으로 빼곡하게 채워졌다. 사회문제를 발견하는 과정은 녹록치 않았다. "어떤 조는 식당의 노쇼no-show 문제를 해결하고 싶다고 했는데 이게 왜 사회문제인지 다른 조에서 이해를 못했어요. 이게 왜 소셜이냐고 계속 질문을 받다 보면 스트레스를 받아요. 소셜에 관심이 없는데 들어온 친구들은 더 힘들어했어요." 워크숍 과정에서 그가 배운 사회문제는 임팩트가 있고 시의적절한 "트렌드"여야 했다. 처음에 구상했던 여성의 안전문제는 이 조건에 부합하는 듯했지만, 정부 기관을 방문해 조언을 구한 뒤 스타트업 선에서 해결할 수 있는 문제가 아니라는 판단에 포기했다. "쉽게 어필이 안 되거나 올드한" 사회문제도 제외했다. 구체적인 예로 형식은 대도시와 지방의 교육 격차를 언급했다. "지방의 공무원이나 선생님들은 되게 좋아하는데 여기(서울)선 어필이 안돼요."◆ 형식은 의미도 있으면서 "아이디어 자체가 그럴싸한" 아이템을 찾다가 결국 개인적인 경험에서 출발해 회사를 창업했다.

형식처럼, 한국과 중국에서 내가 만난 청년 대다수는 '소셜' 기표와 곡예 중이었다. 사회적 가치에 엄숙한 진정성을 부여하는 대신, 소비자 대중이 원하는 "핫한 소셜"을 가려내고, '소셜' 단어가 비즈니스의 수익성을 저해하지 않도록 "덜하지도 과하지도 않게" 사용해야 한다면서 '소셜' 기표의 탄력성을 스스로 인정하기도 했다.

'우리'의 리트머스 시험지

일반적으로 스타트업은 엔젤 투자에서 시리즈 A, B, C까지 단계를 거치며 투자금을 받고, 최종적으로는 인수합병

◆ 이 책 5장에서는 미디어가 서울로 향한 지방대생들이 겪는 어려움에 주목할 뿐, 지방에서 청년들이 어떻게 살아가는가는 거의 다루지 않고 있음을 지적했다.

M&A이나 기업 공개-주식시장 상장IPO을 통해 엑시트exit를 하는 것을 목표로 삼는다. 하지만 이 과정은 일반적인 스타트업의 경우에도 요원하고, 수익과 공익을 동시에 강조하는 사회혁신 스타트업의 경우에는 불가능에 가깝다. 이 때문에 한국의 소셜벤처나 중국의 사회창신창업 종사자들은 사회적 가치를 진지하게 고민하는 청년들의 유입을 바라지만, 이들의 네트워크는 앞 절에서 보듯 '소셜'을 도구화하는 방향으로 작동한다. 일반 기업과의 경쟁이 어려우므로 정부, 대학, 비영리재단의 투자나 지원이 필요하다는 데 공감하지만, 창업 '지원' 생태계에서는 "소셜을 적당히 버무리면 (공모사업) 서류전형은 거뜬히 통과한다"라는 말이 심심찮게 오간다. 비교적 성공한 소셜벤처 대표들은 "냉정하게 얘기하면 그만큼 우수한 인재들의 유입이 잘 안 되는 필드이다", "진짜 똑똑한 애들은 돈이 되는 곳에 간다", "뜻은 가상하나 나이브하다", "유입되는 애들의 기업가 역량이 부족하다"라며 비즈니스에서 '소셜'이 갖는 위치에 대해 불편한 속내를 드러낸다. 이 흐름에 누구보다 예민한 청년들은 자신의 스타트업이 (예컨대 취약계층을 고용해서) 사회적 비용을 절감하고, 사회적 가치를 추구하여 기업 리스크를 줄였다면서 '소셜'을 기업 역량의 지표로 자리매김하고자 애쓴다.

한국보다 VC(벤처 캐피털)의 투자 비중이 훨씬 높은 중국에서 '소셜'의 위상은 더욱 취약하다. 선전에서 열린 비콥 컨퍼런스에서 자신이 설립한 응급구조 관련 스타트업을 소개하면서, 젊은 대표는 "우리는 고객한테 'social enterprise'라고 설명하지 않는다"라고 단호히 말했다.

"투자자한테 'social' 운운하면 다 비영리단체인 줄로 착각해요. 클라이언트client는 돈을 지급하는 사람인데, 사회기업이라 말하면 뭔가 '비싸게' 내야 하는 것으로 생각하죠. 소비자들은 사회기업이라 말하면 재정제약으로 서비스 질이 낮을 거라 생각해요. 우리는 이들에게 'for profit business with purpose'라고 사업을 설명합니다." (2017년 11월 10일)

사회적 가치에 대한 지향을 견지하면서 시장에서 성공하려면 결국 실적으로 증명하는 수밖에 없을 테다. 하지만 스타트업 투자자들이 당장의 상품보다 잠재성에 주목하고, 비즈니스 아이템을 간결하게 소개하는 피칭pitching이 투자 심사에서 중요한 부분을 차지하는 상황에서 매력적인 상품이 되어야 하는 것은 창업자 자신이다. 그의 상품 가치는 어떻게 매겨질까? 정도의 차이는 있지만, 한국이든 중국이든 학력이라는 공인 인증서, 인맥이라는 타인으로부터 인증, (알리바바, 텐센트, 네이버, 다음-카카오 등) 굴지의 IT 기업 출신이라는 명성이 스타트업 종사자들 사이에서 빈번히 회자된다. 벤처는 대기업의 수직적 위계와 대조되는 수평적 관계를 강조하지만, 의도적이든 아니든 종사자들은 배타적 '우리'의 권역을 확보하고, 그 상품 가치를 높이기 위해 구별짓기를 수행한다.

가령 돌봄 관련 소셜벤처의 운영 매니저인 진우는 데모데이에 참가했을 때 대표가 명문대 출신 인턴과 다른 팀원들의 학력을 PPT에 적고, 서울의 하위권 대학을 졸업한 자신을 단지 포지션으로만 소개한 것에 적잖이 실망했다. "팀 소개를 하거나 VC 사람들 만날 때 그 얘기(학력)가 꼭 나오더라고요. 너무 싫었어요. 새로운 팀원을 소개할 때도 꼭 그 얘기가 나와요. 이 분은 카이스트 나왔고 어쩌고 … 그때 들었던 생각이, 아 니네끼리 다 해 처먹어라 …." 중국은 넓은 영토에 지역별 거점 대학도 다양하고 이주도 활발해서 한국만큼 출신 대학이 두드러진 상징자본으로 등장하진 않는다. 하지만 소도시나 농촌에서 태어나 경제적으로 넉넉지 못한 환경에서 자란 청년들은 스타트업 동료들과의 대화에서 빈번히 소외감을 느꼈다. 선전의 코워킹스페이스에서 창업 관련 행사를 기획하는 샤오리는 장학금을 받아 스웨덴 유학까지 다녀왔음에도 자신이 직장에서 "유일하게 차가 없는 보통가정 출신"임을 강조했다. "동료들은 대부분 부모님이 선전에 집까지 사줬어요. 이 일도 경험 삼아 즐기는데 저만 시간이 지날수록 불안해지는 것 같아요." 샤오리의 의기소침함은 앞서 소개한 메이커 스타트업 창업자 친후이의 당당함과 대조를 이룬다. 자신의 학력이 "변변찮다"라고 말하면서도, 친후이는 부친이 140여 년의 역사를 품고 선전 경제특구의 성장을 견인한 자오상쥐招商局 기업 출신이고, 본인이 선전 "2세대深二代"임을 자랑스럽게 밝혔다.

창업 세계에 진입한 청년들은 엇비슷한 교육자본과 경제자본을 갖추고, 특유의 라이프스타일로 교감할 수 있어야 '우리'로 인정받고, 수평적이면서 동시에 배타적인 커뮤니티에 진입할 수 있다. 이들에게는 일정한 자격이 요구된다. '밀레니얼 세대'의 열정과 발랄함, 추진력을 갖추면서, 동시에 자기 자신을 브랜드화할 수 있는 상징자본을 동원하고 유지할 줄 알아야 한다. 간간이 열리는 밋업meetup이나 파티에서 민감한 화제를 피하면서 분위기를 이끌고, 코즈모폴리탄 감수성을 갖추고 있음을 매너와 취향으로 드러낼 줄 알아야 한다. 선전과 광저우, 서울에서 사회혁신 관련 스타트업 오피스나 이들이 모인 코워킹스페이스를 방문할 때마다, 나는 초국적 유사성에 흠칫 놀라곤 했다. 컨테이너를 재활용한 건축과 투명 인테리어, 영어로 빼곡한 벽 장식과 루프탑, 텀블러와 자전거는 물론, 카페와 공용 공간이 바코드 없이 진입할 수 없는 오피스와 분리된 구조까지 흡사했다. 선전의 한 코워킹스페이스 앞에 모셔둔 불상이 그나마 독특하달까. 성수동 코워킹스페이스의 한 운영진은 벽에 전시된 자기소개란의 'YOUR SKILLS'에 "15살 때부터 기타연주를 해왔습니다. 피아노, 드럼 등을 아주 살짝 다룰 줄 압니다. 디제잉을 배워보고 싶어요!"라고 썼다. "피아노"라는 간단한 답을 달거나 자화자찬을 늘어놓는 대신, 다양한 재능을 겸손하게 밝히면서 관심 있는 타인을 초대하는 능력을 누구나 쉽게 획득하는 것은 아니다.

요컨대, 내가 엿본 서울과 선전의 테크노-소셜 벨리에서 청년들은 윤리적이고 창의적인 기업가, 체인지메이커로 자신을 수양하고, 사회적 가치의 복음을 전하기 위해 네트워크와 커뮤니티를 부단히 확장하지만, 이들의 행위는 연결만큼이나 단절도 뚜렷하다. 변동성이 큰 스타트업 환경에서 리스크를 걸어도 무리가 없을 만큼 안정된 기반에서 시작한 청년들이 주로 '우리'의 리트머스 시험지를 통과하고 물질적·비물질적 울타리를 치는 한편, 열정만 갖고 농촌이나 소도시(중국), '지방'(한국)에서 이 벨

서울 성수동의 한 코워킹스페이스

선전의 한 코워킹스페이스

리에 이주한 청년들은 이곳의 규범과 스타일을 익히는 데 어려움을 겪을 뿐 아니라, 능력과 자본 없이 지원만 좇는 '좀비' 취급을 받기 일쑤다. 벨리의 문턱에서, 대다수 청년은 창업지원금이나 프로젝트를 따내기 위한 분배노동과 생계를 벌충하기 위한 알바 노동을 비즈니스와 병행하며 살고 있다. 앞 절에 소개한 형식은 여러 공모사업을 통해 상당한 지원을 받았음에도 재정적 고충을 토로했다. "스타트업을 하려면 어느 정도 자기 돈이 있어야 해요. 그런데 아무도 (창업을 부추기기만 하고) 그 말을 안 해줬어요."

연결과 단절은 오프라인뿐 아니라 온라인에서도 작동한다. (서두에서 소개한) 케빈의 회사는 여러 기업과 재단의 후원을 받아 체인지메이커 대회를 개최하고, 그 "사회적 영향력social impact"을 "7명의 체인지메이커 귀빈 + 520명의 참여 관중 + 1185만 관중참여 영상 + 1.8억 (인터넷 미디어) 노출량"이라는 수치로 제시했다. 인터넷 미디어의 '접속'을 통해 기호와 숫자로 표시되는 사람들과 자원들. 자신들이 생산한 콘텐츠에 접속한 익명의 다수와의 연결에서 '사회적 가치'를 찾지만, 이 네트워크에 접속할 시간과 자원, 감각을 갖지 못한 다수는 네트워크 바깥에 머문다.

마이클 하트와 안토니오 네그리는 오늘날의 생산이 이중의 의미에서 점점 더 사회적인 것이 되어가고 있다고 주장한다. 생산은 개별 공장이 아니라 광대한 메트로폴리스의 협동 네트워크를 따라 수행된다. 다른 한편에서 생산의 결과는 상품뿐 아니라 사회관계이며, 궁극적으로 사회 자체이다. 그들은 사회적 협력, 정동노동, 인지노동, 디지털 및 소통 테크놀

로지를 새로운 생산양식으로 삼는 데서 '기업가 정신'의 급진적 잠재력을 포착했다. 하지만 기업가 정신을 정부 자원이 사라진 공백을 땜질하거나 자본주의 폭력을 순치시키는 이데올로기에서 구출해서 "다중多衆의 자기조직과 자치"로 전유하려면 투쟁이 필요하다. "사회적 생산이 창출한 잠재력은 사회운동과 노동투쟁의 결합이 이루어질 것을 요구한다. 이것이 다중의 기업가 정신의 핵심적 형태이다"(하트·네그리 2020: 262-263).

기술과 아이디어를 통해 사회를 변화시키겠다는 선언도 이 투쟁의 일부일까? 서울과 선전에서 내가 만난 청년들은 국가나 자본의 횡포에 비판적이고, 창업이 청년 거버넌스의 치트키로 성행하는 현실을 간파할 만큼 영리했다. 하지만 이들에게 "운동"이나 "투쟁"은 이전 시대의 잔존물survivals로 남았고, 대신 기업이 소셜, 창의, 커뮤니티, 네트워크 등 다양한 에너지원을 흡수하며 변신을 거듭하는 가장 급진적인 존재로 부상했다. 기업가 청년들이 사회의 비참을 직접 대면하지 않고도 가치와 의의, 혁신과 임팩트를 논할 수 있는 세계, '자유민주주의' 한국과 '사회주의' 중국 엘리트 청년들 간의 정서적 유대가 제 나라의 다른 계층 청년들과의 교감보다 더 뚜렷한 세계가 내가 본 테크노-소셜 벨리의 풍경이었다.

참고문헌

김선기, 2021, 〈낙관과 세대론만으로는 아쉽다〉, 《서울리뷰오브북스》 2: 237-244.

김재석, 2021, 〈중국 사회복지 정책의 강화와 청년의 호출: 광둥성 쌍백雙百 계획과 사회복지사의 사례를 중심으로〉, 《한국문화인류학》 54(1): 75-121.

은종학, 2021, 《중국과 혁신: 맥락과 구조, 이론과 정책 함의》, 한울아카데미.

이승철·조문영, 2018, 〈한국 '사회혁신'의 지형도: 새로운 통치합리성과 거버넌스 공간의 등장〉, 《경제와사회》 120: 268-312.

정용택, 2014, 〈사회적 타살인가, 사회의 타살인가?: 우리 시대 '불가능성의 사회론社會論'에 관하여〉, 《자음과모음》 24: 218-250.

조문영, 2018a, 〈윤리적·창의적 기업가 주체의 정치적 재구성: 중국 도시 청년들의 사회혁신(창신) 창업활동에 대한 일고찰〉, 《한국문화인류학》 51(1): 3-50.

조문영, 2018b, 〈청년자본의 유통과 밀레니얼 세대-하기: 젊은 소셜벤처 창업자들에 관한 문화기술지〉, 《한국문화인류학》 51(3): 309-364.

조문영, 2020, 〈한국 사회 코로나 불평등의 위계〉, 《황해문화》 108: 16-34.

조문영·이승철, 2017, 〈'사회'의 위기와 '사회적인 것'의 범람: 한국과 중국의 '사회건설' 프로젝트에 관한 소고〉, 《경제와사회》 113: 100-146.

피셔, 마크, 박진철 옮김, 《자본주의 리얼리즘: 대안은 없는가》, 리시올.

하트, 마이클, 안토니오 네그리, 이승준·정유진 옮김, 《어셈블리: 21세기 새로운 민주주의 질서에 대한 제언》, 알렙.

項飆, 2020, 〈人類學家項项飆談内卷: 一种不允許失敗和退出的競爭〉, https://www.thepaper.cn/newsDetail_forward_9648585.

◆ 이 글은 2017~2018년에 중국 선전과 서울에서 수행한 현장연구 자료를 토대로 한다. 글 일부는 기출간 논문(조문영 2018a, 2018b)을 재구성했다. 인터뷰 참여자와 참여자가 속한 기업의 경우 가명을 썼다.

10

청년과 북한의 마주침 — 에필로그의 시간과 유령의 시간

한선영

일상, 에필로그의 시간

"남이든, 북이든 미국이든, 중국이든 당신네들 일본이든 그 누구였든 간에… 원망하고 저주합니다. 이런… 이런 현실이 왜… 진짜… 그런 생각을 해요. 이 모든 게, 이 모든 상황이… 영화나 소설, 만화였으면 좋겠다고."

웹툰 〈PTSD(외상 후 스트레스 장애)〉의 마지막 화는 남한이 미사일 폭격으로 불모의 땅이 된 지 수십 년이 지나서, 한국 출신 난민 노인이 다큐멘터리 인터뷰에서 절규를 퍼붓는 장면으로 끝났다. 이 이야기는 통신 두절 상태에서 서울, 부산, 원자력 발전소에 미사일 포격이 쏟아졌다는 출처 불분명한 소문을 전해 듣고 '거, 진짜 헬조선 됐구만'이라는 웃을 수 없는 농담에서 시작된 픽션으로, 방사능 지옥으로 변한 고국으로 돌아가지 못하는 대마도의 한국인 난민촌 마을 인간 군상들의 각기 다른 선택을 조명한다. 제2차 한국전쟁이라는 발상 자체는 새로운 것이 아니었지만, 하필이면 일본 사회의 반경 안에서 난민이 되었다는 설정에서 독자들이 떠올리게 되는 식민지 망국의 선명한 기시감이 이야기의 흡인력을 증폭시켰다.

나는 네이버 플랫폼을 통해서 1화에 접속한 지 세 시간 만에 엔딩까지 정주행을 마쳤다. 당시 유료회원제 독서클럽 '비블로떼카'에서 북한 주제 독서모임에 활발하게 참여하고 있는 유리가 자신감 있게 이 웹툰을 재밌는 콘텐츠라고 추천해준 이유를 알 것 같았다. 2019년 7월, 나는 올해 청년 모임 회장인 유리, 대학생 소윤과 함께 코리아경제포럼의 DMZ 답사를 준비하고 있었다. 코리아경제포럼은 시의 지원으로 '청년리더' 지원사업 프로그램을 운영했고, 내가 북한 관련 활동들을 경험하는 주된 채널 중 하나였다. 나는 일 년 가까이, 석사 논문을 쓰기 위해 북한에 대한 새로운 지식과 남북청년교류를 키워드로 이루어지는 다양한 활동들을 쫓아다니고 있었다. 올가을에는 평양에 갈 수 있을지 없을지, 금강산이라도 갈 수 있지 않겠냐고 이야기를 나누던 시기, 그리고 통일 교육,

북한인권운동뿐 아니라, 사회적 경제, 혁신, 국제개발, 평화 시민교육과 같이 낯선 키워드로 엮인 행위자들이 가세해 북한을 조망하는 공론장을 속도전으로 뚝딱뚝딱 지어 올리던 시기였다.

망설임 없이 나는 〈PTSD〉를 피스앤월즈에서 진행할 독서 커리큘럼에 넣기로 했다. 북한 공론장의 부분적이고 파편적인 연결들 속에서, 문화인류학 연구자인 나도 '굴러들어온 돌'과 '박힌 돌' 사이의 행위자성을 갖고 있는 것이다. 피스앤월즈는 디지털 민주주의 플랫폼에 기반한 사회혁신단체 투게더와 통일교육원이 주최한 비무장지대(이하 DMZ) 청년 답사 프로그램 후속모임을 주축으로 2019년 초 만들어졌다. 비슷한 시기, 투게더에서 통일교육원 의뢰로 "청년을 위한 통일교육, 새로운 지평을 찾아서"(2018) 연구를 수행하게 되었고 사회혁신·국제개발 단체에 종사하던 인터뷰 참여자들이 피스앤월즈에 들어왔다. 북한 음식 소셜 다이닝, 북한 및 평화학 독서 모임 등을 이어가면서 프로젝트를 구상하던 2019년 여름, 나는 피스앤월즈 공용 구글 계정에 〈PTSD〉 외에도 탈북민을 난민의 형상으로 그린 소설 《로기완을 만났다》, 장강명의 디스토피아 소설 《우리의 소원은 전쟁》, 북한에 대한 가상 가이드북인 《북한 여행 회화》와 같은 책들을 독서 모임 후보로 공유했다. 몇몇 책은 인터뷰 참여자들에게 추천받은 것이었고, 대부분 필드워크 중에 맞닥뜨려 알게 된 책들이었다. 여기서 내가 커리큘럼을 짜는 역할을 자원한 이유는 퍼실리테이터facilitator◆로 재능 기부를 하는 다른 구성원들처럼 나도 각 현장과 모임에서 나름대로 기여할 몫을 찾아야 했기 때문이었다.

처음 내가 이 커리큘럼을 제안했을 때 구성원들의 연령이 섞여 있었던 초반에는 엇갈린 반응이 있었지만, 얼마 후 청년들만 남게 되자 의외의 호평을 받았다. "선영님이 이야기한 책들이 다 공감할 수 있는 책들이에요, 일상적인 것들." 웹툰 작가 꼬마비는 황폐한 이야기의 여정을 끝까지 따라온 독자들의 PTSD를 달래주기라도 하듯, 2018년 3월 연재 종료 후 작가 후기에서 작품 구상 단계에서의 대마도 답사 사진들과 함께, "현재의 남북관계 기상에 비바람은 찾아볼 수 없고 흐림 없는 날이라고까지 말할 수 있을 정도로 보입니다. 부디 이런 이야기가 이야기로만 남기를, 공연한 망상이었다고 회자되기를 바라고 바랍니다"라는 전언을 남겼다. 바로 다음 페이지로 넘어가면, 대마도 난민촌의 주인공들은 파국이 닥치기 전 남한에서 각자의 왁자지껄한 일상을 살아가는 시점으로 귀환해 있다. "남은 메시지를 전한다면서 (에필로그에) 나온 캐릭터들이 작가가 원고 쓰다가 집 가는 길에 만나는 사람들이었잖아요. 거기서 또 눈물이 나왔어요." 대사건이 던져졌다가 다시 소거된 일상의 자리, 에필로그의 시간성은 방금 본 생생한 디스토피아가 현실이 아니라는 알람을 울렸고, 나를 비롯한 독자들에게 안타까움과 안도감이 섞인 복잡한 감정들을 일깨운 것처럼 보였다.

◆ 퍼실리테이터는 트레이닝을 받아서 전문적인 토론 진행기술을 익혔다고 전제된다. 적지 않은 청년들이 자원활동, 재능기부, 일일 아르바이트의 형식으로 퍼실리테이터 일을 해본 경험이 있었다.

"베를린에 가면 방공호 투어라는 게 있대요. 아무리 인프라가 섬세하게 갖춰져 있어도 한계가 있어서인지 식량도 한정이 되어 있고 그곳에 사람이 얼마나 많이 들어올지도 모르는, 누울 공간도 꽤 협소한 편입니다. … 그러다가 시설물을 다 둘러보고 나면 가이드가 하는 말이 있대요. **방공호를 얼마나 잘 만들던 간에 지금 같은 일상에 비하면 비참한 수준이 될 수밖에 없다고.** 많은 사람들이 그 안에 들어가서 기약도 모르고 살게 된다면 무슨 분쟁이 일어날지도 모르지요. 즉 이 투어에선 여러분이 **이 방공호에 들어가 살 일이 일어나선 절대 안 된다는 메시지를 주는 게 목적입니다. 전쟁은절대일어나선안된다.**◆

외전 그날 후 - 돌아가지 않은 사람들 댓글
ID 아론제이(2019년 5월 8일)

차가움과 뜨거움: 북한을 바라보는 렌즈로서의 청년

방공호를 재활용한 전시戰時 체험시설은 베를린뿐 아니라, 파주 임진각에도 있다. 행정구역상 접경 마을로 관리되는 파주 G마을의 외할머니댁에서 자란 나에게는 저녁 무렵 쥐죽은 듯한

◆ 마지막 문장의 띄어쓰기는 댓글 작성자의 강조하는 억양을 살리기 위해 인터넷 원문을 따랐다.

적막함과 낮게 비행하는 헬기 소리가 익숙하고, 수명을 다한 참호와 대전차 방호벽 같은 군사기물이 주변에 방치된 것이 낯설지 않다. 서울의 학교에 다니게 된 후로, G마을은 나에게 시간이 고여 정체된 곳으로, 그 모습 그대로 머물러 있길 바라지만 실제 삶의 반경으로는 염두에 두지 않는 곳이 되었다.

파주 임진각 벙커전시관 표지판

청년들의 비무장지대 답사프로그램으로부터 시작하여, 남북교류 활동의 지형을 연구하게 되면서 접경 필드로 재구성해낸 '파주'는 다가와 있는 미래를 현시하는 공간으로 탈바꿈해 있었다. 파주 지역신문에는 국경이 있는 '북부'와 출판도시, 헤이리 예술마을, 신도시 인프라가 들어선 '남부'를 구획하는, 이전에 없었던 경계 개념이 등장했다. 주민들은 일부 신도시를 가리켜 강남이라고 부르며, 지도상의 면적은 대부분 북부에 해당하지만, 생활 주거지역보다는 민간인 출입통제구역과 임진강 부근에 있는 관광지가 존재감이 두드러진다. 전반적으로 인프라가 낙후된 북부 지역도 제법 변화가 크다. 십수 년 만에 임진각에 들어섰을 때, 나는 밀리터리룩이 걸린 기념품 가게 앞에 쓰여 있는 세련된 서체의 'Imjingak' 간판이 임진각의 로마자 표기라는 사실을 한참 지나서 알아차렸다. '평화누리공원'이라는 새 이름을 얻고 조성된 초록 능선을 따라, 키가 큰 색색의 바람개비들과 설치미술 작품들이 늘어서 있었다. 필드워크 기간 동안 청년의 이름이 걸린 각종 대외활동과 답사로 파주를 들락날락하면서, 그간 몰랐던 '글로벌 명소'들이 눈에 띄기 시작했다. 특히 2010년대 초반, 미군기지 시설을 재개발한 이국적 관광지는 생경하고 새로운 풍경으로 다가왔다.

그러나 '태양의 후예' 촬영지라는 중국어 플랑이 나부끼는 캠프 그리브스 DMZ 체험관·유스호스텔과, G마을 할머니 댁에서 지낼 때 장을 보며 발견한 기차역 부근 이주노동자들을 위한 동남아시아 식료품 마트, 할랄정육점, 통일시장의 베트남쌀국수 집, 두 겹의 글로벌화는 만나지 않는다. 이미 와 있는 여러 마주침을 뛰어넘은 채, 분단 노스탤지어를 구현하는 미래의 기술은 마땅히 도래했어야 할 이행과 전환이 오지 않았고, 분단된 한반도가 고립된 섬이 되었다는 메시지를 다양한 전시展示 프로젝트를 거쳐 가며 흔들리지 않고 발신했다.

진보하는 청년의 이념형과 프레카리아트(불안정 노동자) 청년이 탈구된 간극을 통합하려는 미래성의 기획은, 2018년 프런티어 북한을 무대로 하여 근대를 견인하는 계몽 주체로서의 청년을 다시금 수면 위로 이끌어 냈다. 1990년대 후반의 경제 위기와 2000년대 후반의 금융위기를 통과하면서, 탈냉전 동아시아에서 청년은 "기적 이후의 시간을 살아간다는 것은 무엇을 의미할까?"라는 (탈)역사적 감각에 대한 질문과 연결되었다 (Anagnost 2013: 13). 청년의 위기가 글로벌 정치경제의 '전환'을 감지하고 대응하는 국가 대계大計의 문제로 구성되면서, 제도권 정치 전선에 청년 담론이 개입할 수 있는 발언권이 형성되었다. 청년 범주는 정책 보고서와 신문 기사를 통해 재생산되는 한편, '청년' 수식어가 붙은 각종 법제화를 통해 공식적인 사회 범주의 위상을 획득해나갔다(김선기 2019).

한국 청년담론의 지형을 거슬러 올라갈 때, 2007년 출판된 《88만 원 세대》는 반드시 거론되는 서적이다. 너무나 빠르게 경전이 되었고, 너무나 빠르게 진부해진 책이다. 우석훈은 이 책을 쓴 궁극적 목표는 청년의 각성과 변화였다고 후일 밝힌 바 있다. 나는 이 논설이 2000년대 후반, 한 시대를 구획했던 표지로서 끊임없이 소환됨에도 불구하고, 여전히 많은 부분 근대주의자가 청년에 대해 뜨거움을 요구하는 의례적 전형을 담고 있다고 생각한다. 그러나 다른 한편으로, 나는 청년이 다른 질서로 이행할 수 있는 잠재력을 가진 '열熱'을 상징한다는 점에서 평생 비서구 사회를 연구했던 민족학자 레비스트로스의 뜨거운 사회와 차가운 사회의 온도 대비를 떠올렸다. 북한을 변화가 없는 차가운 사회로, 혹은 김정은의 에너지 넘치는 퍼포먼스를 경유하여 이제 자생적 변화를 추동할 열기가 나타난 사회로 바라보는 카메라의 구도는 이 비유에 깔끔하게 맞아떨어진다. 하지만 뜨거운 자본주의 사회로서 대칭적 대응물이 되어야 할 남한 사회는 어떠한가? 프레카리아트로서의 청년에 대한 논의는 증기기관을 달리게 하는 뜨거운 엔진의 역할을 수행하기보다는, 실내 헬스장 러닝머신의 벨트처럼 제자리를 맴돌고 있는 것처럼 보인다. 마치 공회전하는 차량이 우리를 어느 다른 장소로도 데려다주지 못하듯이.

새롭게 북한을 알아가는 지식 프로젝트들이 흥미로웠던 점은, 청년이 국가 명운의 재귀적 주어라는 연속성은 유지되면서도, 2010년대 청년들의 삶-만들기 프로젝트의 대외활동, 봉사활동, 인턴이라는 기존 활동 형식들을 빌렸다는 것이다. 북한 관련 공론장에서 청년 참여 양식은 신자유주의 주체가 인적 자본으로서 독특한 포트폴리오를 구성하는 실천과 맞물려 재발명되었다(cf. Feher 2009). 청년들은 통일, 평화, 시민이라는 주제어와 '교육'이 결합한 '통일교육'의 정책적 범주를 활동의 바탕으로 삼아, 다양한 행위자와 연결, 혹은 비연결되기를 선택하면서 북한에 대한 특정한 앎과 감정을 생산한다. 역으로 말하면, 청년들이 전개하는 대외활동의 지식생산·소비의 대상으로 북한이 사정권 안에 들어오게 된 것이다.

북한을 응시하는 행위는 복잡한 윤리적 문제를 수반한다. 나는 2017년 망명한 북한군 뱃속의 기생충을 조명했던 언론의 열기를 환기하고 싶다. 그 기생충은 북한 사회를 탐문하는 창窓이었다. 판문점 공동경비구역으로 중상을 입고 귀순한 북한군 병사의 치료과정 중, 기자간담회에서 나온 의료진의 발언들은 주요 일간지와 인터넷 언론에서 북한 사회의 영양·보건위생 및 국경의 보급 문제를 추측하는 보도의 근거가 됐다. 비근한 사례로, 나는 위성사진을 주된 자료로 장마당의 추이를 분석하는 학술연구를 읽으면서, 1986년 소련 체르노빌 원자력 발전소 사고를 인공위성 사진으로 먼저 접했던 미 정보국의 영토 밖으로 확장된 시선을 떠올렸다. 냉전적 지식 형식으로서의 인공위성 사진의 활용에 대해 연구윤리 차원에서 논의되지 않는다는 점에서 나는 충격을 받았다. 페미니즘이 가장 치열한 화두가 된 2010년대 후반의 한국 사회에서 북한 여성에 대한 농담이 재간처럼 통용되는 것에도 충격을 받았다. 구글에서 북한 여성을 검색하자, 연관 검색어에 기대했던 여성사 신간《북한녀자》(2017)가 아니라 '북한 여성 가격'이 바로 떴던 순간도 충격적이었다. '김씨 왕조' 기쁨조에 대한 가십들, 북한 여성 전문 결혼정보회사 인터넷광고 만화, "북한에는 여자와 광물이 많다"는 개발아카데미 강연자의 발언은 고전적 오리엔탈리즘과 현대적 몰래카메라 관음의 문화가 착종된 '그곳, 북한'을 구성하고 있다. 민족은 북한 사회로부터 받아야 할 몫(자궁, 광물자원, 투자 기회)을 마치 맡겨둔 것처럼 구는 이 자신만만한 태도의 알리바이인 걸까?

그런데 남북교류 활동이라는 렌즈를 통해 바라보는 북한은 이러한 얼룩이 깨끗하게 씻겨 내려간 맑은 얼굴의 청년이다. 북한 영토는 청년들과 새로운 연결을 통해 남한 개발의 과오를 극복하고, 지속가능한 발전을 이룰 백지의 무대로 탈바꿈한다. 단둥, 디엠지, 훈춘, 유튜브, 신년사와 결합하고, 반사되어 비추는 북한 미래의 청사진은 남한 사회의 지난 압축성장의 공과功過를 비추는 거울 담론의 역할을 수행한다. 여기에 청년이 어떤 행위자로 등장하고, 어떻게 연결되고 있는지는 상당히 흥미로운 문제다.

미학적인 청년은 빛나는 별처럼 그 존재가 당연하지만, 동시에 그 먼 거리만큼 피상적인 존재다. 청년-북한의 공론장에 연결되는 주제들과 청년에게 배당되는 역할의 폭은 절대 무한하지 않다. 특정한 글로벌 풍

한반도의 야경을 포착한 위성사진(영화 〈백년의 기억〉의 한 장면)

경, 특정한 청년성이 선택적으로 (비)연결된다. '청년'은 상이한 배치들 안에서 특정한 의미를 획득한다. 근대 사회에 진입하면서 청년이 미래를 견인하는 주체로 범주화되었다면, 청년성은 활력 있고 기동적인 속성을 갖추어 새로움을 추구할 수 있는 자질과 능력을 의미한다(전상진 2018). 여기서 청년성의 동맹들이 생산하는 풍경은 아직은 어둡더라도, IT 북한, 첨단 북한의 가능성의 반짝임이다. 북한 사회의 온도가 올라가서 변화가 오고 있다는 예언이자, 냉전기 북한의 유령을 프런티어 풍경에서 걷어내는 열기이다. 각자의 위치에 따라, 냉전 유령은 다양한 모습으로 현현할 수 있을 것이다. 내 삶의 반경 안에서 이 유령은 파주의 자유로 어딘가에서 북한 방송이 잡힌다는 괴담으로 현현하기도 했고, 고등학교 교실 안에서 근처 등산객들이 아이들이 속살거리는 환청을 듣는다는 양민

학살터의 상상된 지리로 드러나기도 했다. 혹은 누군가에게는 이 유령은 '종북단체'의 실체를 폭로하는 나무위키 페이지일 수도 있고, 북한 경제의 붕괴 시점을 카운트다운하는 언론일 수도 있다. 이 어슴푸레한 안개는 양지陽地의 공론장에서 북한을 '사실'에 입각하여 조명하는 청년들의 토론과 대면하면서 자취를 감출 것이다. 이러한 청년성은 앞서 말한 당위적으로 추구해야 할 근대의 이념형에 가깝다.

동시에 청년은 동등한 차이의 관리 기제로서, 북한이 남한 자본의 투기장이자, 식민지가 될 수 있다는 비판을 희석할 수 있는 냉각수다. 사회혁신이라는 문법적 지식이 "사회문제를 해결하기 위해 특정한 기간에 행해지는 각종 '윤리적 프로젝트'"를 고안하고, 개개인의 자발적이고 혁신적인 실천을 강조함으로써 사회구조의 문제를 우회하는 데 효과적이었다면, 그 해체의 기술은 '민족'이라는 구조물에도 부분적으로 적용되고 있다(조문영·이승철 2017: 106). '단번도약'이라는 키워드로 요약되는 2010년대 후반 김정은 집권 이후 북한 사회의 변화에 대한 조명과 재해석은, 갈래가 이질적인 행위자들이 개입해 있는 한국 사회의 혁신 담론과 연결되면서 새로운 물꼬를 텄다. 남북을 '나라와 나라 사이의 관계가 아닌 통일을 지향하는 과정에서 잠정적으로 형성되는 특수관계'로 규정해왔던 〈남북합의서〉(1991) 및 '남북교류기금'과 같은 제도적 자원의 회로를 재활성화했다. 2018년 가을, 교류를 준비한다는 명목으로 북한과 인접한 경기도, 강원도에서 남북교류기금예산을 단기간에 대폭 증액한 바 있다.

남북교류기금, 통일교육원을 비롯한 각종 연구기관, 통일부 산하 대외 활동과 같은 인프라스트럭쳐 자체는 새로운 것이 아니다. 그러나 북한을 둘러싼 공론장에서 청년을 명의로 지원사업에 들어가 기존의 통일교육 인프라스트럭쳐를 자원화하는 동학은 특정 시기 동안 발명된 것이다. 수도권 지역구를 기반으로 활동하는 M당 소속 청년정치인 민채는 학생운동에 몸담은 지 오래되어 잔뼈가 굵다. 그는 2000년대 6·15선언 이후에 대북지원 및 교류 사업의 영역이 대폭 확대되었고, 통일단체들이 만들어지고, 커다란 규모의 인도주의적 교류사업이 주로 이루어졌다고 말했다. 민채가 대학생 때 활동했던 남북교류 운동단체 '우리하나'도 북한으로 건너가서 빵 공장을 세우고, 숲을 건설했다. 나는 학생운동에서 지역 청년정치로, 도시재생으로, 북한 관련 대학원으로 자리를 옮겨온 활동가들이 공통으로 자신이 살아낸 신자유주의를 서사화하는 방식이 글로벌 위기 스케일보다는, 일국 대의민주주의 체제 차원의 격동이라는 점을 발견했다. 환언하면, 대선과 총선, 정상회담과 같은 국가적 이벤트들은 남북이 해후하는 마법의 시간을 불러냈지만 동시에 이 선언적인 시간성의 취약한 성격과 한계를 금세 노출했다. 민채는 '금강산 가고, 평양 오가고 했던' 수많은 교류활동은 한반도에서 이념논쟁에 종지부를 찍고 평화통일로 갈 것이라는 이행의 감각을 심어주었지만, 2000년대 후반부터 10년 동안 이명박·박근혜와 같은 문제적 인물이 이끄는 우익 정부가 들어서면서, '너무나 쉽게' 모든 것이 막히게 되었다고 술회했다. 거대 사업의 화려했던 전망은 신기루처럼 사라지고, 많은 단체들이 문을 닫거나 통일교육사업으로 줄기를 뻗어 북한과의 교류가 끊긴 암흑기 동안 자력갱생을 도모했다.

통일운동에 몸담은 적 있었던 기획자들은 2018년의 상승기류를 통과하면서, 전에 겪지 못했던 '열기'와 '관심'에 고무되어 있었다. 트럼프와 김정은의 변덕스러운 회동이 마치 제갈량의 동남풍처럼 시기적절하게 도착한 봄바람으로 환영받았고, 안개처럼 자욱하고 공기처럼 익숙했던 실패가 드디어 걷혔다고 믿고 싶어 했다. "포스터 붙이는 순간, 뒤에서 연락처 보고 신청하는" 대흥행이었다. 오랜 기간 군소 진보정당 당원으로 활동하면서 '유니열차서포터즈'를 조직한 진성은 2018년의 상황을 이전의 지역 봉사활동과 비교했다. "한 번도 모집이 잘되는 걸 해본 적이 없었던 거지. 그러다가 갑자기 열차 통일열차 모집을 딱 했는데 통일… 그냥 바람이 불었던 거지, 그 시기가." 불씨가 살아났다는 열기에 대한 감각은 분명 고무적이었지만, 북한 관련 논의를 활성화하기 위해 2000년대 초반처럼 학생회 및 대학 내 단위에 의존하여 교류 프로그램을 '조직'하는 방식에 큰 희망을 걸지 않는다는 점은 달랐다. 이제 그 자리에는 지방자치단체의 연 단위 지원사업의 시간 리듬에 포섭된 '서포터즈', '기자단', '인턴', '캠프', '드리머' 등의 대외활동들이 들어섰다. 프로그램 기획자들은 열띤 활동 참여 동기로 재미를 이야기하면서도, 물질적인 인증서와 수료증, 청년들이 후일 자기소개서에 쓸 수 있는 손에 남는 프로그램 경험을 고민한다. 이러한 고려에는 청년들이 가지고 있는 시간 자원의 한계에 대한 분명한 인식이 공존하고 있다.

'청년적 요소'를 세련되게 가미할 것을 고민하면서, '대학생 눈높이'에 맞춰 통일운동과 관련된 용어를 '캠페인'으로 바꿔 부르는 노력도 이어졌다. 북한-청년을 잇는 동맹의 양태는 전통적인 구국계몽 주체인 청년이 프레카리아트로서의 청년으로 이미 이행했다는 선형적 도식과는 들어맞지 않는다. 오히려 양 축이 혼재된 채, 전통적인 청년과 프레카리아트로서의 청년 사이에서 다양한 프로젝트들이 생멸하고 확장을 모색하는 줄타기가 벌어지고 있었다. 민채가 우리하나 대학동아리 활동을 같이 하는 후배로 소개해준 대웅은 오히려 현재 대학생들이 열려 있다고 힘을 주어 강조했다. 그에게 대학생들은 여전히 깨끗하고 순수하며, 미래를 기대할 수 있는 주체적 존재다. 그러나 활동의 역사적 기원을 막론하고, 대부분의 프로그램 기획자들에게 '힙'하면서 포트폴리오에 도움이 되는 활동이어야 한다는 방향성, 이동하는 청년들의 한정된 시간 자원, 신자유주의 사회를 살아가는 삶의 모드로서의 '청년'에 대한 고려가 있다는 것도 분명했다.

대학생 학기 일정에 맞춰 각 대학 에브리타임(재학생 익명 커뮤니티 및 시간표 지원 플랫폼)과 대외활동 사이트에 올라오는 모집 포스터에는 통일운동 선배들의 전설적인 방북 경험담 대신, '가자!'는 구호가 세련된 레트로 스타일 폰트로 선명했다. 이러한 디자인에 호응하듯, 북한의 풍경은 한마디로 '버추얼'했다. '사실이 말하게 하라'라는 옛 격언을 '사물이 말하게 하라'로 고쳐 쓰는 게 더 효과적일 것이다. DMZ와 통일전망대의 각종 체험 공간에서, PPT 안의 희소한 사진들에서 북한의 풍경들이 펼쳐졌다. 나는 특별제작된 통일향수 앞에서 '함경도 한여름 산딸기향', '평안북도 옥수수향의 추억'이라는 이름들을 읽기 위해 발걸음을 멈춰 섰고, 북한의 5대 도시 속 걷는 풍경을 재현한 가상고향방문 3D 전시공간 앞에서 한참을 넋 놓았다. 과학기술과 첨단을 강조하는 이 풍경들의 상연 행위에는 내용만큼이나 이를 재현하는 기술과 물질의 형식들도 웅변하는 듯 보였다.

아주대 통일연구소 창업아카데미 "북한과학기술과 스타트업의 만남" 행사(2018년 12월 14일). 사진은 이날 강진규 《NK경제신문》 기자가 "구체적으로 살펴보자, 북한의 ICT 기술들(실물과 영상 중심으로)"라는 제목으로 강의를 진행하는 장면이다.

이와 더불어, PPT안에 담긴 '새로운 북한' 스토리는 북한 고유의 IT기술의 잠재력을 고평가하면서, '자존심, 근면·성실, 윈윈win-win'을 키워드로 비즈니스적 계산합리성을 용광로에 녹여낸다. 이 이익 창출의 시뮬레이션은 북한이라는 동등한 '파트너'의 자존심을 진정으로 지켜줄 수 있는 지속가능한 북한 개발의 주요 기제다. 남북한의 특수한 관계를 대칭적 거울쌍의 역사라는 구조로 연출하고자 시도했던 다큐멘터리 〈백 년의 기억〉에서, 햇볕정책을 이끌었던 임동원 통일부 장관이 "경제 먼저, 정치 나중에, 주는 것 먼저, 받는 것 나중에"로 김대중정부 5년간 유지되었던 대북정책의 기조를 설명했던 것과 톤이 확연히 이질적이다. 그러나 변화의 스토리 액면 그대로, 북한을 둘러싼 오래된 앎의 갈등 양식이 해소된 것은 아니다.

포트폴리오를 찾아서: 프로젝트를 통해 만나다, 프로젝트를 떠나다

2019년 4월 27일, 나는 두 청년을 용산전자상가 메이커 스페이스에서 만났다. 북한 관련 포트폴리오를 성실하게 꾸려온 두 사람은 모두 대학교 고학년이었고 겹치는 활동들의 궤적도 상당했지만, 북한인권에 대해 상반된 입장을 정련한 상태였다. 이들이 들려준 포트폴리오 탐색과 프로젝트 이동의 여정에서는 청년들이 직관해낸 '북한 지식' 간의 갈등과 마찰이 드러나고 있었다.

지운을 만난 것은 정부 통일국민협약 프로젝트의 일환으로 이루어진 코리아정책컨센서스 토론행사에서 그날 배정된 팀테이블에서였다. 사회혁신 분야에서 의사소통을 촉진하는 진행자 역할을 지칭하는 퍼실리테이터 스태프가 테이블마다 배정되어 토론 의제별로 할당된 제한 시간을 알려주었다. 퍼실리테이터는 토론에는 개입하지 않는 자체 규정을 지키려 노력하면서, 자신의 노트북으로 통일국민협약 데이터로 들어갈 속기를 남기는 데 집중했다. 나머지 4명이 자료집의 질문에 돌아가며 답했다. 서글서글한 인상의 지운은 북한인권단체에서 얼마 전까지 인턴으로 일했고, 현재는 독일 교환학생을 앞두고 있다고 자신을 소개했다. 통일부 후원 행사에서 '북한인권'이라는 말을 꺼내는 것을 무척 조심스러워 했지만, 고등학교 시험기간 공부가 지루해 들른 도서관에서 탈북자 증언록을 우연히 집어 들었고 그날 시간 가는 줄 모르고 읽었다는 에피소드를 통해, 북한에 대한 자신의 '관심의 시작점'을 분명히 하고 싶어 했다. 이태원에서 다시 만난 인터뷰에서는 평소 '통일'보다는 '북한인권' 관련한 다큐멘터리를 많이 보았고, 외국인들이 기자로 많이 가서 다큐멘터리를 제작하는 것을 깨닫고, '기왕이면 독일이랑 연관되면 좋겠다'는 생각에 독문학 전공을 선택했다고 물 흐르듯 설명이 이어졌다. 평범하게 대학 생활을 하다가 군대에 다녀온 후, 북한에 대한 관심을 말로 때워서는 안 된다는 위기의식이 생겼다. 그는 뉴미디어 관련 진로를 염두에 두고, 각종 대외활동 프로젝트에 진입하여 한창 국내외를 누비는 중이었다.

수진을 처음 만난 것은 코리아경제포럼 통일유튜브 제작지원사업 오리엔테이션 뒤풀이였다. 북한 여성사 독서모임을 만들고 싶다는 제안에 관심을 보인 북한학과 대학생이었기에 많은 사람 중 얼굴을 기억할 수 있었다. 토론 쉬는 시간에 마주쳤을 때 우리는 "그 많은 행사 중 여기에서 만났네요!"라며 인사를 나누었다. 그날은 각종 통일단체에서 경쟁적으로 4·27 1주년 행사를 열었다. 수진은 이번 분기에는 토론 참여자로 참석했지만, 다음 분기 행사에서는 퍼실의 역할로 참여했다. 퍼실리테이터는 외교학회, 토론 동아리, 북한학과, 통일 연구소를 비롯한 협력단체 구성원들의 자원활동으로 충원되고, 진행 교육을 따로 받아 각 테이블에 배정되는 구조였다. 석 달여 지나 광화문에서 만난 인터뷰 자리에서 그는 최근 평판이 좋지 않은 북한인권단체 북한인권이루리넷을 최근 협력 단체로 끌어들인 주최 코리아정책컨센서스의 '균형' 기조에 대해서 다소 불편한 속내를 내비쳤다. 이와 비교하여, 피스모모◆가 소재한 은평구 청년허브의 분위기는 본인의 예전 카페 아르바이트 경험을 살려 커피도 내려 마시면서 편안하게 있을 수 있는 공간으로 묘사되었다. "은평구는 공기가 다른 것 같아요."

한정된 대학 생활의 시간성, 북한 지식 유통의 잠복한 갈등 구조에 대한 직관적 느낌, 나름의 '균형'을 주도적으로 찾아야 한다는 생각은 이들에게 더 나은 곳으로 찾아가는 이동의 동력을 제공했다. 여당인 민주당과 통일부의 후원체계가 촘촘히 얽힌 북한 관련 공론장에서, 청년들은 준거집단을 확정하고 선언하는 데 상당히 신중했다. 이에 상응하여, 관심이라는 느슨한 키워드로 자신의 활동들을 엮어내는 공용어를 발명함으로써, 갈등의 씨앗이 될 수 있는 지뢰 뇌관을 제거하는 모종의 공동협약을 체결했다. 여기서 공론장 앞에 '북한 관련'이라는 한정적 수식어를 끊임없이 덧붙여야 하는 이유는 자신들이 한국 사회에서 소수라는 공론장 참여자들의 '위치 감각'과 결부되어 있다. 이러한 치우침에 대한 위치 감각은, '네트워킹'과 '균형'의 구호 바로 밑에 켜켜이 쌓여 있는 "아, 그 얼굴이 그 얼굴이지", "역시 좁은 바닥", "이런 행사에는 어차피 북한에

◆ 안보교육에 반대하는 대안적 평화교육 연구 및 네트워크 플랫폼을 표방하는 단체로, 젠더, 징병제 폐지, 기후변화 등의 포괄적인 주제를 다루고 있다.

관심 있는 사람만 모이겠죠"라는 참여자들의 자조 섞인 농담에 켜켜이 파묻혀 있다. 북한 관련 공론장은 '전체 한국 사회의 차가운 무관심'을 해결 과제로 상정함으로써, '관심 있는 사람들'의 집합으로 우리의 시야에 비로소 윤곽을 드러낸다.

이 의제 공론장에서 '청년' 혹은 '대학생'이라는 이름으로 다른 의견을 내고 합리적 토론을 할 수 있는 당당함을 유지할 수 있는가는 어떤 활동에 머무르고 떠날지 결정하는 중요한 기준이었다. 이와 동시에, 이동의 여정 중 청년성은 청년들이 리스크가 있는 북한 관련 커리어를 탐색하는 데 치고 빠질 수 있는 퇴로를 마련해주었다. 가령, 나는 북한 관련 대외활동에 참여하는 인터뷰 참여자들은 "우연", "여름방학 때 시간이 비어서"와 같이 가벼움을 공통으로 강조하는 경향을 발견했다. 심지어 이러한 가볍고 매끄러운 제스처에 대한 강박은 말하기 어려운 개인적인 에피소드에도 마찬가지였다. 토론 진행 중 북한 관련 트라우마에 대한 화제가 나오자, 지운은 2015년 DMZ 목함지뢰 폭발사건 때 최전방에서 군 복무를 하고 있었기 때문에 출동준비를 하면서 남몰래 가족에게 유서를 썼던 이야기를 꺼냈다. 지금은 웃으면서 이야기하지만, 그때는 며칠 안에 진짜 전투에 투입되리라 생각했다고, 자신이 입 밖으로 꺼내놓은 유서라는 단어의 무게를 겸연쩍어했다. 확실히 유서는, 당시 대화가 이루어지고 있던 코워킹스페이스의 산뜻하고 밝은 인테리어와는 위화감이 드는 말이었다.

적당한 완급조절은 스토리의 매끄러움만큼, 포트폴리오를 구성해내는 중요한 사회적 기술이다. 엄숙한 의미부여와 무거운 비장함은 오히려 그 과장으로 인해 진정성을 반감시킬 것이며, 여러 프로젝트를 동시에 수행하고 있는 대부분의 주변 사람들에게 부담을 지워주고, 무엇보다 자신이 다른 활동으로 자유롭게 떠나는 기동성을 제약할 것이다. 도서관서가 구석의 종이 연보건, 웹페이지건, 프로젝트의 창립연도는 가치 있는 데이터로 기록되는 한편, 떠남에 대한 기록은 상대적으로 적다. 필드워크가 끝나고 나의 스마트폰에는 수많은 단체카톡방(이하 단톡방)이 남았다. 프로젝트가 끝난 후의 단톡방은 폐가와 비슷해졌다. 모두가 다 나가고 나 혼자 남아 있는 단톡방도 있고, 어떤 단톡방은 잔류 인원을 타깃으로 후속 활동 웹자보가 올라오고, 어떤 단톡방은 해킹을 당했는지 엉뚱한 주식광고가 올라오기도 하고, 어떤 단톡방은 더 이상의 채팅이 이루어지지 않도록 관리자가 대화 기능을 닫아두었고, 어떤 단톡방은 활동 당시 사이가 좋았던 기억에 의지해 멤버의 생일축하 메시지나 팀프로젝트(팀플) 온라인 서베이를 도와달라는 메시지가 간혹 공유되기도 한다.

내가 2018년 여름부터 일 년 가까이 정신없이 쫓아다녔던 프로젝트 활동들의 대부분은 진작에 종료되었다. 2년여 전의 일이 되어버린 상황에서 웹사이트상의 이력서나 포트폴리오는 매끄럽지만, 그 재료가 되는 우리의 삶은 매끄럽지 않다는 점이 눈에 들어오기 시작했다. 가장 열정적으로 앞에 나서서 활동의 리더 역할을 수행했던 청년 중 몇몇은 이 불연속성에 대해 분명히 인지하고 있었다. 요컨대, 자신들의 활동이 정책에 반영되지 않을 수 있으며, 공모전은 실제 실현 가능성 없는 일회성 이벤트일 수 있다. 2018년 통일넘기캠프에서 만난 취업준비생 진우와의 인터뷰에서, 그는 주최 측인 한반도민족치유협의회가 '통일'이라는 주제를 도덕적이고 형식적으로 치부했다는 점에 뒤늦게 화가 치밀어 올랐다고 열변을 토했다. 한반도민족치유협의회는 1998년 결성된 유명 통일운동 연합단체로, 북측에 왕년의 인맥이 풍부하다며 북한에 청년들이 갈 수 있는 채널을 장차 제공하겠다는 점을 내세워 청년들을 끌어들이는 전략을 펼치고 있었다.

진우의 비판은 지금 시점에서 생각해보면 다들 빠듯하게 귀한 시간을 내어 참여한 캠프에서 대북제재를 우회한 DMZ 나무 심기 공모전을 3박 4일 내내 흔한 "대학생 팀플" 시키듯이 진행하는 건 문제가 있었다는 논지였다. 기후 위기 및 생태 문제는 '정치'를 넘어선 보편적인 환경 의제라는 정책 레토릭 생산에 힘입어, 북한 산림녹화 협력 사업은 근시일 내 재개될 남북교류사업의 주요 유망 분야로 꼽혔다. 캠프의 각 팀에서 식목일 방북휴가제도, 특수비자 발급, DMZ 비트코인 게임앱 개발, 남북교류 서머캠프 등 다양한 아이템을 쏟아냈고, 진우와 나는 새벽 1시까지 웃고 떠들면서 PPT를 만들고 발표 연습을 했던 일을 여전히 추억으로 생각하고 있었다. 하지만 후속 활동을 기약한 단톡방에서 국회 토론회 초청 및 외교정책 전문가 강연 등의 홍보 웹자보는 종종 올라왔지만, 발표한 내용이 정책에 반영되었다는 팔로우업은 없었다. 이 인터뷰를 진행하고 일 년 후에, 나는 똑같은 단체에서 DMZ 삼림복원을 주제로 논문 공모전을 공지하는 포스터를 페이스북에 올린 것을 발견했다.

"페미니즘 캠프라든지 강남역에 대한 추모 캠프였다고 한다면 과연 그래도 이렇게 대학생들이 모였던 귀중한 시간을 그런 걸 시키는 거에 할애를 할 수 있었을까라는 생각이 들더라고요. … 어떻게 뭐 막말로 화장실 구조를 어떻게 변형시킬 것인지 그거를 너희 2박 3일 동안 만들어봐라, 이런 논의는 절대 시키지 않았을 것 같아요. … 물론 그거와 그거는 경중이 다르긴 하지만 (혼자 자문하는 말투로) 그럼에도 불구하고 그만큼 통일캠프라는 걸 가볍게 생각한 게 아닌가?" (2019년 5월 15일, 진우와의 인터뷰)

해산식 투표에서 인상 깊은 참여자로 1, 2위를 다투었기에, 진우의 답변은 예상과는 다소 달랐다. 내가 "제가 (캠프 중에) 그때 계속 물어봤잖아요. 왜 그렇게 열심히 하냐고-"라고 황당한 어투로 묻자, 진우는 웃음을 멈추고 진지한 표정을 했다. 의외로 단순한 대답이 돌아왔다. "잘하고 싶으니까 뭔가, 그거는 별개로, 조원들하고 잘하고 싶으니까."

청년, 일상의 시간과 유령의 시간 사이에서

2018년 말부터 현재까지 평화교육 관련 모임 피스앤윌즈에서 북한 및 평화학 스터디와 기획을 해온 동료 수현은 내가 보기에 '같이 잘하는' 분위기를 만드는 달인이다. 30대 중반인 수현은 통일운동과 국제개발 필드에서 모두 일해보았고, 사회혁신가로서의 경륜이 풍부하다. 청년 당사자 운동은 사실 그의 수많은 관심 키워드의 밖이지만, 공모전에서 실제 정책 연계가 안 되는 경향이 있다고 지적한다. 그는 관의 입장에서는 예산이 배정되어 있으니 예산을 써야 하는 게 아니겠냐고 정리하면서 '지원사업 생태계'에 약간의 냉소를 보였지만, 뒤집어서 청년 정책으로 배정된 예산을 "청년들이 실제로 자신들이 가진 고민을 실험할 수 있는 '시드머니seed money'"로 활용해야 한다는 주장을 한참 피력했다. "공모전의 결과는 상금 이런 거잖아요. 그 이후에 뭔가 없어요. 피드백도 없잖아요?"라는 그의 반문에서 나는 행간 사이사이의 비판을 감지할 수 있었다. 그러나 수현이 갖고 있는 지원사업에 대한 입장에 대해 내가 헷갈리는 부분을 다시 질문하는 과정에서, 그의 답변은 '시드머니'라고 예산을 명명함으로써 관계의 맺고 끊음에 대한 주도권에 대한 의지, 그리고 동시에 누구와도 연결될 수 있다는 개방성을 강조하는 방향으로 흘러갔다. 청년들이 구사하는 '재미', '자율성', '지속가능성'의 문법을 정책언어에 포섭된 어휘로 분류하는 것은 쉬운 일이겠지만, 나는 이 어휘 목록의 순수 대對 오염을 대별하기보다는 부분적 연결(들)이 펼치는 역동의 지대에 주목하고 싶다. 청년적 요소는 관계적·공감적인 성격으로 느슨하게 해석되는 한편, 청년 당사자 정치를 구체적으로 잘 모르는 행위자들에게도 청년 정책 의제와 관련한 인프라스트럭쳐는 기획과정의 가용자원으로 등장한 것이다.

사회혁신을 접한 청년들이 공론장 실험의 설계도면을 그릴 때, 북한 전문가·통일 분야 관계자 강연을 중심으로 한 프로그램 사례들을 반면교사로 치부하는 한편, 그러한 교육프로그램이 가진 의사소통 방식의 일방성에 대한 거부감을 드러내곤 했다. 북한 음식 소셜 다이닝 이후 프로젝트를 구상하는 단계에서, 수현은 피스앤월즈 모임에 사람들의 필요, 잠재적 욕구를 발굴해서 시제품을 제작하는 의사결정 과정의 기술로 디자인씽킹design thinking을 소개했다. 바쁜 가운데 일정을 간신히 맞추어 디자인씽킹 밤샘워크샵을 진행하기로 결정했고, 나는 2019년 6월 28일 밤 성수동의 한 코워킹스페이스의 6~8인이 들어갈 법한 규모의 회의실에 앉아 무지개 그라데이션이 덧입혀진 시제품만들기 사업계획 PPT 화면을 뚫어져라 응시하고 있었다. "해결책, 핵심 측정 지표, 독특한 가치 제안, 채널, 비용 구조, 영향력"과 같은 미끌거리는 단어들은 파고들어도 표피만 만지는 느낌이 들었고, 내 차례에 제안할 별다른 아이디어가 없어 막막한 심정도 들었다. 통일교육원이 프로그램 펀딩을 요청할 수 있는 유력 파트너로 거론되는 상태에서, '포럼'이라는 용어를 두고 벌어진 갑론을박이 그날의 주요 논의거리가 되었다. 어떤 기획을 하더라도, "유명한 사람, 어려운 이야기"로 대미를 장식하는 포럼과는 거리를 두어야 한다는 것이 중론으로 모아지는 듯했다. 프로젝트가 끝나고 개인에게 남는 것은 무엇일까? 구성원들이 성장한다는 효능감을 느낄 수 있을까? 내게는 때로 선문답처럼 들리는 질문들이 오가는 가운데, 좋은 아이디어를 보팅voting하여 시즌제를 도입하고 차후 주기적인 지표 평가를 통해 모델화까지 이어져야 한다는 시퀀스가 만들어졌다. 수현은 현재 국제개발

NGO에서 풀타임 근무를 하고 있어 늘 바쁘고 수면시간이 부족한 데도 불구하고, 청년허브와 통일단체에서도 이러한 사회혁신 토의기법을 활용한 일일 프로그램을 열었다. 이처럼 글로벌 시민성, 국제개발, 페미니즘을 비롯하여 '기획 활동'의 참조체계는 풍부해졌다.

청년성은 '대안'이라고 구획된 실험의 물질적·제도적 공간을 제공하는 한편, 적지 않은 청년들이 관계적 윤리에 주목하는 앎으로서 남북관계의 이해를 맥락화하는 프로젝트들에 매혹되고 있었다. 다시 말해, 북한에 대한 앎과 자신의 일상을 연결하는 자연스러운 공예가 갈채를 받는 프로젝트들의 비결이라고 할 수 있었다. 감당할 수 없는 뜨거움이 아닌, 화상 입을 일 없는 미지근한 온도를 유지한다는 점에서, 일상과 균형은 미세하게 공들여 조정되고 계산된 마주침의 양식에 가까워 보였다. 이러한 지향은 청년들이 포트폴리오의 인과 시퀀스를 구성하는 방식과도 맞닿아 있다. 북한이라는 공간에 대한 앎의 실천은 북한 출신 청년을 만나고, 지속적으로 관계맺음으로써 시작되지만, 그들이 '도구'나 '자원'이 되어서는 안 된다는 양가적 금기, 이 선후관계가 바뀌어서는 안 된다는 윤리가 공기 속에 스며 있었다.

참여 관찰을 진행한 한 시정 공모전에서 놀란 것은, 일상의 관계성에 대한 높은 평판에 비해 평양 스펙터클은 너무나 쉽게 진부해졌다는 것이었다. 내가 속했던 '청년유니열차' 팀은 지역 청년단체 및 통일운동단체 활동가의 제안에 따라 북한의 새로운 의식주 문화와 발전에 따른 민족 동질성 회복을 큰 주제로 설정했다. 내가 자료조사 단계에서 평양의 부동산 투기 현상을 조사해볼 것을 제안하자, 대학생 팀원들은 "너무 정치적인 것은 제외하고 싶다"며 난색을 보였다. 발표내용은 음식, 복식, 건축에 대한 자료를 조사해서 병렬적으로 구성되었고, 나는 뒤로 한발 물러나서 PPT 제작을 맡게 되었다. 발표자 용우가 의식주의 마지막 주主 파트에서 전기가 들어온 대도시 사진을 보여주면서, 준비해온 대본대로 청중에게 "서울일까요, 평양일까요?"라고 묻자 약간의 떨떠름한 침묵이 지나갔고, "평양!"이라고 심드렁하게 대답하는 목소리들이 들렸다. 피식하는 웃음과 함께, 발표 시간이 너무 길어졌다는 심사위원들의 투덜거림이 강당 뒤쪽에서 들렸다.

바로 다음 순서에서 "뭐, 정치적, 사회적, 역사적, 많은 것들을 할 수 있겠지만, 일단 만나야 하지 않겠습니까?"라는 질문으로 발표의 본론을 꺼내든 '꽃가람'(가명) 팀은 순식간에 좌중을 휘어잡았다. 이어진 '44A'의 정체를 묻는 돌발 퀴즈에서, 나는 일전의 북한 음식 소셜 다이닝 모임에서 북한의 대중적인 사사끼를 소개받아 한번 플레이해본 경험 덕택에, 44A가 게임의 패를 뜻한다는 답을 맞힐 수 있었다. "솔직히 사사끼 정도는 알아야 북에 관심 있다고 할 수 있죠!" 북한 출신 청년 진행자의 칭찬과 함께, 다음 슬라이드가 펼쳐졌다. 유니열차 팀원이 꽃가람 팀의 인스타그램 공식 계정을 스마트폰으로 보여주면서, 저 팀이 크라우드 펀딩도 받았던 애들이라고 유명세를 비롯한 정보를 귀띔해주었다.

사사끼는 비슷비슷한 북한 문화에 대한 정보가 유통되는 남북교류 공론장에서 '새로움', '신선함', '재미'라는 청년적인 요소를 구현해낸 매체

퀴즈 사은품으로 받은
사사끼 카드와 설명서

로서 작지 않은 성공을 거두었다. 비일상적 주제인 북한을 청년의 일상에 통합하는 성공적 모델을 청년들에게 제공하면서, 공모전, 캠프, 통일부 블로그, 청년허브를 부분부분 연결하는 네트워크를 만들어냈다. 남북 청년들이 함께 기획해온 마주침의 스토리는 이들 모임의 관계가 지향하는 일상성을 강조함으로써, 일회성 이벤트와 구별되는 사사끼의 가치를 효과적으로 설득했다. 한편, 사사끼에 대한 열광은 청년의 무관심이라는 대전제에 대면하여, 북한 관련 공론장의 경계선이 그들 언저리를 넘어서서 더 넓은 사회 영역으로 확장되어야 한다는 강박 의식의 단면을 보여준다.

일상을 목표이자 가치로 선언하는 활동들은 일회성 대 지속가능성이라는 이항대립 구도를 염두에 두고 있다. 일상과 지속가능한 관계성의 언어가 윤리적 태도로 차용되면서, 어떤 측면에서는 남북교류 기획프로그램의 내용보다 "우리 안의 관계를 쌓아나가는 과정" 자체가 중요한 콘텐츠가 되었다. 소수자에게도 '안전하고 지속가능한 공간'을 만들기 위해 북한 출신 청년들과 남한 출신 청년들의 비율이 같은 환경을 조성하고, 앞선 기획 과정 속의 평등을 추구하며 개개인의 발언이 일정 시간을 넘기지 않는 발언 총량제와 같은 토의기법들도 실험한다. 이러한 대칭적 동등성을 맞추기 위한 의식적인 노력에 더불어, 개방적 인테리어를 갖춘 혁신공간 대관, 답사 필드 사이트 동선 설계, 퍼실리테이터의 배치, 협력단체의 조정, 청년다운 쉬운 질문지와 같은 형식들을 조율하면서 청년들이 모색했던 공론장의 '균형'과 '성원권의 동등한 무게'는 공론 내용에 앞서 선취先取된 것처럼 보였다.

하지만 지나간 유령으로서의 북한 또한 논리적인 내용보다는 물질적 형식으로 또 다른 공론의 존재를 지표 위로 분출한다. 앞서 민채가 대학생 동아리 후배로 소개시켜준 대웅을 처음 만난 것은 시정 공모전의 강단이었고, 그날 2등을 차지한 대웅의 프레젠테이션은 반 토막 난 한반도 지도, 민주주의에 대한 아포리즘, 중노년의 철학자의 사진 같은 큼직큼직한 이미지들을 적재적소에 배치한 감각이 돋보였다. 인터뷰 자리에서 그는 판문점 선언 전후의 이례적 열기와 함께, '캠페인, 서포터즈, 실천'이라는 "부드러운" 용어를 채택하여 위화감을 줄이려는 노력을 열거했다. 대형버스, 승강기문, 도심 빌딩 벽면 등의 시설물에 눈길을 끌도록 디자인된 광고를 부착하는 랩핑 기법을 학내 홍보 수단으로 활용하여 우리하나 동아리 회원들과 4·27 1주년 기념 '평화의 손잡기' 임진각 행사를 준비했던 에피소드는, 이 부드러운 마주침의 공통 공간을 직조하는 시도가 좌절되고 팽팽한 긴장이 터져 나오는 순간을 보여준다. 동아리 회원들은 한밤중 캠퍼스 입구의 중앙계단에 모여서 조명등과 한반도 지도 그림을 설치하고, 계단 층층이 조각난 그림을 붙여서 일 년 전 김정은 위원장과 문재인 대통령이 만나는 전체 그림이 드러나게 꾸몄다. 하지만 당일 아침, 하룻밤을 채 넘기지 못하고 설치 몇 시간 만에 "작년에 너무 흔하게 돌아다녔던" 정상회담의 사진과 랩핑이 훼손되어 있던 끔찍한 기억이 잇달아 소환됐다. "커뮤니티에 싹 다 종북이다, 빨갱이다. 이렇게 된 거예요. 저희 학교는 남성 비율이 좀 많아 가지고 … 오히려 공격을 엄청 많이 당한 거죠." 조율된 언어, 일상의 소박한 평화를 모색하는 양지陽地의 공론장과 찢어발기는 폭력행위를 의사표현으로 드러내는 심해深海의 공론장, 두 세계는 '이후의 일상'과 '과거의 망령'이라는 상이한 시간성에 속해 있다. 이 평행세계의 청년들을 같은 좌표에서 마주치게 하는 개입공간으로서의 공론장은 아직 발명되지 않았다.

참고문헌

곽희양, 2012.3.26, 〈우석훈 교수 "20대 변화 없어… 88만원 세대 절판"〉, 《경향신문》, https://www.khan.co.kr/national/national-general/article/201203262228215.

김선기, 2019, 《청년팔이사회》, 오월의봄.

꼬마비, 2018, 〈PTSD〉, https://series.naver.com/comic/detail.series?productNo=3857324(2019.7.1. 접속)

레비스트로스, 클로드, 류재화 옮김, 2018, 《레비-스트로스의 문화인류학 강의: 오늘날의 문제들에 답하는 인류학》, 문예출판사.

레비스트로스, 클로드, 안정남 옮김, 1996, 《야생의 사고》, 한길사.

우석훈·박권일, 2007, 《88만 원 사회》, 레디앙.

전상진, 2018, 《세대 게임: '세대 프레임'을 넘어서》. 문학과지성사.

조문영·이승철, 2017, 〈'사회'의 위기와 '사회적인 것'의 범람: 한국과 중국의 '사회건설' 프로젝트에 대한 소고〉, 《경제와사회》 113: 100-146.

Anagnost, Ann, 2013, "Introduction: Life-Making in Neoliberal Times," in Ann Anagnost, Andrea Arai, and Hai Ren(eds.), *Global Futures in East Asia: Youth, Nation, and the New Economy in Uncertain Times*, CA: Stanford University Press, pp. 1-28.

Feher, Michel, 2009, "Self-Appreciation: Or, The Aspirations of Human Capital," *Public Culture* 21(1): 21-41.

참고영상

〈Korea, A Hundred Years of War〉, Directed by Pierre-Olivier, Alegria: Arte France, 2019.

◆ 이 글은 2018~2019년에 한국의 서울과 파주를 중심으로 수행한 현장연구 자료와 석사학위논문에 기반하여 작성되었다. 인터뷰 참여자와 단체, 정책보고서는 가명을 사용했다.

11

접경도시 샤먼에서 마주한 '대만 청년'들

문경연

삼통三通으로 양안兩岸을 건너다

"타이베이에 한번 가면 언제 돌아올 줄 모르니 가지 않으면 안 돼? 나는 네가 보고 싶어도 마음대로 보러 갈 수가 없잖아!"

대만 배우 훠지엔화霍建華와 중국 배우 마스춘馬思純이 주연한 영화 〈대약재동계大約在冬季〉(2019)를 보면 위와 같은 대사가 나온다. 이 영화의 시공간적 배경은 1991년의 베이징이다. 타이베이가 고향인 남주인공과 청두가 고향이 여주인공은 베이징에서 열린 대만 가수 치친齊秦의 콘서트에서 처음 만난다. 당시만 해도 중국과 대만(이후 양안)은 자유롭게 드나들 수 없었다. 아버지가 중국 대륙 출신이었던 남주인공도 아버지 덕분에 베이징에 잠깐 머물렀을 뿐, 실제 베이징에 정착해 사는 것은 만만치 않았다. 남주인공이 타이베이로 돌아가게 되면 언제 다시 돌아오게 될 줄 몰랐다. 직선 항로가 개통되지 않아 홍콩을 거쳐 가야만 하는 여정 속에 이 젊은이들의 첫사랑은 끝난 것처럼 보였다. 그로부터 약 30년이 지난 2019년, 남주인공의 아들과 여주인공의 딸은 다시 베이징에서 만나게 되는데, 중국과 대만은 언제 그랬냐는 듯 타이베이에서 자라온 남주인공의 아들은 직항을 타고 베이징에 왔으며, 여주인공의 딸도 직항을 타고 대만에 가서 남주인공의 가족들을 만난다. 2008년에 생긴 '삼통' 덕분이었다.

'삼통'은 항공과 우편과 해운을 모두 개방한다는 정책이다. 삼통 덕분에 홍콩이나 마카오를 경유해야 했던 중국과 대만 간의 우회로가 사라졌다. 타이베이에서 중국 대륙의 1선 도시들로 향하는 직항편이 개통되면서 중국 대륙에 고향을 두었던 사람들과 그의 가족들이 중국 대륙을 쉽게 오갈 수 있게 되었다. 그중에서는 〈대약재동계〉 영화 속 남주인공 아들처럼 중국 대륙에 남아 있는 자신의 뿌리를 찾아온 청년들도 있고, '중국의 넓은 시장'에 관한 호기심으로 찾아오는 젊은이들도 있다. 나는 대만에서 결혼해 살고 있는 중국 대륙 출신 결혼이주자들을 연구하는 과정에서 그들을 따라 이 삼통의 경로를 몇 번 건널 일이 있었다. 한번은 〈대약재동계〉의 대만 젊은이처럼 직선 항로를 타고 베이징으로, 그리고 다른 한 번은 홍콩을 거쳐 선전으로 넘어갔다. 마지막으로는 타이베이에서 직항을 타고 샤먼廈門으로 향했다.

이 세 번의 '삼통' 경험 속에서 나는 행선지의 거의 유일한 외국인이었다. 특히 베이징 공항에서는 이 삼통을 외국인이 이용하리라고 생각지 못했기 때문인지 꽤 오래 기다린 후에야 겨우 중화인민공화국 땅을 밟을 수 있었다. 샤먼 공항에서도 마찬가지였다. 꽉 찬 비행기 안에서 나는 '외국인' 줄로, 다른 승객들은 '대만 동포台灣同胞'의 창구로 나뉘어 기다려야 했다. 여기서 '대만 동포' 창구는 '홍콩-마카오-대만港澳台'을 모두 포함하는 창구였지만, 나에겐 유독 '대만 동포'라는 단어가 뇌리에 각인되었다. 그도 그럴 것이 비행기 안 내 옆자리에 앉았던 대만 아저씨의 말 때문이기도 했다.

타이베이에서 샤먼으로 향하는 비행기는 이른 아침이었음에도 불구하고 만석이었다. 내 옆에 앉았던 중년의 남성은 내가 '입국' 카드를 쓰는 외국인인 것을 확인한 후, 어떻게 삼통을 이용할 생각을 했는지 물었다. 내가 삼통이 뭐냐고 물으니 그는 대답 대신 15년 전 중국 대륙으로 진출했던 자신의 경험을 간단하게 알려주었다. "중국에 진출하려는 대만 사람들이 예전에는 중국 대륙을 무시하는 경향이 있었다. 그런데 이제는 그렇지 않다. 중국 시장의 가능성을 높게 평가하고, 언어와 문화가 근접하다는 장점을 고려한다"는 것이다. 그 선택지에 바로 샤먼이 있다는 것이다. 그는 나에게 명함을 내밀며 '양안'의 법률은 너무 다르기 때문에 어려운 일이 생기면 꼭 연락하라고 했다. 나는 순간 그가 왜 대만이 아닌 중국 대륙을 선택했는지 알고 싶었다. 혹시나 나의 연구참여자들처럼 중국 대륙에 '혈연'이 있는 것은 아닌지 궁금해졌다. 그는 중국 대륙과 '인연이 있다有緣'고 답했다. "아마 7대조 할아버지의 인연으로 중국 푸젠성으로 다시 돌아가는 것이 아닐까요"라고 덧붙이는 그를 보며 어렴풋이 그가 본성인本省人임을 깨달았다. 본성인이란 그의 말처럼 명·청 시기에 대만섬으로 이주한 한인漢人들을 의미하며, 그의 본적이 푸젠성 장저우시라는 것을 통해 본성인 중에서도 민난인閩南人인 것을 알 수 있었다.

그는 나에게 샤먼을 가본 적이 있느냐고 물었다. 나는 진먼金門에서 망원경으로 샤먼을 바라보았다고 답했다. 그는 샤먼이 '여름의 문'이기도 하지만, 대만 사람들에게는 중국으로 향하는 관문과 같은 도시라고 했다. 자신의 모어이기도 한 민난어가 통하는 지역일 뿐 아니라, 대만과 기후도 비슷하고 '맛'이 비슷하기 때문에 대만 사람 10만 명이 샤먼에 모여 산다고 알려주었다. 그는 샤먼에서 꼭 대만 음식점을 가보고, 대만에서의 맛과 비교해보길 조언했다. 그렇게 짧은 한 시간의 비행을 마쳤다.

이후 그는 '대만 동포' 줄에 서서 샤먼에서의 수속을 마쳤고, 나는 또 그 비행기의 유일한 외국인이 되어 '외국인' 줄에서 입국 수속을 밟았다. 다행히 얼마 지나지 않아 한국발 비행기의 승객들이 합류했고, 이번에는 외롭지 않게 입국 수속을 마쳤다. 그리고 샤먼 공항 입국장으로 들어섰다. 샤먼 공항 면세점에는 여기가 샤먼인지 대만인지 알 수 없을 정도로

샤먼 가오치 공항에서 만날 수 있는 대만 특산품 진열대

접경도시 샤먼의 위치

대만 상품과 대만 특산품이 포장되어 판매되고 있었다. 이 접경의 샤먼에서 나는 또 다른 상상의 '대만'을 보게 되었다.

접경도시 샤먼에서 만난 '대만'들

내가 연구지역으로 샤먼을 선택한 이유는 중국 청년 여성들의 소비문화를 살피기 위해서였다. 중국 여성 청년들을 호명하는 신조어들은 된장녀敗家族라든지 잉여여성剩女, 간장녀捲捲族 등으로 부정적인 어감이 강했다. 그런데 최근 중국 청년 여성들에 대한 호칭이 바뀌고 있었다. 문화생활을 즐기고 있었고, 자신의 삶을 즐기는 라떼牛奶咖啡族, LATTE족이나 CCCulture Creative족 등 소비의 주체로 변하는 과정들이 포착되었다.

샤먼은 대만 섬과 푸젠성 사이를 흐르는 대만해협의 서쪽에 위치한 항구도시로서, 차Tea라는 이름이 처음 알려진 곳이다. 샤먼은 중국 내에서 거의 처음으로 차가 외국, 특히 유럽으로 수출된 곳이기도 하다. 차와 함께 먹는 유럽풍의 디저트 문화가 다시 수입되는 곳이기도 하다. 1980년대 개혁개방 이후에는 대만과 가장 가깝다는 이유로 개방되었으며, 중국 대륙으로 진출하려는 많은 대만인들이 샤먼에 정착해 '대만' 방식의 여러 먹거리와 볼거리를 만들어냈다.◆

더위를 피해 들른 한 카페에서는 '대만' 관련 차 메뉴가 많았다. 나는 너무 신기해 직원에게 “사장님이 혹시 대만에서 오셨냐”고 물었다. 직원은 그렇지 않다고 말하며, ‘대만’ 관련 메뉴가 잘 팔리기 때문에 대만에서 건너와 카페를 창업하는 사람들도 많다고 알려주었다. 이 직원의 말을 듣는 순간, ‘중국 청년 여성들의 식음료 소비’도 양안 교류와 관련될 수 있다는 걸 깨닫게 되었다. 특히 이 중에서도 ‘대만 사람들의 창업’이 궁금해졌다.

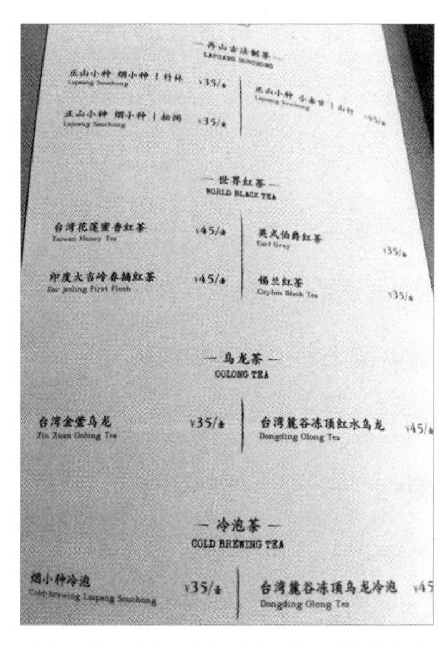

샤먼의 한 카페에서 찾은 ‘대만’ 메뉴들, ‘대만’이라는 명칭이 인상적이다.

내가 묵은 숙소는 대학가였다. 그런데 대학가 근처에는 대만에서도 본 A 브랜드가 있었다. ‘신’ 과일 음료가 대표적인 A 브랜드는 중국 대륙에 진출해서도 그 이름을 바꾸지 않았다. A 브랜드는 비단 중국 대륙뿐 아니라, 유럽이나 일본에도 진출해 있는 브랜드였다. 그런데 정작 대만 타이베이보다 샤먼 내 A 브랜드의 분점이 많을 만큼, 이 브랜드는 샤먼에서 매우 인기였다. 나도 정작 대만에서는 몇 번 마셔보지 못했지만, 샤먼

◆ 이 책의 10장에서 그리는 ‘가볼 수 없는’ 북한에 대한 (청년들의) 상상·일상의 연결과 양안 교류가 일어나고 있는 샤먼에서의 ‘대만’에 대한 상상을 비교해보는 것도 좋겠다.

에서는 꽤 자주 맛볼 수 있었다. 메뉴도 샤먼과 타이베이가 거의 같았다.

다음 날 A 브랜드에서 과일 음료 한 잔을 주문하고 있었다. A 브랜드는 마실 수 있는 자리가 거의 없는 '포장' 위주로 판매하고 있어, 나는 음료가 준비되면 바로 떠나려고 했다. 그때 음료를 준비해주던 직원이 A 브랜드는 대만 자본으로 시작된 것이긴 하지만 프랜차이즈로 운영되어 꼭 대만 사람들이 운영한다는 보장이 없다고 알려주었다. 그리고 근처의 양안창업기지兩岸創業基地에 가보면 대만 청년들을 만날 수 있을 것이라고 했다.

중국 청년 여성들을 만나려고 했던 나의 연구는 결국 중국 접경도시에서 창업하는 대만 청년들로 전환되었다. A 브랜드 직원의 소개 외에도, 나는 샤먼에 사는 이전 연구참여자들의 인맥, 소개받은 샤먼대학 선생님의 도움으로 다른 창업기지에 방문할 수 있었다. 이 창업기지들은 샤먼시의 구區별로 만들어져 있었으며, 각 대표는 대부분 대만 사람들로 서로 알고 지냈다. 이 창업기지들은 푸젠성의 101 대만 청년 창업 프로그램101台灣青年創業扶持計劃(이하 101 계획)의 일환으로 2015년 문을 열었다. 이 101 계획의 혜택을 받을 수 있는 대만 청년들은 만 18세에서 만 45세라고 했다. 만 45세까지의 대만 청년을 포함하는 이유는 대만 내의 '생애주기'와 '발달과업'을 고려한 것이라고 했다.

만 18~45세로 규정된 '대만 청년'의 생물학적 연령 범주는 이미 그 안에 다양성을 담고 있었다. 먼저 배워온 역사나 가치관이 다양하다. '대만 섬에 살고 있는 사람들의 역사'를 강조한 교과서, 인식대만認識台灣이 대

샤먼 내 양안창업기지 내부

만의 교육과정으로 들어온 것이 2000년대 초이다. 그 전까지만 해도 대만 사람들은 외몽골까지 포함한 중화민국의 역사를 배워왔다. 이 '인식대만' 교과서를 배운 사람들과 그렇지 않은 사람들이 나뉘는 기준이 약 30대 중반이다. 중화민국의 역사에서 중국 대륙은 가보지 않았지만 '한 영토'로 서술되는 반면, '인식대만'에서의 중국은 대만과는 일부의 역사를 공유한 이웃으로 인식된다.

하지만 이 '인식대만'의 출현이 대만과 중국의 관계를 '통일'이냐 '독립'이냐의 이분법으로만 인식한다고 볼 수 없다. 1994년부터 매년 실시되는 대만 정치대학의 선거연구센터가 대만 사람들의 정치 성향을 설문한 조사에 따르면, '즉시 통일'의 1%나 최근 증가세를 보이고 있는 '즉시 독립'의 약 5%에 비해, 매년 부침은 있지만 '현상 유지 후 나중에 결정'이 약 30%를 차지하고 '영원히 현상 유지'도 약 20% 안팎으로, 다수의 대만 사람들은 '현상 유지'를 원하고 있다.

이 상황에서 '대만 청년들'은 대만 주체성을 가진 새로운 '대만'을 이끌어나가는 주역으로, '산딸기野草莓'처럼 강력한 생명력을 지니며, '해바라기太陽花'와 같이 밝은 희망의 세대로 자신을 표현한다고 알려져 왔다. 처음에는 기성세대들의 무르고 미성숙한 '딸기草莓'라는 오명에 대항하여 시작되었지만, 2014년 해바라기 운동 이후부터는 새로운 정치 주체로서의 '청년 세대'의 출현을 알리기도 했다.

그러나 일부 청년들은 자신의 '꿈'을 좇아 대만 섬을 떠나기도 했다. 중화민국 국가발전위원회의 통계에 따르면, 2019년 한 해 동안 집계된 해외에서 일하는 대만인의 수는 약 73만 9000여 명이며, 그중 30~49세가 약 48.9%, 15~29세가 약 20.6%로 과반수를 차지한다. 또 전체 약 73만 9000여 명의 53%인 약 39만 5000명이 중국 대륙에서 일하고 있다. 중국 대륙 내에서의 연령 분포에 대해서는 알 수 없지만, 꽤 많은 대만인이 중국 대륙에서 일하고 있다.

샤먼의 양안창업기지는 이렇게 대만 섬을 떠나 중국에서 일하는 '대만 청년'들을 만날 수 있는 장소였다. 그렇다면 대만 청년들은 왜 중국 대륙으로 왔을까? 그리고 중국 대륙 중에서도 샤먼을 선택한 이유는 무엇일까? 나는 두 양안창업기지를 방문하면서 자신의 이주 경험을 알려준

20대 여성 두 명(나나, 아메이)과 40대 남성(라오장), 40대 여성(라오화)을 만날 수 있었다. 이들은 모두 가명 처리했으며, 내가 만나본 대만 청년들 중 가장 최연소 여성들이고 최연장자였다. 먼저 현재 대만에서는 청년의 범주가 민법으로 만 20~35세로 정해져 있기 때문에 '청년'이 아니지만, 중국 대륙에서는 '청년'의 범주에 들어가는 40대 남성 라오장과 여성 라오화의 사례를 소개하려 한다. 이 '청년 범주'의 차이는 오히려 이들이 중국 대륙으로 이주하는 데 영향을 주었다. 이어서 20대 여성들의 사례를 소개하는 이유는 흔히 '통일과 독립'의 이분법으로 설명되는 '대만 청년'이 접경의 샤먼에서는 꼭 그렇게만 볼 수 없음을 소개하기 위해서이다. 이제 40대 라오장의 이야기로 들어가 보겠다.

마주媽祖로 연결되는 양안

"마주신이 나를 여기로 데려왔어요."

대만 청년들의 창업 이주 이야기에서 마주신이 나올 것이라고는 전혀 예상치 못했다. 곧 만 46세가 되는 '대만 청년'의 최고령자이자 카페를 운영 중인 라오장은 샤먼에 오게 된 계기를 마주에서 찾았다. 대만 중부 출신인 라오장은 대대로 마주 신앙을 믿는 집안에서 자랐다. 마주는 송나라 때인 960년 푸젠성 푸톈 메이저우 섬莆田 湄洲에서 태어난 임묵林默이라는 설이 유력하다. 어려서부터 총명했고 자비로웠던 그는 신통력이 있어 길흉화복을 점칠 수 있었으며, 사람들의 병을 고쳐주고 난파선의 침몰도 여러 번 막았다고 한다. 임묵은 28세에 생을 마무리했는데, 사람들이 그의 죽음을 슬퍼하고 바다의 안녕을 기원하며 그를 기념했다는 것이다. 시간이 흘러 그를 기리는 사람들이 더 많아졌고, '마마娘娘', '바다의 여신海上女神', '천비天妃', '천후天后', '천상성모天上聖母' 등으로 점점 신격화되며 중국의 동남해안에서 동남아시아까지 퍼져나갔다(양한순 2012; Zhang 2017).

라오장의 가족들은 무슨 일이 있을 때마다 집 근처 마주를 모시는 사당媽祖廟으로 가서 마주신에게 안녕을 빌곤 했다. 이들은 이미 대만에 정착한 지 5~6대가 되었을 만큼 대만에 산 지는 오래되었지만, 마주가 태어난 푸젠성에 대해 친근함을 느꼈다. 그리고 대만에서는 해마다 마주의 생일인 음력 3월 23일을 기념해 타이중 다자台中 大甲에서 자이 신강嘉義 新港을 잇는 330km를 8박 9일 동안 걷는 순례가 이어진다. 어릴 때부터 이 마주신 순례를 보고 자란 라오장은 이후 인생의 큰일이 있을 때마다 마주신에게 기도를 하곤 했다.

라오장은 중장비 기술을 배워 한 회사에 취직하게 되었다. 기술직이라 벌이는 아주 좋았지만 일이 고단했다. 아침 일찍 일어나 저녁 늦게 퇴근하는 삶, 부모님과 동생들을 뒷바라지하느라 결혼도 늦어졌다. 어머니는 마주에게 라오장의 미래에 대해 아침마다 빌곤 했다. 그러던 중 휴가를 맞아 진먼으로 친구들과 여행을 떠났다. 친구 중 한 명이 이왕 간 김에 샤먼도 한번 보고 가자고 제안했다. 그렇게 라오장과 샤먼의 인연이 시작되었다.

라오장은 샤먼을 하루 여행하면서 마주묘를 발견했다. 매일 어머니가 자신을 위해 비는 그 마주신이 샤먼에도 있었다. 꼭 마주신이 자신을 샤먼으로 오라고 하는 것 같아서 마주묘의 위치를 확인했다. 그리고 마주신께 '자신과 샤먼이 인연이 있는지'를 빌고 샤먼을 떠났다. 샤먼이 대만과 아주 비슷하지는 않았지만, 마주묘가 있고 모어인 민난어가 통했기 때문에 대만에서의 '바쁘고 피곤한 삶'을 바꿀 수도 있는 기회라고 생각했다.

라오장이 샤먼으로 떠나겠다고 하자 가족들의 반대가 심했다. 가족들은 중국 대륙이 여전히 폐쇄적이라고 생각해 라오장이 대만에서보다 더 고생할 것이라 걱정했다. 특히 어머니는 아들이 연고가 없는 타지에 간다는 것을 못 미더워했다. 다시 어머니의 기도가 시작되었다. 어머니는 아침·저녁으로 마주묘를 찾아가 아들의 샤먼행에 대해 묻고 빌었다. 라오장은 샤먼에서도 마주묘를 보았기 때문에, 마주신이 자신을 지켜줄 것이라 어머니를 설득했다. 그리고 무작정 사표를 던지고 샤먼으로 떠났다. 2013년의 일이었다.

당시만 해도 아직 101 계획이 시작되기 전이었기 때문에 창업은 쉽지 않았다. 라오장은 샤먼에 있는 대만 사람들을 통해 일자리를 구하려고 했다. 먼저 그는 소개를 통해 제과 기술과 바리스타 기술을 배우게 되

라오장과 대만 상인 B가 함께 운영하는 카페 내부. 일본과 중국, 대만이 가장 선명하게 그려져 있다.

었다. 처음에는 샤먼의 대만 사람들에게 빵과 과자를 판매했다. 인터넷 커뮤니티에 광고 글을 올리고 디저트를 판매했다. 하지만 장사는 신통치 않았다. 믿었던 동업자에게 사기도 당했다. 대만에 돌아갈까 생각도 했지만 반대했던 가족들 얼굴이 떠올랐다. 이주 초기의 인터넷 상거래는 라오장에게 큰 교훈을 주었다.

라오장은 반복되는 실패에 안쓰러워하던 지인의 소개로 대만 상인 B를 만났다. 그는 1990년대부터 샤먼에 와서 카페 사업을 하고 있었다. 라오장과 B는 동향이었기 때문에 쉽게 친해졌고, 제빵 사업까지 생각하던 대만 상인 B는 라오장의 기술을 눈여겨보았다. 라오장은 다시 B와 함께 새로운 브랜드를 만들어보기로 했다. 마침 등장한 101' 계획은 라오장과 B에게 모두 단비와 같았다. 특히 만 45세까지라는 파격적인 연령대는 장년의 라오장에게 다시 '청춘'을 되살려주는 것만 같았다.

라오장은 이런 기회가 샤먼에 마주묘가 있기 때문이라고 생각했다. 라오장은 다시 마주묘로 가서 새로운 사업이 성공하기를 빌었다. 새로 문을 여는 가게는 마주묘와 멀지 않은 곳에 잡았다. 가게를 홍보하기 위해서 매달 7, 17, 27일에는 '여성의 날', 매달 5, 15, 25일에는 '남성의 날'로 정해 다과회를 열었다. 그리고 1, 11, 21일에는 샤먼에 있는 대만 청년들을 위한 날로 정해 카페를 개방하고 파티를 열었다. 지금은 양안창업기지와 연합하여 샤먼으로 오는 대만 청년들이나 현지 사람들에게 바리스타 교육을 진행하고 있다.

중국과 대만을 연결하기

라오화는 퇴근 후 라오장의 카페에 들러 커피를 마시곤 한다. 라오화의 사생활은 거의 비밀에 싸여 있는데, 지금은 혼자 살고 있다는 것만 알려져 있다. 라오화가 샤먼에 온 지는 약 3년 정도 되었다. 라오화는 원래 대만 중부에서 음식점을 운영했다. 그런데 계속 대만의 경기가 나빠지면서 음식점 운영에 어려움을 겪었다. 폐업을 고민하던 중, 지인이 운영하는 여행사에서 직원을 구한다는 광고를 보왔다. 이 여행사는 결혼 후 대만에 온 지 20년이 훌쩍 넘은 중국 출신 결혼이주자가 운영하는 회사로, 합격한다면 고향을 떠나 샤먼의 지점에서 일해야 했다. 라오화는 연로한 부모님이 걱정되었지만, 샤먼과 고향이 가깝고 중국 시장을 경험해보고 싶다는 생각에 샤먼으로 떠나기로 다짐했다. 또 당시 라오화가 만 40세가 넘어 101 계획을 적용받을 수 있다는 이점도 크게 작용했다. 결국 101 계획의 혜택은 많이 받지 못했지만, 라오화는 여행사의 직원으로 일하며 101 계획에 필요한 여러 서류 등을 대리해주는 일을 맡아 할 수 있었다.

라오화의 가족들은 처음 라오화가 샤먼에 간다고 했을 때 라오장의 가족들처럼 걱정이 많았다. 라오화의 가족들 역시 중국에 직접적인 연고가 없었기 때문에 라오화가 혹시나 아무도 없는 곳에서 '사기를 당할까봐' 노심초사했고, 잘 안되더라도 원래 운영하던 음식점을 계속 운영할 것을 권유했다. 그런데 라오화는 예상외로 이 여행사 일이 적성에 잘 맞았다. 라오화가 주로 하는 일은 중국에 여행 오는 대만 여행객들에게 맞는 관광 상품을 개발하는 일이었다. 라오화가 음식점을 운영했던 노하우로 샤먼 내 대만 상인들이 운영하는 음식점이나 카페 등을 잘 알았기 때문에 대만 여행객들의 만족도가 높은 편이었다. 대만 상인들도 대만 여행객들을 만나 매출을 높일 수 있어 라오화에게 고마워했다.

그렇지만 라오화의 샤먼 생활은 쉽지 않았다. 여행사 현지인 직원들의 텃세와 "직접적인 말투"에 상처를 입기도 하고, 때로는 현지 여행사와의 경쟁에서 밀리는 때도 있어 실망스럽기도 했다. 중국 출신 결혼이주자

사장님은 주로 대만에서 생활하는 경우가 많아 어떤 결정들은 라오화가 해야 했지만, 현지인 직원들이 잘 따르지 않아 피곤하기도 했다. 하지만 가족들의 반대에도 불구하고 결정한 샤먼행이었기 때문에 웬만한 일에도 '인내심을 가지고' 참으며 지내고 있었다.

이런 라오화가 스트레스를 풀 수 있는 두 곳이 있었다. 하나는 라오장의 카페이고 다른 하나는 양안창업기지에서 만나는 대만 청년들이었다. 라오장이 신상품을 개발할 때마다 라오화가 맛보고 품평을 해주기도 했고, 라오장의 카페에서 열리는 '여성의 날'과 '남성의 날' 기념 모임, 대만 청년들 모임의 리더도 라오화였다. 라오화는 그 안에서 커피 만드는 법을 배우기도 하고, 동향 사람들과 만나며 직장 생활의 스트레스를 풀기도 했으며, 새로운 관광 프로그램을 기획하기도 했다. 나도 라오화의 소개로 현지인들과 함께 하는 '토루 관광 프로그램'을 이용했는데 나쁘지 않았다.

라오화는 대만 청년들과의 모임도 스스럼없이 확대해 나갔다. 라오화의 업무 중 하나는 대만 청년들이 샤먼에 오려고 할 때 복잡한 서류 업무 등을 대신 해주는 것이었다. 라오화 자신이 '대만 청년'이었지만, 대만 청년이 다시 자신의 고객이 되었다. 그런데 라오화는 대만 청년들을 '고객'으로 여긴다기보다 대만 청년들이 하는 프로그램에 자신도 함께 참여했다. 예컨대, 라오장의 카페에서 열리는 대만 청년들의 바리스타 교육이라든지 아니면 아메이의 여름 교육 프로그램에 함께 참여하며 아이들을 봐주는 것이었다. 그래서 사람들은 라오화를 '정 많은 사람'으로 알고 있었다.

라오화는 부업으로 대만의 생필품 등을 인터넷에서 판매하기도 했다. 그것도 잠시 코로나19로 양안의 통로가 잠시 막히자 라오화의 부업 매출에도 영향을 주었다. 라오화는 결국 몇 달 지나지 않아 부업을 중단할 수밖에 없었다. 최근 중국의 코로나19 상황이 좋아지자 라오화는 샤먼, 취안저우, 장저우 부근의 관광지 가이드로 활동 영역을 넓혔다. 라오화의 고객층도 샤먼의 대만 사람들 뿐 아니라 현지인들로 확대되었다.

라오화는 이렇게 접경도시에서 중국과 대만을 여러 방식으로 연결하는 일을 하고 있었다. 그러나 자신의 일은 노동이자 일상일 뿐, 정치와 별개로 생각하고 있었다. 함께 일하는 현지인 동료들에게도 '나는 대만인이다'라는 말을 자연스럽게 했으며, '조국'이나 '모국'이라는 말에 '너희 조국', '너희 모국'이라고 대꾸하며 장난으로 넘기곤 했다. 그리고 나에게는 때때로 자신은 항상 이방인 같다는 말을 계속 했다. 현지인 친구가 많냐는 나의 물음에 대부분이 일터에서 만나는 사람들일 뿐, 마음을 터놓는 사람들은 결국 대만 사람들이라고 말했다. 특히 샤먼에서는 대만 사람들을 많이 만날 수 있고, 30분만 배를 타면 대만의 진먼에 갈 수 있기 때문에 샤먼에 정착했다고 덧붙였다. 어찌 되었든 현재 사는 곳에서 배부르고 따뜻하고 행복하다면 만족스러운 게 아니겠냐며, 자신은 현재 생활에 만족한다며 '일상의 작은 행복'에 대해 흥얼거렸다.

천연독天然獨과 일: 경험의 사이에서

1990년대 중반 태어난 아메이는 사회복지학을 전공했다. 대만에서 사회복지학과를 졸업하고 사회복지사로 일할 수 있는 월급은 최대 약 3만 NTD(한화 약 120만 원)이다. 사회복지사는 안정적인 직업이지만 미래를 계획하기에 넉넉한 월급은 아니다. 아메이는 이미 이런 자신의 미래가 정해져 있다고 생각했고, 졸업 전에 다른 세상을 보고 싶었다. 마침 대학 전공 주임 교수님의 추천으로 샤먼시의 101 계획에 대해 알게 되었다. 주거비가 지원된다는 점, 또래 청년들과 함께 살며 일할 수 있다는 점, 고향과 멀지 않다는 점, 그리고 말이 통하며 음식이 비슷해 적응 기간이 길지 않으리라는 점 등에 매력을 느껴 샤먼으로 향했다.

아메이의 샤먼 생활은 나쁘지 않았다. 아메이는 양안창업기지에서 제공하는 아파트형 숙소에 룸메이트 2명과 함께 살았다. 아파트에는 각각의 침실과 공용 화장실, 공용 부엌, 공용 거실이 있어 서로 마음만 맞으면 재밌게 지낼 수 있었다. 아메이는 대만의 초·중·고 여름 캠프 교육 프로그램을 샤먼에 런칭하는 회사의 인턴이 되었고, 다른 두 룸메이트는 대만 디자인 회사의 디자이너들이었다. 이 회사들은 양안창업기지의 사무실을 공유했기 때문에, 룸메이트들과 함께 출퇴근하고 생활할 수 있어 아메이는 예상했던 것보다 샤먼 생활이 즐거웠다.

아메이가 샤먼에서 받는 월급은 한화 약 100만 원 정도였다. 샤먼의 물가가 대만보다 1.5배 정도 비쌌지만 대부분 회사나 양안창업기지에서 보조비용이 나오기 때문에 생활하는 데 어려움은 없었다. 오히려 샤먼 현지 아이들을 위한 교육 프로그램을 만들 때 느끼는 불편함이 더 컸다. 가끔 샤먼의 아이들이나 선생님들이 '대만은 중국의 일부분' 혹은 '대만은 중국의 아름다운 보물섬'이라고 할 때마다 속으로 '아니야, 그렇지 않아'라고 소리치고 싶다고 했다. 하지만 일을 제대로 마쳐야 하기 때문에 대답하지 못하고 참는 자신을 발견한다고 했다.

아메이는 라오화가 수속을 도와준 대만동포증台胞證을 볼 때마다 의문이 들었다. "나에게는 '중화민국-대만'의 여권이 있는데 왜 샤먼에서는 이 여권을 사용할 수 없을까?", "'동포'라면서 우리에게는 유효기간 5년이 있는 다른 신분증을 제공할까?"라는 여러 궁금증이 생긴다는 것이었다. 함께 일하는 대만 청년 동료들조차도 샤먼의 문화와 대만의 문화가 비슷하다고 하는데, 약 100년 넘게 다른 역사와 기억을 가지고 살아가는 중국과 대만이 어떻게 같을 수 있겠냐며 질문을 던졌다. 이러한 생각들은 자신이 '천연독'이기 때문이라고 했다. 천연독이란 직역하면 '태어나면서부터 자연스럽게 갖는 독립의 입장'이라고 볼 수 있지만, 이들이 생각하는 '독립'이란 대만을 국호로 하는 새로운 국가 건설이 아니라, 중화민국이 이미 대만이고 주권을 가진 독립 국가이기 때문에 중화인민공화국과 대등하게 국가로 교류하는 것을 말한다(沈暐婕 2017). 아메이는 이러한 입장에서 양안교류에 대해 반대하지 않으며, 중국을 알기 위해 선뜻 인턴 생활에 임했다는 것이다.

하지만 아메이는 결국 짧은 인턴 생활을 마치고 대만으로 돌아갔다. 중국에 가는 것을 걱정했던 대만의 부모와 친척들이 제일 반가워했다고 했다. 아메이가 돌아간 사유는 '졸업을 더 이상 늦출 수 없다'는 것이었지만, 아메이는 자신의 의견을 감추고 돈을 번다는 것이 쉽지 않다고 했다. '귀환'을 선택한 자신이 결코 실패한 것은 아니라고 믿고 싶다고 했다. 어쨌든 그에게 6개월의 중국 생활은 짧게나마 중국을 경험할 수 있는 좋은 추억이 되었기 때문이다. 대만에 돌아가서도 아메이는 이 인턴 생활의 경험을 살려 아동복지 쪽으로 취업을 할 것이라고 했다. 인턴 경력이 그에게 좋은 '스펙'이 될 것이라 확신하면서 말이다.

삼통을 통해 다가간 중국몽中國夢

샤먼의 또 다른 '대만 청년' 나나는 대만에서 꽤 유명한 대학교를 졸업했다. 나나가 대학 생활을 할 때는 대만 내에서 한창 해바라기 운동이 벌어지던 시기였다. 해바라기 운동은 2014년 '새로운 대만'을 꿈꾸는 대학생들을 위시하여 여러 대만의 시민단체들이 입법원과 행정원을 점거했던 정치운동이다. 당시 대학 내 동아리들은 중국과 국민당으로부터 벗어나 대만의 주체성을 살려야 한다고 강조했다. 그런데 나나는 한 번도 해바라기 운동에 참여하지 않았다. 나나가 생각하기에 해바라기 운동이 주장하는 '중국'은 상상 속의 '중국'인 것만 같았다.

나나는 중국을 실제로 경험해보기 위해 베이징으로 교환학생을 신청했다.

나나는 베이징에서 교환학생으로 1년간 공부하면서 중국에 대한 가치관을 완전히 바꾸게 되었다. 나나가 대학 때까지 배웠던 중국과 대만은 '인식대만'에 근거해 있다. 중국은 대만해협 저편의 대륙 국가로 따로 '중국사'로 나뉘어 있었다. 반면 대만은 '대만 섬'만이 관련된 역사로 원주민의 역사, 네덜란드 등의 통치 시기, 정성공 이후 명나라와 청나라의 대만 섬 통치, 일본 통치 시기, 국민당 통치 시기로 나누어 배웠다. 베이징의 교환학생 기간 동안, 나나는 중국이라는 곧 세계 최강국이 될 나라가 어떻게 세워졌고, 어떻게 발전했는지에 대해 다시 배우게 되었다. 이후 대만으로 돌아와 대학 내의 '양안청년취업'이라는 공고를 보고 자원해서 샤먼으로 오게 된 것이다. 샤먼은 타이베이와 멀지 않았고 베이징에서도 안전하게 지낸 경험이 있기 때문에 부모님이 중국으로의 취업을 흔쾌히 허락했다.

나나는 양안창업기지에서 일하며 두 가지의 업무를 맡고 있다. 하나는 양안창업기지에 찾아오는 손님들에게 양안창업기지를 소개하는 일이다. 일종의 '가이드'로 양안창업기지의 역사와 주요 업무, 오피스 공간을 공유하는 회사들에 관해 소개한다. 두 번째는 처음 온 대만 청년들에게 숙소를 소개하고 이들이 샤먼에서 잘 적응할 수 있도록 초기 정착을 돕는 일이다. 그리고 개인적으로 나나는 샤먼의 여러 맛집을 브이로그로 만들어 사람들에게 소개하고 있다. 그중 하나가 바로 최근 샤먼에서 유행하고 있는 여러 길거리 음식들이다. 코로나19 유행으로 인해 나나의 브이로그는 잠시 중단되었지만, 곧 재개될 예정이다.

나나의 브이로그는 양안창업기지가 대만의 대학생들을 모집할 때 유용하게 쓰이기도 했다. 브이로그에는 샤먼이라는 곳이 상상 속의 '무서운 적'이 아니라, 대만 사람들이 많이 살고 있고 대만과 비슷한 말이 쓰이며 대만과 비슷한 음식을 먹는 '가까운 곳'이라는 메시지가 담겨 있다. 나나는 우선 현재 하는 일이 너무 재밌어서 당분간 대만에 돌아갈 생각이 없다고 했다. 그리고 사실상의 '대만 독립'은 불가능하기 때문에 현재 상태를 유지하는 것이 좋다고 덧붙였다.

나나는 자신의 중국 생활을 꿈과 청춘에 비유한다. 일명 나나의 '중국몽'이다. 우리가 흔히 아는 중국몽은 '중화민족의 위대한 부흥'일 것이다. 그리고 이때 청년은 이 중화민족의 위대한 부흥을 견인하는 새 시대의 주역이다. 이 중국몽 속의 '대만 청년'은 중화민족의 일부 혹은 동포로서 '중화민족의 나라'를 다시 통합해야 하는 사람들이다. 나나의 중국몽은 이 '중화민족이 이룩하려는 강대국'을 인정하는 것에서 시작하는 듯 보인다. 그런데 자신이 그 중화민족의 일부라고 생각하는지는 불분명하다. 나나는 우선 이 '강대국'에서 자신의 꿈을 찾아보는 여정 중에 있기 때문이다. 물론 나나의 중국몽이 샤먼에서 일하는 대만 청년들 다수의 입장이라고는 볼 수는 없을 것이다. 그렇지만 그의 중국몽이 담긴 브이로그들은 적어도 대만 사람들이 샤먼에 갖는 첫인상을 더 긍정적으로 가질 수 있게 돕고 있다.◆

'대만 청년들'을 알리는 소고小考: '대만' 브랜드의 힘

'대만 청년' 4인의 이야기를 되새기며 나는 다시 숙소 근처를 걸었다. 망고를 가득 실은 리어카가 "맛있는 대만 망고입니다"라며 지나간다. 대만에서 본 망고라기엔 크다고 생각했는데, 옆에 있던 아저씨가 "저건 대만 망고가 아니야, 그러기에는 너무 크고 파래!"라고 알려준다. "대만 사람이냐"고 물으려 했더니 아저씨는 금방 사라지고 없었다. 이곳은 분명히 샤먼인데, 왜 이렇게 '대만'을 강조하는 것일까?

라오화는 그것이 접경 지역인 샤먼에서 통하는 '대만' 브랜드의 힘이라고 대답했다. 과일이나 디저트에 '대만'이 붙음과 동시에 '괜찮은 것'으로 인식된다는 것이었다. 이런 현상들이 많은 대만 청년에게 샤먼에 가면 성공할 수 있다는 믿음을 심어주었다. 그래서 여전히 많은 청년이 중국 시장의 문을 두드리지만, 모두가 다 성공적으로 안착하는 것은 아니라고 말한다. 중국 시장에서 성공하기 위해서는 더 중국을 알아야 하고,

---

◆ 나나의 브이로그를 이 책의 9장 선전 청년들의 '중국' 큐레이션과 단순 비교하기는 어려울 것이다. 먼저 나나의 브이로그를 보는 주요 시청자는 대만 사람들이다. '큐레이션'의 측면에서 나나의 브이로그가 대만 사람들이 흔히 갖는 중국에 대한 인식을 '선별하여 개선'하는 것을 목적으로 한다고 볼 수도 있겠지만, 나나의 브이로그는 중국 정부가 인정하는 내용에서의 '선별'이라기보다 나나가 실제로 샤먼에서 생활하면서 느끼는 일상이 주로 들어있기 때문이다.

중국 청년들과 경쟁해야 하는데 그러기에는 여러 위험이 존재한다는 것이다. 순간 샤먼을 떠난 아메이가 떠올랐다. 귀환 청년 아메이는 대만에 돌아간 후 '잘 지낸다'는 메시지와 함께 위챗에서 완전히 탈퇴했다.

그럼에도 불구하고 코로나19 전까지 매년 약 5000여 명의 대만 청년들이 중국을 찾았다. '대만 청년'을 유치하기 위한 중국 정부와 대만 정부의 여러 프로그램도 계속 진행 중이다. 양안창업기지의 사람들은 대만 전역을 돌아다니며 중국 시장 경험에 대한 강연을 하며, 중국에 관심 있는 청년들을 모집한다. 반면, 대만 대륙위원회는 각 주요 도시들을 중심으로 대학생들을 모아 현재의 양안관계에 대한 여러 교육 프로그램을 진행하고 있다. 자세한 교육 내용은 공개하지 않고 있지만, 대만의 주체성을 강조하고 '민주국가' 대만을 알리는 교육이라고 알려져 있다.

이러한 양 정부의 줄다리기 속에서 내가 샤먼에서 발견했던 '대만 청년들'의 일터는 비단 정부 차원에서 바라보는 정치적인 움직임은 아니었다. 양안을 연결하는 마주신이 자신을 샤먼으로 데려와 지켜준다는 (종교적) 일상을 강조한 라오장, 현재 사는 곳에서 배부르고 따뜻하게 살면 만족스럽다며 소소하지만 확실하고 행복한 일상을 꿈꾸는 라오화, 각자 생각은 다르지만 '중국'을 경험해보고 싶다는 아메이와 나나. 이들은 내가 중국 사람인가 아니면 대만 사람인가가 중요하다기보다 현재 내가 일하고 있는 곳에서 최선을 다하며 자신의 일상을 즐기고 있었다.

지금은 코로나19라는 전대미문의 전염병으로 인해 이 모든 움직임이 잠시 '정지'된 듯 보인다. 그러나 적어도 샤먼에서는 이 청년들의 움직임이 '대만'이라는 브랜드를 통해 샤먼 사람들에게 전해지고 있다. 라오장은 커피와 디저트를 통해 대만의 '맛'을 알리고 있고, 라오화는 현지인까지 즐길 수 있는 여행 상품을 개발하며 '대만'이 가미된 여행을 홍보하며, 아메이는 대만의 '교육' 프로그램을 샤먼에 알리는 일을 담당했다. 반면, 나나는 더 나아가 샤먼에서의 생활을 브이로그를 통해 대만 사람들과 중국 사람들에게 알리며 쌍방향으로 소통하고 있다. 코로나19라는 물리적인 단절 속에서도 당분간 이렇게 서로를 알아가고 연결하는 현상들은 지속될 전망이다. 새로운 사통四通이 시작될지도 모르겠다.

참고문헌

양한순, 2012, 〈마조媽祖: 민간신앙에서 양안兩岸통합과 지역경제의 수호신으로〉, 《동아시아브리프》 7(3): 42-50.

沈暐婕, 2017, 〈臺灣天然獨世代的民族認同與國家認同〉, 國立臺灣大學 社會科學院政治學系 碩士論文.

政治大學選舉研究中心, "臺灣民眾統獨立場趨勢分佈", https://esc.nccu.edu.tw/PageDoc/Detail?fid=7805 &id=6962(2021.6.30. 접속)

ZHANG, J. J. 2017. "Paying homage to the 'Heavenly Mother': Cultural-geopolitics of the Mazu pilgrimage and its implications on rapprochement between China and Taiwan," *Geoforum* 84: 32-41.

◆ 이 글은 2018년부터 중국 샤먼에서 이루어진 현장연구 자료와 여러 참고문헌들을 토대로 한다. 글에 등장하는 모든 인물과 브랜드의 이름은 가명이다.

12

대륙 언니들이 왔다—
중국 한류 팬덤의 한국 이주

펑진니

한국에 이주한 대륙 언니들

2017년 1월, 서울 충무로에 위치한 어느 갤러리에서 아이돌 그룹 EXO의 전시회가 열렸다. 120제곱미터(약 36평) 공간에 EXO 멤버들의 멋진 사진이 진열되고 다양한 굿즈가 예약 판매되었다. 갤러리 안은 EXO 팬들로 가득 찼고 귓가에는 한·중·일 세 나라의 언어가 동시에 들려왔다. 이 장면은 인기 아이돌의 콘서트 공연장 밖에서 볼 수 있을 법한 광경이지만, 특이한 점은 이 전시회를 연 측이

EXO 전시회 현장

EXO의 소속사도, 팬클럽도 아닌 중국의 여성 팬 한 명이라는 것이다.

당시 스물여섯 살이던 중국인 샤오칭이 서울 한복판에서 열린 이 전시회의 주최자였다. 샤오칭은 한류의 영향으로 한국 여행, 한국 유학을 선택한 많은 중국의 젊은 여성들과 마찬가지로 한국에 "덕질(팬 활동을 뜻하는 팬덤 용어)을 하러 왔다"고 솔직하게 말했다. 고등학교 때 한국 아이돌에 '입덕(누군가를 덕후처럼 좋아하기 시작했다는 팬덤 용어)'한 그녀는 대학교에 들어간 후에 디자인 전공을 살려 팬페이지를 운영하기 시작했고, 2013년 어학연수로 한국에 온 뒤, 본격적으로 직접 찍은 아이돌의 사진, 영상 등으로 '홈마(연예인의 고퀄리티 사진과 동영상을 촬영하여 자신의 홈페이지에 올리는 팬을 가리키는 팬덤 용어)'를 하기 시작했다.

샤오칭은 당시 한국에서 아이돌 전시회를 열 수 있을 정도로 팬 사이에 높은 지위를 보유한 몇 안 되는 중국 팬으로, 한류 때문에 한국 이주를 선택한 중국 팬들의 모습을 집약적으로 보여준다. 1991년에 태어난 샤오칭은 1990년대 중반부터 중국 정부의 적극적인 문화산업 추진에 따라 다양한 문화에 개방적이고, 여러 국내외 스타들이 등장하기 시작한 환경에서 성장했다. 1990년대 홍콩, 대만의 스타들이 중국 내륙으로 대거 진입하고 활동하는 시기에 유년기를 보냈고, 2000년대 초반 오디션 프로그램 '슈퍼걸스超級女聲'의 열풍을 경험했다. 1990년대 후반부터 중국에서 자리를 잡은 한류 역시 샤오칭의 생애 궤적에 중요한 부분을 차지했다. 샤오칭은 청소년 시기에 인터넷을 통해 동방신기, 슈퍼주니어 등 2000년대 중반에 등장한 소위 2세대 한국 아이돌을 접해 '입덕'했다. 고학년으로 올라가면서 핸드폰, MP4 등의 전자기기를 갖게 되었고, 인터넷 보급화와 한국어를 번역하는 팬자막Fansub 조직의 출현, 중국의 거대 시장을 보고 앞 다투어 진출한 한국 엔터테인먼트 산업 덕분에 샤오칭은 더 쉽고 빠르게 한국 드라마와 예능, 아이돌 영상 등을 소비할 수 있었다. 이렇게 어렸을 때부터 한류를 즐기고 자란 중국의 소녀 팬들은 한국의 '오빠'를 더 자주 만나기 위해 또는 한국 엔터테인먼트 회사에 취직하거나 한국식 라이프 스타일을 경험하기 위해 어학연수, 유학, 장기 관광비자 등의 방법으로 한국 이주를 감행한다.◆

◆ 이 책의 13장에서는 중국 유학생의 한류 소비와 한국 유학을 중국 중산층 가정의 맥락에서 주목했다.

한국 아이돌의 한국 팬들 사이에 중국 팬을 지칭하는 특별한 표현이 있는데, 바로 '대륙 언니'라는 말이다. 여기서 '대륙'은 중국 국적뿐 아니라, 중국 팬이 스타에 대한 서포트support 규모가 큰 것을 의미하기도 한다. 중국 팬의 인원수가 한국 팬보다 훨씬 많은데다 서포트 모금에 큰돈을 기여한 중국 팬도 많기 때문이다. 한국 정부의 관광비자와 유학비자 정책이 완화되면서 한국에 찾아온 대륙 언니들도 많아졌다. 스타와 문화산업의 관계에서 이들은 틀림없이 가장 충실한 소비자다. 이 글을 통해 '대륙'이라는 단어 이면에, 한국의 소비문화에 충실한 중국의 젊은 여성들이 한국에서 자신의 팬심을 어떻게 적극적으로 표출하는지, 한국에 호감을 품고 한국에 사는 이들이 한국과 중국 간의 사회문화적 갈등을 어떻게 인식하는지, 이주를 감행할 정도로 높은 팬심이 의미하는 바가 무엇인지 살펴보려고 한다. 나 또한 한류의 영향으로 한국 유학을 택한 이주 팬덤의 한 명으로서, 몇 년 동안 가까이서 지켜본 이 젊은 여성들의 모습과 이들에게 투영된 나의 모습을 단순한 소비자가 아닌 한 인격체로 생생하게 보여주고자 한다.

'직찍', '홈마'되기의 시작

'홈마'는 스타의 사진과 동영상을 생산하는 팬이지만, 이들의 생산 활동은 디지털 공간보다 오프라인에서 훨씬 활발하다. 이들은 고성능 카메라를 들고 스타의 스케줄을 따라다니며, 스타의 일거수일투족을 기록하고 찍은 사진(팬덤 용어로는 '직찍')을 보정하여 SNS에 올린다. 이주 팬덤 중에 가장 눈에 띄는 집단이 바로 중국어 '짠장站長'으로 불리는 홈마다. 내가 만난 이주 팬들 중 많은 이들이 한국에서 팬 활동을 시작하면서 가장 먼저 카메라를 구입하고, 포토샵으로 사진을 수정하는 방법을 배운다. 스타의 스케줄이 항상 공식 홈페이지에 공개되는 것이 아니기 때문에 홈마가 스케줄을 따라다니려면 정보를 제공받는 인적 네트워크도 필요하다. 예컨대 항공사에서 일하는 지인이 있으면 스타의 공항 사진을 찍거나 스타와 같은 비행기를 타고 해외 스케줄을 다니는 것이 훨씬 간단해진다. 위루는 항공사에서 일하는 지인으로부터 받은 스타의 항공편 번호를 팬에게 팔기도 했다.

2017년 5월의 어느 날, 위루에게 연구에 필요하다고 설명하며 요즘 해외 스케줄이 있는 아이돌의 항공편 정보를 물어보았다. 원래 적어도 3만 5000원은 주어야 얻을 수 있는 왕복 항공편 정보지만, 위루는 무료로 아이돌 그룹 방탄소년단의 항공편 번호를 알려주었다. 그날 방탄소년단의 비행기 탑승 1시간 전에 김포공항에 도착했을 때, 이미 많은 팬들이 와 있었다. 이들은 다른 팬이 찍은 사진에 노출되는 것을 꺼려서 마스크로 자신의 얼굴을 가린 상태였다. 출국심사를 받는 출발장 입구는 스타가 공항에서 가장 오래 머무는 곳이기 때문에 팬들은 입구 주변에 각자 가져온 간이 의자와 사다리로 자리를 잡았다. 좋은 사진이 나오도록 카메라 설정을 조절하고 테스트를 하기도 했다. 귓가에 중국어가 부단히 들려오는 것은 중국 홈마들이 많이 와 있다는 뜻이다. 탑승 시간이 임박했을 때쯤 팬들은 전에 잡은 자리로 가거나 곧 스타가 타고 올라올 에스컬레이터 앞에 모였다. 나는 팬들 뒤에 있어 잘 안 보였지만, 갑자기 터지는 셔터 소리를 듣고 방탄소년단이 도착한 것을 알았다. 보통 스타가 나타나면 흥분이 가득 찬 아우성 소리가 들리기 마련인데 이번만큼은 홈마가 사진을 찍는 셔터 소리와 경호원이 질서를 유지하는 소리만 들렸다. 방탄소년단이 출발장에 들어간 후 팬들은 바로 앉을 자리를 찾아 잘 나온 사진을 고르기 시작했다. 골라낸 사진을 카메라 액정에 나와 있는 그대로 핸드폰으로 찍어, 팬페이지 로고를 박고 SNS에 올렸다. 이러한 프리뷰preview를 올리는 이유는 홈마 안의 관행으로, 빨리 올려야 현장에 오지 못한 다른 팬들이 스타의 모습을 볼 수 있고 팬페이지에 대한 관심 또한 커지기 때문이다. 홈마에게 남은 일은 집에 가서 사진을 포토샵으로 수정하여 가장 완벽한 스타의 모습을 SNS에 올리고 팬들과 공유하는 것이다.

전후 과정은 시간상으로 10분에 불과하지만, 이 짧은 과정 속에 홈마의 여러 전형적인 모습이 담겨 있다. 스타의 정보를 알아내기 위해 홈마는 인적·경제적 자본을 동원하고, 스타의 모습을 담기 위해 카메라 다루는 기술을 배우며, 다른 팬에게 인정을 받기 위해 자신의 '덕질' 성과를 재빠르게 인터넷에 올린다. 흥미로운 것은 이주 팬덤을 비롯한 중국의 한류 팬덤이 팬 활동을 하는 동안 체득한 한국 아이돌 팬덤의 독특한 '덕질' 방식을 이들의 팬 대상이 중국 스타로 바뀌면서 중국 스타의 팬덤에

김포공항에서 카메라, 의자, 사다리를 갖고 아이돌 그룹을 기다리는 팬들

영향을 끼친다는 사실이다. 치안은 2014년 초, 한국에서 교환학생이 끝나고 중국으로 돌아가서 중국 보이 그룹 TFBOYS에 '입덕'했다. 그녀는 당시 TFBOYS의 팬 중에 많은 이들이 한국 아이돌의 팬이었고, 앞에서 언급한 홈마의 방식으로 팬 활동을 하고 있었다고 했다. 이처럼 중국에서 규모와 가시성이 큰 한류 팬덤의 움직임이 중국 팬덤 문화에 미치는 영향은 상당히 크다. 치안은 "TFBOYS부터 국내에서(중국 스타의 팬덤)도 한류 스타를 대하는 것처럼 사진을 찍고 홈을 열기 시작했"다고 말했다. 특히 2017년 한국의 '사드THAAD(미국이 추진하는 고도 미사일방어체계)' 배치에 대한 대응으로 중국 정부가 한국 드라마·영화·예능 프로그램의 방

영과 한국 연예인의 중국 활동을 금지한 후, 중국 내에 우후죽순으로 나온 아이돌 그룹들은 '직찍', '서포트' 등과 같이 K-POP 팬덤 문화에 많은 이득을 보았다. 중국의 한류 팬덤, 특히 한국에서 몸담고 팬 활동을 하는 한류 이주 팬덤은 문화 중개자로서 한국의 팬 활동 기술과 팬덤 문화를 중국에 확산시키고, 스타 소비의 방식을 변화시켰다.

팬 활동을 통한 돈벌기

중국 팬들은 주로 온라인에서 '덕질'을 하는 반면, 한국으로 이주한 중국 팬들은 오프라인에서 뛰어다니며 팬 활동을 하기 때문에 많은 돈을 쓰게 된다. 대부분 학생인 이들은 한국 생활 초반에 부모에게 받는 생활비에 전적으로 의존하며 팬 활동을 하느라 경제적으로 제약이 크다. 경제적 부담을 줄이기 위해 많은 이들이 팬 활동 대행 등을 통해 수입을 확보한다.

팬들이 돈을 버는 방법 중에 가장 보편적인 것은 음반, 공식 굿즈, 스타가 광고한 상품과 썼던 제품 등의 대리 구매다. 대리 구매는 이들이 중국에 들어갈 때 직접 물품을 가져가거나, 중국에 있는 부모나 친구에게 물품을 먼저 보내고 그들이 대신 각 구매자에게 보내주는 방식으로 이루어진다. 물품 수량이 많으면 세관을 통과하지 못할 수도 있기 때문에 대리 구매를 하는 팬은 통관 대리업자에게 의뢰해서 물품을 보내기도 한다.

다음으로 많이 하는 대행 활동은 아이돌 사인회에 가서 현장에 오지 못한 팬을 대신해 사인을 받는 것이다. 아이돌 가수의 음반 발매 기념 사인회에 당첨되려면 적게는 10장, 많게는 100장의 음반을 구입해야 한다. 팬들은 한정된 돈으로 사인회에 가기 위해 아이돌 그룹의 모든 멤버의 사인을 받아 원하는 팬에게 판매한다. 따라서 대리 사인과 음반의 대리 구매가 같이 진행되는 경우가 많다. 여기서 기획사와 스타, 수십 장의 음반을 구입한 팬 그리고 대리 사인을 의뢰하는 팬에게 사인회는 각각 다르게 의미화된다. 기획사와 스타에게 사인회는 음반 판촉에 유용하고, 수십 장의 음반을 구입한 팬에게 사인회는 스타와 일대일 커뮤니케이션을 할 수 있는 장場이며, 대리 사인을 의뢰하는 팬에게는 현장에 가지 못하지만 본인의 이름이 쓰인 아이돌의 하나뿐인 사인을 받을 수 있는 기회이다. 의뢰하는 팬은 스타에게 하고 싶은 말을 대리 사인을 의뢰한 팬에게 전달하기도 한다. 이처럼 삼자 각자의 필요에 의해 대리 사인 활동이 이루어진다. 대리 사인의 가격은 아이돌 그룹 멤버의 인기와 사인회에 당첨되기 위해 구입한 음반의 수량에 따라 다르다.

팬덤에서 스타 '직찍'과 '직캠(팬이 직접 찍은 동영상)'의 중요성이 부각되면서 '대리 찍사', 즉 사진 촬영을 대행하는 팬도 생겼다. 보통 대리 찍사를 구하는 사람은 홈마이고 이들은 자신이 스타의 스케줄에 못 갈 때 사진을 대신 찍어줄 사람을 구한다. 대리 찍사는 기본적으로 고성능 카메라와 촬영 기술이 있어야 하기 때문에 홈마인 경우가 많다. 아이돌 그룹은 멤버가 대개 여러 명이고, 공연 등에는 여러 아이돌 그룹이 출연하기 때문에 사전에 대리 찍사를 구하는 게 어려운 일은 아니다. 내가 샤오칭과 같이 지방 공연을 보러 갔을 때 '직캠'을 촬영한 샤오칭은 4명의 팬으로부터 '대리 찍사'를 의뢰받았다. 사전 의뢰를 받지 않더라도 스타의 스케줄에 따라간 팬은 자기가 좋아하는 아이돌 외에 다른 아이돌의 사진 역시 몇 백 장씩 찍은 후, 필요한 사람에게 판매하기도 한다. 대리 찍사와 비슷하게 사진을 대신 보정 해주는 이들도 있다. 지속적인 팬 활동을 위해 이들은 이 과정에서 습득한 사진 촬영과 보정 등 하위문화의 자본을 활용하여 이를 경제 자본으로 전환한다.

경제적 제약은 수입이 없는 학생 팬만의 어려움이 아니다. 한국에서 직장에 다니는 위루는 매달 200만 원의 월급으로 일상생활과 팬 활동을 병행하기에 부족하다고 했다. 사진 생산뿐 아니라 스타의 생일, 뮤지컬 공연 등 기념일이나 활동에 맞추어 광고, 선물 보내기 등 스타 서포트도 하기 때문에 여기서 발생하는 "거대 지출을 메우기 위해" 부업으로 '팬 비즈니스'를 하고 있다. 앞에서 언급한 대리 구매, 대리 사인, 대리 찍사 외에도 한국에서 구축한 인적 네트워크를 통해 광고 서포트 대행, 공연 티켓 암거래, 연예인 항공편 정보를 거래하기도 한다. 티켓 암거래와 항공편 정보 거래는 팬덤 사이에 논쟁의 여지가 있지만, 위루는 자신이 하는 팬 비즈니스는 그저 수요에 따라 형성된 자연스러운 산업 체인이라고 생각한다.

이주 팬들이 하는 팬 활동 대행 사업은 다음 그림과 같다. 이 중에서 대리 구매와 대리 사인을 구매하는 팬은 주로 중국에 있는 팬이고 대리 찍

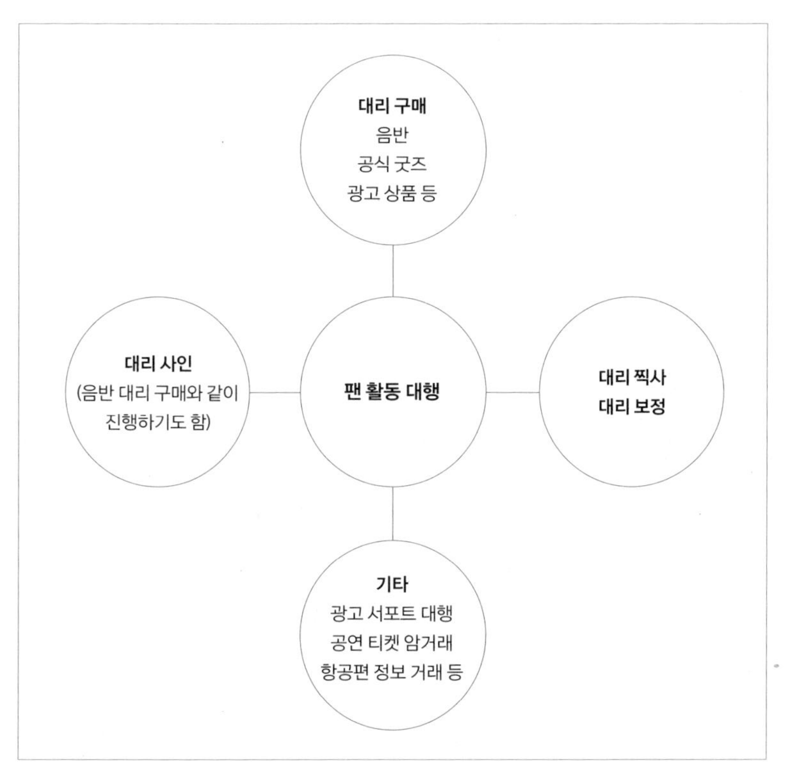

팬 활동 대행 사업

사와 기타 활동의 구매자는 한국과 중국의 팬을 모두 포함한다.

'팬 비즈니스'를 적극적으로 구축하는 위루와 달리 대리 활동으로 자신의 팬 활동을 유지하려고 하지만 이에 대해 양가적 심정을 가진 팬도 있다.

"저는 다른 데보다 대리 사인을 싸게 팔아요. 남의 돈으로 오빠를 만나는 게 마음에 좀 걸려서요. 그래서 국제, (중국) 국내 배송비를 제가 다 부담하고 포스터와 포스터 통, 작은 선물도 무료로 줘요. 사실 손해를 많이 보지 않으려고 대리 사인을 하는 건데 사인을 다 팔아도 사인회 한 번에 음반 값을 제외하고 1000위안(한화로 약 17만 원) 정도를 제가 부담해요. 배송비만 해도 1000위안이 들죠." (메이치, 2017년 3월 3일)

메이치는 비싼 팬 활동으로 인한 경제적 부담을 덜기 위해 대리 사인을 하고 있지만 "남의 돈으로 오빠를 만나는" 것에 대해 불편해한다. 팬덤에서 경제활동이 최종적으로 가져오는 가장 큰 이득은 금전적 수입이 아니라 스타와 만나는 기회이기 때문에 이러한 기회가 다른 팬들에 의해 실현된다는 점에서 그녀는 자책감을 느꼈던 것이다. 그녀는 자신이 파는 사인을 구매한 팬에게 선물을 주고, 무료 배송 등의 보상을 하며 자책감을 덜었다.

제한적인 경제적 상황 때문에 경제활동을 시작한 팬과 달리 전업 팬은 경제활동으로 한국에서의 생활을 유지한다. 대행 활동을 겸행하기도 하지만 전업 팬의 경제활동 중 가장 흔한 것은 팬이 직접 제작한 굿즈 판매다. 스타의 스케줄을 따라다니면서 찍은 사진과 동영상으로 포토북, 달력, 엽서, DVD 등을 제작하여 팬들에게 판매한다. 그림 실력이 뛰어난 '금손(스타의 그림을 잘 그리는 팬을 금손이라고 한다)'과 협력하여 아이돌의 캐릭터를 만들어서 아이돌 인형, 스티커, 열쇠고리 등을 제작·판매한다. 팬덤 문화의 자본을 대표하는 '팬 제작 굿즈'는 기획사에서 만든 공식 굿즈와 비교해도 손색이 없을 정도로 잘 만들어진다.

팬 제작 굿즈의 판매 횟수는 홈마가 스타의 스케줄을 얼마나 열심히 다니느냐에 따라 다르다. 전업으로 팬 활동을 하는 치안과 샤오칭은 스타의 직찍 사진을 많이 생산하는 편이다. 굿즈 판매는 1년에 두 번 하는데 연중에는 포토북과 DVD를 주 구성품으로, 연말에는 달력을 주 구성품으로 하고 엽서, 스티커, 동전 지갑 등을 주 구성품과 한 세트로 묶어 판매한다. 팬 제작 굿즈는 '선주문 후제작'으로 팬들의 수요를 사전에 파악해서 주문 개수에 맞춰 제작한다. 홈마는 우선 자신의 트위터와 웨이보(중국판 트위터) 계정에 주 구성품에 들어갈 사진의 프리뷰를 공개하고 구매를 신청하는 팬은 미리 입금을 한다.

다음 디자인 단계는 인쇄품과 비인쇄품으로 나뉜다. 포토북, 달력과 같은 인쇄품의 경우, 보통 홈마 본인이 디자인을 하고 한국의 인쇄소에 맡긴다. 스타의 캐릭터를 사용한 비인쇄품 굿즈의 경우, 도안을 '금손'과 상의한 후에 제작업체에 의뢰한다. 치안은 처음에 한국 제작업체에 작업을 맡겼는데, 여기서 제작비가 더 저렴한 중국 소상품 제작상에 일을 의뢰한다는 것을 알고, 중국 업체로 바꾸었다. 낮은 임금과 토지 가격으로 세계의 제조업을 주도하는 중국의 제조업은 굿즈를 제작하는 중국 홈마에게 활용할 만한 자원이 된다. 비인쇄품 굿즈는 중국에서 제작되고, '타오바오淘宝'라는 중국 최대의 인터넷 전자상거래 사이트를 통해 직접 방문하지 않아도 제작상과 접촉하는 통로를 제공한다. 이처럼 이주 팬덤은 한국과 중국 양국이 자신에게 제공하는 자원을 적극 활용하여 경제활동을 벌인다.

굿즈 제작이 끝나면 홈마는 친구들과 굿즈를 한 세트씩 포장하고 구매자가 요청한 지역별로 나눠서 배송한다. 한국 구매자에게는 굿즈를 바로 보내고, 중국 구매자에게는 홈마의 부모, 친구 혹은 SNS 팔로워 중에 배송을 대신 해주겠다는 지원자에게 먼저 보낸 뒤, 그들이 다시 각 구매자의 주소로 보낸다. 특히 부모가 대신 보내는 경우, 굿즈 판매는 한국 아이돌 팬덤 문화에 익숙하지 않은 부모에게 딸이 한국에서 하는 일을 알리는 기회가 되며, 부모는 한국에 있는 딸에게 비물질적 지원을 하게 된다. 샤오칭은 굿즈 배송을 해주는 어머니에게 감동받았던 일화를 이야기했다. 배송이 느리다고 불만이 있던 구매자에게 샤오칭의 어머니가 자신의 일 때문에 늦어진 것이니 샤오칭을 탓하지 말고 양해를 부탁드린다는 메시지를 보낸 것이다. 샤오칭의 이야기는 굿즈 판매가 딸과 부모 간의 정서적 연대를 강화시키고, 이주 팬덤이 특별한 형태의 초국적 가족 연결망으로 작동한다는 사실을 보여준다.

굿즈 판매를 할 수 있는 홈마는 SNS 팔로워 수로 반영되는 팬덤 지위에서 높은 위치에 있기 때문에 이들의 굿즈를 구매한 팬 중에서는 중국과 한국뿐 아니라 일본, 동남아 심지어 미국, 캐나다와 같은 아시아 이외 지역의 팬도 있다. 이런 지역의 경우, 먼저 해당 지역에서 공동 구매를 제안한 팬에게 굿즈를 보내고 그 팬이 각 구매자에게 굿즈를 보낸다. 팬 제작 굿즈의 제작·판매 과정을 도식화하면 다음 그림과 같다.

능력 있는 홈마는 서울의 번화가에 위치한 갤러리와 극장 상영관을 대관해 자신이 찍은 사진과 동영상으로 전시회와 영상회를 개최하기도

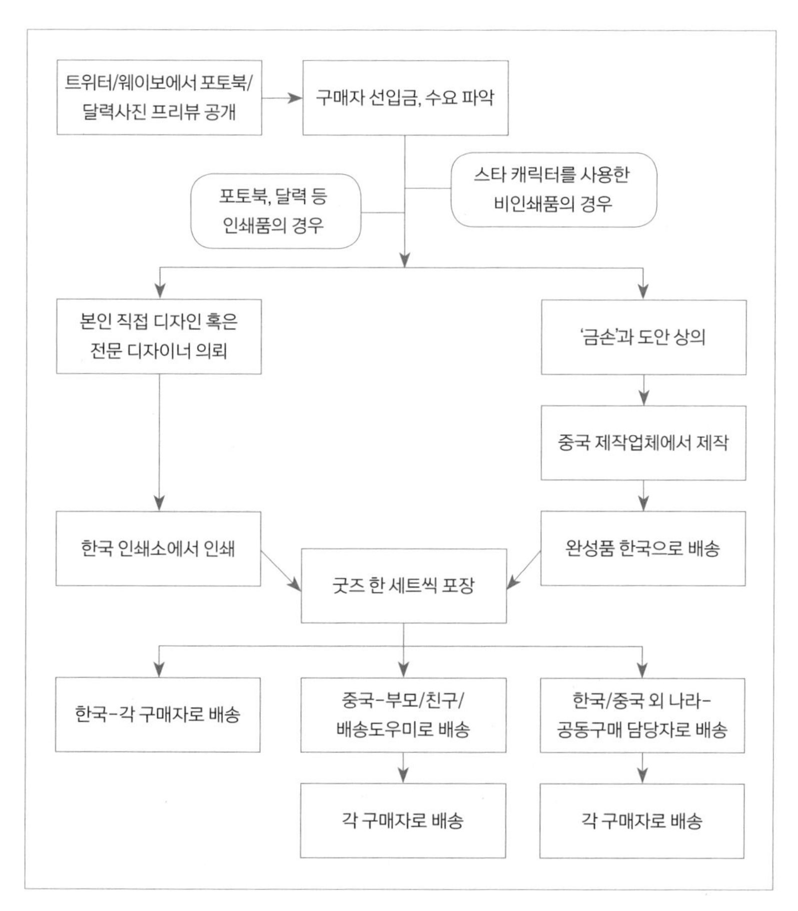

팬 제작 굿즈의 제작, 판매 과정

한다. 전시회에서는 굿즈 판매뿐 아니라 전시한 사진의 액자도 판매한다. 전시회가 끝난 후, 전시회에 못 온 팬들을 위해 위에서 언급한 방법으로 굿즈 판매를 진행한다.

한편 굿즈 판매 등을 통해 얻은 수익을 홈마가 스타 서포트에 사용해야 한다는 관념이 존재하기도 한다. 이것은 팬덤 조공 문화의 발전된 단계로, 과거에는 팬 커뮤니티에서 모금을 통해 비용을 모으고 팬 커뮤니티의 스태프가 서포트를 준비했던 반면, 현재는 팬 제작 굿즈 판매를 통해 서포트 비용을 마련하고 홈마 개인이 서포트를 진행한다. 스타 서포트라는 암묵적 규율이 존재하지만 홈마는 수익의 일부를 그동안 자신이 들인 노동에 대한 수고비로 남기기도 한다. 치안과 샤오칭은 한국에서 전시회와 영상회를 열었던 몇 안 되는 중국 홈마로 팬 활동을 충실하게 해서 얻은 수입으로 한국에서의 삶을 영위했다. 여기서 충실함이란 스타에 대한 충성심뿐 아니라 팬에 대한 책임감을 의미하기도 한다.

> "한국에서 홈을 운영하는 중국 팬이 많긴 한데 금방 닫은 사람도 많아요. 갑자기 다른 아이돌로 갈아타거나 덕질을 그만두고 사라져버리기도 해요. 중국 홈마는 사소한 일로 팬한테 욕을 먹기도 하죠. 그리고 돈을 받았는데 물건을 안 보내는 사람도 있어요, 완전 무책임하게. 중국 사람이 여기서 먹튀를 하면 잡히지도 않거든요. 제 친구만 말려들고 본인에겐 아무런 피해가 없어요. 이런 사람이 많아서 중국 홈이 오래 가지 않아요. 데뷔 때부터 지금까지 버텨온 중국 홈이 거의 없어요."
> (샤오칭, 2017년 1월 20일)

샤오칭은 자신이 아이돌 홈마 중 트위터 팔로워 수가 상위권에 있다고 이야기하면서 상당한 자부심을 드러냈다. 샤오칭이 높은 지위를 획득할 수 있었던 이유 중 하나는 그녀가 아이돌 데뷔 때부터 홈마 활동을 꾸준히 해왔고, 팬페이지 운영자로서 팬에게 책임감을 갖고 있기 때문이다. 굿즈를 세심하게 만드는 것은 물론 제시간에 배송하며, 스타 서포트에도 좋은 선물만 골라서 주려고 노력한다. 자신을 좋아하고 믿어주는 팬들의 기대를 저버리지 않도록 하는 것이다. 굿즈 제작과 판매 과정에서 홈마가 드러낸 기업가적 기질은 놀라운 정도다.

"지금은 집에 돈을 달라고 하지도 않고, 한국에서 대리 구매 같은 걸 해도 부모님이 나한테 크게 신경을 안 써. 중국에 있을 때는 맨날 직장에만 처박혀 있어야 하지만, 여기서는 내가 하고 싶은 일을 다 할 수 있어." (치안, 2017년 1월 20일)

치안은 중국에서 취직을 했지만 대도시 상하이의 높은 물가에 비해 적은 월급을 받아 생계유지조차 어려운 상태였다. 부모에게 의존하는 캥거루족啃老으로 생활할 수밖에 없었던 그녀는 결국 취직한 지 6개월 만에 임금 수준이 상대적으로 높은 한국에서 일자리를 찾기로 했다. 관광비자로 한국에 들어온 후, 팬 활동과 취직을 병행하는 것이 시간상 어렵다는 것을 깨닫고 샤오칭과 같이 전업 홈마를 하기 시작했다. 한국에서 팬덤 경제활동을 통해 치안은 부모로부터 경제적 독립을 이루었고 "하고 싶은 일을 다 하"면서, 자신의 생활을 독립적으로 꾸렸다. 그러나 한국에서 자신이 구체적으로 어떤 일을 하는지 부모는 모르고 있다고 했다. 부모와 친척에게 한국 생활을 이야기할 때 '그냥 이것저것하며 돈을 벌었다'며 얼렁뚱땅 넘어갔다. 이는 하위문화적 성격을 띤 팬 활동이 취미활동으로 간주되고 중국 기성세대에게 인정받지 못한다는 사실을 드러낸다. 경제적 독립을 이루면 성인이 된 것으로 간주하는 중국 사회에서 치안은 홈마 활동으로 사회적 인정을 받진 못하지만, 캥거루족 생활에서 벗어나 성인으로서 자기실현을 이루었다는 정서적 충족감을 느꼈다.

이주 팬덤의 경제활동에 수반하여 형성된 팬덤의 초국적 경제 회로는 세계화 시대의 '파이낸스 스케이프financescape'(아파두라이 2004)에 활기찬 물결을 주입한다. 갈수록 개별화된 이주의 시대에 새롭게 등장한 문화 이주 집단으로서 이주 팬덤은 중국에 있는 팬에게 공간의 제약으로 인해 획득하기 어려운 상품의 유통 경로를 제공하고, 문화산업에 의해서만 생산되었던 물품들을 직접 제작하여 전 세계에 퍼져있는 한류 팬덤을 대상으로 판매할 수 있게 되었다. 이주 팬덤에 의해 이루어진 초국적 경제 회로에는 구체적인 물품의 이동뿐 아니라 개별 주체의 욕망도 초국적으로 운반된다. 중국에 있는 팬들은 스타와 같은 제품을 쓰고, 스타의 사인을 받고, 스타에게 서포트하는 등 중국에서 실현하지 못한 스타와의 친밀성에 대한 욕망을 한국으로 이주한 팬을 통해 이루고자 한다. 이주 팬덤은 디지털 공간에서 스타의 이미지를 생산하여 팬의 욕망을 불러일으키고, 현실 세계에서 그 욕망을 충족시키는 통로를 구성한다. 이들은 초국적 경제 회로를 통해 문화소비의 욕망이 탑승하도록 하고, 모국의 문화 풍경을 재구성한다.

이주 팬덤과 국민국가의 경계

이주 팬덤은 국민국가의 경계를 넘은 주체인 만큼 언제든 그 '경계'와 마주친다. 과거 한국과 중국의 팬 커뮤니티 간에 한류 스타를 서포트를 하기 위해 연합을 맺는 것은 글로벌 팬덤의 연결성을 보여주었다. 그러나 중국 팬들이 한국으로 이주하면서 중국 팬 커뮤니티는 더 이상 한국 팬덤에 의지하지 않아도 각종 서포트를 진행할 수 있게 되었다. 또 이주 팬덤에서 홈마의 지위가 급부상함에 따라 경제 활동을 통해 얻은 수입으로 서포트를 하는 개인이 나타나자, 한국 팬덤과의 연합과 결성은 더욱 줄어들었다. 이주 팬들은 공유된 팬 경험을 토대로 연대감이 생기기보다 종족의 이질감 때문에 한국 팬덤과 거리를 두는 경향이 있다. 몇몇 팬들은 팬 활동을 하는 과정에서 사진을 찍는 좋은 자리, 스타로부터 받은 인정 등에서 한국 팬과 경합을 벌이기도 한다. 지아훼이는 걸그룹 EXID의 공개 팬미팅에 갔을 때, 당시 와 있는 몇몇 한국 팬들과 갈등이 생겼던 일화를 들려주었다. 많은 이주 팬과 마찬가지로 한국어에 능숙하지 않은 지아훼이는 한국 팬과의 마찰에서 언어 문제로 불리한 위치에 처할 수밖에 없었다. 결국 갈등 과정에서 제대로 자신의 입장을 발화하지 못했던 억울함은 지아훼이가 나에게 이야기를 들려주었던 것처럼 사후에 뒷담화의 형식으로 표출된다.

지아훼이의 사례는 이주 팬덤이 겪은 국민국가의 경계에 관련한 작은 에피소드이다. 연구를 진행한 2017년 당시, 한국과 중국 간에 한류와 국민국가를 둘러싼 큰 이슈가 있었다. 2016년 7월, 한국의 사드 배치 발표 이후 중국 내 한류 콘텐츠와 한류 스타의 활동을 규제하는 '한한령限韓令'이 지속적으로 강화된 것이다. 중국 시민들 또한 한국 제품 불매 운동을 통해 한국의 사드 배치에 대한 반대 의사를 표출했다. 한류 스타의 일부 팬들은 스타의 웨이보 계정에 중국의 국가 이익을 위해 팔로우를 취소한다고 댓글을 남기며, "국가 앞에 아이돌이 없다國家面前無偶像"는 슬로건을 내세워 한류 스타를 보이콧했다. 중국 내의 사드 반대가 한국과 한국에 관련한 모든 것에 대한 반대로 이어지면서 중국 사회에 팽배해 있던 '반한反韓' 감정은 이 시기에 더욱 심해졌다.

하지만 당시 중국 내의 격렬한 반한 분위기와 달리 내가 만난 중국 팬들은 대부분 그러한 반한 정서가 과잉적이라는 태도를 보였다. 이들은 한국에서의 경험을 바탕으로 중국의 반한 담론을 반박했다.

"중국에서 일부 사람들이 한국의 사드 배치에 대해 안 좋은 반응을 부추기는 것 같아요. 한국 시민은 자발적으로 반-중국을 하진 않잖아요. 근데 중국 일부 언론에서 (한국의 상황을) 과장해서 보도하기도 하고 허위 기사를 싣는 데도 봤어요. 방학 때 중국에 돌아가서 친척이랑 밥을 먹는데, 그 친척이 대놓고 한국을 욕하면서 '왜 다시 한국에 돌아가냐, 한국은 어쩌고저쩌고'라며 뭐라고 하더라고요, 참. 우리 중에 대부분은 한국을 좋아해서 온 거잖아요. 그리고 실제 와보니 한국이 괜찮은 나라여서 계속 여기 사는 거고. 사드는 한국 시민이 뭐 할 수 있는

한류 스타의 웨이보 계정에서
"국가 앞에 아이돌이 없다"는 댓글

일이 아니잖아요. 제가 지금까지 만난 대부분의 한국 사람들은 다 좋은 분이시고. 중국에서 그런 키보드맨键盘侠(현실 생활에서 겁이 많아 나서지 못하는데 인터넷 공간에서 함부로 발언하는 사람을 풍자하는 신조어)은 한국에 와보지도 않았는데 한국을 비난할 때 누구보다도 열심이에요." (지아훼이, 2017년 3월 7일)

지아훼이는 중국 인터넷에서 한국을 반대하고 비하하는 발언을 한 사람이 실제로 한국과 한국 문화를 접한 적이 없고 신빙성이 결여된 언론에 의해 오도되었다고 지적했다. 아이돌 때문에 한국 팬과 마찰을 빚은 적이 있지만, 그녀는 한국에서 만난 대부분의 한국 사람들이 중국의 일부 여론에서 재현된 부정적 모습과 전혀 다르며, 부분으로 전체를 판단해서는 안 된다고 생각했다. 한국 이주는 중국 팬에게 미디어가 전달해주지 않거나 피상적·왜곡적으로 전달되었던 한국에 관련된 정보나 이미지를 보다 총체적으로 알려주고, 한국의 특수성과 보편성을 몸소 체험하고 이해하는 계기이자 통로가 되기도 한다.

지아훼이의 친구인 치치도 방학 때 중국으로 돌아가서 자신이 재한 유학생이라고 밝히자 주변 사람으로부터 '왜 한국에 가냐'는 질문을 받았다고 했다. 사드 문제로 인해 양국 간에 정치외교적 긴장뿐만 아니라 중국에서 한국에 대해 사회문화적으로 적대가 발생한 상황에서 한국에 거주한 중국 팬들은 크고 작은 갈등에 부딪쳤다. 치치는 한국에서의 아이돌뿐 아니라 "지금 한국에서의 생활을 더 좋아하기 때문에" 중국에 있을 때 한국으로 돌아가고 싶다고 했다. 이는 국가주의에 포섭되지 않는 개인의 '더 나은 삶'에 대한 열망을 내포하고 있다.

그러나 내가 만난 모든 팬들이 중국의 반한 정서에 부정적인 태도를 보인 것은 아니다. 초국적 이동은 경계의 해체뿐만 아니라 경계에 대한 재확인을 가져오기도 한다.

> "반한하는 거는 잘 한다고 생각해요. 한국 사람들은 너무 뻔뻔해요. 중국 사람과 중국 시장 덕분에 돈을 벌고, 생계를 유지하는 건데, 그런 행동은 도리를 모르는 게 아니에요? 연예인도 그렇잖아요. 한국에서는 잘 안 되고, 중국으로 가서야 돈을 많이 벌게 됐는데 한국에 돌아와

서는 중국 사람이 바보 같다고 얘기를 하더라고요. 중국 팬에 대한 태도도 최악이에요. 일본, 태국에 가면 팬 서비스를 엄청 많이 하는데 중국에서는 팬과 멀리하고 매니저가 팬을 때리기도 해요." (샤오위, 2017년 3월 6일)

샤오위는 한국에서 팬 활동을 하며 자신이 좋아했던 아이돌이 중국 팬을 존중하지 않았던 일을 알게 되어 '탈덕'했다. 이러한 실망은 중국 시장에 의존하지만 중국 소비자를 무시한 일부 한국 연예인과 업계로부터 기인했다. 여기서 유의할 점은 "반한 하는 거는 잘 한다"는 샤오위의 판단이 반한 담론을 생산한 중국 네티즌처럼 선험적 경험에 의해 결정한 것이 아니라 그녀가 실제로 겪은 일 때문에 내린 판단이었다는 사실이다. 샤오위의 이야기가 보여준 것처럼 한류가 세계적으로 확산되면서 팬들은 이를 수용하는 과정에서 국민국가 정체성의 경계가 부단히 소환된다. 스타나 기획사로부터 다른 국가 팬과의 차별 대우를 받거나, 중국 내 편협한 인터넷 민족주의 정서와 부딪칠 때, 그 경계가 강하게 작동한다. 이주 생활에서 국가적 차이를 확인하고 한국에 대해 실망했다는 샤오위, 그리고 한류를 수용하면서도 정치외교적 환경에 긴장이 생길 때 "국가 앞에 아이돌이 없다"는 말을 외치는 중국의 일부 한류 팬들은 글로벌 시대를 살아가는 사람들이 국가의 유동적 경계 설정에 자유롭지 않을 수도 있다는 사실을 보여준다.

중국 내의 반한 감정과 대조된 이주 팬들의 한국에 대한 호의적인 태도, 그리고 반한 감정에 대한 팬들의 엇갈리는 견해는 자신이 근거하고 있는 지리적 장소와 위치성에 따라 세상을 이해하는 방식이 달라짐을 의미한다. 중국 내의 강한 반한 감정에도 불구하고 이주 팬덤은 자신이 한류 팬인 것을 부인하지 않고 "한국을 좋아하기 때문에" 오는 것을 부끄러워하지 않는다. 한국과 중국, 양국 사회에 동시에 자리매김한 이주 팬덤은 초국적 이주를 하면서 삶의 참조체제가 다양해지며, 국가를 넘어선 새로운 정체성의 가능성을 보여준다.

귀국, 이주 생활의 마침표이자 20대의 느낌표

내가 만난 팬들은 오래 전부터 한국에서 지내기를 원했지만, 대부분 팬들에게 한국 이주는 장기적 정주로 이어지지 않는다. 일부 팬들은 한국 이주가 팬 활동과 학업을 위한 임시적 체류이고, 학업이 끝난 후에는 중국으로 돌아갈 것이라고 말한다. 한국에서 오래 거주하고 싶었으나 여러 이유로 초기 계획과 다르게 귀국을 선택하기도 한다. 특히 2020년 중국과 한국에서 엄중해진 코로나 상황으로 인해, 이들은 오프라인에서의 '덕질'은커녕, 한국에 들어가는 것조차 어려워졌다. 많은 팬들이 부러워하는 '홈마' 팬인 샤오칭도 한국으로 이주한 지 2년 만에 귀국을 선택했다. 그 이유는 불안정 때문이었다.

"학교에 다니면 적어도 매일 나가서 수업이나 학교 활동과 같이 정기적인 생활 패턴이 있잖아요. 근데 우리는 스케줄이 없을 때는 정말 할 일이 없는 거예요. 그때는 정말 이렇게 살아야 하나 싶더라고요. 매일 뭐라도 해야 안심이 되는 성격이라, 아무것도 하지 않으니 스스로가 가치 없는 존재처럼 느껴졌어요. 스케줄이 있을 때는 계속 바쁘게 지내는데 보름이나 한 달 정도 스케줄이 없으면 집에서 너무 심심한 거예요. 이럴 때는 인생에 희망이 정말 없어 보였죠. … 스케줄 다닐 때는 하루에 한 끼나 두 끼만 먹다가 위병에도 걸렸어요. 작년에 아파서 중국에 돌아가서 쉬고 있을 때, 그냥 보통 사람처럼 살고 싶다는 생각이 드는 거예요. '중국으로 돌아와야겠다' 이런 생각이. 친구들한테 내년 초에 중국에 돌아가기로 마음먹었다고 얘기했어요. 지금 나이가 어린 것도 아닌데 결혼 문제도 슬슬 고려해야 하고. 사실 결혼 이런 거에 크게 생각이 없는데 부모님이 빨리 안정적으로 생활하기를 원하시고, 나도 생각해보니 괜찮다 싶어서 친구들한테도 말해놓았어요. 내년 초에 같이 중국에 돌아가자고." (샤오칭, 2017년 1월 20일)

팬 활동을 전업으로 하는 샤오칭에게 팬 활동은 더 이상 소비 행위가 아닌 무엇을 생산하여 자신의 팬 정체성을 입증하는 것이다. 하지만 이들의 팬 활동 또는 한국에서의 생활은 스타를 중심으로 이루어지기 때문에 스타의 활동 여부에 따라 팬이라는 주체 형성이 불안정하다. 샤오칭은 스타가 한동안 스케줄이 없을 때, 한국 생활이 어떤 의미를 갖는지 모르겠다고 복잡한 심정을 토로했다. 그녀에게 스타와 자주 만나고 팬 활동을 하는 것은 자신을 의미 있게 만들고 팬으로서의 정체성뿐만 아니라 한 인간으로서의 가치를 창조하는 일이었다. 그러나 취업과 결혼이라는 청년기에 부과된 사회 관념은 그녀에게 홈마 생활이 더욱 불안정하다고 느끼게 했다. 정작 본인은 결혼에 대한 욕구가 없지만, 결혼을 20대 후반 즈음에 해야 하는 통과의례로 여기고, 딸의 안정적인 생활을 바라는 부모 때문에 중국 귀국을 결정했다.

전업 팬에 비해 유학생 팬들은 학업으로 인한 시간적 제약으로 팬 활동을 하는 데 어려움을 겪는다. 시간적 제약에는 학교에서 정한 수업 시간뿐만 아니라, 유학생 체류를 관리하는 법이 규정한 학교 출석 시간도 포함한다. 이들은 팬이라는 정체성을 실천하기 위해 시간을 계산하면서 팬 활동과 학생으로서의 사회적 역할을 함께 수행하도록 노력한다. 이 과정에서 몇몇은 기존의 이주 목적인 '덕질'과 멀어지고 현실의 조건에 타협해 귀국한 경우도 있다.

이주 팬들은 대부분 귀국을 택해 이주 생활을 끝내지만, 팬 활동까지 끝나는 것은 아니다. 이들은 중국에 돌아간 후에도 지속적으로 '덕질'을 한다. 샤오칭은 한국에서의 팬 생활에 대해 대체로 긍정적인 평가를 한다. 가정을 꾸리고 사업을 시작한 또래 친구들에 비해 한국에서의 홈마 생활이 비교적 "불안정"했지만, 중국에서보다 많은 자유를 누리며 다양한 것을 배웠고, 전시회 개최처럼 일반 유학생과 한국 사람도 해내기 어려운 것을 성공적으로 했기 때문에 보람 있는 시간이었다고 했다. 내가 만난 다른 팬들도 한국에서의 팬 활동을 매우 긍정적으로 평가했다. 이 20대 여성들에게 한국에서 '덕질'하는 것만큼 자신이 진정으로 좋아하고 친숙한 일을 마음껏 해볼 수 있는 기회가 없었는지도 모른다.

문화산업을 중심으로 경제적 구조조정을 진행하는 중국과 한국 사회에서 대중문화 소비는 크게 고취되고, 이 과정에서 소비 대중문화와 친화력을 지닌 여성은 충성한 소비자로 호명된다. 한류 팬덤의 이주 과정에서 '충성'이란 개인의 욕망에 대한 충성을 함의한다. '대륙 언니들'의 한류 이주는 스타를 향한 친밀성의 욕망을 충족시키는 동시에 팬이라는 정체성의 실천과 일련의 생애기획을 가장 잘 살릴 수 있는 자아실현을 위한 움직임이다. 이주는 끝이 나지만, 이 길고도 짧은 20대의 시절 동안 이들은 자아실현에 느낌표를 찍었다.

참고문헌

김현미, 2014, 《우리는 모두 집을 떠난다》, 돌베개.

아파두라이, 아르준, 차원현 외 옮김, 2004, 《고삐 풀린 현대성》, 현실문화연구.

원용진, 2012, 〈한류정책과 연성국가주의〉, 《관훈저널》 6: 46-52.

이헌율·지혜민, 2015, 〈팬덤 내의 계층 구별에 대한 연구: 트위터와 팬 생산자를 중심으로〉, 《미디어, 젠더&문화》 30(4): 5-40.

홍석경, 2013, 《세계화와 디지털 문화시대의 한류》, 한울.

Peng Jinni, 2017, 〈중국 한류 팬덤의 한국 이주와 초국적 활동〉, 연세대학교 석사학위논문.

王洪喆·李思閩·吳婧, 2016, 〈從'迷妹'到'小粉紅': 新媒介商業文化環境下的國族身份生產和動員機制研究〉, 《國際新聞界》 11: 33-53.

◆ 이 글은 필자의 2017년 석사학위논문을 토대로 한다. 글에 나온 연구 참여자 이름은 모두 가명이다.

13

중국 유학생과 "우리만의 글로벌"

이보고

"하루라도 가르침 받은 선생님이셨으니, 죽을 때까지 아버지로"

대학에서 근무하는 이들에게 유학생의 이미지는 몇 가지로 분열되어 있다. 그 첫 번째는 수업 중 강의실 맨 뒤쪽에서 엎드려 자는 일군의 '수포자' 이미지이다. 이들은 학과나 수업에서 분위기를 망친다고 교수들에게 항상 표적이 되고, 학생들의 팀 발표에 있어 골치 아픈 걸림돌이기는 하지만, 그래도 상대평가의 바닥을 깔아주는, 미워할 수 없는 존재이기도 하다. 이런 인상 속에 한국말이라도 조금

유창하게 하고 수업에서 자신의 의견을 적극적으로 개진한다 싶으면, 마음 한구석에서 "오! 한국말 좀 하는데?"라는 드러내지 못하는 감탄과 다른 한편으로는 "네가 해봤자 얼마나 잘하겠어?"라는 편견의 유혹 때문에 그 가운데서 적잖이 당황하게 된다. 특히 선진국의 유학생들보다 저개발국의 유학생에게서 이런 모습을 발견하게 된다면 그 자존심의 내상이 크다. 두 번째는 우리 미래 사회의 가장 큰 불안 요소가 되어 버린 인구 급감이라는 현실에서 등장한 이미지이다. 지방대학은 대학정원을 채우는 경쟁에서 한국 학생보다는 외국 유학생 유치에 사활을 걸게 되었다. 대학의 입장에서 유학생들이 꼭 반갑지만은 않지만, 앞으로 우리 대학의 존립을 지켜줄 수 있는 마지막 '비상구'의 이미지가 되었다. 세 번째 이미지는 좀 더 고상한 차원에서 대학의 "국제화"라는 이념과 그것의 실현 가능성으로의 '유학생' 이미지이다. 이상적으로 볼 때 언어와 문화의 장벽을 넘어 배제의 시선 없이, 온전하게 다양성을 추구하면서 각자의 목표가 존중받을 수 있도록 가르친다는 글로벌리즘적 교육관이 우리 머리 한쪽에 존재하는 것은 분명한 사실이지만, 유학생들과 부딪치는 현실 속에서 그것이 매번 잘 들어맞지는 않는다. 국제학과 인문학을 가르치는 교수로서 이 같은 글로벌화globalization의 이념형과 교육 현실 사이의 어긋남으로 인해 종종 괴리감을 느끼지만, 반대로 우리가 그들을 어떻게 받아들이고 또 어떻게 공존할 것인가에 대해 얼마나 고민했는가 하는 질문이 되돌아오면 스스로 난감하지 않을 수 없다.

나는 청년들이 선택하는 이동과 그들의 대안적 생애기획은 불가분의 관계가 있다고 본다. 바우만의 개념을 빌리자면, 이동은 현실의 제한과 한계를 비교적 용이하게 타계할 수 있는 방법 가운데 하나이고, 이러한 전략은 중국이나 한국 사회에서 상당히 효율이 높다. 물론 코로나 상황으로 이동과 정주 사이의 긴장이 다시 극대화된 것은 사실이지만, 이동은 여전히 기존 체제의 한계를 넘어서는 원동력으로 활용될 수 있다.

이러한 관점을 바탕으로 나와 많은 이야기를 나누었던 다양한 중국 유학생들의 목소리를 가능한 한 그대로 재현함으로써 이들이 가지고 있었던 언어적 차원으로만 설명하기 힘든 답답함이나, 차별에만 국한되지 않는 상처, 구별된 어떤 특정 집단으로서가 아닌 보편적인 개인으로서 감내해야 했던 성장통, 그리고 그것을 넘어서고자 했던 근원적인 의지들을 확인하고자 한다. 그 과정에서 지금까지도 별 반성 없이 수용하고 있는 이른바 글로벌화의 의미 맥락들이 우리 안에서 얼마나 온전하지 못하게 사용되고 있는가에 대한 반성적 경험과 인식들을 공유하고자 한다.

내가 근무하는 학교에는 유학생들을 위한 전용 교육 과정이 있다. 원래는 우리 학부의 유학생들도 한국 학생들처럼 일정한 어학 수준의 자격을 갖추면 자신들이 원하는 전공을 직접 선택하고 전공학과로 옮길 수 있다. 그런데도 유학생들 상당수가 우리 학부 전용 '글로벌비즈니스' 전공에 남아 공부한다. 심지어는 어학 자격을 갖추고 자신의 전공을 찾아 옮겼다가 해당 학과에서 적응을 못하고 우리 학부로 되돌아오는 유학생들도 종종 있다. 글로벌비즈니스란 전공이 개설된 이유는 가장 많은 유학생들이 원하는 전공이고, 그에 따라 대학이 전략적으로 대응한 결과이다. 우리 학부 외국인 전용 전공에는 중국, 베트남, 일본, 이집트 등 아시아 국가 출신의 유학생들이 대부분을 차지하고 있지만, 더러는 유럽의 주요 국가, 예를 들면 프랑스, 독일, 네덜란드 등 출신의 소수 학생도 같이 공부하고 있다. 2017년 4월에 부임한 나는 처음부터 우리 학부의 1호 교수였고, 이들도 이제 나를 좀 아니 그 동고동락의 세월이 아주 짧다고만은 할 수 없다. 이제 그들도 어엿하게 졸업예정자로서 찾아와 앞으로 자신의 미래에 대한 자기 속내를 털어놓고는 한다.

방학을 시작한 지 얼마 되지 않아 곧 졸업한다고 하는 중국 학생 종원이가 나를 찾아왔다. 중국 국적이기는 하지만 조선족 학생이라 눈에 잘 띄기도 했다. 나는 평소 그를 쫑위엔이라는 중국어 발음보다 그냥 종원이라고 부르는데, 그를 알고 지낸 시간 동안 이 문제는 내 안에서 항상 작은 파장을 남겼다. 그 학생이 중국 유학생들 사이에서 연락 담당을 하고 있었는데 자신이 졸업을 하면 그 역할을 누가 맡아야 할지 모르겠다고 상담을 청했다. 그는 비대면의 상황으로 유학생 학생회의 연속성이 위협받는 상황이라고 말했다. 자신을 포함해 같이 모여 있는 위챗의 한 채팅방에는 우리 학부의 중국 유학생 134명이 있고, 그들은 그 안에서 학교나 학부에서 전달하는 일반적인 학사 관련 공지와 다양한 정보를 공유하고, 혹은 교수님이나 수업과 관련해 논쟁을 벌이기도 한단다. 헤이룽장성이 고향인 종원이는 자신의 고향으로 일단 돌아가지만, 그렇다고 고향에 머물 계획은 없다고 한다. 고향이라 일단 돌아가지만, 곧바로 상하이나 항저우로 가서 취업이나 창업을 하는 것이 다음 단계의 목표라고 한다. 너는 일단 한국에서도 이질적인 문화를 잘 겪어냈으니, 중국 안에서 전혀 새로운 공간에 가더라도 잘할 수 있을 것이라 일단 격려를 했다. 그도 아마 인생 계획 제2장의 무대가 될 상하이나 항저우라는 공간이 낯설고 두려울 것이다. 그리고 설레기도 할 것이다. 현재 고향인 중국 동북 지역은 중국의 러스트벨트라 불릴 정도로 경제 상황이 급속도로 악화된 터라 그곳에서 일자리를 찾는 것은 일찌감치 포기했다. 그래도 중국 안에서 다시 기회의 땅을 찾아보겠다는 의지를 보여주니, 어디가든 잘할 수 있을 것이라는 믿음과 안쓰러움이 겹친다. 그는 나에게 "일단 하루라도 선생님이셨으니, 죽을 때까지 아버지로 삼겠다一日爲師, 終身爲父"라는 문자와 함께 계속 연락을 하겠다고 인사를 남겼다. 과분한 인사에 오히려 내 자신이 부끄러워졌다. 내가 책임지고 있는 유학생 수는 학교의 정책으로 인해 급증하고 있지만, 종원이처럼 기억에 담고 신경을 쓰는 학생들의 수는 그만큼 늘지 않고 있다. 내가 처음 부임했을 때인 2017년경 유학생들 가운데 약 70% 이상이 중국 유학생들이었다. 현재는 베트남이나 일본 등지의 유학생 비중이 증가하는 추세이지만, 그럼에도 한국에 와 있는 중국 유학생의 비중은 국가별 유학생 수에 있어서 여전히 가장 많은 부분을 차지한다.

화장한 남자, 러티엔樂天

내가 이 학교에 부임하고 조금 지났을 무렵인 2017년 가을, 유학생 반 수업에 들어갔더니 한 남학생이 바로 눈에 띄었다. 얼굴을 하얗게 화장하고 입술에는 빨간 립스틱을 발랐다. 귀걸이며 복장 자체가 이목을 끌었다. 우리 선입견 속에 있는 일본 학생이 아닐까 추측했는데, 알고 보니 러티엔은 중국에서 왔고, 한국어 실력도 그 반에서 가장 뛰어난 축에 속했다. 얼마 전 그도 졸업을 하고 중국으로 돌아간다고 나를 찾아왔다. 그는 본래 장쑤성 출신으로, 어려서부터 한국의 K-POP과 한국 드라마를 좋아했고, 자신을 꾸미는 것에 관심이 많았다고 한다. 고등학교를 다니면서부터 화장을 하고 다녔고, 한국에서 조건이 갖춰진다면 화장품 사업을 하고 싶다는 생각을 하고 있다.

졸업을 앞둔 그에게 지금 가장 큰 관심사는 역시 취업 혹은 창업이다. 그에게 중국의 대학입학 시험인 가오카오高考를 보지 않고 유학을 선택한 이유를 묻자 경쾌한 대답이 돌아왔다. "유학을 선택하게 되면, 외국의 더 좋은 학교에서 공부를 할 수 있는데, 가오카오를 보게 되면 외국 학교보다 좋지 않은 중국 학교에 어렵게 들어가서 자유롭지 못한 분위기에서 공부하게 되고, 그러니까 괴롭게 시험을 보느니 외국으로 나오는 실질적인 선택을 한 것이죠." 이제 중국 사회도 고2 정도 시기부터 유학을 떠나는 목표를 가지고 준비하는 계층과 가정들이 일반화되고 있으며, 유학지에 대한 선택도 가정의 경제력과 관심도에 따라 등급이 정해져 있다고 한다. 자신이 알고 있는 여자 친구 사례를 들어, 중국인 가정에서 경제적으로 조건이 가능할 경우, 영국을 포함한 유럽, 미국과 캐나다, 그리고 호주와 뉴질랜드, 싱가포르, 일본 그리고 한국의 순으로 유학지의 선택 우선순위가 암묵적으로 정해져 있다고 한다. 이 같은 유학지의 서열은 이 책 7장에서 소개하는 "쉬에취팡學區房"이라는 선호 학군의 사례에서 볼 수 있듯이, 베이징의 하이뎬취海淀區가 중국 국내 학군의 가장 정점에 있으면서, 그 하위의 위계를 구성하는 것과 같은 구조를 가지고 있다. 그는 자신과 자신의 가정을 경제적으로 표현할 때 "중산中產"이란 용어를 사용했다. 이러한 자기 인식을 통해 보면, 이들이 성장하면서 추구하게 될 문화 소비는 국가 단위의 호불호보다 주로 개개인의 능력, 조건 그리고 취향을 중심으로 한 선택에 의해 좌우될 것으로 보인다.

이제 대학을 포함한 정규 교육 과정을 마무리하는 단계에 이르렀으니 자연스럽게 그의 향후 미래 계획이 궁금해졌다. 질문을 던지자 먼저 돌아온 답변은 "사실 너무 미래에 있는 것에 대해서는 잘 생각하지 않아요"였다. "일단 앞으로 1주일 동안 잘 살면 돼요. 미래에 대한 것을 많이 생각하더라도 그것은 바뀔 수도 있으니까요. 일단 내일, 아니면 앞으로 1주일 동안 어떤 계획이 있고, 어떤 일을 해야 하고, 또 어떻게 잘 생활할 수 있는지에 대해서 그런 것들만 생각을 하면 돼요." 대학을 졸업하면 중국 혹은 한국 어딘가에서 취업이나 창업을 할 예정이라는 등의 거창한 답변을 예상했던 나의 기대는 가볍게 어긋났다.

대화를 진행하면서 러티엔의 가정 형편에 대한 좀 더 알게 되었다. 일반적으로 신세대농민공新生代農民工이나 신노동자의 입장에서 볼 때 살아가는 데 가장 큰 장애로 여겨졌던 호구戶口의 문제 또한 이들 중산층 90허우90后에게는 그다지 큰 문제가 아니었다. 그는 좋은 도시에서 훌륭한 일자리를 찾는 것이 지금은 매우 힘든 상황이고, 일자리를 찾는다고 해도 집을 마련하거나 그에 맞는 문화생활을 하는 것 자체가 경제적으로 녹록치 않다는 것을 알고 있었다. 쓴웃음을 지으며 그가 말했다. "만약 상하이에 가서 살게 되면, 지금 평균 집세가 3000위안을 넘을 텐데, 제가 알고 있기로 처음 직장을 잡은 대학 졸업생이 받는 월급이 5000위안 전후예요. 사실상 살기 힘들다는 것이죠…." "장쑤의 호구도 괜찮아요. 만약 상하이로 가게 되면 그런 문제들 때문에 스트레스가 좀 더 많이 있을 수 있어요." 외국 학위가 있는 경우, 또 1년 정도 상하이에서 일을 해 소득이 증빙되는 경우, 장쑤의 호구를 상하이로 옮기는 것이 어느 정도 유리함에도 불구하고 그는 장쑤에 머무르겠다고 한다. 장쑤의 쑤저우 같은 경우 생활환경도 많이 개선되었고, 무엇보다 고향에서 경제적 여유가 있는 부모님이 집을 세 채 정도 가지고 있어서 그만큼 삶이 쪼들리지 않는다는 것이다. 중국 사회에서 중산층의 규모가 그만큼 커졌다는 점을 말해준다. 중산층보다 열악한 환경에 처해 있는 외지 청년들이 베이징이나 상하이에 입성하는 것, 이 책의 8장에서는 이를 '상륙上岸'이라 했는데, 이들에게 이 상륙은 하나의 중요한 인생 목표이고 절박한 꿈이었다. 그러나 지금은 중국 전역의 생활환경들이 전반적으로 개선되어 중산층 청년들이 굳이 비싼 집값과 여타 비용들을 지불해가면서, 경쟁이 심한 대도시에서 제도적 차별을 당할 필요가 없는 것이다. 그가 볼 때 "요즘은 어디든지 교통 같은 것이 너무 발달해서", "즉 사회 환경이나 사회 조건이 좋아지다 보니 점점 그 같이 법적으로 지위가 보장되지 않는 대도시에서 어려운 생활 조건을 참아내면서 살아갈 필요"가 없는 것이다. 옛날처럼 2박 3일 기차를 타고 대도시로 흘러 들어가 차별을 받으면서 일자리를 겨우 잡고, 더 좋지 않은, 열악한 환경에서 거주할 필요가 없는 것이다. 고속열차도 흔해졌으니 말이다.

중산층 가족에서 자란 90허우가 호구에 대해 갖는 이전과 다른 인식은 단지 소비문화에만 반영되는 것이 아니라, 향후 심화할 사회 계층 간 격차와 이동에 관한 문제 인식에도 큰 영향을 미친다. 최근 한국에서 청년과 관련해 불거진 계층 대물림의 문제, 예를 들면 "흙수저론"과 같은 이슈를 꺼냈을 때, 그의 반응은 예상 밖이었다. 부모로부터 물려받은 자본이 없는 청년은 생애 설계에 있어서도 뒤쳐질 수밖에 없다는 내 논조에 동조해주리라 생각했던 예상은 단 몇 마디로 깨졌다. 그는 중국의 전통적인 '꽌시關係' 관념을 포함해 부모의 네트워크도 자신들의 사회관계 자본 가운데 일부라는 점을 명확하게 인정했다. 한국 사회에서는 그러한 부모의 네트워크나 사회관계 자본이 자식에게까지 대물림되어 활용되는 것은 공정하지 못한 것으로 인식되고 비판받는다고 설명하자, 그는 아무렇지도 않게 "중국에서는 그것을 사실로 인정하고 받아들일 수밖에 없어요"라고 답한다.

그리고 자신의 문화 소비에 대한 개방적 태도가 어떻게 형성되었는가를 설명하면서 부모님과의 관계를 언급했다. 자신의 부모님은 중산층 회사원으로서 열린 교육을 해왔고, 외국 유학과 같은 개방적인 도전에 대해서도 격려를 해주셨다고 한다. 똑같은 이유로 자신도 한국 문화 콘텐츠에 대한 소비에 있어 특별히 한국이라는 문화 생산 단위를 의식한 것이라기보다 그것이 가지고 있는 흥미와 재미, 즉 소비자로서의 취향이 바로 선택의 기준이 되었다고 한다. 이들에게 K팝이나 K컬처가 한국이란 국적을 가지고 있는 것은 중요하지 않다. 반면 그것을 소비하는 데 있어서 자신들의 개성에 기초한 문화적 공감대가 가장 중요한 결정요인으로 작동하고 있었다. 내가 본 바로 그는 문화 소비에 있어서 자신의 기준이 명확했고, 자기에 대한 표현이 분명했으며, 연애와 같은 사적 영역에서도 개인의 감정에 충실하게 반응했던 청년이었다. 그는 더 이상 사회주의 같은 '이념'을 추구하는 집체의 일원이 아니라, 자신의 미美적 문화 소비 취향 속에서 '화장化粧'이라는 인생 주제를 찾아가는 개인이자 주체였다.

> "한국에서 유학하면서 저는 스스로
> 강해졌다고 생각해요!"

이번 학기 대학원 수업에는 두 명의 중국인 대학원생이 수강신청을 했다. 올해 신입생으로 들어온 석사 과정 학생들로, 한 명은 우리 학부를 졸업해서 잠깐 한국에서 직장 생활을 맛본 야란

雅爛이라는 학생이고, 다른 한 명은 우리 학교의 기계공학과에서 우리 학부 대학원, 즉 지역연구를 하는 인문사회 과정 대학원으로 진학한 저시엔澤賢이라는 학생이다. 야란은 원래 학부 때부터 열심히 공부하고 유학생들 사이에서 성적 또한 최상위여서 졸업을 하고 바로 중국으로 돌아가면 좀 아깝겠구나, 혹시 대학원에 진학하지 않을까 생각했던 여학생이었는데, 예상대로 우리 대학원에 진학했다. 반면, 저시엔은 원래 학부에서 기계공학을 전공했고, 배를 만드는 조선회사에 취직하는 것이 꿈이었으나, 그래도 중국으로 돌아가게 되면 석사학위를 받는 것이 여러모로 유리하지 않을까 싶어서 대학원에 입학했다고 한다.

지도교수라는 명목의 몇 차례 상담으로 그들의 인생 이력을 살폈고, 그들이 여기에 온 내력과 과정에 대해서는 어느 정도 알고 있었다. 허베이성의 장지아커우張家口가 고향인 저시엔은 군인인 아버지가 제대하면서 베이징의 호구를 받을 기회가 생겨 중학교 때 베이징 창핑昌平 지역으로 이사했다. 그는 중학교와 고등학교 때 미술을 공부하고, 또 가오카오도 봤지만, 친구들이 많이 와 있던 한국 대학에 관해 이야기를 듣고 유학을 결심했다고 한다. 그는 심사숙고를 거쳐 유학을 결정한 것은 아니라고 담백하게 말한다. "만약 중국에 계속 있었으면 중국의 일반 대학에, 그러니깐 아주 좋은 대학은 아니더라도 평범한 대학에는 다닐 수 있었을 겁니다. 그렇지만 고등학교 때까지 내 미래에 대해 심각하게 생각한 적이 없었고, 그래서 먼저 한국에 유학 온, 이전에 알고 있던 친구들이나 선배들의 영향을 받아 유학을 선택하게 되었습니다." 그 이유가 전부는 아니지만, 자신이 베이징에 이사 온 후 본인도 이주자라는 입장에서 베이징 사람들이 가지고 있는, 이른바 "황제의 도시"라고 하는 특권의식이 부러웠고, 그러한 특권의식을 글로벌한 시대에 유학이라는 방식으로 극복할 수 있지 않을까 생각했다고 한다. 한국에 이미 와 있던 친구들은 주로 서울과 부산에 살았는데, 한 친구가 부산은 바다가 있고 캠퍼스가 아름다우며, 중국 고향에서의 생활환경과 유사하다는 정보를 줬다. 중국의 평범한 대학을 가느니 한국을 선택하는 게 더 유리하겠다고 판단했다는 말도 덧붙였다. 그의 말을 종합해보면, 한국의 대학은 중국 내에서 글로벌 학위의 배치표상 적어도 중국의 일반적인 대학 수준보다 더 높게 여겨지기 때문에 그 또한 미래에 유리하게 작용할 외국 학위라는 문화자본을 선택한 것이었다.

베이징의 호구를 갖게 되었지만, 그는 이미 젊은이들 사이에서 베이징에 집을 구입하고 거주할 희망이 점점 사라지고 있다고 말했다. 부모님이 사준 장지아커우의 집을 팔고 베이징으로 들어가 산다고 하더라도 턱없이 작은 집을 구해야 하고, 개인 자산 규모에서뿐만 아니라 문화적 대우에서 각종 차별을 받게 될 것이란 점을 명확히 알고 있었다. 그는 산시山西 젊은이들 사이에 유행하는 "너희 집에 탄광 있어你家有礦嗎?"라는 표현을 내게 소개했다. 어떤 산시 사람이 베이징에 와서 아파트를 사려고 하는데, 아파트 한 채가 아닌 한 동을 현금으로 사려고 하자, 옆에서 그 일을 돕던 사람이 "집에 탄광이라도 있는 거야?"라고 물었단다. 산시지방은 일반적으로 소득 수준이 낮지만, 탄광이 제법 많다. 탄광을 소유한

중국의 대학 입시인 가오카오를 치르는 학생들

사람은 졸부라는 인식이 퍼져 있어 베이징과 같은 문화 도시에서는 진정한 부자로 인정되지 않고, 그것을 비꼰 표현이라는 것이다. 그래서 사람들은 일하지 않고 실직자로 살아가는 친구들에게 "집에 탄광이라도 있는 거야?"라고 우스갯소리를 한단다. 중국 지방 중산층의 자제들은 베이징과 같은 특수 도시에 들어가지 않아도 고향에서 자신만의 특권과 양호한 생활환경을 누리면서 살 수 있기 때문에, '베이징 상륙'이 덜 절박한 꿈이 된다. 신세대농민공이 자신들의 일터에서 호구를 갖기 위해 안간힘을 쓰는 것과 비교해볼 때, 훨씬 선택의 폭이 넓은 계층인 셈이다.

야란 또한 부모가 맞벌이를 하는 전형적인 중산층 가정 출신으로, 고향은 동북 따리엔大連이다. 그도 해외로 유학을 나갔다 돌아온 중국 청년들, 즉 '하이꾸이海龜'들에게 중국 정부가 다양한 우대정책을 제공한다는 사실에 대해 긍정적인 기대를 품었다. 그녀는 하이꾸이가 상하이 같은 지역에서 집을 구입할 때 더 많은 대출을 제공받고, 차를 구입하거나 창업을 할 때도 정부 지원이 많다는 점을 언급했다. 본인도 이러한 이점을 고려해 한국 유학을 선택했다. 비록 대학 입학시험에서 한 번의 실패를 경험해 친인척 사회의 관계에서 오는 극심한 스트레스를 받았지만, 이제는 오히려 자신이 궁극적인 승자라는 사실을 인정받고 싶어 한다.

그녀의 입시 경험담은 개인에게 한 차례의 시험만으로 인생을 결정짓는 입시제도가 한국뿐만 아니라 중국에서도 여전히 존속하고 있음을 상기시켰다. 그리고 더 나아가 실패한 자들에게 새롭게 일어설 기회를 만들어주는 사회가 진정 성숙한 사회가 아닐까 하는 생각에 미치게 만들었다. 그래도 야란의 경우 최하층에 비해 중산층으로서 가질 수 있었던 기회와 정보 때문에 인생의 대안 경로를 찾아내는 데 비교적 용이했다. 그녀는 중국의 입시에서 실패하고 난 상황을 다음과 같이 회고했다. "내가 진짜 중국에서 대학을 가지 않더라도 친구들보다 나중에 더 잘살고 싶은 마음이 간절했어요. 이번에 실패했지만 계속 실패할 수는 없잖아요. 그래서 이번 기회에서는 진짜로 열심히 해야겠다고 생각했어요." 그래서 비록 겁은 났지만, 특별히 관심도 없었고 또 언어도 새롭게 배워야 하는 환경 속으로, 질 수 없다는 다짐을 가지고 한국에 왔다는 것이다. 지금까지 지내온 4년 동안의 한국 생활에 대해 후회는 없느냐는 질문에 고개를 저었다.

"후회 안 해요. 저는 사실 잘했다고 생각하거든요. 처음에는 힘들었지만 지금 여기 4년 동안 공부했던 것, 경험했던 것, 모두 너무 바쁘고 힘들게, 그래도 해냈어요. 시간이 너무 빨리 지나갔고 얻은 것도 아직은 잘 모르지만, 아무튼 저는 스스로 강해진 것 같다고 느끼거든요. 반대로 저와 친한 친구들은 중국에서 대학을 다니면서, 한국과는 달리 입학하는 것은 너무 힘들지만 들어가고 난 뒤는 너무 편하게 생활해요. 중국에 남아 있는 친구들을 보면, 그 친구들은 거의 매일 연애하고 맛있는 것 먹으러 다니고, 수업만 끝나면 항상 드라마 보고 그렇게 살아요. 그들은 너무 편안하게 살고, 대학생 아르바이트 같은 것도 전혀 하지 않고, 용돈 받으면서 살아요. 그에 반해 저는 아르바이트도 하고, 공부도 하고, 대부분의 문제를 스스로 해결하죠. 그런 것 보면 제가 그 친구들보다 잘한 것 같아요."

대학을 졸업 후 야란은 부산의 중소기업 두 군데에 잠시 취업을 했다고 한다. 먼저 취업을 한 회사는 다른 남자 직원들처럼 몸으로 부딪치는 직종이었는데, 계속 버티기가 힘들었다고 한다. 그런 일을 해보지 않은 상황에서 지속하기가 어려웠고, 그래서 이직한 직장은 같은 대학을 졸업한 선배가 운영하는 무역회사였다고 한다. 그런데 이 두 번째 직장은 몸보다 정신적으로 스트레스가 컸고, 그곳에서 한국의 대학이 사회 속에서 어떤 네트워크로 작동하는지를 몸소 경험했다고 한다. 그는 해외영업팀에서 일했는데, 한국 기업 내의 경영 문화, 동문 관계, 업무 추진 방식 등에 대한 경험을 쌓으면서, 그야말로 한국과 중국의 문화적 차이를 실감했다고 한다. 그가 처음 입사했을 때는 한국 직원들과 동등한 임금과 대우를 받았다고 한다. 그런데 시간이 좀 더 지나면서 중국과 관련된 업무의 양이 자신에게 집중되면서 도저히 감당하기 힘든 상태가 되었는데, 자신은 사장과 같은 대학을 졸업한 동문이라는 이유로 문제제기를 할 수 없었다는 것이다. 중국으로 돌아가 취업을 하는 것은 어떨까라는 나의 질문에 저시엔이나 야란 모두 고개를 내저었다. 고향에서 부모님이 꽌시를 통해 알아봐 주시는 직장은 자신들의 가치관과 많이 달라 만족스럽지 못하다고 한다. 물론 중국에서 어떤 직장에 이미 가족이 다니고 있으면 다른 가족이 그 회사에 취업하기가 여전히 유리하지만, 그렇게 부모님의 사회관계 자본을 이용해 취업을 한다 하더라도, 그 취업의 질이 보장되기 힘들다고 한다. 짧게는 4년에서 길게는 5~6년 이상 중국을 떠나 한국에서 생활한 이들의 가치관은 이미 중국에 있는 부모님의 가치관과 상당 부분 차이가 생겨서, 그로 인해 갈등이 생기기도 한다. 특히 취업과 관련해 부모님들은 이들이 고향으로 돌아와 집 주변에서 일자리를 잡았으면 하는 바람을 내비치곤 하지만, 이들은 대개 한국에 남거나 혹은 중국의 다른 대도시로 옮겨가 직장을 잡는 것을 선호한다.

이런 둘의 사정에 비춰 볼 때, 이들에게 유학의 목적지, 즉 대안적 생애기획의 경로로서 한국과 한국 대학이 차지하는 의미는 양면적이다. 유학의 대상지는 처음 유학생들에게는 막막한 벌판과 같은 느낌의 공간이다가, 그곳에서 자신들의 대안적인 생애기획이 구체화되면서 새롭게 직조

되는 의미망 체계를 갖게 된다. 유학지는 유학생이 보장받게 될 미래의 문화자본을 상징하는 유토피아적 공간이면서, 동시에 이방인으로서 느끼는 환상과 모순이 얽혀 있는 헤테로피아적 공간이라 할 수 있다. 유학생의 현재와 미래에 대해 모두 관여되어 있으면서도, 그 안에 뿌리내리기는 좀처럼 쉽지 않은 불안과 표류의 공간이다. 이 공간이 유학생들에게 유동의 의미를 지닐 수밖에 없는 이유다. 이들에게 한국의 대학은 자신의 실패를 만회하고, 조금 늦어진 인생 페이스에서 앞서 나간 경쟁자들을 따라잡을 수 있는 기회의 공간이면서, 반면 언어적·문화적 차별과 장벽들을 힘겹게 마주해야 하는 인내의 공간이기도 하다.

이동을 통한 성장

맹자의 어머니가 자식 교육을 위해 세 번의 이사를 했다던가? 이 책의 7장에서 김기호가 제기한 "부모의 경제적 능력에 맞게 교육 수준이 제공되는 것이 공평한 것인가?"라는 질문처럼, 이 고사는 우리 사회뿐만 아니라 중국 사회에서 자녀에게 더 좋은 교육 환경을 제공하기 위한 부모들의 노력과 겹쳐지면서 여전히 현대적인 맥락 속에서 재생산되고 있다. 이동이나 이주, 그리고 유학이 문화자본 획득을 위한 선택적 실천이라 할 때, 자녀는 부모의 의지와 함께 다층의 공간 혹은 문화적 경계를 넘는 횡단자가 된다. 그 횡단은 궁극적으로 도시와 농촌이든, 아니면 중국과 한국이든, 물리적 공간뿐만 아니라 문화적 구별 짓기의 맥락 위에도 존재한다. 이동과 횡단에 경제적 지출이나 문화적 차별 등 감내해야 하는 많은 기회비용이 포함되어 있음에도 불구하고 이 같은 실천을 지속적으로 감행하는 이유는 가장 짧은 시간 내에, 그리고 가장 효율적으로 사회·문화자본을 축적하고, 그것을 근거로 자신이 가지고 있는 사회적 위상을 근본적으로 역전시킬 기회가 제공되기 때문이다.

부르디외가 개인의 이동이 자신의 공간을 구조화하는 힘들에 의해 일면 종속되면서도, 또 각자 개인의 속성에 따라 그렇게 형성된 장場에 저항하면서, 결과적으로 어느 정도 상속 자본에 대응하여 등가적인 궤적들을 만들어낸다고 설명한 것처럼, 그 의미가 단순치 않음에도 불구하고 여전히 중국의 가정들은 교육을 위해 지금도 이동과 이주를 선택하고 있다. 말하자면, 이동의 선택은 그의 가정이 제공하는 생활조건으로부터 직접적으로 작용하는 주입효과와 부모의 사회적 이동 방향과 연결된 사회적 궤적효과, 이 둘의 영향 관계 속에서 진행되고 있다. 그리고 계층적으로 볼 때 특정 계층에서 전형적인 형태로 드러나면서 동형의 궤적들을 만들어낸다. 중국 사회에서 증가하고 있는 중산계층이 형성하는 궤적들 또한 대체로 사회 체제 내에서 차지하고자 하는 그들만의 위치표상과 그것을 넘어서고자 하는 의지, 또 자신들의 미래 전망과 서로 연동되면서 만들어진다.

이처럼 중국 유학생들의 사회적 궤적을 추적하는 가운데 만난 친구가 바로 웨이선偉森이다. 그는 중국 내 사회적 경계는 물론 국경을 넘어오는 과정에서 수많은 월경의 경험과 함께 성장해왔다고 할 수 있다. 그가 받은 교육의 이력을 보면, 해외는 물론 중국 내에서도 교육의 수월성을 위해 부모님과 함께 집요하게 도시를 이동해온 흔적을 확인할 수 있다. 부모님의 의지가 이동에 큰 영향을 끼쳤다. 그는 부모님과 함께 본래 산둥성 칭다오青島에 거주하다가 할머니가 계신 신장성 이닝伊宁으로 이주해 칭다오와 이닝을 오가면서 학업을 이어갔다고 한다. 처음 그의 이야기를 들었을 때, 그 공간적 거리감을 이해하지 못해 뭔가 잘못 들은 것으로 생각했다. 그렇게 멀리 떨어진 지역을 어떻게 오가며 학교를 다녔지? 한족인 그는 칭다오에 있던 가족이 할머니의 병환으로 신장의 이닝시로 이주하면서 그곳의 초등학교에 입학했다. 처음 들어간 학교는 영어사립초등학교(1학년, 신장)였다. 그러나 본래 교육열이 높았던 부모님은 2학년이 되자, 그를 영재사립실험학교(2학년, 신장)로 전학을 시켰다. 물론 신장에도 정규 교육과정을 보완하는 각종 과외 학원과 시설이 있었지만, 부모님은 2년간의 신장 생활을 보고 역시 칭다오가 교육 수준이 높다는 결론을 내려, 그가 3학년 1학기가 되자 칭다오의 푸춘장루초등학교(3학년 1학기, 칭다오)로 다시 전학을 보냈다. 이때 가족 가운데 누나가 가오카오를 앞두고 있었기 때문에 아버지는 누나와 신장에 남게 되고, 웨이선과 어머니만 칭다오로 복귀한 것이다. 그리고 다음 학기에는 주장루초등학교(3학년 2학기, 칭다오)로 다시 한 번 전학했다. 이후 4학년과 5학년 때는 다시 신장의 이닝시 제26초등학교(4학년, 5학년, 신장)로 옮겼다가, 다시 마지막 6학년에는 칭다오에서 다닌 바 있는 주장루초등학교로 돌아갔다. 그의 부모님은 교육을 너무 중시해서 자신들이 운영하던 개인 사업을 정리하여 움직이기 편하게 가정의 구조를 만들었고, 교육 수준이 상대적으로 높은 칭다오와 입학성적이 비교적 높지 않아도 대학을 쉽게 갈 수 있는 이닝, 두 도시를 오가면서 자식의 미래를 위해 분투했다고 한다. 결국 그는 고3이 되자 마지막으로 베이징에 있는 베이징신챠오외국어국제고등학교(3학년 1학기, 베이징)에서 한국어를 처음 접하고, 한국으로의 유학을 결정했다. 그리고 다시 그는 외국어국제고등학교 입학 두 번째 학기인 고3 2학기 때 한국의 가야대학교로 와서 본격적인 한국 생활을 시작한다. 그는 대학을 제외한 초중고를 합쳐 모두 12번의 전학과 이동 끝에 마지막으로 한국행을 선택하게 된 것이다. 그는 한국에서 부경대학교 관광경영학과를 졸업하고, 현재 같은 대학의 중국학과 대학원에서 중국 경제를 공부하고 있다.

그의 이력에서 칭다오와 이닝을 오간 이야기도 흥미롭지만, 신장에서의 소수민족 교육 관련 경험담도 이채롭다. 그에 따르면 2009년 신장 위구르족의 반정부 시위 이후 중국 정부는 신장 이닝 시내에 있는 학교에서 위구르어 전용학교와 한족 및 기타 소수민족 중심의 한어 전용학교를 합병하라고 행정명령을 내린다. 이 같은 정책은 분리 독립의 목소리를 체제 내로 포섭하기 위한 정부 결정으로, 웨이선이 중학교 3학년을 다니던 2011년 당시 이닝시 제19중학교도 위구르어 전용학교와 통합된다. 통합된 학교 내부에는 여전히 위구르어를 전용하는 교과과정이 존속했고, 그 외 한족과 카자흐족 등 기타 소수민족, 그리고 한어를 배우고자 하는 위구르족 등을 위한 반이 따로 있어서 웨이선 또한 그곳에서 공부했다고 한다. 그는 위구르족을 위한 위구르어 교육 과정이 현재까지도 아주 자유롭게 선택 가능하고, 그 과정 자체가 존중받고 있다고 강한 어투로 설명한다. 나는 그의 어조에서 논리적인 자기방어 기제가 느껴졌다. 한족의 입장에서 위구르족에 대한 소수민족정책을 옹호하는 것은 자연스럽게 자신이 속해 있는 민족, 그리고 자신이 속해 있는 국가에 대한 정당성을 옹호하는 것과 마찬가지 논리 선상에 있으며, 이는 상당히 오랫동안 받은 교육의 결과라 여겨진다. 그는 신장 지역이 정치적으로 불안정하거나 돼지고기를 먹지 않는 것과 같은 문화적 차이, 종교적 영향 등으로 인해 적극적으로 외지에 나가 공부를 하는 인원이 상대적으로 적으며, 따라서 중국 내 다양한 지역 가운데 전반적으로 학력 수준도 하위권에 머무는 지역이라고 설명한다. 물론 그 지역의 객관적인 조건이 그렇다 하더라도, 신장과 위구르족에 대한 그의 인식은 전형적으로 한족의 입장을 대변하고 있고, 그의 목소리에는 정부를 옹호하는, 한족 중심의 뉘앙스가 깊이 새겨져 있었다. 여하튼 위구르에 거주하는 한족이 상당히 복잡한 위상 속에 있는 것은 분명하고, 그들 부모님 입장에서 자녀에 대한 새로운 대안적 생애기획을 모색하는 것은 어떻게 보면 필연적이었을지도 모른다. 그리고 그 대안이 바로 한국행이었다.

그리고 이 대화 과정에서, 중국의 가오카오에서 소수민족에 대한 우대정책이 일반 한족 학생들에게 불만의 대상이 되고 있다는 점도 확인했다.

중국 유학생 박람회

소수민족에 대한 혜택 가운데 대표적인 사례가 바로 가오카오에서 추가 점수를 부여하는 것인데, 웨이선이 보기에 소수민족이 받는 이 추가 점수는 대학을 선택하는 데 큰 영향을 끼친다. 중국의 입시생들은 성적에 따라 전국의 대학을 3등급으로 나누어 자신이 속해 있는 점수대의 대학을 선택할 수 있다. 그런데 이러한 추가 점수는 종종 그 분기선을 넘게 해 일반 한족 학생들의 부러움을 사곤 한다는 것이다. 지방의 한족 학생들은 소수민족 학생이 외지로 나갈 충분한 기회를 보장받고 있다고 생각하며, 자신들은 소수민족에 비해 상대적으로 피해를 받고 있다는 의식이 만연해 있다고 한다. 옆에 있던 대학원 동기 티엔치天琪의 경험에 따르면, 신장처럼 소수민족의 재학생 수가 많은 경우와는 달리 따리엔大連 같은 경우 조선족이 한 반에 2~3명 정도로 아주 소수인데, 담임 선생님은 역시 한어로 진행되는 수업에서 그들에게 더 많은 관심과 혜택을 준다고 한다. 그러면 자연스럽게 그들의 성적이 더 우수해지고 진학도 더 잘한다는 것이다. 그런데 이런 좋은 성과의 이면을 보면 장차 그 해당 소수민족이 가지고 있는 정체성 혹은 고유성이 희석되고, 궁극적으로 한어 중심의 문화 체계에 포섭되는 문제가 발생한다. 최근 들어 조선족 학생들의 조선어 실력이 급격히 저하되고 있는 상황도 같은 맥락 위에 있다.

그런데 이 같은 중국 내 한족과 소수민족 사이에서 만들어지는 교육과 이동이라는 구도, 그리고 그 안에서 한족 학생들이 느끼는 '불공정'에 대한 자각은 시각을 좀 더 확장해보면 국적을 초월해 지금 세계의 청년들이 가지고 있는 보편화된 불안과 맞닿아 있다. 많은 수의 한족 유학생들 또한 다른 국가의 청년들과 마찬가지로 급변하는 자본주의 정치·경제 체제 속에서 유학을 통해 자신의 문화자본 축적을 위한 전략을 수행하고 있다. 이러한 실천 과정은 언어적 장벽과 문화적 혼종은 물론 소수자의 위상에서 오는 불안까지도 피할 수 없다. 한족 학생들이 중국 내에서 차지하고 있는 우월적 위상마저도 세계 자본주의 체제 속에서 청년 개인의 생존을 위한 취업과 거주 등 삶의 문제에서 발생하는 불안정성과 연동되어 흔들린다. 한국의 학생들이 각종 사회 부조리로 인해 상대적 박탈감을 느끼면서도 그나마 공정하다는 자기 최면 속에서 끊임없이 '공시'에 매달리는 현상 또한 이 같은 불안정성에 대한 반작용에서 기인한다.

나는 이들과의 이야기 속에서 중국인들이 생각하는 한국 대학의 위상과 그 유학 대상 학교의 선택 기준에 대해 평소 궁금해왔던 사실을 알게 되었다. 내가 재직하고 있는 지방의 국립대학에는 외국인 유학생이 학부 과정생만 현재 약 1100여 명이 재학하고 있고, 단기 연수생들을 포함한 모든 외국인 학생이 약 1700여 명에 달한다. 그 가운데 여전히 중국 유학생의 비율이 가장 많은 부분을 차지하고 있는데, 물론 서울의 유명 사립대에 비해 1/2이나 1/3 수준의 규모밖에는 안 되지만, 어떻게 이렇게 절대 수로서 많은 유학생이 한국의 지방을 선택해서 유학을 오는가 하는 어렴풋한 의문을 가지고 있었다. 유학원과 같은 중간의 비즈니스적 현실 문제는 논외로 하더라도, 그들에 따르면 "중국에서 한국에 유학 올 때 가장 좋다고 알려진 서울대학을 제외하고는 한국 대학과 관련한 서열이나 위계에 대한 인식은 뚜렷하지 않다"고 한다. 이는 자신들이 성장한 중국 사회에서의 대학에 대한 위계 인식으로부터 영향을 받은 것이었다. 말하자면, 한국 사람들이 대학의 서열을 서울대학교를 비롯해 이른바 SKY대학 아래 하나의 줄 세우기로 인식하는 것에 비해 중국인들에게 대학의 선택은 일부 특별하게 뛰어난 성적을 가진 이들을 제외하고는 자신이 거주하고 있는 성省의 중점대학을 선택하는 것이 일반적이라는 것이다. 한국인 유학생들이 중국의 대학을 선택할 때 외부로 알려진 대학순위에 철저하게 의지하는 경향이 강해서 칭화清華, 베이따北大, 푸단復旦 등의 유명 대학으로 몰리는 경향과는 정반대의 현상이었다. 그리고 그들의 선택 과정을 보면, 오히려 등록금과 주거 혹은 문화 적응에 유리한 생활환경이 유학지 선택에 가장 중요한 요인으로 꼽힌다. 특히 먼저 유학을 와 있는 친구들의 소개와 중국인 학생들이 많이 와서 유학생 조직이 활성화되어 있는 지역적 요소가 대학 자체의 명성보다 선택 기준에 더 큰 영향을 미친다는 것이다.

대학원 2년차인 웨이선에게 지금 가장 큰 고민거리는 자신의 미래다. 그는 대학교수를 꿈꾼다. 이러한 목표도 우연히 생겼다. 한국에 와서 사귄 여자 친구가 석·박사 과정을 선택하면서 자신도 자연스럽게 대학원 진학을 했고, 이제는 다시 뒤로 물러설 수 없는 상황이 되었다. 하지만 그는 시간이 갈수록 자신의 전공 관련 지식이 다른 석사 대학원생들에 비해 많이 부족하다는 자각이 들었다. 게다가 중국으로 돌아가게 되면 자신보다 더 나은 조건, 즉 다른 유럽이나 영미권에서 유학을 하고 돌아온 하이꾸이들과의 경쟁이 기다리고 있다는 사실에 더 스트레스를 받는다. 날이 갈수록 중요해지는 영어 능력이 자신에게 부족하다는 사실은 심각한 문제 상황이 아닐 수 없다. 최근 그의 심리적 압박감과 조바심은 여기에서 기인한다. 티엔치 또한 이런 상황에 동의했고, 웨이선 스스로도 지나간 학부 생활을 후회하며 말했다. "날마다 중국 친구들과 중국어로 얘기했고, 그래서 한국 학생 가운데 친한 친구가 없어요. 저는 원래 경영에 대한 관심이 많았는데, 수업에 들어가면 교수님이 말씀하시는 것 가운데 40%도 이해하지 못했어요. 대학교 4학년이 되어서야 공부의 중요성을 깨닫게 되었고, 내 자신의 미래에 대해 비로소 걱정을 하게 되었어요." 많은 수의 중국 유학생들이 여전히 이런 상황을 면치 못하고 있는 것은 한국 대학들의 책임이며, 또 이에 대한 근본적인 인식 전환이 그 내부에서 필요하다. 그럼에도 불구하고 그의 현재 목표는 너무나 명확해졌고, 무엇보다 자신이 전공하고 싶어 하는 중국 경제에 대한 학문적 관심과 흥미도 많아졌다고 한다.

결과적으로 초등학교부터 대학원에 이르기까지, 웨이선에 대한 부모의 교육열은 상당했고, 부모는 최선의 교육 조건을 만들기 위해 끊임없이 이동을 선택했다. 웨이선이라는 개인의 이동은 사회공간 속에서 자의적으로 이뤄진 것은 아니다. 자녀 개인의 이동에는 그의 공간을 구조화하는 힘, 예를 들면 가정적 환경이나 지역적 조건의 차이, 민족이나 계급 간의 모순, 더 나아가 정치 혹은 제도적 입장 간의 충돌과 타협 등이 적극 개입된다. 평소 그의 아버지는 웨이선에게 열린 가치관과 자신에 대한 책임감, 그리고 스스로 문제를 해결할 수 있는 힘을 강조했다고 한다. 이는 물리적인 이동의 방향성뿐만 아니라 앞으로 필요한 사회적 궤적의 유형을 자녀와 공유하는 과정이었다. 칭다오에서 신장, 그리고 한국의 부산에 이르기까지 웨이선이 지나온 동선은 교육 노마드라 불릴 만하고, 그 안에는 새롭게 부상하는 중산층의 문화자본 축적을 위한 전략이 내재해 있다. 그처럼 그려지는 사회적 궤적은 단순히 물리적 공간과 이동만을 표상하는 것이 아니라, 웨이선과 그의 부모님 사이에서 볼 수 있듯이 중산층 내에서 만들어지는 새로운 가치와 욕망의 재생산 구조와 긴밀하게 연계되어 있다.

“우리만의 글로벌”을 넘어

우리에게 자신들의 청춘과 미래를 의탁한 유학생들을 어떻게 가르쳐야 할까? 한국의 대학 수업 방식이 발표식·토론식이어서, 중국 대학에서의 주입식·강의식 방식보다 우수하다고 하는 중국 학생들의 평가에 만족할 일은 전혀 아니다. 현실을 돌아보면, 우리는 이들이 듣고 있는 강의 가운데 절반 이상을 이해하지 못해도 그냥 방치해왔다. 그뿐만 아니라 이들이 적극적으로 참여하고자 하는 의지를 보여도, 교수든 학생이든 기초 수학 능력이 부족하다는 이유로 수업의 내부에서 배제해왔다. 대학 도처에 도색되어 있는 글로벌의 구호가 이들 유학생들을 단순히 교육 서비스에 대한 구매자로서만 상정하고 있는 것은 분명히 아닐 것이다. 우리는 글로벌의 가치가 정작 누구로부터, 또 무엇을 실천하고 교육함으로써 시작되어야 하는지, 그리고 긴 안목에서 이들을 어떻게 우리의 성원으로 포용할 것인지에 대해 고민을 시작해야 할 시기에 도달했다.

물론 글로벌 교육의 기초는 외국어를 비롯한 최소한의 소통 능력이 전제되어야 한다는 사실을 부정할 순 없다. 다만 내가 최근 몇 년간 유학생 교육과 관련된 문제에 가까이 있으면서 얻은 글로벌 교육의 핵심은 외국어 구사 능력보다 자신과 다른 이질적 존재나 문화에 대해 공감할 수 있는 능력이다. 대화를 할 때 상대방과 눈을 마주치지 않고, 또 상대방의 목소리에 귀 기울이지 않는다면, 그것이 어떤 종류의 언어든 의미전달이 될 수 없음은 누구라도 경험해보았을 것이다. 혹시 대학과 구성원들이 이들에게 언어는 가르치지만, 그들과 눈을 마주치지 않고 또 그 목소리에 귀를 기울이지 않고 있는 것은 아닐까? 이런 논리로 보면 특히나 인바운드 글로벌 교육의 대상은 어느새 우리들 안에 들어와 있는 외국인 유학생뿐만 아니라 우리 대학의 교수자, 그리고 우리 내부에 익숙해 있는 한국 학생들은 아닐까?

우리의 아픈 곳까지 더 들춰보자. 언어의 장벽에 부딪히고, 문화적 경계에서 방황하고, 이국의 제도로부터 배제당하는 유학생이라는 신분은 본질적으로 불안정한 존재들이다. 그런데 우리는 오히려 그들의 불안한 눈빛 속에서 그들을 배려하기보다 군림하고자 하고, 공감하기보다 통제하고자 하는 욕망의 유혹을 갖는 것은 아닐까? 나는 대학 안의 구성원들이 이들의 문제에 대해 최소한의 책임감이나 공감을 형성하지 못하는 것은, 개인의 차원을 넘어 근본적으로 한국의 대학 체제가 거침없이 수용하고 있는 자본 중심의 가치 추구에 의식적 혹은 무의식적으로 공모하고 있기 때문이라고 본다.

글로벌 교육에 있어서 한국 학생과 유학생 사이의 협업 학습은 그 경험 자체가 중요한 과정이면서 목적이다. 다른 언어나 문화를 갖고 있는 상대방과의 협업은 비단 그 과정에서 다루고자 하는 내용과 결과만을 위한 것이 아니라, 협업 파트너의 행동양식을 이해하고 그들의 논리와 문화 배경을 경험하게 하는 데도 의미가 크다. 그러면서 목표를 향한 절차를 조율하고, 또 목표 자체를 조정하기도 한다. 이 과정을 통해 파트너에 대한 정확한 지식을 갖게 되는 것 자체가 글로벌 교육의 목적 가운데 하나다. 이러한 종류의 지식 혹은 앎은 문화적 포용성을 기초로 상대방을 자신과 동등한 존재로 인정할 때 비로소 체화될 수 있다.

이런 점에서 유학생은 이미 경계를 넘어본 경험을 갖는 문화적 횡단자이다. 이들은 이미 문화적 횡단을 통해 이질적 문화를 어떻게 수용하고 어떻게 대화할 것인가 하는 경험과 훈련을 쌓은 이들이다. 그에 반해 줄곧 일국 중심의 교육만을 받은 경우, 자신의 언어와 행동 속에서 무의식적인 배타성을 자각하지 못하는 경우가 허다하다. 앞서 티엔치의 경험에서 보면, 그는 학교에서 발표 수업을 하며 교수님에게서 받았던 차별보다 동급의 학생들로부터 받은 상처가 더 아프게 남아 있다고 토로한다. 조별 과제를 준비하는 과정에서 한 조에 다섯 명이 있었고, 그 가운데 세 명은 중국 유학생, 두 명은 한국 학생이었다고 한다. 그런데 한국 학생들이 조를 만들고 난 후에 "너희 중국 학생들은 할 일이 없을 것 같아. 우리가 다 준비하면 돼. 그리고 발표 내용이 모두 완성되면 마지막에 피피티에 이름은 올려주도록 할게"라고 했다는 것이다. 유학생들이 국제적인 차원에서 공유하는 문화적 접촉 지점이 빠르게 확대되어온 것에 비해, 한국 학생들의 언어 속에 묻어 있는 경멸과 적대감, 그리고 배타의 태도는 우리 사회의 구조 속에서 학습된 것이다. 과연 누구에게 글로벌 교육이 더 절실한가?

유학생은 대학교 전체 구성원 가운데 외부로부터 편입된 소수 집단이다. 이들은 처음에는 자신의 출발지로 돌아가려는 욕구가 강하지만, 현지의 교육을 받고 문화에 적응해가면서 점차 현지 집단 안으로 동화된다. 유학 초기에는 여전히 출발해온 지역 혹은 국가의 정체성이 유학지에서 적응하는 데 장애물로 작동하지만, 그렇다고 이들의 집단적 자기동일성이 무한히 지속되는 것은 아니다. 이들은 유학지에서 이동을 실천하는 진정한 주체로 거듭난다. 여기서 이동은 단순히 공간적 이동만을 의미하는 것은 아니다. 문화 이동도 포함된다. 이러한 이동은 언어 습득처럼 비교적 짧지 않은 시간에 걸쳐 서서히 진행되며, 어느 순간이 되면 완전히 처음의 상태로 돌아갈 수 없다. 물론 자신은 떠나오기 이전의 무엇인가를 유지하고 있다고 생각하지만, 어느 순간 떠나오기 이전의 자신과 다른 자신을 마주한다. 또 그렇다고 단순히 출발지의 문화 정체성이 도착지의 그것으로 완전히 대체되는 것도 아니다. 이들은 그 가운데 어딘가에 존재하고 정체성 정치의 구별 짓기로 규정되지 않는 상태에서 끊임없이 유동한다. 이중 언어생활뿐만 아니라, '중국인'이나 '한국인' 표상 어느 하나에 고착되지 않는 문화적 정체성은 그야말로 글로벌의 의미가 무엇인지를 다시 숙고하게끔 해준다.

어찌 보면 글로벌이라는 명분 속에서 한국의 대학들은 유학생들을 재정적 생존의 마지막 비상구로 삼는 물신주의와 인종이나 민족, 국가로 구분하고 그 위계를 내면화하는, 일종의 은폐된 종족주의, 또 규모에 대한 몰두에 비해 학생 하나하나의 다양성에 대응하지 못하는 교육 시스템의 후진성 문제에 대해서는 여전히 정면으로 마주하지 못하고 있는 것은 아닌가 싶다. 내 생각에 결국 이 같은 반성은 우선 이들의 막막함, 길 잃음의 심경을 나눌 수 있는 공감에 대한 자기 교육으로부터 시작되어야 한다. 그런 과정을 거쳐야만 우리의 글로벌이 '우리만의 글로벌'을 넘어서게 되지 않을까?

참고문헌

부르디외, 피에르, 최종철 옮김, 2005, 《구별짓기: 문화와 취향의 사회학 上》, 새물결.

바우만, 지그문트, 이일수 옮김, 2009, 《액체근대》, 강.

李成 編, 2010, 《〈中産〉中國》, 上海: 上海譯文出版社.

Fan C., Cindy, 邱幼云·黄河 譯, 2013, 《流動中國: 遷移, 國家和家庭(China on the Move: Migration, the State, and the Household)》, 北京: 社會科學文獻出版社.

◆ 이 글은 2021년 봄과 여름에 진행한 부경대학교 글로벌자율전공학부 및 대학원 유학생들과의 인터뷰를 바탕으로 작성했다. 글에 등장하는 인명은 모두 가명이다.

필진 소개

조문영

연세대 문화인류학과 교수. 중국과 한국을 오가며 무수한 세계들을 연결하는 작업에 관심이 많다. 저서로 《The Specter of "The People": Urban Poverty in Northeast China》, 편서로 《민간중국》, 《헬조선 인 앤 아웃》, 《우리는 가난을 어떻게 외면해왔는가》, 역서로 《분배정치의 시대》가 있다.

류연미

서울대 사회학과 박사과정. 청년들의 노동, 주거, 정치 등 삶의 다양한 차원에서 일어나는 새로운 실천들을 찾아내고 해석하는 데 관심이 많다. 현재는 청년들의 비정형 노동과 한국사회에서 일-노동의 의미 변화에 관한 박사 논문을 준비하고 있다.

김수아

서울대 언론정보학과/여성학협동과정 교수. 미디어와 젠더, 페미니즘 문화연구 분야에서 연구하고 있다. 저서로 《안전하게 로그아웃》, 《핵심 이슈로 보는 미디어와 젠더》(공저), 《모두를 위한 성평등 공부》(공저) 등이 있다.

이응철

덕성여대 문화인류학전공 교수. 중국, 대만, 한국 청년들의 생활세계에 관심을 갖고 있다. 주요 논문으로 〈글로벌 문화자본의 기대와 차별의 경험 사이에서: 호주 중국인 유학생들의 일상과 생활〉, 〈우리는 항상 무엇인가의 팬이다: 팬덤의 확산, 덕질의 일상화, 취향의 은폐〉가 있다.

유빙 刘冰

서울대 인류학과 박사과정. 중국 디지털 문화와 인간의 실천 양식에 대해 관심이 많고, 인터넷 개인방송과 게임에 대한 연구를 진행하고 있다. 주요 논문으로 〈중국 '쇼장방송(秀场直播)'에 몰려드는 여성 BJ들: 기회와 함정 사이에서〉가 있다.

양승훈

경남대 사회학과 교수. 제조업의 전환 및 고도화, 일자리의 변동을 함께 살피는 연구를 수행하고 있다. 산업도시 거제와 조선업, 엔지니어의 문제를 함께 다룬 《중공업 가족의 유토피아》를 썼고, 동료들과 함께 《추월의 시대》도 썼다.

채석진
독립연구자. 디지털 미디어 확산 속에서 구성되는 새로운 양식의 삶, 노동, 정치를 연구해왔다. 주요 논문으로 〈기다리는 시간 제거하기: 음식배달앱 이동노동 실천에 관한 연구〉, 공저로 《다양성의 시대 환대를 말하다》, 《한국 사회 미디어와 소수자 문화정치》, 편저로 《디지털 미디어와 페미니즘》 등이 있다.

김기호
경희대 국제대학 겸임교수. 경제인류학의 관점에서 중국의 계층 구조 및 소유권에 대한 연구를 진행하고 있다. 주요 논문으로 〈중국 사회변동 연구에 있어서 신자유주의 이론틀의 재고찰: 산둥성 포도주 산업의 사례를 중심으로〉가 있다.

우자한 牛紫韩
연세대 국어국문학과 박사과정. 김동인, 주요섭, 이상 등 일제강점기에 활발하게 문필활동을 전개한 작가들에 관심을 기울이고 있다. 주요 논문으로 〈말의 통정, 반어적인 차단: 주요섭 소설에 나타난 봉쇄된 인물관계에 대한 고찰〉이 있다.

한선영
독립연구자. 연세대 문화인류학과 석사. 남북 청년교류활동과 공론장에서 펼쳐지는 미래성의 정치에 대해 학위논문을 썼고, 인프라스트럭쳐와 포스트 사회주의의 역사에 대해 관심이 많다. 현재는 북한을 바라보는 시선의 윤리적 문제를 짚는 에스노그래피를 탐색 중이다.

문경연
창원대 사회과학연구소 전임연구원. 한국과 대만으로 결혼이주한 중국 여성들의 생애사에 관심이 많고, 최근에는 중국과 대만을 넘나드는 사람들의 일상을 연구하고 있다. 주요 논문으로 〈대륙배우자는 말한다: 대만내셔널리즘과 중국 출신 결혼이주자의 정치운동〉, 〈'내 꿈을 고이 접어 나빌레라': 타이베이시의 춤추는 양안(兩岸) 결혼이주여성들〉이 있다.

펑진니 彭巾妮
연세대 문화학협동과정 석사. 한국으로 이주한 중국 한류 여성 팬덤에 관해 학위논문을 썼다. 팬덤과 한류에 관심이 많고, 현재는 중국 IT 회사 ByteDance에서 틱톡의 한국 운영을 담당하고 있다.

이보고
부경대 글로벌자율전공학부 교수. 중국 청년들의 이동과 이주, 그리고 이들의 도시 정착 문제에 대해 관심이 많다. 주요 논문으로 〈"베이피아오(北漂)"의 부유(浮遊)와 도시 공간의 의미〉, 〈신형성진화(新型城镇化) 개념 속 신세대농민공에 대한 시민화 전략 비판〉이 있다.

문턱의 청년들

한국과 중국, 마주침의 현장

1판 1쇄 2021년 10월 29일

지은이 | 조문영, 류연미, 김수아, 이응철, 유빙, 양승훈, 채석진,
김기호, 우자한, 한선영, 문경연, 펑진니, 이보고

펴낸이 | 류종필
책임편집 | 김현대
편집 | 이정우, 이은진
마케팅 | 이건호
경영지원 | 김유리
표지 디자인 | 박미정
본문 디자인 | 박애영

펴낸곳 | (주) 도서출판 책과함께
주소 (04022) 서울시 마포구 동교로 70 소와소빌딩 2층
전화 (02) 335-1982
팩스 (02) 335-1316
전자우편 prpub@hanmail.net
블로그 blog.naver.com/prpub
등록 2003년 4월 3일 제2003-000392호

ISBN 979-11-91432-27-5 03300

* 이 책은 아모레퍼시픽재단의 지원을 받아 저술·출판되었습니다.